超
人間コク宝
吉田豪
コアマガジン
MILKFED

Contents

目次

カバーデザイン■中田薫／EXIT
本文デザイン■中田舞子
カメラマン■ごっしー
南伸一郎（前田五郎、シルク）
F-Pro HAGI（佐藤秀光）
初出■『実話BUNKA超タブー』
脚注■編集部

文句あるんやったら来い!

前田五郎

2018年9月収録

大阪府出身。浅草四郎に弟子入りし、1963年に吉本新喜劇に入団。1967年より坂田利夫とともに「コメディNo.1」として活動。中田カウスへの脅迫状送付事件に関与していたと一部で報道されたことをきっかけに、2009年9月15日に吉本興業との契約が解除される。現在は、大阪・アワーズルームでのトークイベントを中心に活動中。麻雀の腕前は吉本屈指で、『よしもと麻雀倶楽部』で司会を務めた。長女の前田真希は2005年、次女の前田まみは2006年に吉本新喜劇に入団。

坂田利夫と音信不通

――最近、前田五郎さんがいろんなイベントに出るようになって、相当物騒なことばかり話してるから、吉田豪にちゃんとインタビューをやって欲しいとリクエストされました！

前田 ああ、どうもありがとうございます。

――基本、どこの事務所とも関係が浅い雑誌なので、なんでも好き勝手に話して下さい！

前田 僕は吉本興業をえん罪のために無理やりクビになったようなもんやからな。なんでも話しますよ。

【2007年に怪芸人・中田カウスによる吉本興業元会長への恐喝疑惑や暴力団との交友が報じられた後、09年に「お前を必ず片輪にして、舞台に立てぬ様にしてやる」と中田カウスに脅迫状が届く事件が勃発。その容疑者として前田五郎の名前が浮上し、大阪府警から任意の事情聴取を受けるが一貫して否認。しかし、吉本興業に契約解除された】

――イベントではそこもオープンに話して。

前田 もう無茶苦茶。向こうからスパイが入り込んでくるぐらい。イベントで何を言うのかってことでICレコーダーで録って、「こんなこと言うてましたよ」って。先月、落語家のイベントで東京に行っとったんですよ。そのときも、「うわ、そんなこと言うていいんですか？」というぐらいのことは言って。その後は女性記者にインタビューさせてくれって言われてインタビューしたんですけど、「これちょっとキツすぎますね」言われて。

――それぐらいの内容（笑）。

前田 でも、「もしそれで嘘ついてるって言うんやったら来い、証明してあげるから」って言ってね。事実ばっかりやから、自分が吉本で体験した、約半世紀おったんやから。

――亡くなる前に月亭可朝さんをインタビューしたとき、「こういう金の流れは、もうワシしか知らない」とか言って、使えるわけがない吉本の黒い話をずっとされたんですよ。

前田 可朝やん、僕は大好きでしたけどね。仲良かったんで、今年で80歳だから元旦に「おめでとう。いつまでもタレをカイてください」って電報を打ったんですよ（笑）。そしたら「五郎ちゃんありがとう！」って電話かかってきて。可朝やんがこんなに痩せてるとは僕知らなくて、ふつうに元気なのかなと思ってたんやけど。書かれへんこともあった？

――音楽雑誌で新譜を宣伝するインタビューだったので、大幅なカットになりました。

前田 ああ、そう。僕の場合は、ヤクザの中田カウスの話から全部するからね。文句があるんやったら来い、と。嘘やって言うなら僕が証拠を見せて説明してあげるからって。

――中田カウスさんとはもともと仲良くて、家とかにもよく泊まりに来てたんですよね。

前田 うん。奈良の生駒に家を建てたとき、あいつがどこも行くとこないって言うから、「ほんならウチに泊まりに来い」って、ずっとウチで生活しとって、僕が飯食わせとったの。そんなんであいつにやられたから、余計に裏切られた気分で、ごっつ腹が立って。

――あの騒動を見て思ったのが、前田さんの本を読むと基本的にものすごくキツいイタズラ好きの人じゃないですか。だから脅迫文を出すぐらいすると思われたんだろうなって。

中田カウス
漫才コンビ、中田カウス・ボタンのボケ担当。月の半分はなんばグランド花月で大トリを取る大御所。初めてジーパンとトレーナーで漫才を演じた、いわゆる“アイドル漫才師”のはしり。『週刊新潮』（07年4月5日号）に掲載された林マサの告発記事〈「吉本興業」は怪芸人「中田カウス」に潰される！〉から、カウスは“怪芸人”と呼ばれるようになった。

月亭可朝
落語家・漫談家。カンカン帽をトレードマークとし、ギターを使った漫談で人気を博す。69年に出した『嘆きのボイン』が80万枚もの大ヒット。71年の参議院議員選挙に無所属で立候補した際に、一夫多妻制の確立と、風呂屋の男湯と女湯の仕切りを外すことを公約としたが、あえなく落選。18年3月28日、急性肺線維症のため死去。吉田豪によるインタビューが『新・人間コク宝』に掲載。

前田 そうそう。ただ、さすがに僕もカウスには脅迫文は書きませんわ。もし書くんやったら……書くことはないけど、あんな下っ端の漫才師に書かないでもっと上いきますよ！

――もっと上！

前田 そうです、（明石家）さんまとか（島田）紳助に。そんなもん書けへんけどね。僕は吉本にはものすごいお世話になったと思ってるから。ただし、言うときますけど僕がお世話になったのは林正之助の時代の吉本やから。いまのカウスが仕切るヤクザの企業舎弟とはぜんぜん違うから。いまの吉本には後ろ足で砂をかけるぐらい腹立ってるからね。

――まず基礎情報として、脅迫状とされたものの筆跡が前田さんと同じみたいに吉本側が発表してたけども、それがまず誤解で、筆跡は別人だと証明されたわけなんですよね。

前田 ちゃんとね。神戸大学の魚住（和晃）教授っていう筆跡鑑定の第一人者がいて、その人に頼んで。その人が後に雑誌に載せたから取ってあるけど、これがその文章ですよ。

――ああ、それは読みました。中田カウスさんの噂も芸人さんから聞いたりしてたので。

前田 噂じゃないし、ヤクザというのは事実やから！　しかも、あんなヘタな漫才師がトリを取るなんてっちゅうのはね。デビューして2～3年であれぐらいの漫才はできまっせ。あんな気持ちの悪い、ニヤッというような漫才で。こないだその女性記者のインタビューにも答えてんけども、「これ書いてよろしいか？」って言われたのは、あれは舞台でヘイトスピーチ的なことなんぼでもやりよんねん。「おまえの彼女、韓国人やないか」とか。ほな相方が、「それやったらおまえの彼女は朝鮮人やないか」って、そんな漫才やりよんねん。

――うわーっ！

前田 せやから事務所に怒鳴り込まれてるはずですわ。何十年そのネタ変われへんから。

――ボクが吉本のある芸人さんから聞いたのが、カウスさんになぜか女性の付き人かマネージャーみたいなのがついてるって話で。

前田 おるおる、車の運転手。自分の弟子やって言うとるけど、これ自分の女やねん。だからそうやって家に住ませるぐらい仲良かってんけど、これ（頬に傷のジェスチャー）とつき合いだしてから僕が引くようになって。

――ちょっと黒い交際が目立ち始めて、それを控室とかで話すようになったわけですか。

前田 うん、堂々と。あんまりひどいんで、「カウスちょっとこっち来い」って呼んで、「おまえ、ヤクザ自慢は自慢と違うで、恥だと思えよ」とか注意して。ソファに座って阪神・巨人とかいくよ・くるよとか池乃めだかとか、そんなんがワーッと話してるときにスーッとそのまま弟子の愛人を連れて行きよるからね。「おいカウス！　おまえ先輩全部おるんやから挨拶せいや」って言うたら、「ああ、どうもどうも」って言いながら行きよるねん。だからその次からあいつが挨拶せいへんときは、「おいこらヤクザ！」言うて。

――ダハハハ！　ストレートすぎますよ！

前田 みんなビックリしとったけども。だから僕もわりとキツかったの。ほかの弟子連中が楽屋におったらビビッとったもん。だけど事件以来、顔合わせてないね、1回も。腹立つのは坂田（利夫）で、あいつから電話の1本もないからね。

――長年コンビを組んできたのに。

（島田）紳助
恐喝未遂事件で逮捕された元プロボクサー渡辺二郎との携帯メールのやりとりから暴力団との深い交際が発覚し、11年8月に芸能界引退。その後、『FRIDAY』（11年10月21日号）に山口組幹部との3ショット写真も掲載された。しばらくメディアに姿を見せなかったが、20年1月にmisonoのYouTubeチャンネルに登場。

林正之助
吉本興業の2代目、4代目、7代目社長。吉本興業・黎明期に、落語に変わる演芸として、漫才（万歳）を発掘し、横山エンタツ・花菱アチャコをデビューさせる。豪快な性格で、社員や芸人から〝ライオン〟と畏怖された。創業者・吉本せいの弟で、長女に林マサがいる。

坂田（利夫）
コメディNo.1（現在は解散）のボケ担当で、前田五郎の相方。〝アホの坂田〟との愛称で慕われ、キダ・タロー作曲の『アホの坂田』も大ヒット。持ちネタに「あ～りが～とさ～ん」がある。

前田 うん、50年近く漫才組んでたのに、それはないやろっていう。最後にこの事件が持ち上がったときに、僕は辞めさせられるかもしれへんから、坂田といっぺん話をしようって言うて。喫茶店やなんかだと人の目があるから、それであいつがマンション買うたところやったんで、あいつの家に日にちを決めて行ったんよ。そこで坂田と2時間ぐらい話して。それで頭にきたのは、あとで新聞記者に聞いてわかったことやけど、そのときの会話を全部盗聴器で録っとったの、あいつ。

――2人だけのやり取りを。

前田 それを会社に持っていっとったの。ほんまに殴ったろうかなと思ったから、「今度会うたらカチ食らわすぞ！」とか、僕はだいぶキツいことを言って。それからは会えへんけどね。でも、あいつがそんなことするかなと思うたんよ。だから会社からしてくれって命令を受けてやったはずなんよ。だって、あいつの悪い頭ではそんな気は回らへん！

――ダハハハ！　アホですからね（笑）。

前田 アホやアホやって、ふつうはアホの振りなんやけど、あいつはほんまもんやから。

――会社の内紛の流れの気はしますよね。

前田 うん。吉野伊佐男はおとなしい、あれは何もせいへんから看板だけの会長やねん。大崎洋がいろんなことせなあかんから、わりと悪いことやっとったんやね。大崎とは大阪では会えへんから、コレ（頬に傷のジェスチャー）と車に乗って京都まで出て京都の料亭で話をしたとか、それをその場におった人から聞いたからね。そういうことをやっとるわけよ。腹立つのは警察やねんね。ちゃんとこっちから筆跡鑑定の証明書を出して。それもあの先生、無茶苦茶高いのよ。そしたらものすごい安くやってくれはって。僕が自分で先生に手紙を書いて、神戸大学に行って話をして字を見せたら、「あ、これ似せてあるけど違う」って最初から言うてくれたから。

――自腹で筆跡鑑定した甲斐あって。

前田 ところが警察さんも僕の書類なんかは、「あ、これ前田五郎の書類ね。じゃあそのへん置いとけ」みたいに、どっかに放ってると思う。悔しいから毎年、暮れになったら西警察に行って、「僕の担当のもん呼んでくれ。この問題はどこまで進展してんねん。日誌に前田五郎が来たって書いといてくれよ」って言うて。それが今年、9年目やからね。4年か5年目あたりから、「部署の刑事が全部替わったから、私どもはわかりません」って言うから、「わかりませんって引き継ぎがあるやろ！」ってだいぶプレッシャーかけたんだけど、ここ2年ぐらいでやめたの。犯人はもう捕まらへんとは思ってんねん。僕の癖のある字と似せてるわけやから、カウスの下の下の下の、ずっと何段階か下の者にやらせば、あんなもんなんぼでもできるからね。

――そこはもうあきらめちゃって……。

前田 えん罪に関わって2年目ぐらいのときかな、カウスが黒門市場ってところによう行きよるって聞いたんで、ちょっと探したるわと思ってね。脚にガムテープでアイスピックを留めて、1週間ずっと毎日歩き回ったの。

――え！

前田 それでも会えへんかった。そやから1週間おいてまた1週間、だいぶ行ったな。いま考えたら会えんでよかったかな、会ってたら絶対アイスピックでいってるもん。その噂を聞いたんやろうね、黒門市場にいるって。

――それくらい思い詰めていたんですね……。

吉野伊佐男
吉本興業の10代目社長を務め、インタビュー時は代表取締役会長だった。70～80年代には、企業のテレビCMへの所属芸人の売り込みで腕を鳴らし、全盛期のザ・ぼんちのマネージャーも担当。

大崎洋
現・代表取締役会長で、インタビュー時は社長だった。吉本総合芸能学院（NSC）開校時の担当社員で、ダウンタウンにいち早く目をつけたことで知られる。89年、低迷を続けていた吉本新喜劇の再生案「新喜劇やめよっカナ!?キャンペーン」で、新喜劇の人気を復活させる。今も続く沖縄国際映画祭を09年から開始させ、全国に吉本芸人が定住し、笑いの力で地域活性化を目指すプロジェクト「あなたの街に〝住みます〟プロジェクト」を11年から始めている。

前田　うん、前田五郎という名前の集積から全部パーにされたからね。ふつうのサラリーマンの人よりはちょっと稼がせてもらってたけど、その金が一切ないようになったんやから、ほんまに苦しかった。それまで時計とかいろんなもん趣味で溜めとったんよね。手塚治虫さんのサイン入りの本とか、そういうのを全部売ってね。食べなしゃあないから。大昔、カウスがヤクザを通して紳助に「これもろとけ」って、紳助が1000万以上の時計をもろうて怖くなって返しに行きよったの。そのときあいつは相当痛めつけられたらしいけど。「なんやおまえ、親分のものが取れんのかコラ！」とか。僕の場合はその前にもっとるからね、時代がぜんぜん違うから。

――もうちょっといろいろ緩かった時代に。

前田　うん、ピアジェなんかは全部プラチナやねん。ほんならカッターシャツの袖がボロボロになるの。それも俺、売りに行ったら150万やって。「これ偽もん？」って言うたら、「いや、本物ですけどいまこういうの流行りませんねん」とか言うて。手塚治虫さんの漫画なんか、ほんまに貴重もええとこで、手塚さんが宝塚に住んでるとき本を持ってサインもらいに行ったの。ほんなら奥さんが出てきて、「いまちょうど手が離されへんから預からせて」って言われて、手塚治虫さんの初版本、『新宝島』とかにサインもらって。

――えぇーっ！　貸本時代の？

前田　そうそう。『鑑定団』に出したときに漫画を鑑定するヤツが350万つけてくれたの。で、番組が終わったらそのオッサンが楽屋に来おって、「五郎さん、あれ売ってくれませんか？」って言うから、「かまへんよ、いくら？」「200万」「おまえさっき350万って言うたやないか！　売れへん！　もうあっち行け！」って、そこでケンカになって。でも結局、売ることになったね。だからそういう金目のもんはほとんどなくなった。

――紳助さんがヤクザに時計を返す時代があったっていうのも、また興味深いですよね。

前田　うん、それ問題になっとったから。僕それ裁判所で言うたもん。カウスがあいだに入って紳助を連れてって、もろうたヤツを紳助は時計と知らんと家に持って帰って、調べたら1000万ぐらいするヤツやからビックリして返しに行ったの。それも親分のところやなしに、カウスに楽屋で返したの。そしたら「おまえ親分をナメとんのかコラ！」言うてヤクザそのものカウスの声が楽屋に響き渡って、それ全部聞いてるから。あんなんバックおれへんようになったらみんなから殴り倒されてるよ。僕がトップに行くけどね。

――まず自分で殴る！

前田　ところがいま、バックの上が揉めてるでしょ。自分はどこついていいかウロウロしてるの。だからいまおとなしいの。楽屋にヤクザの家族が8人ぐらい入ってきて、いくよ・くるよとか阪神・巨人とか島木譲二とか、そこらへんと写真一緒に撮ってくれって。

――あとで表に出ると一番困るヤツですよね。

前田　みんな一応文句は言うんやで、カウスがおれへんとき。帰ったあと「あんなの一番嫌ですわ」って言うてくるから、それも代表して、「カウス、おまえ楽屋にヤクザの身内を連れて来んな。ましてや楽屋からタダで客席に入れるな、堂々と前から金を払うてから入れ」って言うたんですよ。それから僕の顔見たら逃げよる、なんか言われると思って。「おいヤクザ！　逃げんのか！」とか、僕は相当キツかったんで、それが嫌で前田五郎を辞めさそうってことになったんやろうね。

中田カウスとヤクザ

――何がすごいって、前田五郎さんの娘さん2人はまだ吉本に所属してるわけですよね。

前田 それを僕は言いたいねん！ 娘がまだおるのにカウスを脅かして僕になんのメリットがあんねん。カウスの代筆する男がいて、本（『襲撃 中田カウスの1000日戦争』西岡研介）を出しよったの。あるとき通天閣の下の古本屋に行ったら、いろいろ部類があるのよ、たとえばここは浅田次郎とか。それでヤクザの本ばっかり並べたところにカウスの本が入っとって。それで僕も思わず笑って、「うわ、なんでこんなとこ入っとんねん？」って言うたら、「わかってるやないか」ってオヤジさんに言われて。

――ダハハハ！ ボクも現役の吉本芸人の方々からいろいろ噂は聞いてはいました。

前田 芸人とかタレントとか漫才師の前に、カウスって聞いたら「ヤクザ！」ってみんな言うわけ。最近聞いてんけども、あいつ漫才は劇場でもテレビでもトリ取らないとやらないの。いまの新喜劇の前もトリを取ってるわけ、おもろない漫才なのに。ほんなら、めくりで「中田カウス・ボタン」って出るやろ、お客さんがトイレ行ったりなんやで、おらんようになるんだって。みんなわかってくれてるなと思って僕はものすごいうれしくてね。

――ようやく伝わってきたのか、と。

前田 ただ、僕はヤクザがものすごい嫌いなのに、なんやかんやヤクザから貰うてるね。京都の●●の親分なんかは、会うたらボーンとなんかくれるし。▲▲の親分なんか、なんでもくれてたよ。あの頃は黒い車が道路いっぱい占領して、その周りを、見てわかるような黒服でパンチパーマで金のネックレスしたようなのがズラーッと並んでて、それで▲▲の親分が出てきて車に乗って。たまに行ったときに顔合わすのね。「おう五郎ちゃん、お茶飲んでけ」って、お付きの人が鞄に10万円の束がズラーッと並んでるのをひとつ取って、「これ親分から」って10万くれるの。さっき会うたばかりなのに、時間なんぼか経ってほかで会うたらまたくれるの（笑）。

――いまとは時代が違いますね（笑）。

前田 ウチの連中がいっぺん、パーティーに全部呼ばれたことあるのよ、チャンバラトリオ、間寛平、坂田、カウスもいて。ヤクザのひとりが8ミリを回しとったんですよ。これに全部芸人が映ってるわけや。これを警察に没収されて芸人全部呼ばれたの。でも、僕は「行けへん」って言って行かなかったの。

――えぇっ！

前田 不参加やったから呼ばれなかった。やっぱりヤクザ相手の仕事はええ金になったからね。で、しばらくしてから年末年始、ヤクザの会には出るなっていうお達しが出たの。それまでは関係なしに、「誰も行けへんかったらワシら行くわ」って行きまくってたのが敏江・玲児。あそこはヤクザの会に全国行きまくって家を建てたの。

――紳助さんが黒い交際で引退させられたことについては、どう思ってるんですか？

前田 あれは紳助やなくてほんまはカウスが行くとこやったの。カウスが行ったら全部バレる、重役連中10人ぐらいが全部いか

『襲撃 中田カウスの1000日戦争』西岡研介
09年に朝日新聞出版より出版。同年1月9日に日本橋の路上で、中田カウスが乗車していた車の窓ガラスを男に金属バットで割られ、軽傷を負った事件を端緒にした、吉本興業創業家と現経営陣とのお家騒動についての本。「第10章 闖入者現る」に、前田五郎が脅迫状を送った疑惑の者として登場。

敏江・玲児
松竹芸能の漫才コンビ、正司敏江・玲児。ツッコミがボケを叩く"どつき漫才"の第一人者として知られる夫婦漫才コンビ。漫才中に飛び蹴りと平手打ちを展開。離婚後もコンビは続けられたが、10年12月に玲児が死去してからは敏江が1人で活動している。

れるから紳助に言い含めて、うしろで紳助はだいぶもらってる。だからいまでも紳助は大阪のアメリカ村なんかビーチサンダルとTシャツにジーンズで歩いてるよ、誰かわからへん汚い顔して。紳助はわりと仲良かったからね。

――ある段階から吉本が変わったんですか？

前田 いまは吉本興業という林正之助の会社と違うからね。株を廃止したでしょ、あれは株主総会したら必ずツッコまれとったんよ。「カウスのヤクザの件、どないなっとんねん！」とか。そんなのがあるから株式を全部廃止したの。いまでも会長の息子、ジュニアって呼んでるけど仲いいからね。僕は完全にジュニアが社長になると思ってたから、最後のほうはかわいそうやったよ。カウスの指示やと思うんやけど、会社に行ってタイムカードを押して、あと帰るまでなんにも仕事ないねん。自分の部屋もないねんで、会長の息子が。で、最後タイムカード押して帰るの。

――そうやって辞めるように追い込まれて。

前田 そうそうそう、完全にそう。世間の人はみんな知ってるのに、なんでみんな立ち上がれへんのかなと思って。去年やったかな、落語が上がってきて漫才が衰退してる。だから漫才協会みたいなのを作って若手を育てて漫才を盛り上げようというのをベテラン漫才師たちが集まってやろうとしてて。そしたらカウスが横から入ってそれパーにしたの。なんでや言うたらね、漫才協会みたいな団体ができてもカウス・ボタンは外されるっていうのが本人がわかってたから潰しよったの。あいつらが漫才始めて50周年かなんかの記念の会をなんば花月でやるってとき、カウスが「さんま呼べ！　さんま呼べ！」って偉そうに言うて。そしたらさんまから断られたの。これも笑ったけどな。

――そういう情報も入ってくるわけですね。

前田 うん（笑）。さんまが「絶対に行けへん」って。僕がなんば花月で自分のイベントやったとき、さんまに電話したら喜んで、「行かせていただきます！」って言うてくれたけどね。カウスも初めのうちは大きい顔しとったよ。どこそこの姐さんがお好み焼き屋をオープンしたりすると、「挨拶しに行かなあかんな、１００万ぐらいでええんちゃうか？」とか、楽屋で誰も聞いてへんのにみんなに聞こえるように言ってるのがおもろくて。

――謎のアピールを（笑）。

前田 あいつベンツをよう替えとったんよ。1年に3回か4回ぐらいベンツ替えて、調べたら全部ヤクザのベンツや。だからカウスに僕が「次、ヤクザのベンツいつ乗るねん？」とかずっと言うとったらビビッてしまってしばらくしてからヤクザのベンツ乗らんようになった。だから当たっとったんや。そりゃ僕らより警察のほうが知ってるよね、ヤクザやいうのは。挙げてくれへんかなと思って。

――世間的にも怪芸人として知られていて。

前田 完全にね。楽屋から大崎に電話して「楽屋に来てくれ」って言うたら、「はいはいはい！」って大崎が飛んで来るねん。こんな社長おらへん。大会社の社長が一介のヤクザに呼ばれて楽屋に飛んで来てるの。情けないよなあ……。そんな話なんぼでもあるよ。

――そういうことを言い続けた結果、たいへんなことに巻き込まれていったわけですね。

前田 僕はこんなことされる覚えはないねんで。ヤクザとあいつがつき合いだしてから僕はもの凄く嫌になって。チャンバラ

トリオさんとかヤクザの宴会に一緒に出てくれへんかって言われたときも、僕だけ行かなんだ。坂田はちょんちょんしてひとりでいった。いっぺん、いくよ・くるよがカウス・ボタンに仕事頼まれたの。「ややこしいとこ嫌ですよ」って初めからあいつらは言うとって。ところが行った場所がヤクザの宴会で、「約束が違う」って言って帰ったの。ほんなら次の日、「俺の顔に泥を塗った！」って、あいつらに「おまえらなんやコラ！」って言うとったわ。あいつ、いつの間にかヤクザとつき合いが始まってから、いっぺんにヤクザの言葉遣いになったからね。

――芸人さんを土下座させたりもして。

前田 あれは西川きよしと桂文珍。なんか賞を獲ったとき、堂島のロイヤルホテルでパーティーをして、そのときに裏から金を積んでビートたけしを呼んだわけ。たけしはカウス・ボタンなんて知らんから行けへんって話やったんだけど、裏同士のヤクザのつながりがあんねんな。ヤクザが「こっちに貸し作るから行ったたってえな」とか言って。そのときたけしがカウスにヤクザの組に連れて行かれて、挨拶させられたの。それ、たけしが週刊誌に書いてるよ、連れて行かれたって。

――はい、見ました。

前田 パーティーでたけしが挨拶に来たっていうことは、世間はものすごく仲いいって捉えるわけやん。それが狙いで。たけしはあのとき500万ぐらいもらってるはず。そのパーティーのときに文珍が、「今日はいつものお客さんと違う方々もお見えで」って言うたら、それにカチンときたんやろうな。

――ふつうのブラックジョークですよね。

前田 それが楽屋で「おまえナメとんのか！ 娘おんねやろ！」と。文珍は自分が言われるのはいいけど、娘のところ行かれたらかなわん。これ巨人も一緒やねん。巨人もなんかあったとき、「おまえ娘おんねやろ？」って言われると、かなわんわけよ。さすがに僕には言うてこないけど、「僕も娘ふたりおるからね」って言うたんです。

――きよしさんはなんだったんですか？

前田 きよしの場合、娘のかの子の結婚式。結婚式やから何カ月も前からちゃんと日にちが決まってるやないですか。しかも渡哲也さんを呼ぶから渡哲也さんに合わせて結婚式場を取って。ところがそれが決まったあとになんば花月で林正之助の1周忌か3周忌か知らんけど、そこに西川きよしが顔出せへんとなって、それで土下座させられたの。「おまえ会長に世話になっとったやろ！」っていう。

前田五郎イタズラ伝説

――昔のイタズラ伝説も聞いてみたいんですけど、相当いろんなことを芸人仲間にやってきたんですよね？

前田 僕？ うん、キツいことしたよ。わりとシャレ超えてるようなことやっとった。一番おもしろかったのは、さんまとか、トラックとケンカして死んだ林家小染とか、あれが1週間に1回、仕事で東京に行くの。僕は人の鞄にね、「贈・前田五郎より」って書くのが好っきゃねん。さんまとかが東京行くって言うと、そこに書いとって。そしたら東京からふたりの連名で電報が来たの、「バカにすな！」ってひと言書いた電報。紳助がゴルフ始めるときも新しいゴルフセットを買って楽屋に持ってきたから、紳助が舞台に出てるあいだにそのバッグに「前田五郎より」って書いたったの。これは紳助マジで怒りよった。

たけしが週刊誌に書いてるよ
『週刊文春』（11年9月29日号）に掲載された〈ビートたけし「暴力団との交際」すべて語った〉で、たけしはある芸能人に仕組まれ当時の山口組長に会わされたと語り、『文春』はそれがカウスであると断じていた。

林家小染
4代目林家小染。『花の駐在さん』（ABCテレビ）で、警官役として明石家さんまと2人で共演した。84年1月、酔っ払った小染が「トラックと相撲を取る」と国道171号線へ飛び出し、走ってきたトラックに轢かれて死去。

――当然ですよ！

前田 相当高かったんちゃうかな。三波伸介さんが桂きん枝に「前田五郎さんって人はすごいですね、なんでも人にどんどんあげちゃうんですね」って言うから、「ちゃいまんがな！ あれは勝手に書いとるんや、えらい迷惑してまんねん！」って言ってたね（笑）。

――キツいイタズラ電話も相当やってきて。

前田 社長から怒られたけどね。あの頃、まだ留守番電話がテープだったの。最後までいったら裏返ってまたカシャッとなるような。僕の家の留守番電話に、「はい前田です。いま天皇陛下と焼肉食べに行ってますから」って自分の声で入れてて、裕章社長がそれ聞いて、「おまえ、あれはやめとけ」と怒られて。

――間寛平さんにも仕掛けたらしいですね。

前田 寛平は嫁さんからもらった記念の時計を修理に出してるって聞いたの。それで寛平と旅に行ってるとき、寛平の家に電話して、嫁さんに「トルコ何々の支配人ですけど、寛平師匠が時計を忘れていかはりましたので連絡ください」って店の電話番号を言ったら、それを嫁はんが信用して、寛平が旅から帰ってきたときに寛平に手を上げたらしいよ。それはさすがに悪いことしたなと思ってる。

――ダハハハハ！ それ級のことを、かなりやってきてるらしいじゃないですか（笑）。

前田 キツかった。そういうのは僕あると思う。相手がシャレと取ってくれればいいけど、シャレ以上のもんやったね。でも、カウスにはそれはせいへんかった、する値打ちもないと思っとった。あんなヤツにやってもおもろないもん。前田五郎にやられたっていうのはなんぼでもあると思うわ。人から言われると、そんなのもあったなっていうのはあるからね。だって、寛平の話も忘れとったわ。

――文珍さんにも仕掛けたわけですよね。

前田 文珍はミナミの店のオカマのママと名乗って夜中に電話したら嫁はんが出て、「文珍さんと関係を持ってからお尻の穴がパクパクいうんです、どうしてくれるんですか？」って言ったの。そしたら信用して殴られたらしい。……いま考えたら悪かったけどね。

――一番アウトなのは、どこかのアナウンサーにヤクザの振りをして電話した話でした。

前田 ああ！ あれは朝日放送のアナウンサーで、そこの部長になって、それから目の前にあるホテルプラザの支配人になりはった乾浩明さんという人でね。乾さんとも仲良かったのよ。それで乾さんとこ電話して、「何々組のもんやけども、ウチの若い衆の女に手を出してくれたらしいな」って言ったら、乾さんはマジで社長に相談しはったの。それこそ、金はどれくらい用意したらいいかとか。

――え！ 大問題になるじゃないですか！

前田 僕はそれ、正体を明かしてないの、シャレにならんから。なんぼ仲がいい乾さんでもあれは相当怒ってはったと思うわ、ほんまにビビッとったよ。ラジオなんかでしゃべる声が震えとったから。それは北新地の女の子に聞いたのかな、「この子、乾さんのコレやで」って聞いて、それですぐ電話したの。

――なるほど。基本、情報が入ってきやすい位置にいて、イタズラ心があってっていう。

前田 うん、でもカウスにはやってないし、さっきから言ってることも嘘ちゃうからね。文珍が土下座したり、西川きよしが

乾浩明
元ABCアナウンサー。『わいわいサタデー』『世界一周双六ゲーム』に番組メインMCとして出演していた。その後、ABCリブラの社長も務めた。

土下座したり。西川きよしは性格的に土下座するような男ちゃうよ。だから、「俺がついてって両方の話を聞いてやるから、おまえが正しかったらカウスを殴れ。俺も殴ったるからおまえもカウス殴れ」って言うて。でも、よう行けへん、「いや、もうよろしい」ってことで。

——やすしさんよりきよしさんのほうがバイオレントだって話も聞いたことありますよ。

前田　それはそうよ、やすしはきよしに殴られとったもん。鼻血出してたときもあったしね。だから、カウスなんてこてんぱんにやられるはずやねん、それが……やっぱり娘の問題だからやろうな。巨人の娘が新喜劇に出とって、そのときも娘があれやから、カウスに言われてるからおとなしくしとったけど、2年ぐらい前に娘が結婚して辞めて、それから巨人が強くなって「いつでも来い！」って態度になったの。それこそ「向こうが手を出してくれたらうれしい」って言ってるわけだから、巨人のところにあいつはいま近寄れん。

——巨人さんは腕っぷし強そうですもんね。

前田　一発やられたら骨折れるんちゃうかな。家にトレーニングジムの道具を全部揃えて毎日鍛えとるもん。何か言われたら巨人も言うからね、なんやったらいままでのお返しのぶんで手が出るかもわからん。僕の場合はね、いま話したようなことをあちこちで言うてるけど、なんか締めつけがあんねん、ウチの娘ふたりいるから。人質に取られてるようなもんやねん、僕が何かせんように。それも「吉本の芸人と結婚したらあかんで」って言うてるのに、上の子は吉本の芸人と結婚したから、あれも嫌で。だからあの相手とは結婚する前に会うただけで、あとは電話が1本とメールが1本あったのみ。音信不通状態が現在も続行中。

——そんな状態なんですか……。

前田　結婚するっていうんで僕は期待しとったんやけど、まず吉本の男でガクーンときてしまって、「お父さん、飯食いに行きましょうか」とか、そういう気楽な関係になれるんかなと思ったらね。僕は7月に椎間板ヘルニアやって1カ月間入院したけど見舞いにも来えへん。結婚する前に初めて挨拶に来たときは、「僕のお父さんとお母さんはとっくに亡くなったんで、本当のお父さん、お母さんと思ってちゃんと面倒をみさせてもらいます」って言いよったんよ。嫁はんと僕はずっと離れてるから、「僕はこのまま朽ち果てていくからいいけども、嫁はんはこれからたいへんやと思う。嫁はんの面倒だけは頼むわ」って言うたの。

——いまは病み上がりだったんですね。

前田　ここんとこ、あちこちで仕事しだしたんやけどね、落語家の人が会をやるとき呼ばれてゲストで僕とトークするほかに、自分のライブをお寺でやったりしています。

——竹内義和さんとのイベントとか。

前田　そうそう、あの人も無茶苦茶言うてるからね、ヤクザヤクザって。東京は、談志さんとこクビになった外人の男おるでしょ。

——快楽亭ブラックさんですね。

前田　そう、あいつと久しぶりに会って、「1回手伝ってくれませんか？」って言われて、ありがたいことやん、それでこないだ東京に行って。「20分やってもらえますか？」って言われたから、「いいよ」ってやったら、気がついたら1時間5分やっとった。しまいには横から「降りてください！」って。

竹内義和
マルチに活躍するコラムニスト。『MAKOTOのサイキック青年団』（ABCラジオ）を北野誠とともに務めたパーソナリティとして知られる。13年、大阪・肥後橋にトークライブハウス「アワーズルーム」を設立。前田五郎もここで、「THE GORO SHOW〜前田五郎大いに語る」という定期イベントを毎月開催。

快楽亭ブラック
落語家。2代目だが、先代ブラックの門下ではなく、立川談志の門下。05年、多額の借金を抱え、ヤミ金にまで手を出し、弟子までも巻き込んだため、立川流を除名された。落語は下ネタと差別的な用語がたくさん飛び出す。吉田豪によるインタビューが『BREAK Max』06年3月号に掲載。

——そこではどういう話をするんですか？

前田 いまの吉本は企業舎弟やとかね。見たらレコーダー回してるヤツおんねん、「そんなとこおらんと前においで、話したるから、ここで回したらええねん」って言うたら、そのまま逃げて帰ってった。自分がカウスやったら、自分とこの会社とかヤクザの悪口あれだけ言われたら腹立つけど、あいつ根性ないから僕んとこ来えへん。根性あるヤツだったら来よるけどね、そんな根性あらへん。

——すさまじい関係性ですよね……。

前田 来年でえん罪になって10年よ、ほんまに長かったわ。なんで僕がやられなあかん、ましてや脅迫文を書いたわけでもないのに。

——そもそもカウスさんがバットで襲われ、お金絡みのゴタゴタがあってという流れで。

【2009年1月9日午後8時頃、大阪市中央区堺筋で、カウスを助手席に乗せた右ハンドルのベンツが信号待ちをしていたところに左後方から黒色タオルで覆面をし、フルフェイスのヘルメットをかぶった男が近づき、助手席の窓ガラスをガラスクラッシャー付きの金属バットでたたき割り、カウスは頭部をバットで数回突かれ、無我夢中でバットを奪い取ると犯人は用意していたバイクで逃走したと報道された】

前田 ああ、あれも僕、現場に行ったことあんねん。黒門市場の横で襲われたの。その近所の店、全部知ってる店。麻雀屋とかずっと知ってる店ばっかりやねん。そこで「この日、こんなことあった？」って聞いてみると、「なんにもないで」って。

——え？

前田 「ふつう、警察官が聞きに来たり何かあるやろ」「いや、そんなのもなかった」と。だから、やらせやって噂があるわけ。そのやらせは、なんのためのやらせや、と。やっぱり自分が攻められてることをアピールするためなのか、それがわからない。あれはなんのためなのか……ほんまわからへんな。

——バットで襲われて、バットを奪い取り、犯人は逃走、みたいな話になってますけど。

前田 そうそうそう、これがヤクザやったら一発ボーンと（ピストルで）弾かれますよ。バットでなんてせいへん。なんのためのやらせか、その意図がわからない。なんば花月の出番があったときは、あいつが弟子をふたり連れてずっと知ってるうどん屋行っとったの。だけど、それから一切行きよらへん。僕がそのえん罪に入る前は、あいつらふたりが出て行ったら舞台の上手と下手のうしろに、こんなんなってるふたりが必ずおったわ。

——屈強な男が。

前田 うん。だから黒門歩くときもそいつらをずっと連れて歩いてた。いっぺん、関係のある組の幹部からあいつ個人的に事務所に呼び出されたことがあるの。それで、「おまえ、ええ加減にしろ、親分の名前あちこちで出すのやめろよ」って脅されて。それからしばらくはおとなしくなったんだけど。「五代目と友達や」とか、そんなことないっちゅうの！

——それぐらい言いすぎてたんですね。

前田 それと（島田）洋七は『佐賀のがばいばあちゃん』が売れる前は自分で原稿書いて会社に「これを本にしたいんです」って持って行ってたの。そしたら2〜3ページ読んで、「こんなもん売れるわけないやろ」って返されたから洋七は自費出版したの。あいつ、ほんまに苦労してるわ。自分の出番のときは、なんば花月の前に机を置いて、本を積み上げてずっと手売りしとったの。それがだんだん話題になってきて売れ出して、洋七に印税が3億以上入ったたって噂を会社が聞きよったの。そしたらカウスが「ワシが社長に頼まれて会社を代表して来た。おまえ稼いでるらしいな。印税これだけ入ってるなら半分の1億5000万、会社に入れろ」って言うてきて。洋七はそれまでも辞めたいと思ってたんやけど、それを聞いて、ええきっかけやと思って辞めたの。これは洋七の家に泊まりに行ったときに聞いたから間違いないよ!

――直接聞いたから（笑）。

前田　しかし、吉本興業という会社はホントに変わってるね。最後、コメディNo.1で仕事に行って、坂田と僕で10万ずつもらったとするよね。そうすると、その1割ぐらいをマネージャーにキャッシュバックしよんねん。あの当時、僕らがコマーシャルを撮ったの。これはちょっと値段が大きかったんだけど、そのときにコマーシャル部門の責任者が、「1割キックバックしてくれ」って言うてきて、坂田はそれ払いよったの。僕は彼に「これは会社に払うのか？　おまえ個人に払うのか？　個人的に払うんやったら社長のとこ行こうか?」って言ったら、「いやいや、もうええ」って言うてから、僕のコマーシャルの仕事がなくなって、そこから坂田ばっかりになったの。

――うわー!

前田　なんか、しょうもない正義感みたいなところがあって、そういうのものすごい嫌いなの。僕も「はいはい」って払っとったらよかったんやろうけど、意地っ張りで偏屈やからね。10万もろたら1万円ぐらいええやんか。それを僕はね、コマーシャルの額が大きいときに1割キックバックせいって言われてね、それで「社長のとこ行こう」って言うたら、「いや……もうよろしい」って。

――反省はあったりするんですか？　あのときああいうことを言わなきゃよかった的な。

前田　いや、あかんねん。言わないとあとで気持ち悪いの。言わんと辛抱して家に帰ってる途中で腹立ったらもういっぺん引き返して言うぐらいの人間やから。腹の中に溜め込んだら気持ち悪いの。だからだいたい思ったこと言うから、いくよ・くるよとか阪神・巨人とか、そこらへんとケンカすることはあるね。ちょっと言い過ぎるときがあるねん。

――そういう人生なんですね……。

前田　（写真を撮っているカメラマンに）これ最後の写真になるかもわからんから。考えたら76歳やからね。まあ、年齢順に亡くなっていくのはいいけど、若い子が我々より先に死んでいくのは寂しい。ルール違反やと僕はおもてる。中田カウス・ボタンはダイマル・ラケット師匠の弟子やと吹聴しとるけど、弟子と違うよ。この件は、上岡龍太郎の本にもはっきりと書かれてる。これも大嘘。最後にこれは100%無理やと思うけど、僕と家族を潰した、僕の字に似せて脅迫文を書いたやつが逮捕されるのが、人生最後の夢。日本の優秀な警察、どこが優秀やねん。僕の事件を担当した警察は、どこかの会社から、金つかまされてるとしか思わん。最低の警察や!

上岡龍太郎の本
桂米朝との共著『米朝・上岡が語る昭和上方漫才』に、「（中田）チャックさんはのちに中田アップに改名して、中田カウス・ボタンはこの人のお弟子さんです。」と書かれている。

バーニングの周防さんは俺に一目も二目も置きますから

敏いとう

2018年11月収録

熊本県出身。1940 年生まれ。作曲家遠藤実の愛犬を診察したのがきっかけで芸能界入り。1967 年、ミノルフォン時代に「トシ伊藤とザ・プレイズメン」としてレコードデビュー。その後、フランク・シナトラのボディガードを務める。1971 年に敏いとうとハッピー＆ブルーを結成し、リード・ヴォーカルに森本英世を迎えて 1974 年に『わたし祈ってます』が大ヒット。以降、『星降る街角』『よせばいいのに』などの大ヒットを出し、〝ムード歌謡の帝王〟の異名を持つようになる。

フランク・シナトラと女遊び

【脳梗塞などの大病を経て、いまでは当時の屈強な体格と比べたらかなり痩せて、杖が欠かせなくなっている敏いとうさん。現在78歳。言葉もあまり出にくくなって記憶も曖昧になっている敏さんのサポート担当として3人目の奥さんも同行して、取材スタートです！】

――極真館のジャンパー着用なんですね！

敏 ……僕はメンバーですから。

――極真の段を持ってるっていう。

敏 ……はい、五段です。

――それはどの時代に？

敏 ……青春時代に池袋道場で。盧山（初雄）と仲いいんですよ、めちゃくちゃ仲いい。

――柔道も空手もやられてたんですよね。

敏 ……柔道は学生時代にやってた。三段。

――相当腕っぷしが強かったという伝説が。

敏 ……強かったです。5～6人なら一発。

妻 アメリカンフットボールやってたから。

――青山学院大学でアメリカンフットボール部を作ったって情報は聞いてたんですよ。

敏 ……そうそうそう。

――それ以前から腕っぷしは強くて、大学時代に渡哲也さんとも接点があったっていう。

敏 ……渡さんは僕よりひとつぐらい下で。

――渡さんが青山学院大学の空手部で。

敏 ……いや、口ばっかりだから。

――え、口だけなんですか？

敏 ……そうですよ！

妻 あんまりそういうこと言わないの！

――ダハハハハ！

敏 ……あれはだから……わかんないね。

――渡哲也、渡瀬恒彦兄弟は芸能界最強、みたいな伝説はよく耳にするんですけどね。

敏 ……そんなことないですよ（あっさりと）。そんなの、やってみなきゃわかんない。

――そのへん確認したかったんですよ。

敏 ……ただ、あんまり言うと悪いしね。

――当時、渡哲也さんのことをぶっ飛ばしたとか、「どこに行ってもケンカで俺に敵うヤツはいなかった」って発言もありました。

敏 ……渡をぶっ飛ばしたことはないけど。

――あ、これもないんですね。

敏 ……そんなことはしてないよ！

――青学で番張ってたって説もあります。

敏 ……それは学生時代ですよ。

――それは事実。

敏 ……事実。

――もともと医者志望で東大を受けるはずだった人が、どうしてこうなったんですか？

妻 東大の理Ⅲに落ちたから。

敏 ……理Ⅲ狙ってたんですよ、医学部。

妻 お勉強はできたんだから。

盧山（初雄）
極真空手道連盟・極真館の館長。下段回し蹴りを得意技とし、「ローキックの盧山」と呼ばれた。北朝鮮からのスパイの疑いのある者と交流があったとされ、68年に破門。極真を離れてからは、嵐五郎のリングネームでキックボクシングのリングに上がり、澤井健一（太氣至誠拳法宗師）の下に師事し、中村日出夫（空手道拳道会）の内弟子になった。その後、極真に復帰。吉田豪によるインタビューが『吉田豪の空手☆バカ一代』に掲載。

敏いとうとハッピー&ブルー

——親御さんもお医者さんで。

敏 ……獣医で、親父の兄弟はみんな東北大の医学部。東大の理Ⅲもいるし。

妻 で、受からなかったんだよね。

敏 ……勉強できなきゃダメだったから。

——で、日大の獣医学部に入り直して。

敏 ……青学からね。

妻 だけど特待生だからお金いらないの。

——それくらい勉強はできた。

敏 ……できた。

妻 親からもらった仕送りを遊ぶお金に使って、学生時代が一番潤沢だったんでしょ？

敏 ……学校まで歩いて行ってたから。僕は田舎が熊本だから、東京に来たら金が追いつかないわけ。それで親父とかお袋に入れ知恵して、お金をどんどん送ってもらって。

——当時からモテたんですか？

妻 モテた話は聞いてないよね。

敏 ……いや、だけどモテましたよ。

妻 ラブレターもらったって話は聞いた。

敏 ……そりゃもう。

——ジョー山中さんをシメたことがあるっていうのは、どういう接点だったんですか？

敏 ……あいつはバンドボーイで来たから、コノヤローって言ってやっちゃいましたよ！

——ボクシングやってたし強いですよ！

敏 ……そんなことない、一発だよあんなもん！ ノーチェ・クバーナのボーヤでね。

ジョー山中
プロボクサー時代を経て、66年に上條英男（当時は上条英男）のGSバンド「4・9・1（フォー・ナイン・エース）」に城アキラの芸名で加入し、ボーカルを担当。68年に内田裕也の誘いに応じ、「フラワー・トラベリン・バンド」の結成にボーカルとして参加。ソロの曲としては、映画『人間の証明』（俳優としても出演）の主題歌『人間の証明のテーマ』が有名。吉田豪によるインタビューが『人間コク宝』に掲載。

ノーチェ・クバーナ
有馬徹とノーチェ・クバーナ。日本が誇るラテン・ビッグバンド。65〜67年には『NHK紅白歌合戦』に出場。現在も二代目リーダーでボーカル&ギタリストの淡谷幹彦が引き継ぎ活動中。

——ちなみに内田裕也さんとの関係は？

敏 ……裕也はね、あいつは俺に対してはいつも「敏さん」って言ってくるもんね。

妻 そうそう。1回カラオケやったんだよね。そしたら「敏さんはヒット曲があっていいね、カラオケで歌う曲があって。自分なんかなんにもないよ」ってガッカリしてて。

——裕也さんはカヴァーですからね（笑）。

敏 ……カヴァーもひどいもんね。まあ、あれでいいんじゃないですか？ 嫁さん死んじゃったし。裕也は裕也で周防（郁雄）に転がってね。

——『ニューイヤーロックフェス』もバーニングの周防さんに協賛してもらってますからね。そういえば裕也さんをシメたことがあるっていう伝説はホントなんですか？

敏 ……裕也はウチの近所に住んでたんだよ、島田陽子と。シメたことはないけど……。

——え、ないんですか？

妻 私はそこはわからないから言えない。

敏 ……裕也はすごいよく知ってますよ。

——敏さんはフランク・シナトラのボディガードもやってましたけど、最初の接点は？

敏 ……長いですよ、シナトラは。写真持ってくればよかったね。写真は全部取ってる。

——大学時代に海外に行かれたときが最初？

敏 ……いや、それ以前。あのね、来るヤツは来いだから、シナトラは大歓迎だから。

——まず、フランク・シナトラの1974年の公演で警備を取り仕切ったわけですよね。

敏 ……はい、それはやってます。

妻 3回やってるよね。

——最初は海外だったんですか？

敏 ……海外旅行についてって。日本人は僕しかいない。強かったんですよ、その頃は。

——なんでそんな交流ができるんですか？

敏 調子いいからでしょ（笑）。

——そんな理由なんですか（笑）。74年のフランク・シナトラ公演では警備のギャラで200万円もらってたって説もあります。

敏 ……そんな金じゃないです、ボンボンもらえるから。あそこ……なんだっけ、銀座の店。

妻 それだけじゃわかんない。

敏 ……書いてこないと忘れちゃうね。

妻 最近忘れちゃうんだよ。銀座だけじゃわかんない。74年のことは私わかんないな。

——1985年にフランク・シナトラが来日したときもボディガードされてたんですよね。

敏 ……シナトラは僕しかダメだから。絶対ダメで。高杉（敬二）がよく来てたから、俺のことは高杉がよく知ってる、全部しゃべりますよ。

——そもそも世界のフランク・シナトラと、どんな感じの交流をしていたんですか？

敏 ……シナトラはやっぱり世界の英雄だから、（黙って小指を立てて）これしかない。

——ダハハハ！ ハッピー&ブルーを始める以前に、アメリカですでに女遊びが激しかったという説を読んだんですけど

内田裕也
ロックンローラー。内田裕也とザ・フラワーズのボーカリスト、フラワー・トラベリン・バンドのプロデュース活動などを経て、70年代後半からは俳優としても活動。年越しロックイベント「ニューイヤーズワールドロックフェスティバル」を毎年開催していた。19年3月、肺炎のため死去。妻は樹木希林。吉田豪によるインタビューが『人間コク宝』に掲載。

周防（郁雄）
バーニングプロダクション代表取締役社長。巨大芸能グループ・バーニング系グループのトップとして、また"芸能界のドン"として知られる。浜田幸一の運転手を経て、新栄プロダクションに入社。68年ホリプロダクションに転じ、71年自らの

も……。

妻 誰がですか？

──敏さんです！

妻 大丈夫、私は聞いてないから。そんな話をいま聞いてもなんとも思わないから。

敏 ……女は食い道楽だから。

──食い道楽！

敏 ……好き！

──腕っぷしが強くてフランク・シナトラの警備をやって、女性関係も激しかった人が、なぜ音楽を本気でやろうと思ったんですか？

敏 ……シナトラを知ってれば通用するなと思って。だからシナトラとは仲良くしてて。

妻 パパ、アッシーだもんね。買い物するときには、タバコ買ってこいとか言われてね。

敏 ……ワイン買ってこいとかね。

──それって85年もやってたんですか？

敏 ……その前からやってた、アメリカ行ったときから。ベガスでもよくしてもらった。

──海外でボディガードやるのって日本より怖いですよね。

敏 ……怖いですよ！ やったらやられるからビシッと。あとはシナトラに任せとけばいいんだよね。向こうは自分の取り巻きがすごいから。だからまあ、シナトラのことは僕しかしゃべれないですね。ほかの連中が言ったら嘘ですよ。誰も代わりになって言えない。

自身のホストクラブで あの御大を輩出

──その後、遠藤実先生の家の犬の診察がきっかけで芸能界入りしたって話も不思議で。

敏 ……ああ、それは僕が三條正人、森雄二、ロス・プリモスの村上章、あのへん連れて遠藤さんの家に行ったんですよ。僕が獣医だから「おまえうまくやれよ」って言われて。

妻 それじゃ意味わかんないよ。

──つまり、最初からいろいろ計算してというか、いかに入り込むかを考えていた、と。

敏 ……そのときボーヤで千昌夫がいて。

妻 あの人は内弟子だったんだよね。

敏 ……僕は外だから。

妻 この人は外弟子です。

──つまり、その時代にもうグループはできていたけども、何かきっかけ作りというか。

敏 ……それをやろうなと思ってたの。

──で、犬の診察を理由に入り込んで。

敏 ……いや、「いい犬ですね」って言って、それでうまく遠藤さんの家に入り込んで、それで遠藤さんが会社を作ったんです。

──ミノルフォンを。

敏 ……ミノルフォン。そこに入ったんですよ。社員たちはボーヤだから。波瀾万丈。

妻 だけどミノルフォンじゃぜんぜん売れなかったんだよね。

芸能事務所・国際プロダクション（のちのバーニングプロダクション）を設立。

フランク・シナトラ
20世紀アメリカを代表するポピュラー歌手。代表曲に『フライ・ミー・トゥー・ザ・ムーン』『マイ・ウェイ』など。イタリア系マフィアとも深い関係を持つ。日本におけるシナトラの興行や企画等の権利については、シナトラの初の来日時のボディガードを行った敏いとうが窓口だった。

高杉（敬二）
元ボンド企画社長、現BMI社長。ボンド企画時代に、松崎しげるのマネージメントを担当したのを始め、本田美奈子（倒産後も共に活動）、杏里、松本伊代など、多くのタレントを育てた。

遠藤実
5000曲以上の作品を世に送り出した作曲家。作曲した曲は『高校三年生』『星影のワルツ』『せんせい』など。65年に太平音響株式会社の設立に加わり専務取締役となり、68年に2代目社長に就任すると、社名をレーベル名と同名のミノルフォンに改名。

極真館

それでどうしようって。
敏 ……田辺の昭ちゃんのところ（田邊昭知社長の田辺エージェンシー）に入ろうかなと思ったんだけど、たいへんだなと思って、自分でやりますよっていうことになって。昭ちゃんとこはマチャアキとあれがいたし。
――井上順さん？
敏 そう、順坊。あのへんは楽しかったね。
――そしてバーニングの生え抜きになって。
敏 ……ええ、バーニングの1号だもん。
妻 細川たかしさんが入る前でしょ。
敏 ……細川は拾ってきたんだよ。
――拾ってきた（笑）。
敏 ……僕がバーニングの1号だから。
妻 この人が言うと全部一番になっちゃうの、一番じゃなきゃ許せない人だから。
――ダハハハハ！ 田邊さんとの関係から立ち上げのときに誘われたわけなんですかね。
敏 ……そうそう。ほらあれ、あの鹿児島の出身は誰だっけ？ 歌手になった……。
妻 演歌？ パパの親しい人？
敏 ……仲いいよ。相撲部屋のおかみ。
――高田みづえさん？
敏 ……そうそう、みづえ。だって、あれもみんな俺の取り巻きだから（あっさりと）。
――取り巻き（笑）。
敏 ……みづえなんか呼び捨て許してくれたもんね。まず最初にバーニング入ったときは周防とくっつけと言われて、ＴＢＳのアナウンサーの奈良（陽）さんが「敏、うまくやれよ」って言って、そこからバーニング。いまでもつき合いはありますよ。バーニングの周防さんが俺には一目も二目も置きますからね、選挙に出たときなんかすごかったよ。
妻 すごかったよね、届けものがね。
敏 ……僕が選挙に出たの知ってます？
――もちろん。２０１０年に国民新党から。
妻 出なきゃいいのにね、出たんですよ。
敏 ……いや、通ると思ってたから。
妻 でも、立候補して3日目か4日目ぐらいに新聞記者かテレビ局の人が、「これ間違いなく落ちますよ」って言ったのよね。
敏 ……ＴＢＳが教えに来たの。
妻 「やっても無理です」って（笑）。
敏 ……票数が足りないって。
――１９７７年ぐらいの段階で、「7年後には政治家になってる」って宣言してましたよね。
敏 ……その予定でいたんですよ。あのときは自民党から出馬してたら勝ってたんだよ。
――あとこれ驚いたんですよ、「売れてまずやったのがホストクラブ経営」っていう。
敏 ……これは儲かった！ 日本で一番！
妻 北は北海道から南は九州、沖縄までね。
敏 ……飛行機で来るわけ。すごかったの。
妻 セレブな奥様が。
敏 ……めちゃくちゃ来ましたよ。
――新宿歌舞伎町でやられてたんですね。
敏 ……新宿。

田邊昭知
田辺エージェンシー代表取締役社長。堺正章、かまやつひろしらが在籍したザ・スパイダース（初期のバンド名は「田辺昭知とザ・スパイダース」）のリーダーだった。66年、ホリプロダクションから独立し、スパイダクションを設立。のちに田辺エージェンシーに改称。妻は元所属タレントの小林麻美。

高田みづえ
バーニングプロダクションに所属していたアイドル歌手。代表曲に『潮騒のメロディー』『私はピアノ』など。夫は元大関若島津（現・二所ノ関親方）で、芸能界引退後は松ヶ根部屋（現・二所ノ関部屋）のおかみさんとなった。

妻 向こうでドンペリが空くとこっちもドンペリが空いて、「フルーツ」って言うと「ウチはもっと大きいフルーツ持ってきて」って言うし、見栄っ張りばっかりで。これは儲かったらしい。お金どこいったんだろうね。

敏 ……全部自由に使えない。森下（景一）、これを日本一のホストにしたの。

妻 そうなんです、森下さんひとりでお店いっぱいにしたんだって。いますごいよね。

敏 ……いますごいよ。

――（当時の記事を見て）昭和の二枚目で。

妻 いまロボットの店やってるの。

――ロボットレストランですか！

敏 そうそう。

妻 あの社長。

――え！　つまり森下グループですか？

敏 ……え、知ってるんですか？

――いやいや、有名人ですよ。顔出しをしないことでも有名みたいなんですけど、ホスト時代にはこうして記事になってたんですね。

敏 ……森下は元気なのかな。

――元気なはずですよ。

妻 森下さんには1回ロボットレストラン呼ばれたんだよね、「見てください」「敏さんのところでは一番いい思いしました」って。

敏 ……一番いい思いしたよ。

――ちなみに、そのホストクラブにはカールスモーキー石井さんもいたんですよね。

敏 ……石井はウチのボーヤだもん。

妻 違う、ヘルプだったんでしょ。

敏 ……500円ホストだよ。それで「おまえ、もうちょっとビシッとやらないと、そんなんじゃ出世しないよ」って言ったの。

――音楽活動をやりながらホストやってて。

敏 ……最初はたいしたことなかったんですよ。それで音楽活動をなんとかするには、っていう方法論を教えたんですよ。「まずベガスで本場のショーを観てこい、それからだ」と。あいつの田舎なんて田んぼだからね。それからあいつはスターになっていって、「おまえ、顔出しに来いよ」って言っても来ないんだよ。

――「挨拶がないじゃないか　連れてこい」と言ったっていうエピソードもあって。

敏 ……そうそう、それはホントですよ。

妻 でも来なかったよね。

敏 ……来なかったね。ヤバいと思ったんでしょ。いまほら、俺も癌になったでしょ。

妻 癌は切ったからもうない！　腎臓取っちゃったでしょ。いつまでもあると思ってるから（笑）。かわいそうな男を演じたいのよ。

――当時の胸板の厚さが尋常じゃなくて。

妻 もうぜんぜん痩せちゃって。

敏 ……当時は110キロあったよ。

――当時は異常に強そうでしたけど。

妻 びくともしなかったよね。

敏 ……いまなんか足がキツいから。

森下（景一）
森下グループ（漫画喫茶マンボー、ロボットレストランなど）の会長。"歌舞伎町の王"とも呼ばれている。敏いとうが社長を務めたホストクラブ「ヴェルサイユ」のNO・1ホストだった。

妻　脊柱管狭窄症だから。

敏　……フットボールやりすぎたんですよ。

数々の芸能人とのディープすぎる交流

――敏さんといえばギャンブルも相当すごかったという伝説があるじゃないですか。

敏　……金でいわしたからね。

――金でいわした？

妻　いまの言葉は通じない！

敏　……通じない？

妻　うん、文章になってないもん。金で何をいわしたのよ。相手を黙らせたってこと？

敏　……なんだろうな。

妻　もう（笑）。カジノは好きだったよね。

敏　……でもベガスは行くもんじゃない。

妻　方角が悪い。勝ったためしがないよね。

敏　……2億ぐらい負けたよ。

妻　あそこは行っちゃダメだよね。

敏　……行くんだったらマカオ。それと。

妻　バハマ？

敏　……バハマは最高。

妻　でも、一番よかったのはマカオね。

敏　……マカオは連勝連勝。

妻　だってカジノがあるところをたどって、たとえばパリに行こうって言ったらアメリカのカジノをたどって乗り換えて行くわけ。

敏　……たいへんだったですよ。

妻　私が一番たいへん！　子供もいたし。

――それくらいギャンブルが大好きで。

妻　お仕事だもんね。

――競艇にもハマってましたよね。

敏　……ああ、あれは笹川会長の関係です。

――笹川良一さん？

妻　良一だよね、会長だもんね。

――つまり、笹川さんのラインで競艇の宣伝的な活動もやってたってことなんですか？

敏　……出てた。

妻　いろんなとこ行ったよね。

――芸能人モーターボート同好会っていうのも作ってたっていう情報もありましたけど。

敏　……適当に作ったんでしょ。

――会長が横山やすしさんで、敏いとうさんは副会長で、徳光和夫さんが理事でした。

敏　……ホントですか？

――当時、自分で言ってましたよ！

敏　徳光はキ●ガイだからね。異常だよ。

――徳光さんってクリーンなイメージありますけど、基本は競艇&風俗の人で（笑）。

敏　……そうそう（以下自粛）。

――ある記事だと、徳光さんに初めて競艇に誘われて10万円が2500万円になったことで、競艇に目覚めたってことでしたけど。

笹川良一
日本船舶振興会初代会長。競艇を公営競技に仕立て上げたことで知られる。戦前は自らファシストと名乗り、ベニート・ムッソリーニを崇拝。国粋大衆党を結成。A級戦犯容疑者の指定を受け、巣鴨プリズンに3年間収監。

妻 口からでまかせじゃないの?

敏 ……そうだな。

妻 私、現金はマカオで勝ったときしか見てないの。私の前でブロックで積んだからね。

敏 ……あのときは8000万ぐらい儲かったよ。ホントにガッサリきた。まあ儲かった!

――でも、全体では恐ろしい額を負けてて。

敏 ……マカオ以外はダメですね。

――やすしさんとの交流もあって。

敏 ……やすしは兄弟分です。写真いっぱいありますよ。あいつもいい加減だからね。

妻 やすしさんにいくら作ってあげたか。最終的には借金を置いて死んじゃったもんね。

敏 ……500万。最終的に金がないから。

妻 セスナを担保にしてくれとかね。

敏 ……その録音テープありますよ。

――この頃、競艇にハマりすぎて打ち合わせも平和島でやってた説もありましたけど。

敏 ……やってたな。

妻 やってたでしょうね(笑)。ほら、あのガラス張りのメンバーズルームだから。

敏 ……あの頃はよかったけど、徳光もかなり損しただろうね。借金だらけだよ、いま。

――麻雀も強かったんですよね。

妻 一時期やってたよね。でも、脳梗塞になってやめたの。病気になってから(笑)。

敏 ……頭に悪いから。ちょっとションベン行ってくるわ(杖を付きながら出ていく)。

妻 行ける? (同行者に)一緒に行ってもらえる? もう後期高齢者なんだから。私が裏話を教えておくから行ってきなさい。

――結婚されてどれくらいになるんですか?

妻 30年。一番続いてます(笑)。

――三度目の結婚で、しかもけっこうたいへんな状況になってからの30年だから……。

妻 ないないづくしの結婚で。一番目と二番目が全部持ってっちゃったあとですから。

――それでこれだけ続いたのはすごいです。

妻 ホントに皮肉。離婚届を書いたことありますから。(敏が戻ってきて)早いねえ、べつに悪いことなんにも話してないから。私とあなたの30年で、私が損したって話。儲かったときにどっかに取っとけばよかったのよ、壷でも埋めて。1億だけでも持ってりゃいいのよ。だって枕のところにお金が全部あって、お手伝いさんが「どうやって掃除すればいいんですか?」って言ってたんだから。

敏 ……ホント金が残ってしょうがなかったんだから。こないだ亡くなった愛ちゃんもね。

――ホストクラブ『愛』の愛田武社長ですかね。

敏 ……愛ちゃんなんかも金借りに来たよ。

――当時のギャンブル仲間が勝新太郎さんとかだったっていうのはホントですか?

敏 ……勝新はずいぶん面倒見ました。だけど(中村)玉緒ちゃんがいい加減な女で。どうしようもないよ、金ばっかり借りに来て。

愛田武
最盛期には400人を超えるホストが在籍し、年商20億円を稼いだ伝説的ホストクラブ「クラブ愛」の元社長。19歳で新潟から上京、家具販売会社の営業を経て28歳の時にホストに転職。暴力団とトラブルが起きた際に、組長の前で切腹をして落とし前をつけたこともあるとか。

勝新太郎
昭和を代表する名俳優。『座頭市』『悪名』『兵隊やくざ』シリーズの主演を務める。81年に自身の映画制作会社・勝プロダクション倒産で12億の借金を抱え、90年に大麻とコカインの入った袋を下着に隠していたとしてホノルル空港で現行犯逮捕。兄は若山富三郎で、妻は中村玉緒。

——逆のイメージですけどね。清水健太郎さんを芸能界に入れたのも敏さんって話で。

敏 ……そう。それで儲かるかなと思ったらギャンブルでしくじったんだよ、あいつ。

妻 麻薬じゃなかった?

敏 ……いや、ギャンブルが先。

——逮捕されたときに事務所に受け入れたのも敏さんだったって話もあったりで、聞けば聞くほどいろんな人の面倒見てたんですね。

敏 ……結構見ましたね。

——それこそ美川憲一さんとかも。

敏 ……美川なんてあいつ●●だからね。

——ダハハハ! 書けないですよ!

妻 池袋の寿司屋で手渡しましたよ。

敏 ……「金が足りないから頼む」って。「頼むじゃねえだろコノヤロー」って。

——一番低迷してた時期にお金がなくて。

敏 ……金借りに来て帰らないんですよ、借りるまで。そういうシーンがいくつもあった。ウチの近所に金を借りに来たとき、「つけられてるからヤバいぞ」って隠れてね。

——薬物で捕まる直前ぐらい。

妻 その次の日だよね、捕まったの。

敏 ……絶対ヤバいって言ってたら案の定。

——美川さんに「世界のカジノでギャンブルやれ」ってアドバイスしたらしいですね。

敏 ……ああ、「周ったほうがいいよ」とは言った。金があったらね。でも金ないから。

妻 あなたとはあるときはやってたの?

敏 ……俺はなくなったらやらない。それが一番賢明だよ。ベガスで2億負けたけど、そのほかはそんなに負けてない。かえって儲かってると思う。マカオは絶対勝ってたから。

——麻雀のレートが高かった説もあります。

敏 ……みんなビックリしてたね(笑)。そのせいで僕とやったらすぐ終わるもん。

妻 それで、負けたら払わないもんね。勝ったらちゃんともらってくるんですよ。

——ダハハハ! 最悪じゃないですか!

妻 人から見たら最悪だけど。

敏 ……それはいいんだよ。

——レートが1000点1万円って説が。

敏 ……そんな安くないでしょ。

——女性関係の話もオープンにされてきて。

敏 ……ん?

——すごい記事が山ほどありますからね。

妻 ホントですか?

敏 ……それはもうコレ(口だけ)ですよ。

——たしかに記事によって人数が違ったりするなと思ったんですよ。1990年ぐらいの段階で「5000人斬り」って書いてあって。

妻 ああ、言ったことあるじゃん、パパ。

敏 ……だけどそんなにヤッてないよ。

——その後は1300人斬りに減って。

敏 ……そのときによって違うから。

妻 私は平気、知り合う前のことだから。だけど私、思うん

清水健太郎
76年の『失恋レストラン』(作詞作曲はつのだ☆ひろ)でブレイク。また『首領への道』『雀鬼』などがヒットし、"Vシネマの帝王"とも呼ばれた。覚醒剤で複数回逮捕されたことでも知られる。吉田豪によるインタビューが『人間コク宝サブカル伝』に掲載。

だけどそんなにそういうことはダメだと思う。しゃべるのも、そんなエッチなことしゃべれないんですよ。メンバーがエッチなことしゃべってても中に入れない。

——えっ？　そうなんですか？

妻 まじめなんだよね、あなたね。

敏 ……うん。

妻 やってることはわからないけど。

——当時の記事だと「複数プレイが大好き」とか書いてありましたけどね（笑）。

敏 ……ああ、それは言うだけだから。おもしろく言わなきゃしょうがないから。

——13人とヤッたみたいな話でしたよ。

敏 ……ああ、それはヤッたな。

——地方公演の宿泊先にファンの女性が団体で押しかけてきて、13人とヤッたという。

敏 ……それは仙台だ。それはホント。

妻 差があっちゃいけないからしてあげて。

敏 ……そう。

——かわいそうだから14Pをやって。

敏 ……ああ、13Kですよ。

妻 Kってどういうことなの（笑）。

——当時、そっち関係で一緒に遊んでたのが中条きよしさんだったみたいですね。

妻 ああ、それはあるね。

敏 ……中条はよくしてくれたよな。

——「中条きよしさんよりも実力は僕のほうが上だ」って当時は言ってましたよ。

敏 ……あいつはセックスヘタだもん。

——なんで知ってるんですか（笑）。

妻 ね、ふたりでそんな話しないじゃん。中条さんもそういう話、嫌いだもんね。

敏 ……嫁さんがうるさいからな。

——40年ぐらい前に当時誰もが知ってる65歳の有名女優とヤッたっていう話もあって。

敏 ……誰ですか？

——誰かは書いてないのでわからないですけど。紅白歌手を経て女優になった方と一戦終えたら、「覚醒剤ないかしら？」と聞かれたとか、いろんなエピソードを話されていて。

敏 ……誰ですか？

——誰かはボクもわからないです。

妻 ●●●●●じゃないでしょ？

敏 ……あいつはクサレ●●●だから。

——ダハハハハ！　島倉千代子さんには「敏さん抱いて」って言われたって話でしたね。

敏 ……「ヤッてくれ」って言ってきたの。

妻 ヘビが好きなのが嫌だったんでしょ？

敏 ……ヘビが大好きで、ヘビだらけなの。

——家にヘビが。「明るいところでするのが好き」と迫られたことがあった、とのことで。

妻 あんたも適当なこと言ってるね。

敏 ……適当だからな。

——ダハハハハ！　２０００年ぐらいに大病したあとも、「セックスは枯れてない、何歳でも勃つんだよ」って宣言がありましたね。

中条きよし
74年にリリースした『うそ』が150万枚を超える大ヒットを記録し、第16回日本レコード大賞の大衆賞などの音楽賞を受賞。役者としても人気で、『必殺』『第三の極道』シリーズなどに出演。

島倉千代子
『紅白歌合戦』に30年連続出場した昭和のスター。恋人の男性に騙され多額の借金を抱えるが、その取り立てに介入した細木数子から新たな搾取が始まる。晩年も事務所のスタッフに資産を奪われ、多額の借金を抱えた。そんな彼女の代表曲は『人生いろいろ』。

敏 ……ああ、勃ちっぱなしだったけど最近ダメですね、やりたくない。なあ？

妻 知らないよ(笑)。よそだったら大丈夫なんじゃないの？ 口ばっかだもんね。

──意外な人脈でいうと総会屋の小川薫さんにもかわいがられてたって話を聞きました。

敏 ……そうそう、仲良かった。

──ピンク・レディーの出資元でもあった。

敏 ……小川さんがスポンサーだったから。

妻 ハワイの別荘にも行ったよね。

──巨人軍の選手とも関係が深くて。

妻 市ヶ谷でお店やってたときも来たよね。

敏 ……中畑（清）たちがずっと来てた。

──仲良くても、なかなか巨人の選手をメインボーカルに起用はしないじゃないですか。

敏 ……ああ、入れたの。

──敏いとうとハッピー&ブルーに。

妻 藤城（和明）と柳田（真宏）。

敏 ……柳田は男気があるけど藤城はダメ。

妻 柳田はいまも連絡あるもんね。

敏 ……藤城はダメ。●●学会員なの。

──余計なエピソードが（笑）。

妻 藤城さん、お酒飲まなきゃ歌えなかったから1杯ひっかけて歌えなんて言ってね。

敏 ……ほかに何か言うことないですか？

妻 スキャンダルあるじゃない。

──元事務所社長との借金トラブルですか？

敏 ……これはダメ。嘘ばっかりだから。

──そうだったんですか。

敏 ……俺は借金は全部ないから。

──その社長が新興宗教の教祖だっていう。

敏 ……王（貞治）さんも中畑もみんな仲良かったよ。でも、こういうのは罰当たり。

──その社長が主張する借金総額も最初は6億円だったのが13億、15億となってきて。

敏 ……嘘ばっかりだよ。

妻 そんなお金なかったもんね。だから弁護士のところ連れてったの。借金してるところに返すと、その倍借金してくるの、この人。

──1回返して実績つくってさらに借りる。

妻 そうだと思う。

敏 ……（大量の記事を見て）この記事はどういうふうにして手に入るんですか？

──大宅文庫とか昔の記事を調べられる図書館がありまして。当時のコーラスグループ座談会みたいな記事では、「敏いとうさんはコーラス界のマフィアといわれてるんですよ」ってほかの人たちから言われてましたね。

敏 ……鶴岡（雅義）が言ってるんでしょ。

妻 でもね、思われてると思うよ。

──コーラス界のマフィアだって（笑）。

妻 「あいつ連れてこい」とかよくやってたじゃん。メンバーが連れてくるんですよ。

──「あいつ連れてこい」っていうの？

妻 ●●●とかさ。言っちゃダメ？

小川薫
〝最後の総会屋〟と呼ばれた実業家。約1000社の一流企業から年間10数億円集めていた。資金難だった頃のピンク・レディーの事務所のオーナーとなり、資金の支援をしていた。ユセフ・トルコが小川薫の用心棒だったことも。

鶴岡（雅義）
ムード歌謡グループ・鶴岡雅義と東京ロマンチカのリーダー。『NHK紅白歌合戦』に6年連続出場。

敏 ……言っていいよ。

——●●●さんも腕っぷし強いことで有名な演歌歌手の人ですよね。それをなんでまた？

敏 ……人はいいんだけど。

妻 競艇場で帽子被ったまま「オッス」みたいな感じで挨拶したら怒っちゃって。

敏 ……その兄貴だろ？

妻 ●●●●じゃないよ、ぶっ飛ばしたのは。メンバーが体さらってきたじゃない。

——……え？

妻 「あいつ連れてこい」って言うとだいたいメンバーがふたりぐらいで連れてくるの、「リーダーが呼んでます」って。そしたら、みんなブルブルになって来てたじゃん。

——礼儀がなってないとすぐ呼び出して。

敏 いきなりバーンとやるから。

——渡哲也をぶっ飛ばしたって発言はさっき否定してましたけど、表に出てないぶっ飛ばした話もいろいろあるわけですよね。

敏 ……あるね。

——基本、礼儀がなってなかったりすると。

敏 ……そうでしょうね。俺が一番みたいなヤツ、誰だっけ？ 死んだじゃん、女房が。

妻 内田裕也？

敏 ……裕也なんかぜんぜん根性ないし。

妻 いや、そうじゃなくて、あなたとは闘う気がないと思うよ。不戦勝だよ（笑）。

敏 ……人はいいよね。あとは何かない？

——こんな感じで大丈夫です。

妻 これで記事になるのかどうか。

——奥さんのお話も使わせていただきます。

妻 私はホント口が悪いから。あなた、私いくらかもらえるかしら？ さっきも「一番損してる奥さんですね」って言われたよ。

敏 ……え？

妻 三代のうちで一番損してる。

敏 ……（飲みかけのココアを差し出して）これあげる。

妻 いらないよ！

——でも、こんなに奥さんと続いて。

敏 ……30年続いてます。

妻 私は途中で逃げようと思ったんだけど。

敏 ……うそっ!?

妻 それぐらいあるに決まってるじゃん、あんたみたいな男と一緒になったんだから。

敏 ……「あんたみたいな」ってなんだよ。

妻 人に言えないこといっぱいあったんだから！ 人質みたいなもんだよ、私。私はホントのことは言わない、あんたが死んだら本に書く。でも、売れないだろうなー。知り合いはすごく多いんですよ。こうやって話してると出てこないけど。あとヤクザの構成とか。

敏 ……全部わかる。

妻 ここの反目はこうとかね。「敏ちゃんはヤクザより怖い」って何回も言われたね。

敏 ……バッカバカにいくから。

妻 都合が悪いと警視庁が出てくる（笑）。

——追い込みかけられたら警視庁に（笑）。

妻 ヤクザに追い込みなんてかけられたことないよね。みんなが聞きに来るもんね。

——（敏いとうが差し出した名刺を見て）警視庁組織犯罪対策四課の人ですね（笑）。

敏 ……警視庁のそういう関係もほとんど知ってますからね、それが俺の宝だから。

——警察もヤクザもつながりが深い。

敏 ……深いですよ。

妻 だけど警視庁で「敏いとうとつき合うな」ってお触れが出たんでしょ？「ヤバいからあいつとつき合うな」って（笑）。

——最後に、人生でやり残したことは？

妻 お金が入ったときにビル建てておけばよかったんじゃない？そんなのは思わないか、あなたお金を残すことしないもんね。

敏 ……森下が俺に金持ってくればいいよ。

妻 そんなことするわけないでしょ！

敏いとう＆フランク・シナトラ秘蔵写真

▲フランク・シナトラとの2ショット。

◀フランク・シナトラとのハグ。

▼フランク・シナトラと一緒に集合写真。

◉インタビューの後日、敏いとうさんからお借りした貴重な写真の数々がこちら。シナトラが敏さんに肩を組んだ2ショット、熱い抱擁など、敏さんとフランク・シナトラが深い仲であったことがよくわかる。集合写真には、ハッピー&ブルーのメンバーの他に、シナトラも出演したというナイトクラブ「コパカバーナ」のオーナー・長尾久子の姿も。

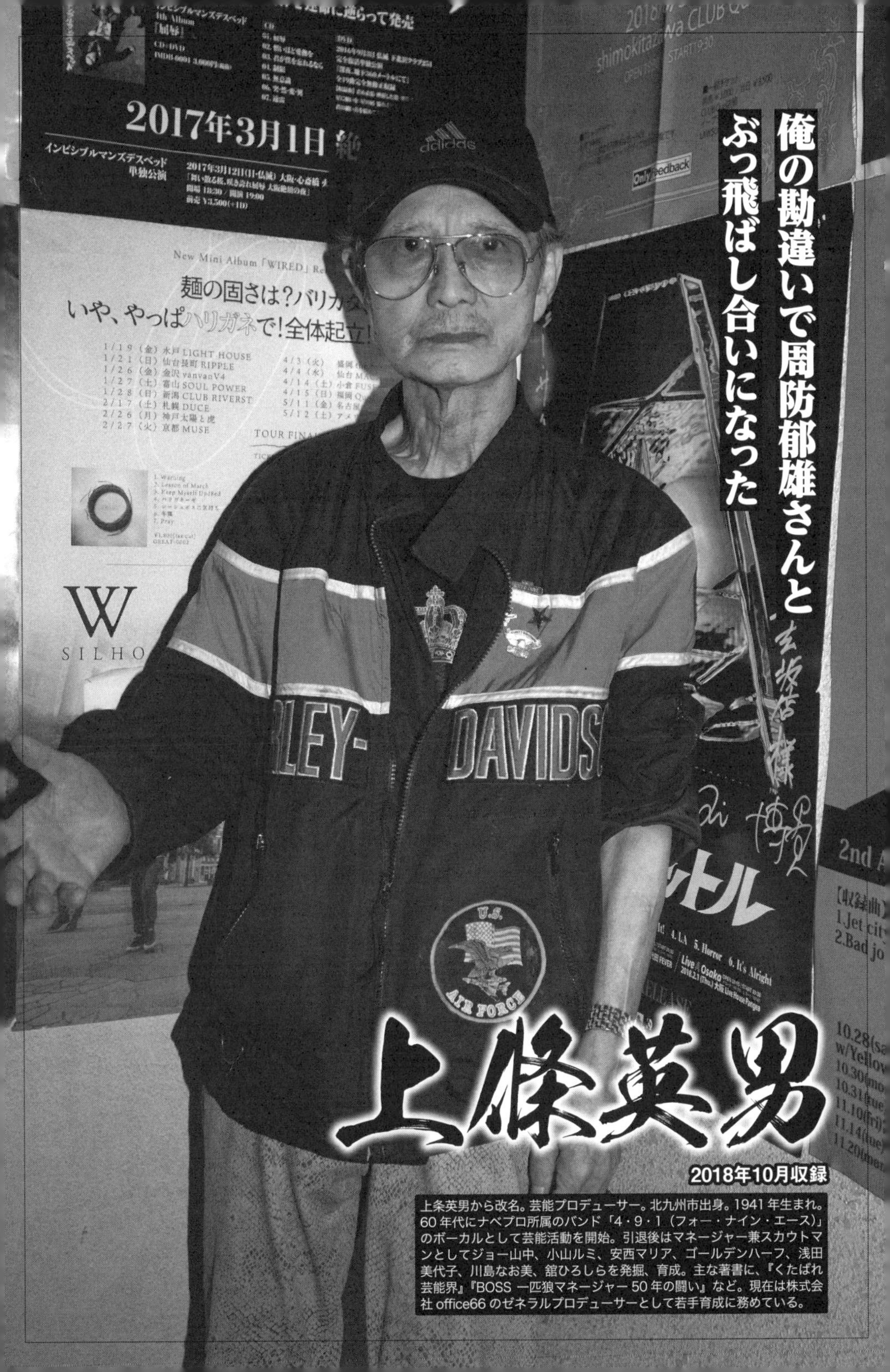

俺の勘違いで周防郁雄さんとぶっ飛ばし合いになった

上條英男

2018年10月収録

上条英男から改名。芸能プロデューサー。北九州市出身。1941年生まれ。60年代にナベプロ所属のバンド「4・9・1（フォー・ナイン・エース）」のボーカルとして芸能活動を開始。引退後はマネージャー兼スカウトマンとしてジョー山中、小山ルミ、安西マリア、ゴールデンハーフ、浅田美代子、川島なお美、舘ひろしらを発掘、育成。主な著書に、『くたばれ芸能界』『BOSS 一匹狼マネージャー50年の闘い』など。現在は株式会社office66のゼネラルプロデューサーとして若手育成に務めている。

ヤクザの集団に襲われる

――上條さんの本は最初の『ケンカ説法』(74年／近代映画社)から全部持ってます。

上條 それ、持ってんの!? ヒャーッ、すげえ!! プレゼントしてよ! 俺ないんだよ!

――なぜか裏表紙が上條さんじゃなくて。

上條 沢田研二だよ。最初に俺がスカウトしたのは沢田なんだよ。沢田の裏表紙はナベプロが絶対に許さなかったんだけど、本人が「上條さんのとこだったら俺がやる」って。そのときの制作部長が松下治夫っていうの。こいつが「沢田が直接言ってくるなんて珍しいし、写真を使っていいよ」って。それで後にナベプロがキャンディーズをやるとき、いまのアミューズの会長の大里洋吉さんが担当だったの。俺はゴールデン・ハーフやってたんだけど、大里さんが何度も俺に聞いてくるんだよ。だから「おまえ、順番が違うんだよ、左にいるランって子を真ん中にしろよ」って言って、そしたらそれ会議に出したら、当時の制作部長の松下治夫が「おまえの意見じゃないだろ、どうせこれ上條の意見だろ!」って。

――あっさりバレて。

上條 それでランが真ん中に来た途端にバーンとヒット。ナベプロでは社長の美佐さんもなんでも俺の言うことをきいてくれたよ。で、「よそに行くな」「ナベプロが資本を出してる会社にいてくれ」ってことで、ジョー山中を連れてフォー・ナイン・エースに入ったの。

――上條さんが沢田研二さんに声を掛けたのは内田裕也さんよりも先だったわけですか?

上條 ぜんぜん! 何言ってんだよ! 裕也ちゃんは俺がこの芸能界に入れたんだよ! だって俺が仙台に日本刀を持ってってパクられたんだよ!

――なんかたいへんなことやらかしてますよね、ヤクザの事務所に乗り込んだり(笑)。

上條 そう、乗り込んで。俺の最初の彼女が「ウチの人、そっちに行くかもわかんない。ちょっとヤバいから」って言ったら、20人ぐらいドアの向こうでみんな待機してたの。

――ヤクザが待ち構えて。

上條 そしたら運が悪いことに、俺がファンからもらった日本刀の小刀を持ったんだよ。

――そもそもファンが日本刀をくれるっていうのが、よくわからないんですけど(笑)。

上條 俺がヤクザに腕を切られたって、けっこう有名な話だったんだよ、ほら(傷跡を見せる)。俺ここ何本も切られてるんだよ。ケンカばっかりしてて。ここは8針縫ってて。

――傷跡が縦も横もあるのがヤバいですよ。

上條 縦は大丈夫なんだよ、横は筋肉が引っ張り合ってるからヤバいから十何針縫ったんだよ。それでファンが小刀くれたんだよね。

――みんなが刀をくれる(笑)。

上條 そうだよ。俺それ持って乗り込んでったら、ドアが閉まってるんだよ。映画だよ、ダーンとドアを蹴破って入った途端に10人ぐらい集まってきてボッコボコにされてさ。

――完全に待ち伏せされて。

上條 だって俺の彼女が言っちゃってるから。それで仙台北署

松下治夫
渡辺晋と妻の渡辺美佐と一緒に3人で渡辺プロダクション(ナベプロ)を設立。『新春かくし芸大会』『クイズ・ドレミファドン!』などを制作。菅野志桜里(衆議院議員の山尾志桜里)と猪木寛子(猪木の娘)のWキャストのミュージカル『アニー』を皮切りに、日本人キャストによるブロードウェイミュージカル公演を多数手掛ける。

大里洋吉
アミューズの創業者で、現・代表取締役会長。ナベプロ時代は、キャンディーズ解散コンサートの総合演出を務めた。アミューズ独立後は、サザンオールスターズを始め、新興のロックバンドを次々と抜擢。

ゴールデン・ハーフ
70年代前半に活動したナベプロ所属の、メンバー全員ハーフのアイドル・グループ。エバ、マリア、ルナ、ユミの4人組時代が人気絶頂期。ほとんどが洋楽曲のカバーで、『ゴールデン・ハーフの〇〇』とグループ名を冠した曲名が多い。

にすぐパクられて。ところがそのグループは前科者が何人かいて、仙台北署の刑事部長が、「上條、おまえはこんなところにいる人間じゃない。俺が保証人になってやる」って、刑事部長がありえないだろ？ 保証人になってくれて出してくれたんだよ。だからそれは前科ついてないんだよ。

――逮捕されてはいるけども。

上條 で、俺がそこから出るときに刑事部長がタクシー代までくれたんだよ、考えられないよ！ そのタクシーのなかで偶然ローリング・ストーンズの『pain in my heart』が流れてね、「おい運転手、停めろ！」って怒鳴ったらタクシーの運転手ビックリしちゃって。それで俺、自分の彼女のところに帰らないで、「そのまま駅に行け！」って言って。人間って本質に戻るんだね、内田裕也をこの世界に入れたときの。俺、そのときは関西大学の2年だから。そのままナンバ一番に行ったら、そこにファニーズがいたんだよ。

――ザ・タイガースの前身の。

上條 そこで沢田を見て、こいつカッコいいな、俺の後釜はこいつだなと思って。ナンバ一番は俺が最初にバンドボーイやってた店。

――もともとフォー・ナイン・エースでは上條さんが歌ってらっしゃったんですよね。

上條 言っちゃ悪いけど俺だってカッコよかったんだよ！ 西城秀樹とかもあいつのステージは俺が全部作っていったんだから！ 安西マリアの振付けも全部俺がやったんだよ！

――（記事を見せながら）昔の写真を見るとわかりますよ、この写真もカッコいいです。

上條 うわーっ！ うれしいねえ。言っちゃ悪いけど俺だってステージはカッコよかったんだよ。どれだけ女にお世話になってきたか。1カ月に20人はふつう。ホテルを掛け持ちで、銀座のおネエちゃんがほとんどだから。だって銀座の……この話したらヤバいな。

――もう時効ですよ！

上條 そのときギター弾いてたのが寺内タケシ、ベースがいかりや長介。いかりや長介ってすげえうまかった！ そのときに日本でもナンバーワンっていわれるジミー時田っていうのがいてね。ところがカントリーってつまんないじゃない。俺はロックンロールだから、寺内もいかりや長さんもガーッとやると会場が沸き上がっちゃうわけ。しかも俺は動きがすっごいうまかったから。後に自分のタレントの振付け全部やるぐらいのね。西城秀樹なんてひどかったんだよ。振付けも最初は動きも俺に近いことやれよって言って。当時、西城秀樹がもうすぐ17歳になるときだったから、じゃあ『涙の17歳』ってタイトルでいこうって言って。でもうれしいねえ、こんな写真とか持ってて。これ泣けるよ！ 俺、この子のために死にかけたんだよ！

――小山ルミさんですね。

上條 （胸を見せて）ここの跡さ。

――伝説のハサミの跡。

上條 そう、小山ルミに男ができたっていうんで、その男の前で自分をハサミでダーンと刺しちゃった。「おまえ、この子のこと俺と同じぐらい思ってるなら俺と同じことやれるな」って言ったら、「やる」って言うんだよ。それでダーンと刺したら、そいつギター弾きだったんだけど、ドーンと失神しちゃって。でも俺もね、あまりにもビャーッと血が出ちゃったから、中指を突っ込んで。

美佐さん
渡辺美佐。夫である渡辺晋と渡辺プロダクションを設立すると副社長に就任し、のちに会長となった。現在は名誉会長を務めている。

フォー・ナイン・エース
4・9・1（フォー・ナイン・エース）は、66年に上條英男（当時は上条英男。以下同）によって結成されたグループ・サウンズ。初期メンバーで、リードボーカルを務めた城アキラは後のジョー山中。

安西マリア
デビュー曲『涙の太陽』がヒットし、日本レコード大賞新人賞を受賞。78年にマネージャーとともに失踪する騒動が起きるが、安西の母が「社長から暴行、強要を受けた」と被害届を出したことで、当時の社長は強要容疑で逮捕された。

寺内タケシ
"エレキの神様"と呼ばれたギタリスト。62年に「寺内タケシとブルージーンズ」を結成。エレキブームの仕掛人となり、映画『エレキの若大将』にも出演。

ジミー時田
高校在学中に米軍キャンプで歌い始め、57年に「マウンテン・プレイボーイズ」（いかりや長介、尾崎紀世彦も在籍）を結成。カントリー＆ウエスタンのパイオニアとして活躍した。

西城秀樹
上條英男にスカウトされて、芸能界

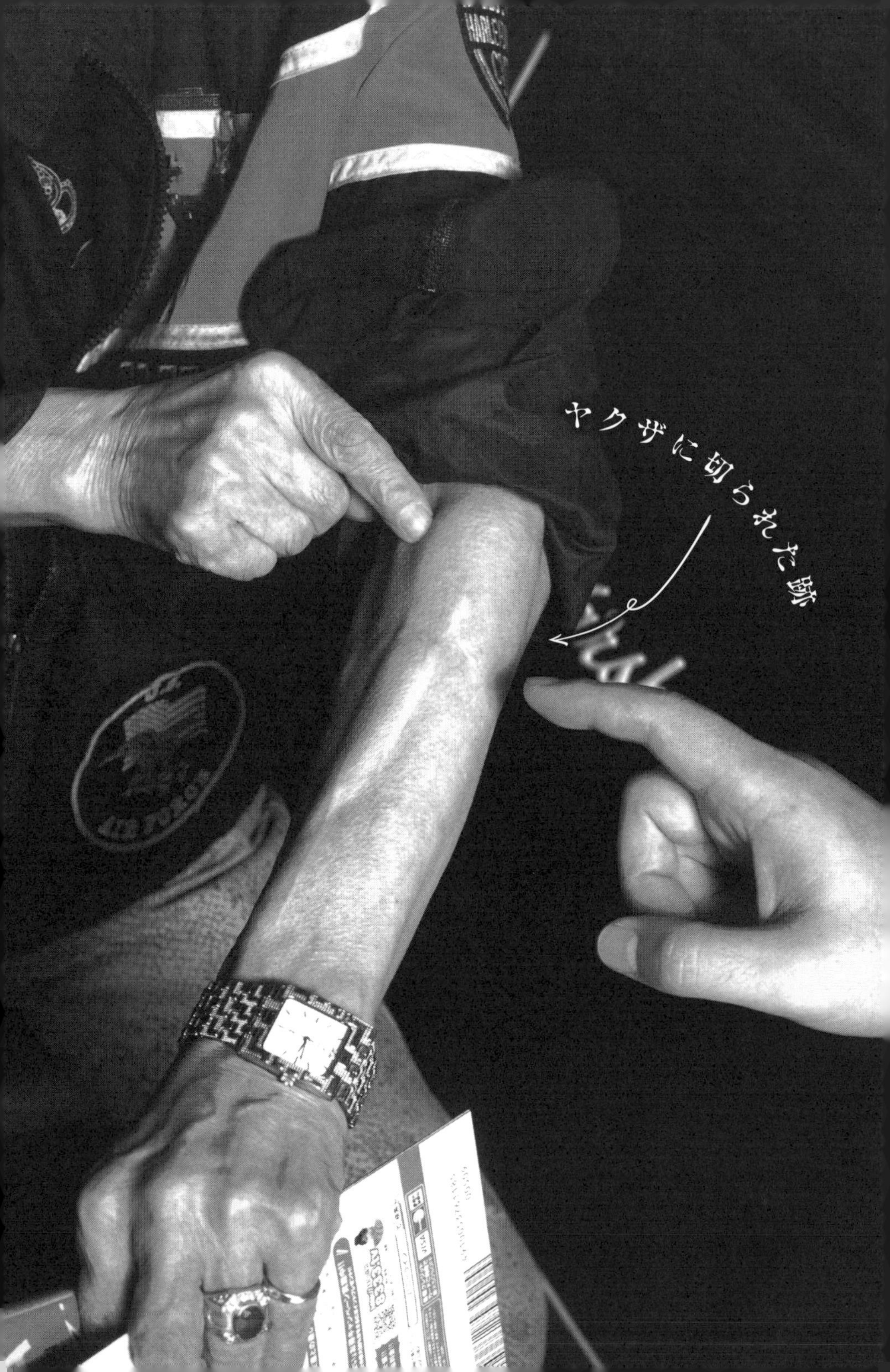
ヤクザに切られた跡

――え、中指で止血したんですか?

上條 うん、そうやって止めたわけ。それで病院に行ったら先生から怒られた。レントゲン見せられて、「あと3センチ左に行ってたらおまえはいま生きてないよ!」って。だって俺、自分の感情でダーンとやっちゃったから、けっこう深く入っちゃって。だって小山ルミを12~13歳で家から引き取って親代わりになって、四谷第二中学に入れて。当時、学校にハーフなんかいないじゃない。みんながジロジロ見るから学校に行きたくないとか言うんで、俺がついてってやるって言って、先生に話して授業中も一番うしろで腕組んで見てたの。それで先生が、「上條さんが来ると生徒が気になって勉強にならない」って。

――あきらかに怖い人がうしろにいるから。

上條 それで先生が「上條さんが来なくても責任を持って見ますから」って言うんで、先生に任せて。だから俺はこれだけスターをいっぱい作ってきて、俺の心のなかに生きてるのは西城秀樹じゃないんだよ、小山ルミと舘ひろし。舘ひろしは暴走族だったんだよ。

――クールスですよね。

上條 よく知ってるね。あの頃は暴走族が東京に30何グループあったの。それでクールスを世に出したとき、関東の暴走族のミーティングイベントを企画したら、当日になって警察から中止しろって言われちゃって。それで暴走族に恨まれて、リンチされて病院送りだよ! それから総入れ歯になったわけ。

――クールスと出会ったきっかけも最高で。

上條 そうそう。舘ひろしはハーフとしかつき合わないんだよ。で、俺がハーフのモデルをスカウトしたとき、その子が「彼氏の許可がないと」って言うんで、「じゃあ、その彼氏を呼んで来い」って言ったら真っ黒いバイクで真っ黒いバンダナ巻いて喫茶店の前にバーンと来てね。言っちゃ悪いけど俺は裕也ちゃんと何度も殴り合ったし、ケンカだけは負けないんですよ。関西大学の柔道部だよ。そしたら映画の主役みたいな顔してるの。

――まだ芸能人でもないときから。

上條 めちゃくちゃカッコよくてさ。その頃、ヘルメットとかないんだよ。ノーヘルで真っ黒いバンダナ、それで革ジャン。バイクも真っ黒で、見るからにカッコいいんだよ。「ちょっとおまえどけ」って言って彼女どかして、舘ひろしに「ちょっとおまえ座れよ。彼女じゃない、おまえが芸能界やれ」って話し合ったんだよ。舘ひろしも舘ひろしだね、俺に「条件として俺たちのオーディションを受けてくれ」と。何かに書いたと思うけど。

――バイクに乗せられたんですよね。

上條 そう(笑)。そのときクールスっていうのは29人いて。舘ひろしがリーダーでサブリーダーがふたりいたんだよ、水口晴幸と岩城滉一と。それで舘ひろしもひどいよな、それで「ちょっとケンボウ」って、ケンボウってヤツと打ち合わせして、「俺はあんたについて行っていいかどうかみんなで決めるから、バイクで青山1周して戻って来てくれ」と。「バイク乗るのがなんだよ」って。

――なんでもないですよね。

上條 そしたら246をダーッと、何キロで飛ばしたと思う? 160キロだよ!

――えぇーーーっ!?

上條 バイクの160キロって車で200キロぐらいの体感なんだよ。ケンボウがボスに命じられたから、「ちょっとすみま

入り。郷ひろみ、野口五郎と共に"新御三家"と呼ばれた。『傷だらけのローラ』『YOUNG MAN(Y.M.C.A.)』などヒット曲多数。18年5月、脳梗塞のために死去。

小山ルミ 中学在学中にモデルの仕事を始め、68年に『ケメ子の歌』のヒロインに抜擢。歌手としても『さすらいのギター』などがヒット。加藤茶との不倫交際が複数回スクープされたことも。

クールス 当初は舘ひろしをリーダーにして結成されたバイクチーム。キャロルの解散コンサートにガードとして参加後、キングレコードにスカウトされ、バンドとして正式にデビューした。現在も活動中。

せん、いい加減なことやるとあとで俺がヤキ入れられちゃうんで、ちょっと飛ばしますから俺が傾いたら一緒に傾いてください」「ウチのボスが選んだだけあって、このバイクだけは俺の右に出るヤツいないから、俺を信じてください」って言って乗り方を全部教えてくれたの。バイクの160キロって想像できる？

――転倒したら死ですよね。

上條 死なんてもんじゃない、50メートル以上飛んじゃうよ！ それをクールスが全員で待ってて。俺、バイクが止まったときは立ってられなくて座り込んじゃったの。そしたら、みんなで拍手。暴走族でも、運転するのはできてもうしろで160キロに耐えられるヤツはいないんだって。俺も死ぬかと思ったんだけど、そこにクールス全員集まって、ボスがふたりいるとややこしいから、俺のことオヤジって呼ばせてくれって言って。その日からオヤジになったの。「全員でついて行きます」と。それが舘ひろしの出発点だね。

――映画の仕事をまず取ってきたんですね。

上條 最初は映画、松田優作と。俺が大好きだった『暴力教室』っていう映画があって、それと同じタイトルでね。舘ひろしは「オヤジ、俺、芝居なんかできないよ」って言うの。松田優作もすごいヤツで、「上條さん、芝居やらなくていいですから」と。台本は一応あるんだけど芝居なんかないんだよ、だってホントのぶっ飛ばし合いなんだから！

――ふたりとも腕っぷし強いですからね。

上條 松田優作っていうのは半端ないんだ。俺ビックリしたよ、役者でこんなヤツいるのかと思って。だって舘ひろしって暴走族のリーダーだよ？ それをボッコボコにぶっ飛ばしちゃって、監督が震えちゃってるんだよ！

――そのふたりのあいだには入れないです！

上條 それで俺が「監督！ いい加減にしないとふたりとも入院だよ！」って言って。そしたら『暴力教室』は大ヒットしたんだよ。それで東映のプロデューサーが俺のことを気に入って、『男組 少年刑務所』っていう次の映画が決まったの。舘ひろしには「おまえが出るような映画じゃない」って言ってね。

――クールスの他のメンバーが出演して。

上條 そう。でも今日はこんな記事が見れてうれしいねえ。ちょっとコピーしていい？

――資料は差し上げますよ。

上條 ホントに？ ありがとう！

周防郁雄と殴り合い

――小山ルミさんは男性関係がかなり激しかったみたいですけど、そこは大変でしたか？

上條 一番傷つけられたのは誰だと思う？ 加藤茶だよ。小山ルミが「私は芸能界を辞めてアメリカに行く」って言って、加藤が裏切られて。だから俺の芸能界の人生で心に残ってるのは小山ルミと舘ひろしだけなんだよね、俺を裏切ったヤツはみんな死んでるね。

――舘さんは困ったときにお金を貸してくれたりとか、かなりの男気があるわけですね。

上條 そうなんだよ！ 不思議なことに舘ひろしと川村会長が320万。ふたりとも同じ額を貸してくれたんだよ。川村会長は俺がアメリカに行くときも田邊昭知社長に頼んでくれたりし

『暴力教室』
55年公開のアメリカ映画『暴力教室』(グレン・フォード主演)。ビル・ヘイリー&ヒズ・コメッツの『ロック・アラウンド・ザ・クロック』を主題歌として採用したことで、ロックンロールの歴史に名を残す。こちらを参考に作られた映画が、76年公開の映画『暴力教室』。新任教師役の松田優作と不良役の舘ひろしが激突する。

『男組 少年刑務所』
舘ひろし初主演映画。村山一海、飯田和男、佐藤秀光などクールス・メンバーも多数出演。雁屋哲原作・池上遼一作画『男組』の映画化第2弾として公開された。

川村会長
川村龍夫。ケイダッシュ代表取締役会長、田辺エージェンシー代表取締役副社長。ブルー・コメッツのマネージャーだった。93年にケイダッシュを設立。アントニオ猪木とも親交が深い。

て。田邊昭知は意地悪だから「ダメだ」って言うの。川村会長は出会ったとき、大橋プロでブルー・コメッツのマネージャーだったんだけど、そのときから俺もマネージャーとしては業界で通ってたから、川村会長はすごい応援してくれたんだよね。そのとき川村会長は田辺音楽出版の副社長だったんだよ。

――まだケイダッシュを作る前の。

上條 ぜんぜん前。それで「男同士のつき合いじゃねえか、気にするな」ってカッコいいこと言ってくれて、それからなんにも変わらないよ、いまだに。川村会長と周防さん、鹿内（孝）は同じ千葉で同じ学校（市川高校）なの。

――上條さんは、あの周防さんととっくみあいのケンカをしたって聞いて驚きました。

上條 それは俺が悪かったの。あれは俺の勘違いで、周防が邪魔してきたと思って。

――上條さんのタレントの売り出しを。

上條 レコード会社に「周防にダメだって言われた」って。でも、それは俺の勘違いだったのね。それでいきなり周防とぶっ飛ばし合いになって、あれは……半端ないね。

――ダハハハハ！　唯一負けたのが周防さんだったって書いてましたよね（笑）。

上條 いや、負けてはいないの。ガラスの灰皿を持って、「これで殴ったらおまえ死ぬぞ！」って周防が言うから、「殺すなら殺してみろコノヤロー！」って。他の従業員が「社長、やめてください！」って泣いてるの。「でも、ちょっと待て、その前にレコード会社に電話してくれ」って周防が言うから電話を入れたら、それはバーニングの周防はぜんぜん関係ない、俺の勝手な勘違いで。俺そのときに初めて周防に土下座したの。だって俺が一方的に言って俺が一方的に殴られて。

――とりあえず、バーニングに乗り込んで周防さんと殴り合うような人はいないですよ！

上條 いないねえ。

――殴り返す周防さんもさすがですけど。

上條 でもね、当時はいまとは違って闘うのがマネージャーだったの。だって、『週刊プレイボーイ』の表紙をタレントのグラビアにしたの俺だから！　最初は花とか、わけのわかんない表紙で。そのとき『週刊明星』の編集長が特攻隊上がりで、俺みたいなのが大好きでね、俺が編集部員を集めて、「おい、こいつのグラビア入るとこあるか？」って言ったら、3週先までもう決まってて。そしたらすぐ『プレイボーイ』の編集長に言ってくれたんで、それから『週刊プレイボーイ』の表紙がタレントになったの。

――編集部に乗り込んだから。

上條 乗り込んだから。こんなことばかりやってて金儲けじゃないんだよ。芸映のS、この野郎に騙されたの！　西城秀樹は折半契約だったの。まだ西城秀樹が16歳だったからちゃんと親が立ち会って5年契約で。そしたら騙しやがって。そういうのもあって。

――「邪魔な人間を外してウチだけでお金儲けしよう」みたいな感じだったわけですね。

上條 それは、芸映が『寺内貫太郎一家』に西城秀樹を入れたんだよ。ところが『愛と誠』を松竹でやる話が進んでるから、『愛と誠』やるんだからテレビドラマなんてやってる場合じゃないわけ。でも、条件がよかったんだよね。それで芸映でこっそりミーティングして、「上條は絶対にダメだって言うから、上條

鹿内（孝）
ケイダッシュ所属の俳優・歌手。59年に鹿内タカシ&ブルーコメッツを結成。ソロの代表曲に『情熱』『本牧メルヘン』など。

『寺内貫太郎一家』
昭和の東京下町、石屋を営む一家のドラマ。向田邦子脚本、久世光彦プロデュース。主演の貫太郎役は小林亜星で、頑固で短気のためちゃぶ台をすぐにひっくり返す。西城秀樹は寺内家の長男役。

『愛と誠』
主演が西城秀樹で、ヒロインが早乙女愛。青春の熱情と純愛を描き、70年代にセンセーションを巻き起こした大ヒット作。梶原一騎原作・ながやす巧作画『愛と誠』を映画化。

をヨーロッパ旅行させよう」と。

――邪魔者をどっかにやろう、と（笑）。

上條 『愛と誠』の話を俺が決めてたから、「上條、ちょっとパリとかローマ見てこいよ」と。えらい優しいこと言うな、いい会社だな、最高！ と思って。俺がテレビ局に売り込みに行ってダメだって言うプロデューサーはひとりもいないの。そしたらこともあろうに俺をパリに行かせておいて、帰ってきたら『寺内貫太郎一家』に入れてたわけよ。当時はテレビドラマって映画よりランクが下だったんだよ。で、そういうことがあったから芸映と俺がちょっとおかしくなって。だって契約するとき、経理は最初は毎月説明してたのに、3カ月経ったらなんにも言わない。なんでかっていうと印税が入ってたのね。それで経理に「私、もう上條さんの顔を見てられないから全部言います」って打ち明けられて。あの当時で1億3000万かなんか入ってて、折半だから俺が6000万ぐらいもらわなきゃいけないだろ。その約束を破ったから、「おまえら嘘つき集団かコノヤロー！」って契約書を破いて。そしたら、「上條、待ってくれ！」って小雨のなか100万円の束をポッケに入れて鈴木力が追っかけてきたよ。それを受け取ったら、後から弁護士に「上條さん、あんたいくらの金、破いたと思ってんの？」って言われて。5年契約だから「最低3億は捨ててますよ」と。

――その当時、秀樹のお姉さんと、とあるヤクザの組長との関係は聞いてたんですか？

上條 ぜんぜん知らなかった。でも、あの姉さんがいなかったら西城秀樹はなかったね、親父さんが西城秀樹を連れて帰ろうとしたのを「お父ちゃん、先に降りて」ってエレベーターに乗つけて、「私が責任を持つから、上條さんお願いします」ってなんか渡されて、あとで数えたら50万ぐらいあったんだよ。それで西城秀樹を本格的にウチの居候にしてね。その前にジョー山中がいたから、こいつ以上にしたいんで、まず大切なのはリズム感だから毎日縄跳び300回、屋上で。ウチが10階だから上で跳んでると聞こえるんだよ。俺もいま考えたら意地悪だね、下で数えてるんだよ。朝8時から300回。ところがある日、180回でやめたなと思ったら、あの野郎、芝居しやがってハーハー言いながら帰ってきたんだよ。だからいきなりバカーンってぶっ飛ばしたの。あいつはなんで叩かれたかすぐわかったの。「すみません！」って言って、洗面所で顔洗いながら泣いてるの。俺がそこまで一心同体でやってるなと思ったのも初めてだよね。それからは西城秀樹の人生が変わった。姉さんも西城というクラブを作ってね。西城秀樹という芸名の由来も知ってるでしょ？ 俺の名前からつけたわけ。

――秀樹に、「男が男に話をしてるときに目をつぶったら刺し殺されると思え！」って言ったってエピソードは本当なんですか？

上條 ホントだよ。関西大学の柔道部っていったら、そのときは中量級とかないからね。130キロとかと試合するの。それで柔道三段取ったんだから。三段取った帰りにお祝いで吹田の映画館の2階でハイタッチして叫んでたら、「てめえらコノヤロー！」って言われたこともあったよ。それヤクザって知らないから、「てめえらってなんだよコノヤロー！」って。相手が5人いたんだけど、2階からぶっ飛ばして落としちゃったの。それが事件になったんだよ。全員骨折して、そのなかのひとりがちょっとヤバかったんだよな。警察が来てるときに、俺の本名は井上っていうんだけど、「おい井上、ちょっと下から手出せ」

鈴木力
西城秀樹が芸映所属だった頃の、芸映の専務。

って言うから手を出したら、机の下で握手してきたの。そのなかに前科8犯で指名手配のヤツがいたから。

——え！

上條 指名手配で3年間捕まらなかったヤツが偶然いて。明くる日、新聞には載るわの大騒ぎ。あと関西大学って縦社会だから。柔道三段とか四段の連中に何回落とされたと思う？ 順番に9回だよ9回！ 関西大学の柔道部の面汚しだって言われて。それで俺、関西大学の柔道部にいてもつまんないし、歌で俺の人生を変えようと思って。で、大阪のナンバ一番に行ったら、「おまえ、ケンカは強いのか？」って聞かれて、「関西大学の柔道部だからケンカだけは強いです」って言ったら、「じゃあオーディションでこいつとケンカしてみろ」と。

——そういうオーディションがあった（笑）。

上條 それがアイ・ジョージだよ。

——アイ・ジョージさんも強いですよね。

上條 ボクシングの4回戦ボーイ。「申し訳ない、俺このバンドに入りたいんで、悪いけど俺と勝負してくれ」と。アイ・ジョージも自信があったんだろうね、「お、いいよ。じゃあ気合い入れてかかって来い」とか言われちゃって。なんだコノヤローと思って、そしたらアイ・ジョージはやっぱりすごかったねえ、ダンダンダーン！ って3発ぐらい入れられたの。こっちは捕まえたら強いから、バーンと投げ飛ばしてボッコボコにしたの。

——それでオーディション合格。

上條 用心棒兼バンドマンになって。それと俺の人生を変えたもうひとりは堀威夫さんだね。

——ホリプロの。

上條 そう。『Water Baby Blues』って曲のギターはふつうの日本人は弾けないんだよ。それを堀威夫さんが弾いたとき、この人は神様かなと思うぐらいすごくて。で、田邊昭知に「おいショウ坊、もたるな！」ってステージで言って、田邊昭知、顔上げられないの。東京のバンドってすごいな、やっぱり東京に行かなきゃダメだと思って北原じゅん、『骨まで愛して』の城卓矢のお兄さんのボディガード兼ボーヤになってしばらくついたの。東京に行ったら、俺のあこがれの人、小坂一也さんの原田実とワゴンエースっていうのがいて、「おまえ、ケンカ強いらしいな」「はい、ケンカだけは自信あるんですよ」「わかった、今日からバンドボーイに使ってやるよ、給料3000円な」「わかりました！」と。給料3000円ってひどくない？

——当時でも暮らせる額じゃなかった、と。当時、山下敬二郎さんが強かったって聞きますよね。

上條 山下敬二郎さんはケンカが強いって有名だったから、「おいボーヤ、おまえケンカ強いらしいな」って聞かれて、「ほかに取り柄がないからケンカだけは強いんです」って言ったら気に入られて。あるとき、「敬二郎さん、これの上着、硬いけどマイク入れてるんですか？」って聞いたら、「バカヤロー、マイクなんか入れるわけねえだろ」「じゃあちょっと見せてください」って言ったらドスで。ステージで歌ってる山下敬二郎がだよ！

——いつ何があるかわからないから。

上條 そういう時代なのよ。「おまえ、こんなことで驚くな、ちょっと来い」って言われて銀座8丁目の駐車場に連れてかれて、山下敬二郎さんの車の後部座席のドア開けたら日本刀。い

アイ・ジョージ
日本のラテン・ミュージックの草分け的存在にして、ドドンパ・ブームの火付け役。59年のトリオ・ロス・パンチョス初来日公演で前座を務めて人気に。クインシー・ジョーンズ、マイケル・ジャクソンらが参加するチャリティCDを企画して大金を集めるが、計画が一向に進まないため、2億5000万円を投資した実業家が告訴を検討という報道もあった。

堀威夫
ホリプロ創業者。大学時代にギタリストとして活躍し、57年にスウィング・ウエスト（初期に田邊昭知も在籍）を結成。今も40年続く『ブロードウェイミュージカル・ピーターパン』の上演は、NYの公演を観た和田アキ子が堀に提案し、堀威夫が乗った形で始まっている。

小坂一也
カントリーミュージックのアイドル的な存在として人気を博し、エルヴィス・プレスリーのカバーもしていたことから〝和製プレス

まならとっくにパクられてるよ。

ピンク・レディーと総会屋

——上條さんが麻雀やってるときに裕也さんが乗り込んでくる話もおもしろかったです。

上條 ああ、あれは俺と岸部一徳と森本太郎と麻雀やってたの。目黒の西城秀樹が居候してたとこで。そこに入ってくる格好がすごかったの。ジーンズに上は裸。そこに革ジャン引っかけて、拳に鉄の鎖をグルグル巻いて。映画のワンシーンみたいにいきなり土足で入ってきて。よく見たら裕也ちゃんなの。「俺をのけ者にしやがって！」とか言ってんの。「何コノヤロー！」って取っ組み合いの大ゲンカをしてね。

——ダハハハ！　それって麻雀に入れてくれなかったことが嫌だったわけなんですか？

上條 要するに本人はのけ者にされたと思ってるの。裕也ちゃんともしょっちゅう麻雀やってたんだよ。岸部も麻雀大好きで、岸部の親父も大好きでね。それでやってたら裕也ちゃんが土足で入ってきたからケンカして。当時、村上ガンさんっていう人が裕也ちゃんについていて。

——かなり強いことでおなじみのガンさん。

上條 そうそう。アラン・ドロンが日本に来たときのボディガード。裕也ちゃんはボディガードもすごかったの。ただ、安岡力也もジョー山中も俺に言わせたら半分は裕也ちゃんに殺されたんじゃないかと思うよ。なんでかっていうと、酒飲むのが半端ないんだよ。ウォッカを怖いぐらいガバッガバッと飲ませるから、おまえ死ぬよっていう。しかもジョー山中なんて俺がこの世界にデビューさせたのに、俺に逆らったりして。あとで謝りに来たけどね。……柿の木坂のマンションの上に出川がいたんだよ。

——出川哲朗さんですか？

上條 そう、出川哲朗。しょっちゅう玄関で会うんだけど、必ず「おはようございます！」って挨拶するの。まだ売れてなかったけど礼儀正しくて偉かったよ。「おまえ、俺が芸能界の人間って知ってるのか？」って聞いたら、「知ってます、有名だから」とか言ってたけど、いま売れてるの見るとうれしいよ。

——上條さんが育てたのはハーフのタレントさんが多いですけど、ゴールデンハーフはたいへんだったっていう話をよくされますね。

上條 ゴールデンハーフはルナだけ、特にひどいのは。こいつのおかげで俺、3回彼氏になったよ。3回堕ろしたんだよ。俺が彼氏ってことにして、六本木の病院で。ルナは男関係がすごかった。でも、いまハーフタレントって腐るほどいるじゃん。当時は小山ルミが最初だから。小山ルミ、ゴールデンハーフ。

——それこそ原点はジョー山中ですよね。

上條 そう、だからハーフばっかり。俺が子供のときに日本が負けて、この神の国日本をやっつけたヤツってどんなカッコいいんだろうと思って。それから俺、外人大好きで。だから外人キャンプのステージに呼ばれたのは俺の右に出るヤツいないよ。だからハーフが大好きで、しまいにはポルノ映画で田口久美、田中真理、このふたりが日活の顔になって。田口久美は六本木の化粧品屋で働いてて、こいつカッコいいなと思って、「おまえちょっと店辞めろ」って言って。安西マリアもそう、六本木の喫茶店。田中真理はすぐ近くの田中薬局の子で、親父がドイ

リー〟とも呼ばれた。「小坂一也とワゴン・マスターズ」に続く形で「原田実とワゴン・エース」がある。

山下敬二郎
ザ・ドリフターズの前身バンドのボーカルを務め、脱退後はナベプロの専属になり、第1回日劇ウエスタンカーニバルで大々的に売り出される。平尾昌晃、ミッキー・カーチスと共に〝ロカビリー三人男〟と呼ばれた。持ち歌はポール・アンカ『ダイアナ』の日本語カバー。

森本太郎
ザ・タイガースのギタリスト。解散後は、「タローとアルファベッツ」「森本タローとスーパースター」として活動。西城秀樹、レイジー、河合奈保子などを手掛ける音楽プロデューサーとしても知られる。

村上ガン
村上元一。ナベプロ時代の内田裕也のマネージャー。イースト・ランド（日本のバンドと海外のバンドが集まった大規模な日本のフェス）の発起人の1人。後に、原宿クロコダイル、Oh! God、Back Woodなどの店を経営し、〝原宿を作った男〟とも呼ばれている。

田口久美
日米のハーフで、日活ロマンポルノ女優として知られる。75年、映画『東京エマニエル夫人』で主演デビュー。

田中真理
初期ロマンポルノを代表するス

ツ人でね。

――五十嵐じゅんさんは、なぜか梅宮辰夫さんから紹介されたみたいですよね。

上條 そうなんだよ、よく知ってるねえ。なんで知ってるの？『不良番長』っていう梅宮辰夫のシリーズがあったの。俺がそこに誰か女を出したとき、辰っちゃんが「おい彼女、俺の車で送ってやるから乗れ」って言ったことがあって。そのときにサンダーバードかなんか、すごいデカい車に乗ってたんだけど、隣に五十嵐じゅんがいたんだよ。「上條、悪いけどこいつ芸能界に入れてくれないか？」って。それで五十嵐じゅんだけは俺のスカウトじゃないんだよ、梅宮辰っちゃんの紹介。それが出発点だよね。

――当時は金髪の悪そうな少女で。

上條 その映画のために金髪にしたのか知らないけど、美容院3軒行っても黒く染まらないんだから。五十嵐じゅんと浅田美代子、このふたりは樹木希林に土下座してお墓参りだね。樹木希林が全部仕事を教えてくれたの。浅田美代子はずっと樹木希林とつき合ってたんだよ。五十嵐じゅんは結婚して仕事を辞めちゃったけど、樹木希林のおかげなんだよ。

――五十嵐じゅんのスキャンダルを上條さんが潰したっていうのも、いい話ですよね。

上條 よく知ってるねえ。あのときは『週刊女性』の編集長。あれ書かれたら五十嵐じゅんは終わってたね。渋谷でナンバーワンのホストとつき合ってたの。しかも一番ヤバい写真を撮られてるわけ。そいつが『週刊女性』にすごい金で売ったんだよ。そりゃあ買い取るわな、当時の五十嵐じゅんなんだから。

――かなりの清純派でしたからね。

上條 それで『週刊女性』の編集長の前で、「これ出すんだったら俺と一緒にここから落ちよう」って五十嵐じゅんを引っ張り出して飛び降りようとしたの。俺も本気だったから。五十嵐じゅんだけは命懸けてもいいぐらいのいい女だったの。そしたら『週刊女性』の編集長が「上條、もうやめてくれ」って俺の脚をつかんできて。彼も俺たちが一緒に飛び降りると思ったんだよね、俺も芝居じゃないから。だって、その写真を出されたら五十嵐じゅんの人生が終わっちゃうんだもん。それで「上條わかった、約束する」って俺の目の前でフィルムを焼いてくれたの。「俺も長いあいだ芸能界を見てきたけど、こんな命懸けで来るヤツはいない」って。それで俺は後に西城秀樹と出会ったときに五十嵐じゅんを事務所に預けて、西城秀樹を持って組織に入らなきゃダメだってことで芸映に行ったの。

――ところが組織に入ったら痛い目に遭って。

上條 痛い目どころじゃないよ！

――そのあとぐらいに自殺未遂もされてるのは、そうやって芸能界に失望するようなことがいろいろあったからなんですか？ 売り出そうとしていたグループが、ちょうどピンク・レディーとぶつかって、みたいな感じで。

上條 ああ、相馬一比古ってヤツが西城秀樹に俺が入れ上げてるときに入れ知恵して、西城秀樹を俺の家から引越しさせたんだよ。

――そうだったんですか！ 相馬さんはピンク・レディーの仕掛け人だった人ですよね。

上條 仕掛け人。ただ、すべて俺の真似だもん。ただね、これだけは言っておくけど、俺を裏切ったヤツってみんな死んでるよ！

ター。主演作品の『ラブ・ハンター恋の狩人』と『愛のぬくもり』が、立て続けに猥褻図画であるとして警視庁に摘発された。自ら法廷に立ち、東京高裁で無罪を勝ち取るまで足かけ9年もかかり、〝エロスの女闘士〟と呼ばれた。

五十嵐じゅん
70年、『日曜8時、笑っていただきます』で芸能界デビュー。75年、五十嵐淳子に改名。77年、ドラマ『俺たちの勲章』で中村雅俊と共演し、それがきっかけで結婚。

相馬一比古
芸映時代は、西城秀樹を担当。後に独立し、アクト・ワン・エンタープライズを設立。76年にオーディション番組『スター誕生！』でピンク・レディーをスカウト。当時、事務所に4000万円の借金があったが、T&Cミュージックに吸収される際に総会屋・小川薫が肩代わりした。ピンク・レディーの影の演出家と呼ばれている。

——ピンク・レディーの資金源が総会屋だったってエピソードもすごいですけどね。

上條 それも俺が紹介したの。

——ダハハハ！　そうだったんですか！

上條 小川薫さんっていう。

——かなり有名な人ですよね。

上條 小川さんの奥さんが俺のマンションの隣で喫茶店やってたの。それで小川さんが「おい上條、俺の女房がおまえのことすごい誉めるよ」と。で、「じつはこういう子がいるんだけど」って、当時の金で6500万、それも段ボールに金を入れて手押し車で。

——現金で！

上條 現金。総会屋のやりそうなことだよ。「上條、これで女の子ふたりを面倒見てくれないか」「いや、総会屋と俺が仕事するわけないじゃない」って言ったら、「おまえ、小川薫に『総会屋』って、いままでヤクザでも俺に総会屋って言ったヤツいないよ、おまえすごいこと言うな」って言われて。その6500万を受け取ったのが相馬なの。俺がアメリカ行ってるときに、相馬がバカだからピンク・レディーを連れてアメリカに行ったのよ。

——アメリカで冠番組を作って。

上條 そこで何やらかしたと思う？　いまだから言うけど、俺、撮影現場に行ったら、こともあろうに相撲取りが風呂に入ってるところにピンク・レディーが一緒に入るってシーンを作ってるの。「相馬、こんなことやったらピンク・レディー死んじゃうぞ、ヤバいよ」って言って。これはちょっと書かないでほしいんだけど、（以下自粛）なんだよ。

——噂は聞いてました。

上條 俺は現場で見てるんだから。相馬は俺の言うことはよくきいたよ。相馬っていうのは要領がよくて、でも小川薫が「上條は男のなかの男だな、6500万の現金を見て『総会屋と仕事しない』って言うヤツはヤクザでもいない」って。俺、いまごろビル2～3棟建ててなきゃいけないのに情けないよね。

——いっぱいお金が入ってもいいはずなのが。

上條 だけど、タレントを作るときって金のことは考えられないの。命を懸けてもいいほど、自分の子供と同じだから。安室奈美恵だってあれ最初に見つけたの俺なんだよ。

——え！　それは聞いたことなかったです。

上條 何言ってんだよ！　沖縄アクターズスクールっていうのは俺が発掘したんだから。

——そうなんですか！　最近、代表のマキノ正幸さんの自伝を読んだばっかりですよ。

上條 だって、沖縄アクターズスクールに最初に行ったの俺なんだから！　俺が沖縄アクターズスクールに行ったらダーッて全員集めてくれたんだよ。そのなかで一番端のほうにいたの。この子すっごくいいなと思って、「ちょっとあの子見せて」って言って。そのことはみんな知ってるよ。山田優とかそのときみんないたんだから。それで「よし、俺が責任持って東京に連れて行くから」って言ってたのに、それを平（哲夫）が全部……。

——ライジングの平社長が（笑）。

上條 堂々と闘って生きてきたのは周防郁雄さんと川村龍夫さん。俺の知る限りではね。それで芸能界で最高にありえないことをやってくれたのが堀威夫さん。安西マリアのために現金で

平（哲夫）
ライジングプロダクション代表取締役。85年、同社を設立。「Ｊｏｎｎｙ Ｔａｉｒａ」名義でプロデュース活動も行っており、アイドル氷河期だった90年代初頭、観月ありさ、宮沢りえ、牧瀬里穂の通称・3Mをブレイクさせた。

1000万用意してくれたの。彼女を命懸けで育てて、そしたら彼女をバックアップしていたアイエスの社長が、売り出しに8800何万かかってるからって言って、彼女が潰れそうなぐらい働かせるの。そしたら堀威夫さんが、「ちり紙1枚の借りも作るな」って言って1000万現金で払って、堀さんが安西マリアのための事務所を作ってくれたの。

――事務所トラブルをお金で解決して。

上條 そう、全部！ いろいろあるんだよ。

――それこそ長良じゅんさんから何から、そうそうたる人たちと仕事してきてますよね。

上條 そう！ 長良さんは、もうちょっとで取っ組み合いのケンカするとこだったよ！

――え！ あの人も相当怖い人ですよ！

上條 怖いよ、半分ヤクザだよ。長良事務所の並びに自分の個人の部屋があったんだよ。俺はケンカばっかりしてるって有名だったから、長良さんは誰にでも「上條が来たら通せ」って言ってて。そしたら長良さんハワイかなんかでゴルフやってて死んじゃったんだよね。まあいいや、聞きたいことある？

――いくらでもありますよ。2002年に上條さんが逮捕されてるのはなんなんですか？

上條 それは事実！ それは西武がお金を払ってるアビコ企画っていうのがあって、そこの遊覧船なんか出してるところがあるの。そこのひとりが俺のやってるタレントの西野Kに惚れまくって、会社のお金を使い込んだの。それで俺が警察に呼ばれたんだよ。「おまえのタレントに貢いだヤツがいる」と。でも、そんなの俺になんの関係があるんだよ。

――関係ないですよね。

上條 そのときにアビコ企画のヤツがテーブルの下にマイクを仕込んでたの。それで誘導尋問みたいに引っかけられて。「上條さん、じつはタレントを売り出すのにレコーディングにいくらぐらいかかるんですか？」って言うの。「140万ぐらいかかるよ」と。要するに俺が140万を出させようとしたみたいに仕掛けられて、俺が恐喝未遂でパクられたんだよ。俺は何ひとつ罪は犯してないんだけど、24～25日拘留されたから前科がついちゃったの。20日以内ならつかないんだよ。日本刀を持ってったときも19日で、だからついてないの。そんなことで捕まるのおかしいだろ。その会社に仕掛けられたんだから。

――たいへんな人生ですよね。

上條 たいへんどころじゃないよ！

――TOTO来日騒動でもたいへんだったみたいですけど、あれはなんだったんですか？

上條 ああ、当時TOTOの連中はまだ有名じゃなかったんだよ。そのTOTOの連中にテレサ野田のレコーディング全部やってもらって。テレサ野田は英語がペラペラでアクションも俺が空手を教えて完璧だったから。

――海外には一番いいかな、と。

上條 ロサンゼルスでたいへんだよ！ ちょうど矢沢永吉が同じ時期に来てさ、矢沢永吉は日本では大スターなのにアメリカで日本語で歌ったってぜんぜん。俺が行ったときYMOも来たんだけどアメリカではぜんぜんウケなかった。「あれは単なるノイズだ」って言われちゃった。テレサ野田は一番ウケたの。だってTOTOのマネージャーが「ウチのバンドがこんなに話題になるなんて！」って言ってたんだから。TOTOはそのときスタジオミュージシャンで。テレサがアメリカの大使館でラ

長良じゅん
長良グループの元会長。63年に長良事務所を設立し、87年に廣済堂プロダクションと社名変更し、99年に現在の長良プロダクションに社名変更。同社には、梅宮辰夫、山川豊、氷川きよしなどが在籍。12年、ハワイでゴルフカートのハンドル操作を誤り転落する事故で死去。

テレサ野田
71年、14歳という若さで日活映画『八月の濡れた砂』でデビュー。映画やドラマに多数出演し、水着やヌードで多くの男性誌のグラビアを飾った。吉田拓郎や松本隆が関わった音楽作品は今なお人気。

イブやって、TBSの番組で最優秀歌唱賞を獲って。そこでレコーディングしたディレクターがテレサに惚れちゃって、そいつがテレサに「アメリカで凄いスターにしてやるから」って騙してこっそり連れてっちゃったの。でも、いちディレクターができるわけないじゃない。しかもコカインかなんかやってボロボロになって帰ってきたから……。

——薬漬けになったみたいな噂でしたね。

上條 俺のとこに土下座してきたんだけど、あそこまでやって俺を裏切ったヤツとは二度と仕事しないから。安西マリアもそう、俺を裏切ったヤツとは仕事やらないんだよ！

——あと新刊で一番驚いたのがMAN WITH A MISSIONが出てきたところですよ！

上條 MAN WITH A MISSIONっていうのはここだけの話、●●●●っていうバンドだったの。10年ぐらいずっと下積みやってて、●●●●のリーダーで、いまTokyo Tanakaって名乗ってるヤツが、「ボス、俺にもう一回ボイストレーニングやってくれませんか？」って来たの。もう10年のキャリアあるのにいい根性してるなと思って、それから週1だけどまるまる2時間レッスンやって。それで「おまえたち、これだけ歌がうまかったらお祭りのひょっとこのお面でも被ってやったらウケるんじゃねえか？」って。

——そんなこと言ってたんですか！

上條 そう！ そしたら、ひょっとこじゃないけどあのお面を被ったらいきなりバーン！

——それなら年齢も関係ないですからね。

上條 うん。それでクラウンからデビューしたんだよ。でも「クラウンなんておまえたちがいる場所じゃないよ」って言って。

ユニバーサルがいいかなと思って、ユニバーサルの最高顧問に話したの。そこにソニーがすごい条件で、白紙の小切手を出したんだから。

——へぇーっ!! あと秀樹の「奈美悦子をキメてきました!」って話もよかったですね。

上條 俺そんなことバラした?

——本に書いてましたよ。

上條 でも事実だから!

——「おまえ、そんな女をやったぐらいで調子に乗るな!」って怒ったっていう話で。

上條 そのあとが十朱幸代ね。ろくなもんじゃねえよ!(この後も話は続きました)

十朱幸代
昭和を代表する女優。75年に小坂一也と交際15年の末に結婚するが、1年で離婚(未入籍)。その後、高倉健、竹脇無我、西城秀樹らと浮名を流した。

タバコをやめたっていうことは大麻もやめたってことだから

ハーリー木村

2018年12月収録

シンガーソングライター。兵庫県出身。1952年生まれ。1979年に石川恵樹、発地伸男らと共にロックバンド「TALIZMAN」を結成。その後はハーリー木村、HARRY名義で、主にアニメーションなどのタイアップ楽曲を担当。『宇宙刑事ギャバン』挿入歌や『未来警察ウラシマン』主題歌などを歌唱。『ウルトラマン80』では作曲も担当。1983年公開のアニメ映画『はだしのゲン』の主題歌を歌唱して以降は、しばらく活動を休止していた。現在は木村昇の名義でも活動。

敏いとうに誘われていた

——昭和のアニソン～特撮ソングの伝説の男・ハーリー木村こと木村昇さんに会うため、仙台まで来ました！　今日は人生をたっぷりと振り返っていただきたいんですけど、バンドは15歳ぐらいからやってるんですよね？

木村　15歳のときは田舎でアマチュアで上田正樹なんかとGSのバンドをやってましたからね。彼はあの頃から歌がうまかったですよ、リズム&ブルースで。上山崎初美っていうベーシストがものすごいうまかったんですね。で、スカウトされて。「遊びでいいからやらないか」っていうことで、「俺でよかったら」って感じで。当時はドラムだったの。

——当時から内田裕也さんとかと共演して。

木村　共演まではいかないんだけど、ゲストで来てくれて。そのときに裕也さんのバンドがまたよかったんですよね。フラワー・トラベリン・バンドになる前のフラワーズが。裕也さんって人を引っ張るのがうまいんですよね。自分のところに持ってくのが。ジョー（山中）しかり、メンバーの選別がうまい。

——それで17歳で上京ですか。

木村　いや、16歳ではもう出てきてましたね。それでラテンのビッグバンドに入って。そのときサックスやってたから、とりあえずジャズやるか、みたいな感じで。有馬徹とノーチェ・クバーナってバンドなんだけど。

——あ、たしかジョー山中さんがボーヤをやってたところですよね。敏いとうさんが当時のジョーさんを殴ったとか言ってました。

木村　いや、ジョーはボーヤなんかやったことないと思う。なんか勘違いじゃないの？

——え！

木村　敏いとうのこともよく知ってますよ、あの連中と年代も一緒だし。敏いとうなんかもみんな、ああいう種類のバンドだったし。

——敏さんは当時から怖かったんですか？

木村　いや、ぜんぜん怖くないですよ。みんなに声かける人で、死んじゃった高橋のぶ（トランザム）っているでしょ、あれにも声かけてて、僕もちょっと声かけられたかな？

——え！　つまり、もしかしたらハッピー&ブルーになっていたかもしれない（笑）。

木村　ハハハハハ！　向こうはもう忘れてるだろうけどね。そうやって、すぐ声かけるみたいですよ。だからいいメンバー使ってたでしょ。彼は何もやらないけど。だから歌謡コーラスの内田裕也みたいなもんですね。

——すごいわかりやすいです（笑）。

木村　自分はなんにもやらない（笑）。ただフランク・シナトラのボディガードとして来たでしょ、あれでみんな一目置いちゃって。

——「なんなんだ、あいつは」っていう。

木村　そうそう、「なんなんだろうね？」「ボディガードらしいよ」っていうね。でも、優しい人ですよ。メンバーをぶん殴ったって話も聞いたことないし。ジョーはよくメンバーぶん殴ったって話はあるけど（笑）。

——ジョーさんは相当強いですからね。

木村　ボクサーだからね（笑）。

上田正樹
R&B・ソウルシンガー。72年12月に『金色の太陽が燃える朝に』でデビュー。74年頃からは「上田正樹とサウス・トゥ・サウス」として活動。同グループ解散後、再びソロ活動に入るも77年に大麻取締法違反容疑で逮捕。82年にリリースした『悲しい色やね』が大ヒットを果たした。

上山崎初美
ベーシスト。アマチュア時代に上田正樹とバンドを組み、「ライトミュージックコンテスト」などに出場。70年にGSバンド「ザ・パロッツ」に参加。73年にはジャズに活動をシフト、数々のジャズトリオ、クインテットなどで演奏。フルオーケストラでも活躍する。現在は演奏活動の他、関西ジャズ協会の常任理事として後進の育成にも務める。

フラワーズ
内田裕也とザ・フラワーズ。67年に結成され、「銀座ACB」でステージデビュー。69年1月、『ラスト・チャンス』でレコードデビュー。メンバーは内田裕也をはじめ、麻生レミ、小林

――そんな流れから、なぜか木村さんはピーターさんのバックバンドになるわけですね。

木村 それはね、ビッグバンドにいたとき、ダンスホールで人のバックでいろんなことやるわけだから、譜面こんなにあるの全部覚えて。そしたら飽きちゃって、自分で歌いたいなと思って。そんなとき別のバンドにスカウトされて入ってみたんだけど、そのバンドはたまたまピーターのバックを依頼されてやったんですよ。ピーターは『夜と朝のあいだに』で売れてたときで、ちょうど俺も同い年だったし、とにかくきれいな人でしたよね。

――一緒に旅して何か起きたりは？

木村 いや、ないです。そんなこと言っちゃったらヤバいよ（笑）。で、そのときもピーターのバックばっかりやってたわけじゃなくて、違う仕事も事務所が取るから、そこではもう歌ってたんですよ。で、20歳のとき堀（威夫）社長がスカウトに来てくれてホリプロに入るんです。でも、メンバーみんな譜面が読めるバンドだったから、入ったらまたいろんな人のバックやらされて（笑）。山本リンダとかデパートの屋上で、岩崎宏美はデパートの1階だとかね。山口百恵がセーラー服着てピアノレッスンに来てた時代だから。

――そして、海援隊の『JODAN JODAN』を作曲する流れになるわけですよね。

木村 海援隊は……すったもんだあって、ポリドールレコードのプロデューサーから電話があって、「海援隊っていうグループがあって、ちょっと落ち込んでる。武田鉄矢という人が『JODAN JODAN』という詞を書いてるんだけど、これにメロディをつけてくれないか。ちょっとイメージを変えて、アレンジもロックでやりたい」って言われて。「直接、彼と連絡を取り合ったりできますか？」って聞いたら、「いや、電話でいいんじゃない？」とか言われて（笑）。それでメロディを作って電話で歌って、向こうが録音して。

――そんな感じだったんですか！

木村 そうそう（笑）。それを武田さんが覚えて、なんとなくアレンジして。アレンジはベースのラインをこういう感じでやってくれって言ったら、ちょっと「えー、これじゃコピーじゃん」なんて感じのイチャモンつけられたけど。ラッパとかそういうのめちゃくちゃうまいヤツ使って、アース・ウィンド&ファイアーまではいかないけど、ちょっとあれっぽくブラス隊を使ってやったんだよね。で、『YMCA』じゃないけど、「J・O・D・AN」なんてね、彼が振りもつけて。

――ボクはリアルタイムでは知らなくて、あとから聴いて、なんで海援隊がこんなカッコいい曲をやってるんだろうって思っていて。

木村 そうそうそう（笑）。プロデューサーが、「次のがダメだったら九州に帰るとか言ってるんだ」なんて言うから。歌入れのときに彼が「よろしくお願いします」とか、すごい礼儀正しいんですよ、「先生」とか言い出しちゃって（笑）。こっちが「よろしくお願いします」って言いたいぐらいなのに。この人はけっこうイケる人だろうなって思った。

ドラッグにハマった時代

――そしてTALIZMAN結成ですか。

木村 TALIZMANはホリプロにいた当時のメンバーの何

勝彦、奥ススム、橋本健、和田ジョージなど。麻生レミ、小林勝彦の渡米によりバンドを再編することになり、70年に「フラワー・トラベリン・バンド」に発展。

高橋のぶ
旧芸名は「高橋伸明」。67年にドラマーとしてプロデビューし、その後ボーカルに転身。つのだひろ&スペースバンドに在籍した後、75年にトランザムにボーカリストとして加入。テレビドラマ『俺たちの勲章』の主題歌『あゝ青春』や、数々のTVCMでボーカルを担当した。15年に死去（65歳没）。

『JODAN JODAN』
79年7月1日に発売された海援隊15枚目のシングル。長髪の武田鉄矢が、ファンキーなベースラインとホーンセクションに乗せて、冗談では済ませられない男の悲哀を、西城秀樹の『YOUNG MAN』に着想を得たという振り付けで歌いまくり、異様なインパクトを残した。この曲のリリース直後に武田は『3年B組金八先生』の出演が決まり、海援隊の次のシングルは『贈る言葉』となった。

人かがクロニクルっていうバンドを作ってロサンゼルスに行ったんですね。ウィスキー・ア・ゴー・ゴーっていうライブハウスで1年半ぐらいやってたのかな。で、その4人が帰ってきて、一緒にやろうよっていう話になっちゃって。そのメンバーの発地伸男っていうのと石川恵樹っていうのと巳城研二と、ドラムがカルメン・マキのバックをやってたチャッピー。死んだって噂を聞いたけど生きてるよね、マキちゃん（笑）。

――生きてます！

木村 そのバンドが最終的にジェニカミュージックっていうゴダイゴの会社に決まって、ジェニカで最初にTBSブリタニカっていう子供用の英語教材の仕事をやったんですよ。あと台湾人の誰だっけ、アグネス・チャンか。彼女も英語できるから。僕らのバンドはその英語にリズムをつけるわけですね。その次が『ヘアー』というミュージカル。奈良橋陽子（ゴダイゴのプロデューサー）と旦那さんのジョニー野村（ジェニカミュージック創設者）っていうのとふたりが演出やってね。

――ミュージカル『ヘアー』の主題歌と『ゴジラ』のイメージソングが同時発売で正式デビューして。デビューからタイアップが多かったのはゴダイゴの流れなんでしょうけど。

木村 いま思えば「こういうのもできるんだよ、あいつら」みたいにジョニーにいろいろ試されながら、それで全部やっちゃうんですよね。そしたら「とりあえず昇はアニメやらせてみようか」みたいな感じになってきて。

――そのへんに偏見はなかったんですか？

木村 やっぱりありましたよ。

――「ロックじゃないのかよ？」っていう。

木村 そうそうそう、譜面を見て歌って終わりだから。それが2年ぐらい前にベスト盤が出てね、あんなのやったの覚えてないもん。久しぶりに聴いて、「あ、これもやったやった、『はだしのゲン』だわ」みたいなね。「あ、これいい曲だと思ったんだ」とかね。

――『ウルトラマン80』の主題歌とか、当時ふつうにヒットしたんじゃないですか？

木村 わかんないですね。

――あ、それぐらいの感じなんですね。

木村 うん。番組も観たことないし。

――ダハハハ！　ボクは当然リアルタイムで9歳とかでしたけど、すごくいい曲だと思って。最初に触れたロックぐらいの感覚でした。

木村 ああ、それはありがとうございます。円谷さんにそういうふうに作ってくれって言われたからね。ロックでやってくれって。

――エンディングテーマの『レッツ・ゴー・UGM』とかも異常にカッコいいんですけど、でも正直そんなに思い入れはない、と。

木村 ハハハハハ！　なかったですね。

――この時期に『超人ロック』の一連のアルバムだとか、ものすごくいろんな仕事を手掛けているわけですけど、そんなときTALIZMANを抜けてHARRY名義やハーリー木村名義でソロになっていった理由は？

木村 ……まあ、いろんなことがあったからです（笑）。言っちゃっていいのかなあ？

スタッフ いいんじゃないですか？

木村 いろんなことがありましたよ。

TALIZMAN
石川恵樹、発地伸男、巳城研二によるバンド「クロニクル」に、木村昇（ハーリー木村）、石井智が加わって結成。80年に『ゴジラ』（『モスラvsゴジラ』リバイバル上映イメージソング）と『Aquarius』（『ヘアー』主題歌）の2枚のシングルを同時発売してデビュー。代表曲に『ウルトラマン80』、『永遠（とわ）の愛 ーA Forever Kind Of Loveー』（『超人ロック』イメージソング）、『シーズン』（アニメ『姿三四郎』主題歌）など。

『ヘアー』
ベトナム戦争中のNYのヒッピーたちを描いたブロードウェイ・ミュージカル。ロック・ミュージカルの元祖。のちに映画化もされた。日本では70年に初演されるも、翻訳者が大麻取締法で逮捕され公演中止に。ここで話されているのは80年の再演で、演出・奈良橋陽子、音楽監督・タケカワユキヒデ、演奏・TALIZMAN、出演・荒川務・桝川譲治ら。

——アウトなことはこちらで削りますから。

木村　ドラッグやったりね（あっさりと）。

——まあ、それこそゴダイゴも……。

木村　ああ、ミッキー（吉野）ね。

——スティーヴ・フォックスさんも。

木村　あ、スティーヴもそうだったの？

——自伝を読むと衝撃を受けますよ。セックス＆ドラッグ＆窃盗の話だらけで。さらにはカルト教団からの脱出がどうだとか（笑）。

木村　スティーヴは牧師になったじゃない。

——その後、まじめになったみたいですけどね。ゴダイゴ同様、木村さんも子供番組の歌をやりながらそういう感じだったんですね。

木村　悪い人です（キッパリ）。

——ダハハハハ！　まあ、『ヘアー』の曲をやったらしょうがない気はしますよ。最初の『ヘアー』のときもたいへんでしたからね。

木村　あれは事件になっちゃったからね。

——つまり、ただでさえそんなに思い入れもない曲を歌っていたうえに薬物のこともあって、より記憶がなくなっているわけですね。

木村　そうです。けっこう無茶苦茶でした。

——無茶苦茶やりながらも、仕事はあって。

木村　だからもうわからないんですよ。

——なるほど、『ルパン三世』のエンディングも歌ったっけ？」的な感じなんですか。

木村　あれは覚えてる。大野雄二さんのメロディが好きだし、陽子さんの詞もいいし、この人たちとだったらやりましょうか、みたいな。こっちが選ぶことじゃないですけど。

——ホントにハズレのない仕事してるじゃないですか。ボクらの大好きな番組にしか絡んでないぐらいの。『宇宙刑事ギャバン』とか『大激闘マッドポリス'80』とか、ボクらの周りでいまだに語り継がれてる作品ばかり。

木村　ああ、『マッドポリス』ね。関連してる人はみんな死んじゃってるんですよね。

——渡瀬恒彦主演で。

木村　あとMOTCHINって知ってます？　アイ高野と一緒に1～2曲やったんですよ。

——『銀河疾風サスライガー』の！

木村　でも、みんな死んじゃって。ここで言うのもなんですけど、僕もこないだ癌が出てきて、けっこうヤバいコンディションで。

——だからこそ、いろんな人から話を聞いておかなければっていう思いがすごくあって。『宇宙刑事ギャバン』とか『未来警察ウラシマン』とか、なんでこの時期は名義がHARRYとかハーリー木村になってたんですか？

木村　たしか会社が変わっちゃって。

——杉良太郎さんの事務所に入って。

木村　そうそう、そこに入って名前をハーリー木村にしたらどうだ、みたいなことで。まあ、名前なんかどうでもいいですからね。

——ダハハハハ！　当時、杉良さんの付き人やってたっていうのはホントなんですか？

木村　付き人じゃないけど、どこ行くにも連れてかれてました

『ウルトラマン80』
『ウルトラマンレオ』以来、5年ぶりの実写作品として製作されたウルトラシリーズ第9作目。タイトル通り"80年代という新たな時代のウルトラマン"がコンセプトで、主人公が中学校の教師という設定になり、学園ドラマのテイストが導入されるなど、野心的な試みがなされた。しかし、テコ入れされるたびに作風が変わるなど迷走。本作放送後、しばらくテレビではウルトラシリーズが製作されなくなってしまう。

ミッキー（吉野）
68年に「ザ・ゴールデン・カップス」に参加。70年に大麻取締法違反による逮捕騒ぎを起こして脱退。71年にバンド「サンライズ」をスティーヴ・フォックスと結成。バークリー音楽院に留学するため渡米。帰国後にバンド「ミッキー吉野グループ」を結成。このバンドにタケカワユキヒデが加わり、75年に「ゴダイゴ」を結成。92年には覚醒剤使用容疑で逮捕された。

ね。あの人が昔、『文春』で追われたとき、女満別の旅館に身を隠してたことがあったらしくて、「ハーリー、そこにカニを食いに行こう」とか言い出して、急にふたりでそこ行ったりとかしてましたよ。

――なかなかゴダイゴの事務所から杉良さんの事務所には移籍しないじゃないですか。

木村 ふつう行かないですよね（笑）。僕もよくわかんない、何も知らないまま行っちゃったんで。3年ぐらいかな？ ちょっと忘れちゃったけど。すごい迷惑かけましたよ。

――ヤバい時期だったからですか？

木村 いやいや、杉良さんのとこではまったくやってないよ、できないできない（笑）。それは注意されたの。杉良さんってすごいネットワークを持ってて、歌舞伎役者とか名前を出したらビックリするぐらいの人がみんないる前で、「ハーリー、おまえなんかヤバいもんやってるらしいな。やってるなら、いまここで言え！」って言われちゃって（笑）。

――うわー！

木村 「いや……やってないですよ」と。

――そう言うしかないですよね。

木村 事実、そうだったの。大麻はチョコマカやってたことはあるんだけど、それ以上のものはやってなかった。それ言いたかったけど、言うとヤバいから何も言えないですよ。

――まあ、向こうとしても、そんな細かい説明を求めてるわけじゃないですから（笑）。

木村 うん、ホントのこと言うと、杉さんのとこ辞めてからヤバいものやり出したから。

――ダハハハハ！ なるほど。それ以前は大麻ぐらいだった。この時期、ジョー山中さんの『レゲエバイブレーション』に参加してるのも、何かの匂いを感じたんですよ（笑）。

木村 そうそうそう（笑）。

――清水健太郎さんが言ってたんですよ。この時期、ジョー山中さんとシミケンさんが仲良くて、一緒にジャマイカに行ってたとか。

木村 ああ（笑）。

――83年の『はだしのゲン』の主題歌を最後に放浪生活に入った、みたいに言われてるじゃないですか。これはどういうことなんですか？

木村 うーん……なんかいろいろありましたね。ハネケン（羽田健太郎）さんの曲の作り方に感動しすぎたのと、あの曲がよすぎたこととか、こんな真似できないなと思ってショックな感じ。ちょっと泣いちゃったの、歌いながら。で、3回ぐらいやり直したのかな。これは敵わねえやと思ってショックだった。

――同じく曲を作る側として。

木村 もう無理と思って。いまだに日本一だったってみんな言いますもんね。ピアノの上でアル中で死んじゃったんですけど。みんな薬かアルコールか、みんな気が弱いんでね。

――それは出版の世界も同じですよ。才能のある人たちはだいたい酒の飲みすぎかドラッグで、どっちもやってないボクが生き残ってるという。

木村 ハハハハハハ！

――仕事のオファーはいっぱいあった時期なわけじゃないですか。それでも歌の活動を全部やめちゃおうってなったわけなんですか？

木村 そうですね、敵わないやと思っちゃって。最後やったの

スティーヴ・フォックス
53年、宮城県に生まれる。ベーシストとして、71年よりミッキー吉野と行動し、数々のバンドを共にする。80年に、キリスト教の宣教師になるため、ゴダイゴを脱退。その後、復帰を果たし、03年のザ・ゴールデン・カップスの再結成時にはサポートベーシストとして参加。現在は京都市内の教会で牧師をしているという。

『Who am I? 不良、ロックスター、牧師 自分を探し求めて』スティーヴ・フォックス（クレスト社）

大野雄二
ジャズ・ピアニストとして活躍する傍ら、作曲家としてテレビドラマや映画『犬神家の一族』や『最も危険な遊戯』などの劇伴を手掛ける。ジョー山中が歌った『人間の証明のテーマ』も担当。様々なアーティストにも楽曲を提供する傍ら、アニメ『ルパン三世』シリーズの音楽を長年手掛けている。

『宇宙刑事ギャバン』
82～83年にテレビ朝日系で放映された東映制作の特撮。従来のシリーズ（ウルトラシリーズ、仮面ライダーシリーズなど）に頼らない新しいヒーローとして開始され、東映特撮に新風を吹き込んだ。わずか0・05秒で完了する変身とそのプロ

は、『ミッドナイト・サブマリン』（『ウラシマン』の主題歌）ぐらいかな。チョコッと悪いことやり始めた頃なんですよ。

――もっとハードなほうを。

木村 うん。……たいがいハマッてっちゃう人が多いんじゃないですかね（笑）。清原（和博）くんにしろ。俺、清原の歌を作っちゃったもんね。『世界の清原』っていう。

――気持ちがわかるから。「放浪生活」って、具体的には何をやってたんですか？

木村 何やってたっけな……。

――危険なヤツをやってた記憶しかない。

木村 そうでしょうね、覚えてないってことは。放浪はしてましたよ。居候した記憶もないし。野宿したり。その後になんかんだで北海道に渡って。犬とか連れて行って、最後ポニーまで競りから仕入れてきちゃって。

コリアンの血が流れている

――えっ、ポニーを連れて放浪ですか？

木村 連れては行けないけど、ポニーを競りで買ってきて一緒に暮らしてましたね。

――北海道で主に何をやってたんですか？

木村 一応、曲は書いてましたよ。あとは動物を飼うとやること決まってますよね。ほかにも烏骨鶏とかウサギとかヒツジ、ヤギ、いろんなのがいたから。で、いまでもちょっと余韻があるんだけど、躁鬱病になって、ソファから上がれなくなっちゃって。そのとき躁はまだなかったんだけどね、鬱状態で。これはヤバいな、どうなるんだろうと思って。

――病院とか行ける状況でもなさそうだし。

木村 たまたま知り合いで馬糞紙を運んでる人がいたんですね。その人が遊びに来てくれて、「おまえ、ちょっと様子がおかしいぞ」ってことで、そういう精神関係の病院に連れてってくれたんだけどね、即入院。「動物たちどうすんの？」みたいになっちゃって。

――薬をやってると、どうしてもバッドなほうに落ちたりしやすいってことですかね。

木村 いや、それはドラッグやってないときだったから。あとは精神科っていろんな病院で検査をされるもんだから、チェックするたびに2～3カ月入院でしょ。個室ですよ。そこはもう窓があるかないかって世界で。

――お金はなんとかなってたんですか？

木村 それは政府がみてくれるの、そういう病気は。こっちはどうしようもなくてね。

――Vシネの音楽をやってたっていうのは？

木村 それはその前ですね。そもそもVシネの会長からもらったジャーマンシェパードを皮切りに旅が始まったわけですよ（笑）。

――Vシネの偉い人からいい犬をもらって。

木村 そうそう、Vシネマのドンに。……ハッキリ言っちゃうけど、杉良さんと犬もらったVシネマの右翼のドン。名前は出さないけど、そのふたりにはすごいかわいがってもらったんですよ。ちょっとヤクザっぽい人にかわいがられるんですよね、どこに行っても。

――そもそも、なんでシェパードをもらったのがきっかけで放浪の旅が始まるんですか？

セス、敵組織が発生させる異次元空間など、斬新な要素が多い。

『大激闘マッドポリス'80』
80年に放映された、日本テレビ火曜夜9時枠放送作品（他に『大都会』『大追跡』『探偵物語』など）。巨大犯罪組織・ジャパンマフィアを壊滅すべく、警察庁の精鋭部隊が戦いを挑んでいく。エンディングテーマの『愁いの街～HOW CAN YOU LOVE THE CITY』をハーリー木村が歌っている。

MOTCHIN
ザ・カーナビーツのドラムとして活躍していたアイ高野の別名義。本名が高野元成で、愛称が〝もっちん〟だったことから名付けられた。MOTCHIN名義では、アニメ『銀河疾風サスライガー』の主題歌を担当。この曲は作詞・山本優、作曲・山本正之、編曲・久石譲という豪華な布陣。アイ高野としては『ペットントン』や『巨獣特捜ジャスピオン』の主題歌なども担当している。

木村　「動物好きですね」なんつってたら、「おまえ、犬いるか？」なんて言われて、見に行ったらやっぱりすごいとこ住んでて、犬小屋が俺らが住むぐらいの家なの（笑）。で、1頭もらって。出発の日、その会長の娘さんがきれいに洗ってくれて、「じゃ、いただいていきまーす」みたいな感じで。いまはそれも死んじゃいましたけど。やっぱり動物も飼うと人間以上に情が湧くんですよね。

――繰り返しますけど、シェパードをもらったところからなぜ放浪に発展するのかが見えないので、もうちょっと説明して下さい！

木村　大型犬を飼うと、それを育てる場所がないわけですよ。アパートやマンションじゃ飼えないから。どうしようかと思って、とりあえず北海道で場所を選ぼうってことで。

――広い土地のあるところに行って。犬がいるからどっか行かなきゃだったんですね。

木村　そうです。

――で、最後はポニーを飼うまでになる。

木村　調子に乗っちゃったんだよね。現地の人はみんな笑うんですよ、「こんなのなんで欲しいんだろう？」って。ヒツジとかヤギも、とりあえず2頭ずつ飼えっていうの、増えるから。で、必ず2頭生まれるんですよ、アベックで生まれるの。それ以上はあんまり増やさないようにしようとは思うんだけど、どうしても増えちゃうんだよね。自分がその後、躁状態だって気がついたのが、ハンマーでヒツジの1頭を殺しちゃったんだよね。

――え！

木村　これはヤバいと思って。隣の牧場やってる人を蹴飛ばしたりとかね。警察官が来ると犯罪になるかもしれないという。

『銀河疾風サスライガー』
83～84年に放映された、テレビ東京系のロボットアニメ。J9シリーズ（他に『銀河旋風ブライガー』『銀河烈風バクシンガー』）の第3作目。ジュール・ヴェルヌの小説『80日間世界一周』をストーリーのモチーフとしている。オープニングテーマや挿入歌をMOTCHINが歌っている。

『未来警察ウラシマン』
83年に、フジテレビ日曜午後6時枠（後に土曜午後6時30分枠）で放映されたタツノコプロ制作のSFアニメ。オープニングテーマの『ミッドナイト・サブマリン』とエンディングテーマの『ドリーム・シティ・ネオ・トキオ』をHARRY名義でハーリー木村が歌っている。

羽田健太郎
ピアニストとして活動を始め、スタジオミュージシャンとして様々な楽曲に携わる。作曲家としてもドラマや映画の劇伴を担当。アニメでは80年の『宇宙戦士バルディオス』を皮切りに、様々な作品を手掛け、特に『超時空要塞マクロス』シリーズで圧倒的な支持を得る。ゲーム『ウィザードリィ』シリーズの楽曲も有名。タレントとしても活躍するが、07年に肝臓癌のため死去。

ま、いろんなことがきっかけなんですけど。馬で生活してる人たちが多い土地だったから、そこにウチの犬が興味本位で遊びに行っちゃうんですよ。みんな名馬だから、それをウチの犬が追っかけるとえらい目に遭うわけですよ。何千万もする馬を追っかけちゃったらね。

――ケガでもしたらたいへんなことになる。

木村 そうそう、骨折でもしたらね。それで牧場の人に注意されて。北海道では檻に入れたりつないだりしたことがなかったから。

――このぐらいで現在に至るわけですね。数年前、ツイッターで「花見で偶然隣にいたオッチャンがおもしろかった。プロフィールも渡されたけど、すごい経歴で、ハーリー木村って人らしい」的なつぶやきを見まして。

木村 あ、それで知ったんだ?

――そうです。そのときの「毎年、春はメンタルを崩して入院するため、桜を見るのは6年ぶりと言っていた」っていうつぶやきも見て、壮絶な人生プラス、バックボーンもすごいから、いつか話を聞きたいと思っていて。で、ボクの知ってるアイドルが木村さんとライブで共演するって告知があって楽しみにしてたら、「ハーリー木村さんは国家権力に身柄の自由を奪われているため、開催中止となりました」って発表されたことにも衝撃を受けて。一体、何があったんだろうと思って。

木村 国家権力?

――去年の5月に下北沢で開催予定だった『弾き語り最強決定戦』が中止になって。

木村 ああ！　国家権力。傷害事件でしょ?

――傷害事件を起こしてたんですか！　正直言って、これは薬物だろうと思ってました。

木村 傷害事件は何回かありますよ、たいしたことじゃないけど。ああいうのってちゃんと勉強しないと事件になっちゃうんですよ。

――ちょっとしたいざこざとかが。

木村 そうそう。

――そこからは活動がちゃんとしてきますよね。放浪の果てに、またライブやったりするようになるきっかけは何かあったんですか?

木村 やっぱり調子いいとね(笑)。

――メンタルの問題。

木村 そうですね。あとはまだ薬を飲まないとダメな状態なんですよ。まず肝臓の薬は食後に必ず飲まなきゃいけないし、あと精神安定剤とか。癌も、そういう悪さがあってこそ見つかったもんだから、いいかなとは思ってるんですけど。何も知らないで酒ばっかり飲んでたら、たぶんもう逝っちゃってると思うんでね。先月、肝臓の関係でドクターストップかかっちゃって、それから一切アルコールは飲んでないですね。命拾いしたかなって、自分ではいいふうに考えてるんですけど。

――ちゃんとそういうことは守れる。

木村 守れますね。タバコなんかやめて20何年になるかな。タバコやめたっていうことは大麻もやめたっていうことだから(笑)。作家の人は大麻をやる人多いけど大丈夫?

――ボクの周りにも多かったです。

木村 安部譲二さんもポンだったもんね。

――まあしょうがないですよね、あのぐらいの世代は。裕也ファミリーも含めて。

安部譲二
作家。麻布中学からイギリス留学、帰国して安藤組の舎弟になり、さらに日本航空のパーサー、ジャズクラブ経営、拳銃不法所持や麻薬法違反で逮捕、そして作家デビューと破天荒すぎる経歴で、昭和史の様々な場面に登場する。吉田豪によるインタビューが『人間コク宝』に掲載。

ごっしー　栽培はされてなかったですか？

木村　いや、勝手に生えてくるから。

ごっしー　北海道は。ただ、勝手に生えてるのってあんまり効かないらしいですよね。

木村　辛くて吸えないんだよね。輸入してきた牧畜っていうかエサあるでしょ、あのなかに種が入ってるらしいんだよ。ひと粒あるといくらでも増えるから。ウチの周りも平気ですごい生えてた。すごい風が吹く日にブワーッと飛んで、どんどんエリアが広がっちゃって（笑）。1回誰かをウチの犬がブワーッと追っかけたのね。そしたら警察犬と間違えたらしくて慌てちゃって逃げたのよ。最初は鎌みたいなの持ってなんかやってたヤツが慌てて逃げてったらしくて。そしたら刈り取った気配があったんだよね。それでスニーカーが片方だけ落ちてるわけよ（笑）。あいつら、よっぽど慌てて逃げたんだなと思って。

――始めたきっかけは何だったんですか？

木村　僕は最初、水中カメラマンから。持ってきやすいでしょ、機材に紛れ込ませて。

――海外の仕事も多いし。

木村　東南アジア行くから。そいつが「昇さん、いいのあるよ」って持ってきて。たしかによかったんですよ。そしたらちゃんとシナリオが出来上がってて。ウチはアメリカンハウスに住んでたから、ウチに出入りするヤツ全部チェックされるの。で、警察がバッと入ってきたときに、俺はもうおかしいなって予感してたから。俺の長男坊が生まれたばっかりで、オムツしてるでしょ。そのなかにゴソッと隠して。ウチのベイビーすごいデカかったから、オムツもデカかったの。残りは隣の新聞屋さんの壁とウチのあいだに落として。

――薬物で捕まったことはないんですか？

木村　あるよ。これはインタビューであって、警察に尋問されてるわけじゃないからいいんだけど（笑）。何十年も前の話だから。

――そういう経験をしながら、そんなに思い入れがなかったはずの昔の歌をいままた歌うようになって、どういう思いがありますか？

木村　やっぱり人の曲だろうがなんだろうが、いい曲はいいんだなと思いますよね。それがようやくわかるようになってきた。

……ちょっとトイレに行ってきていいですか？

――どうぞどうぞ。（木村さんのスタッフに）基本、時効ってことで大丈夫ですか？

スタッフ　大丈夫です。最近、アニメシンガーとしての半生を綴るインタビューを受けて、そのときは健全にきれいな状態で見せたんですけど、もういいんじゃないかって。吉田さんのインタビューは僕も存じ上げてるので、そういったことを引き出してもらって。

――悪いようにはしないとしか言えないですけど。ここできれいなとこだけ出してもアレなので、過去を反省しつつ、いまはいい状態ですみたいな感じで着地をきれいにすれば。

スタッフ　まじめな人ではないので（笑）。

――そもそも、どういう関係なんですか？

スタッフ　小さい頃からずっとファンで、消息をずっと探してて、たまたま見つけたんですよ。自分も歌をやっててボーカリストとして尊敬してるんで、突然やめちゃったしいろいろ訳ありな人なんだろうなって察してたんで、実際いろいろ聞いても特に動揺もないんですけど。それでマネージャーまではいかないですけど、仕事の窓口役をしながらコーラスやったり。ちょっと前まで一緒に住んで。

——へぇーっ！

スタッフ 「来ないか？」と言われたんで。

——ファンで消息を追ってた人と同居するっていうのも、なかなかない気がしますけど。

スタッフ いろいろネットとかで消息を探してたんですよ。そしたら宮城の白石市で木村さんに殴られた人とたまたまつながって。

——ダハハハ！　そこから！

スタッフ そこから（笑）。

——超いい話じゃないですか！　まじめだったら消息がつかめなかったわけですよね。

スタッフ そうです、殴ってくれたおかげ。

——適度なダメさのおかげで情報が（笑）。

木村 （戻ってきて）これ、そのうちナニの話が出るのを知ってて個室を取ったとか？

——いやいや、基本個室です（笑）。

スタッフ ＴＡＬＩＺＭＡＮは全員もう連絡が取れますね、いろいろ探して見つかって。

木村 そうですね、全員生きてました。

——じゃあ再結成の可能性も？

木村 あるでしょうね。

——ちなみにケンカは強いほうなんですか？

木村 若い頃は。キレるとちょっとヤバかった。血がそうさせるのかもしれないですね。僕、ジャパニーズじゃないんですよ、コリアンなんですよね。みんな知ってるのか知らないのかわかんないけど。子供の頃は特にヤバかったですね。上田正樹とやり出してからは、やっぱりみんな先輩だから。東京に来てからは、とりあえず関西弁だと通じないから標準語に頑張って切り替えて。みんな年上だったんですよね、ビッグバンドもそうだし。

——スタートが早すぎますからね。16歳とかで上京したら、そりゃみんな年上ですよ。

木村 そう、遊んでくれるのもお姉さんになっちゃうんだよね、彼女じゃないの（笑）。

——けっこうモテたんですか？

木村 モテるっていうか、やっぱりメインボーカルだから、旅に行くとね。あるクラブで巡業遠征やって東京に戻ったら、「ウチのナンバーワンの女の子がいなくなったけど、おまえんとこ行ったろ！」って電話かかってきて。どうも追っかけてきたらしいんだよね。「いや、ウチには来てないですけど」って言ったら、「嘘ついてたらたいへんな目に遭わすぞ！」ってことが二度三度ありましたね。

——結局、楽しく活動はしてたんですよね。

木村 楽しいというのかな、やっぱりレゲエやってるときもよかったし、ＴＡＬＩＺＭＡＮもよかったし、ビッグバンドもよかったし、思えばみんな悪くはなかったですね。

——じゃあ、人生でこれだけはやらなきゃよかったみたいなことって何かありますか？

木村 やっぱり薬だね（笑）。「人間やめますか？」で、めちゃくちゃ反省してますよ。

——大麻でやめとけばよかったですか？

木村 そうですね。実際、ある博士は大麻は薬でドラッグとは

言えないって言ってるし。

――大麻解禁の流れも世界的に広まって。

木村 許可されてるところもありますしね。

――遠くない未来に日本も解禁されてもおかしくないレベルで。そうなると大麻で捕まった人たちがホントにかわいそうだし、大麻で人生を棒に振ったような人がいるわけですよ。

木村 破滅しちゃうのはスピードですね、あれは絶対ヤバい。俺の先輩が「あれだけは絶対やっちゃダメだぞ」って。その人がやってるとこ見たことあるんだよ、墓場に抱きついてるときあったからね。おかしいなーと思ったらやっぱり（笑）。今回の取材は、そういう話をしたほうがおもしろいんでしょ？

――お気遣い、ありがとうございます！　経験者の言葉の重さっていうのは間違いなくありますからね。「いまは後悔してる」っていう言葉があれば全部載せられると思います。

木村 思い起こせばもっとヤバいことありましたよ。ホテルの何階だったかな、そこから飛び降りようとしたこともあるからね。

――え！　それは完全にキマッてる状態で？

木村 そうですね、丸裸で。ヤバいですよ。

――ジョニー大倉さんがビルから落ちたのを彷彿とさせますね。窓で懸垂していたっていう。

木村 そう、隣に移ろうとしてたとか。

――ジョニーさん自身は「みんな薬物って言うけど違うんだよ、懸垂してただけなんだ」って言ってましたけどね。薬もお酒も全部やめて、いまは歌はどんな感じなんですか？

木村 先々週、薬が切れちゃって。安定剤と眠剤がなくなってホント参っちゃったんだよね。で、すぐ病院行って薬もらって。

ホントは飲まなくても平気でなきゃいけないのに。でもまあ、もうちょっと暖かくなればね。また北海道で作った歌とか、あとは彼（スタッフ）に歌わせたい曲も何曲かあるから。

——ツイッターも彼がやってるんですか？

スタッフ ゴーストライターみたいな感じで、木村さんが言ったこと世に発信して。

木村 お任せで。

——木村さんがツイッターを始めた衝撃は相当でしたよ。ボクも思わず拡散しましたから。

木村 ああ、そう。今日みたいな日があって僕はうれしいんですよ。人と会話がまったくなかったから。彼（スタッフ）はいま独立してるから。ホントに歌がうまいんだよ。

——さっき出会いの流れを聞いて、いい話だと思いましたよ。完全に消息不明だった木村さんを探し出してこうやってバックアップするようになるって、最高じゃないですか。

スタッフ 僕も生きてるとは思ってなくて。

——生きてて良かったです！　最後に、まだ人生でやり残してることは何がありますか？

木村 何人か山の頂上に捨ててくること。

——……何をする気なんですか！

木村 車で山に行って、「自分ひとりで帰って来い」って言って、捨ててきてね。

——捨てたい人が何人かいるんですね。

木村 何人かはいますね。

——それをやるまでは死ねない。

木村 そう思ったことがある人が死ぬまでは死ねない。彼らが自動的に逝っちゃうまで。

——長生きしたほうが勝ちですからね。

今日はプロレスの話でお願いします（笑）

つのだ☆ひろ

2018年3月収録

歌手、ドラマー、作詞家・作曲家、ラジオパーソナリティ。福島県出身。1949 生まれ。60 年代後半からジャズ・ピアニスト佐藤允彦のトリオとの活動を皮切りに、ジャックス、岡林信康、赤い鳥、サディスティック・ミカ・バンド、浅川マキといったミュージシャンたちと共演し、ドラマーとしての地位を獲得する。1971 年には歌手として『メリー・ジェーン』をロングヒット。現在は、音楽スクールの WILD MUSIC SCHOOL、ULTRAC を開設。漫画家つのだじろうの弟。

実は日本ロックのレジェンド

☆ひろ　最近ものを忘れるんで、僕とプロレスの関係について書いた資料を作ってきました！　僕が忘れたときは妻が補足します。

――了解です。この前、念願が叶ってお兄さん（つのだじろう）を取材できたんですよ。

☆ひろ　たいへんだったでしょ（笑）。

――たいへんでした（笑）。

☆ひろ　ガンコだからね（笑）。

――ダハハハ！　インタビューはあんまり受けてくれない人みたいですからね。子供の頃、2人は相当仲悪かったらしいですけど。

☆ひろ　いや、仲悪いんじゃなくて（笑）。でも、兄弟8人いたら好き嫌いも出ますから。いまはそんなことないです。たまに面倒くさいことはあるけど。たとえば夜電話かかってくることがあるんですよ。何かなと思ったら、女の子がいる店なんかで飲んでて、「俺、つのだの兄なんだよ、ちょっと電話してみるか」って。兄貴若いなぁーって！（笑）

――資料には、昔はよく怒られて仲が悪かったけど最近は仲いいとか書いてありました。

妻　まあ、皆さん年が離れてるので。

☆ひろ　そう、一番近い兄とは4つ違うんですよ。あとはみんな3つずつ違って8人なんで。でも、すごくありがたかったことは、そのときの流行歌をみんな聴いてるわけでしょ。実家は理髪店だし、ラジオからそれを無条件に聴いてるわけ。兄だけじゃなくて、親父、お袋、おばあちゃんまでいたわけだから、明治、大正の曲からずっと知ってるんだよ。……っていうことで今日はプロレスの話でお願いします（笑）。

――ダハハハ！　プロレスに限らず雑多に聞きたいんですよ。そもそもロックレジェンド的な意味でも重要な存在じゃないですか。

☆ひろ　あ、そこはちょっと資料を作ってきてないな。聞かれるとは思ってなかった。

――それこそ日本のロックの名盤を残したようなバンドに複数参加してる人ですからね。

☆ひろ　それは受け止める側の問題なんですよ。たとえば、こういう音楽が好きな人たちにとってはレジェンドかもしれない。だけど世の中不思議なもんで、たとえば日比谷野外音楽堂でロックがすごく盛んな時代、成毛滋と私と、あとで高中正義が入りましたけど、その3人でやってたグループ（フライド・エッグ）が間違いなく大スターなのね。でも、いつの間にかはっぴいえんどになっちゃったの。そんなバカなことがあるかっていう。

――そうなんです！　内田裕也さんも言ってました。世の中がはっぴいえんど史観になって、はっぴいえんどが日本のロックを始めた的に言われてるけど、違うんだよっていう。

☆ひろ　そうそうそう。当時、唄の市とかそういうフォーク系のフェスティバルがあって、そっちに出てたグループなんですから。

――はっぴいえんどはロックじゃない！

☆ひろ　ロックじゃない、フォーク。よく言ってフォークロックっていう感じ。フォークロックは英語でやってる人いなかっ

成毛滋
日本ロックギターの先駆者。アマチュア時代から早弾きギタリストとして注目を集める。つのだ☆ひろ（当時は角田ひろ。以下同）とバンド、ジプシー・アイズ、ストロベリー・パス、フライド・エッグを組む。ギター講座番組などでは「ドクター・シーゲル」名義で活動している。

高中正義
71年8月、成毛滋とつのだ☆ひろのストロベリー・パスのサポートとして参加後に、正式にメンバーとなりフライド・エッグに。その後、サディスティック・ミカ・バンド、サディスティックスを経て、ソロ活動を初める。81年の『虹伝説 THE RAINBOW GOBLINS』で"高中ブーム"を巻き起こす。

はっぴいえんど
日本のロックの黎明期に活動したバンド。メンバーは細野晴臣、大瀧詠一、松本隆、鈴木茂と、後の大物ばかり。『風をあつめて』が有名。はっぴいえんどから日本のロック

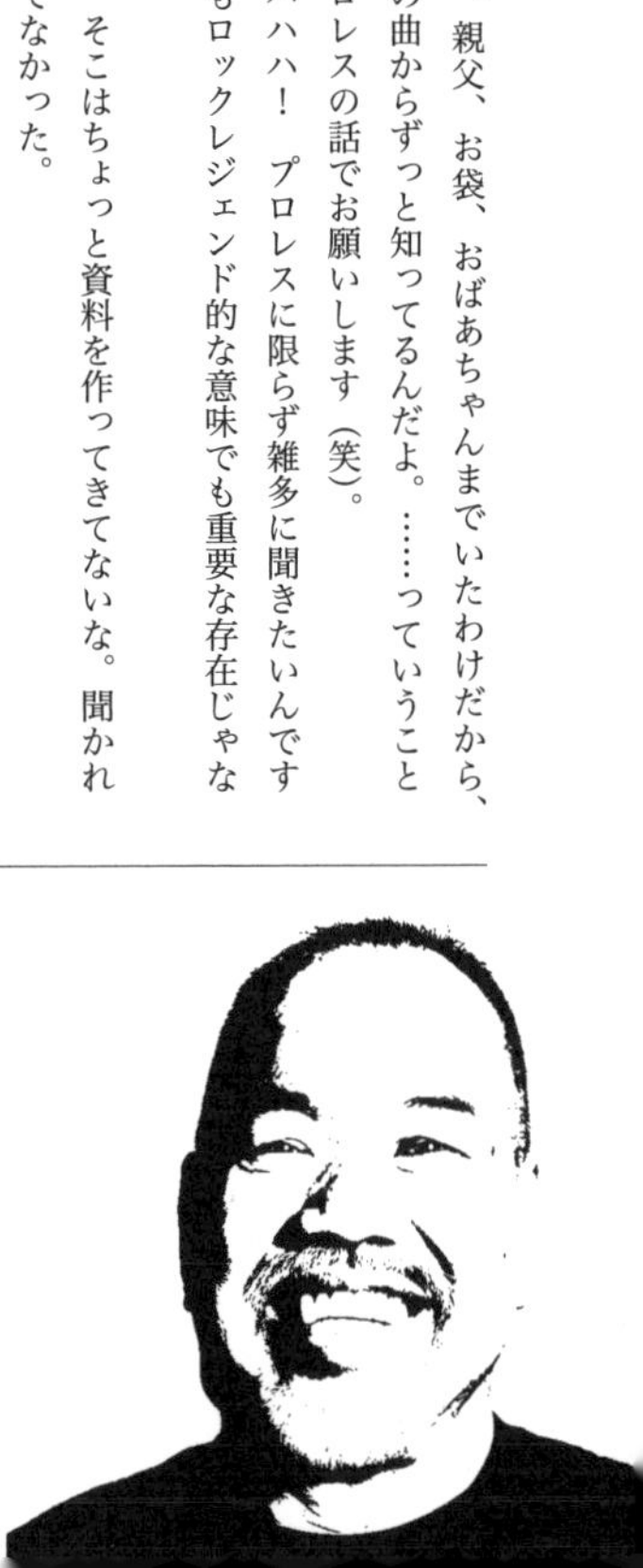

たですから、ほとんど日本語。でも、フォークロックだったらジャックスのほうが先なんですよ。

——ホントそうなんですよ。

☆ひろ　あんな根拠のないことを言ってるのは、ああいうのが好きな評論家だけ。だから、僕が本を書こうかと思ったぐらいですよ。タイトルも決まってるの、『消された夏』っていうの。だって、完璧にあの当時のロック文化からいないことになってるんですよ。そんな歴史が抹殺されていいものかと思いますけどね。だから、いろんな音楽の本が出ても僕のとこなんか誰も来ないですよ。

——ジャックスとサディスティック・ミカ・バンドに参加しているだけでも重要なのに！

☆ひろ　そうなんですよね、フライド・エッグと。その3つあれば食っていけるぐらいの話なんですけど、なんだろうな、あれ。だいたい評論家さんの問題ですね。友達だし悪く言うわけじゃないけど、小倉エージなんかけっこうそういう感じで書いてましたもんね。

——はっぴいえんど史観で。

☆ひろ　たとえば小倉エージがチヤホヤされてるときに小倉エージが書いてるものをたくさんの人が読めば、小倉エージが書いてることがすべてのように思われても仕方ないなとは思うんで。あと、聞きかじりでいる人たちは完璧にわかんないで言ってるわけだから。

——ザ・スターリンの影響でジャックスが再評価されたとき、つのだ☆ひろさんが元メンバーっていう事実に衝撃を受けたんですよ。あのアングラさとはイメージが合わなくて。

☆ひろ　僕はもともとジャズミュージシャンなんですよ。池袋にジャズクラブがあって、土日にはそこに出てたんです、高校生で。

——ちなみにボク、高校が同じなんですよ。

☆ひろ　城西なんですか？　ドッヒャー！　よくもまあ、あんなバカな学校に（笑）。

——ボクらの頃は少しよくなってて（笑）。

☆ひろ　僕らの頃はバカな学校でしたから（笑）。で、高校卒業してからもそのジャズクラブに出てたら、変なサングラスかけたヤツが来て、「こういうロックバンドやってるんだけど、じつはアバンギャルドなんだ」って言うんですよ。それで聴かされたのが『マリアンヌ』って曲で、意外と前衛っぽいアプローチしてるじゃないですか。「こういうバンドだから入んない？」って言われて、「いいよ」って言って入ったの。それが木田高介ってヤツなんですよ。それでジャックスに入ったんです。でも、とにかく仕事がなくて。

——いまでこそ伝説のバンドだけど。

☆ひろ　仕事がないしお金がないし。「ジャックスの頃からファンだったんです」って言う人がけっこうたくさんいるんですよ。絶対に嘘だろと思って。そんなにいたなら食えてたはず（笑）。ハイエースのバンを真っ黒く塗ってあって、そこに「ジャックス」って赤で書いた楽器車を使ってたんですよ。だから「赤字バンド」って僕らは言ってましたね。

——それくらいお金にはなってない。

☆ひろ　なってない。ベースの谷野（ひとし）くんは、「俺、土日は土方やってたんだけど、ジャックス1カ月でもらう金より土方2日やったほうが高い」って言ってて。じゃあ辞めちゃうよね（笑）。僕もその当時からいろいろやってましたね。ジ

史が始まったという見方は〝はっぴいえんど史観〟と呼ばれる。

ジャックス
65年に早川義夫を中心とする3人が「ナイチンゲイル」を結成し、66年にフジテレビの番組にウィンドミルズの名で出た後に、ジャックスに改称。以降、水橋春夫、谷野ひとし、木田高介、つのだ☆ひろが加入。若者の心の内面の悩みや葛藤を前衛的に表現する歌詞と、早川の情念的な歌唱、そして、木田のジャズを指向した音作りが特徴。

サディスティック・ミカ・バンド
第1期のメンバーは加藤和彦（ギター、ボーカル）、加藤ミカ、つのだ☆ひろで、72年にシングル『サイクリングブギ』でデビュー。その後、つのだが脱退すると、ドラムスとして高橋幸宏が加入。ロキシー・ミュージックの全英ツアーにおいてオープニングアクトを務めたことも。加藤和彦とミカの離婚による解散後も、二度再結成されている。

木田高介
67年5月にジャックスに参加。解散後は、六文銭に一時在籍した後、CBSソニー、東芝EMIを中心にアレンジ、プロデュース業を幅広く手掛ける。手掛けたミュージシャンには五つの赤い風船、フォーリーブス、かぐや姫など。

ヤックスは高石事務所っていうところに所属してたのね。

——高石ともやさんの。

☆ひろ　そう、それが後の音楽舎になってURCになるんですけど。そこの事務所はフォークの連中がすごい関係してるんですよね。で、加藤和彦さんなんかもいて、加藤くんの子分みたいなもんでしたから、どんどんフォーク界にもつながりができて、いろいろやってるんですよ、岡林信康のバックもやり、高石ともやのバックもやり、吉田拓郎もやり、泉谷（しげる）もやり、そのへんのフォークはだいたい全部やってるんですよね。

——ホント音楽的に幅広いですよね。

☆ひろ　幅広いんですよ。そのあとは中島みゆきもやり、浅川マキもやり、山崎ハコもやり、加藤登紀子もやり、長谷川きよしもやりましたからね。フォルクローレみたいなものからラテンみたいなものからロックもなんでもやって、当時はそういう人いなかったの。

——なんでも叩けるドラマーが。

☆ひろ　うん。ジャズの人は絶対にロックを叩けなかったし、ロックの人はジャズを叩けなかったけど、僕は両方やってたから問題なくできたんだよね。だから、あるときレッド・ツェッペリンの『グッドタイムス・バッドタイムス』って曲があるんですけど、そのなかにあるウドドウドドドッていうバスドラをなんかやったの。そしたらそれを成毛が見て、「それ日本でできるヤツ初めて見た！」「バンドやろう！」って言ったの（笑）。

——それでハードロックまでやって。

☆ひろ　でも、ハードロックに嫌悪感はぜんぜんないし、髪の毛はもともと長いし、だから平気。楽しかったですよ。で、ハードロックはハードロックで成毛くんの関係をやり、それでなぜか渡辺貞夫カルテットに入っちゃうんですよ。当時7つぐらいバンド入っててドドドッと辞めて。日本初のスーパーセッションバンドと言われたフード・ブレインも、陳信輝とルイズルイス加部と柳田ヒロと僕の4人でやってたんですけど、1枚目のレコーディングが終わったときに、「じつは俺、渡辺貞夫カルテットに入ることになってさ。これから『ニューポート・ジャズ・フェスティバル』に参加することになっちゃったんで、このバンドはできないわ」って。

——ひどいじゃないですか！

☆ひろ　でも、みんな「それならしょうがない」と。当時の渡辺貞夫カルテットっていったら日本一のバンドだからね。そこにスカウトされて入るんだったらしょうがないって、みんなあきらめてくれたんですよ。それから僕も自分のバンドを辞める人を引き留めないの。気持ちよく送り出してやろうってことに努めてます。バンド関係はそんなとこかな？

——早川義夫さんはどんな人でした？

☆ひろ　よっちゃんは……こないだよっちゃんに会ってきたって人と話しましたけど、だいぶ年とったみたいですね。よっちゃんはすごい音楽家で作家だと思います。ボーカリストとしていい悪いって話じゃないですよね。

——技術の話じゃないですもんね。

☆ひろ　うん、そういう話じゃない。たとえばボーカリストでうまいヘタって、どこをうまいと言ってどこをヘタと言うのかっていうと、そんなラインがあるわけじゃないし、みんな確固たるものを持たずに言ってるから、うまいヘタはない。じゃあ早川義夫みたいに歌ってみろって言われても誰も歌えないじゃない、すごいですよね、オリジナルですよ。

高石ともや
関西フォークのパイオニア。68年2月にレコード化した『受験生ブルース』が大ヒット。高石事務所には、岡林信康、五つの赤い風船、中川五郎ら、関西フォーク陣の他、東京で活動していた高田渡、遠藤賢司、ジャックスも所属。

URC
アングラ・レコード・クラブ。日本初のインディーズレーベルとされる。政治批判や放送禁止用語が含まれるなどの理由でメジャー発売できない楽曲を会員のみに通販するシステムとして69年に開始されるも入会希望者が殺到。半年後に少数のレコード店と直販契約するレコード会社「URCレコード」として設立した。現在はポニーキャニオンが販売権を取得、復刻販売を行う。

加藤和彦
60年代後半に「ザ・フォーク・クルセダーズ」を結成。『帰って来たヨッパライ』『悲しくてやりきれない』などヒット曲を飛ばす。71年、当時

MUSIC AND LIFE ARE AL ABOUT STYLE.
NAKASU
jazz

——あの時代にああいう格好でああいう音楽やってたっていうだけでもすごいですよね。

☆ひろ　すごいですね。でも、やっぱり多少は流されてますよ。たとえば反体制っていうようなものも必要なかったですね。『ロール・オーヴァー・ゆらの助』、あれは浜口庫之助にアンチで書いた曲ですから。僕はハマクラさんぜんぜん悪いと思ってないし、逆にいいと思ってるし。でも、よっちゃんの場合、偏ってたからああいうものができるんですよ。偏り方が非常に激しかったと思うんです。なんで早川義夫に嫌われてるかっていうのは、どっかに書いてあるかもしれないけど。

——あ、嫌われてるんですか？

☆ひろ　嫌われてますよ！　すっごく嫌われてる。いまはそうでもないって言ってましたけど。なんかの本でよっちゃんが、「つのだ☆ひろくんには、彼の方向性に合わないようなバンドに誘ってしまって申し訳ないと思ってる」みたいなことが書いてあったらしいけど、そんなことぜんぜんなくて、ジャックスにいられたのもラッキーだと思ってますし。じゃあ、なぜ嫌われたかっていうと、ひとつ大きく言えば谷野ひとしというベーシストがいて、簡単に言うと僕が子分体質なんです。

——なるほど。

☆ひろ　谷野ひとしの子分だったんですよ。谷野くんに「おい、来いよ！」とか言われたら、「はい！」ってすぐ行くようなタイプですから。そのとき谷野くんは「早川を見てみろ、ギターが全部ローコードだぜ。あいつローコードしか弾けないんだよ、ローコードしか知らないから」っていうようなことをずっと言ってディスりまくるわけ。子分だから、それしょっちゅう聞いてるわけじゃないですか。だからよっちゃんの誕生日にギターのコードブックをあげたんですよ。すっげえジャズのいろんなコードまであるヤツを買ってあげて。

——……それは親切心なわけですよね？

☆ひろ　でも、それがとてつもなく「こいつは嫌なヤツだ」という方向によっちゃんは受け取ったんです。嫌味だと思われてずっと嫌われて。もう木田高介がいないので、水橋春夫、早川義夫、谷野ひとしでジャックスを再結成する動きがあったらしいんですよ。谷野くんが呼ばれてきて、「なんでつのだがいねえんだ」って話になって。「とりあえずつのだくんは入れないで……」みたいな話をされたら、「なんで入れねえんだ、バカヤロー、帰る！」って言って帰っちゃって、ジャックスの再結成はなくなったっていう（笑）。

——それ、すごい観たかったですよ！

☆ひろ　でも、水橋春夫はいまよっちゃんと一緒にやってるみたいだからね。もともと僕は水橋が抜けちゃって、水橋の穴埋めっていうことで入ったんですよ。それまでは木田高介がドラム叩いてたのをマリンバとかフルートとかサックスとかにいって僕がドラムを叩くことになったんですよね。そのときよっちゃん言ってましたよ、「水橋なんてあんなヤツと話するな」って。すごい怒ってました、ジャックス抜けて。そのときは水橋が嫌いで、そのあと水橋と一緒にやってるんだから。

——雪解けはするものなんだなっていう。

☆ひろ　うん。それから「テレビなんか絶対に出ない！」って言っといてＮＨＫの特番とか出てるから、出てんじゃん！　と思って。

——復活後は出てましたね。

☆ひろ　あれはなんだったんだっていう。

の妻だった加藤ミカをボーカルに据えた「サディスティック・ミカ・バンド」を結成。"トノヴァン"との愛称で慕われた。09年に首吊り自殺で死去。

岡林信康
大学中退後、高石ともやのコンサートに感銘を受けて、本格的に作詞作曲を開始。68年、『山谷ブルース』でデビュー。学園紛争と反体制運動の中で"フォークの神様"として熱狂的な支持を得る。

浅川マキ
アンダーグラウンドを主体とした音楽活動の第一人者。68年に寺山修司と寺本幸司に見出され、新宿のアンダーグラウンド・シアター"蠍座"で初のワンマン公演を3日間に渡り催行。70年、アルバム『浅川マキの世界』を発表。存命中は本人の意向により作品の大部分が廃盤だった。つのだ☆ひろ、坂本龍一、高中正義、山下洋輔、近藤等則など、数多くの大物がバック・アップしている。

——水橋さんもWinkにジャックスを歌わせたりとか、変わったことやってましたよ。

☆ひろ　まあ、みなさんそれでいいんじゃないですか？　人生いろいろありますよ。

——ひろさんのキャリアがジャックスから始まったっていうのは大きいと思いますよ。

☆ひろ　でも、自分のキャリアの最初は、鈴木弘さんっていうトロンボーンの方のバンドに入れてもらったところなんですよ。よく最初にお金もらったときがプロになったっていうじゃないですか。俺、高校1年ぐらいから金もらってやってますからね。鈴木弘のところに入ったのが17~18歳で、その頃はほかに佐藤允彦トリオにいたしりますから。増尾好秋が自分でやってるトリオにもいましたし、鈴木良雄トリオでも何回かやらせてもらったことあります。どんだけ古いんだっていうぐらい古いんですよ。もし本気でそれ調べようと思ったら、高護さんのとこ行っていろいろ資料を出してもらえば俺が言ってるインチキくさい年表がホントか嘘かよくわかる。

——だって、『笑っていいとも!』のレギュラーやってたのが30代の半ばとかなんですよね。当時から大ベテランだと思ってたら。

☆ひろ　そうよ、だいたい顔がジジくさいですからね。若い頃からジジイに見られてまして、高校のときすでにドラムっていうかリズムの先生やってるんですよ。それはヤマハのエレクトーンの先生に「サンバはこうで」とか教える先生で、そのときは生徒がみんな僕より年上ですから。「先生っておいくつなんですか？」って聞かれると、「いくつだと思う？」「27？」「ま、同じようなもんだ」とか言ってごまかしながらやってました。

加藤和彦とのただならぬ関係

——フォーク関係のバックでやってた頃の交流は、麻雀の話が多いみたいですよね。

☆ひろ　麻雀はマキでしょ、とにかく浅川マキとは死ぬほど麻雀やりましたからね。

——長谷川きよしさんともやってましたね。

☆ひろ　きよしは全部盲牌で（笑）。

——そりゃそうですよ！

☆ひろ　一番嫌なのは、自分が捨てた牌を言わなければならないの。「リーチ」って言うと、「はい言って」ってなるでしょ、「イーワンチーワンナンピン」とか言わなきゃいけないのが嫌で。なんとなく自分の待ちも知ってるからバレちゃいそうな感じがするわけですよ。「え、いまなんて言った？」「いやハク」「あ、そう。はいロン」「うわーーーーっ！」みたいになるわけですよ、嫌ですね。

——そうやって交流してるなかでも、加藤和彦さんだけは別格な感じがしたんですよね。

☆ひろ　加藤くんは当時、フォーク・クルセダーズですから泣く子も黙る大スターじゃないですか。こっちも最初に会ったときは緊張するぐらいで。だけど僕らにもすごく優しくしてくれて、食いものとか奢ってくれるんですよ。加藤くんに遣わせたお金は飯だけで少なくとも100万は超えるでしょうね。しょっちゅう一緒にいて、腰巾着でしたから。

——当時の稼ぎを大量にいただいて。

☆ひろ　あと加藤くんは服を全部くれるんですよね、「これ大

山崎ハコ
75年にアルバム『飛・び・ま・す』でレコードデビュー。デビュー当時は〝中島みゆきのライバル〟とも言われ、TBSラジオ『パックインミュージック』を中心に〝深夜放送のマドンナ〟と称された。代表曲に『呪い』。

加藤登紀子
日本で最初の女性シンガーソングライター。東大の卒業式をボイコットして安田講堂前に座り込む学生の列に加わった。72年、ブント系の反帝全学連委員長だった藤本敏夫と獄中結婚。所有する伊東市の別荘にて、革マルと革労協の内ゲバが起きて、死者が出たことも。

長谷川きよし
緑内障のため2歳半で失明し、全盲となる。69年のデビュー曲『別れのサンバ』がヒット。05年、「第一回林檎班大会」で椎名林檎と共演したことも話題を呼んだ。

渡辺貞夫
高校卒業後に上京。穐吉敏子のコージー・カルテットをはじめ数々のバンドに参加。バークリー音楽院への留学等を経て、日本を代表するトップミュージシャンとして、ジャズの枠に留まらない独自のスタイルで世界を舞台に活躍している。

フード・ブレイン
69年に、元パワーハウスの陳信輝と、元ザ・ゴールデン・カップスの加部正義（ルイズルイス加部）と、

きいから着て」とか。家でご飯ごちそうしてもらって、一緒に作るのも楽しかったですね。加藤邸に歯ブラシからパジャマから全部置いてありました。いつも入り浸ってるのが何人もいるんですよ。あとになってファッション関係で大スターになる四方義朗と知り合ったのも加藤邸ですからね。

――加藤和彦さんのグラム時代に、ひろさんも同じような格好をしていたわけですか？

☆ひろ　してましたね。靴なんかも加藤くんがイギリスとかに行くとお金を渡して買ってきてもらったりして、すごいハイヒールを。

――ひろさんのグラム時代があったわけですよね。T・REXの来日公演も観てたりで。

☆ひろ　ありましたよ、髪の毛を七色に染めてましたから。そんなことやるからこうなっちゃうんだよ（笑）。その前にバンドを作ろうっていう動きがありまして、神谷重徳っていうジャズギタリストがいて、それと僕と加藤くんとバンドを作ろう、名前は戦艦大和にしようって言ってたところまでは覚えてますけど、それからミカバンドを作ることになって。最初はサディスティック・ミカ・バンドって名前じゃなかったわけですよ、当時は名前がなかった。それで高中と加藤くんふたりでアンプにギター差してジャーンってずっとアドリブばっかりして、その伴奏みたいなことして叩いてるわけじゃないですか。飽きるわけですよね、曲でもなんでもないから。それで、1曲目の『サイクリングブギ』を録音するんですよ。そのときはとってもおもしろかったんですけど、結局そのときにバンドの名前をサディスティック・ミカ・バンドにするって言うから、「なんで!?」と。歌うのもミカじゃないし。ミカはそのとき何やったかっていうと、イントロのところで「レッツゴー・ドーナツ！」って叫んだだけですから。

――どうしてそれでミカバンドなんだ、と。

☆ひろ　ミカと結婚しちゃったし、カミさんを出したい、一緒にいたいっていうのがあるからそうしたんでしょうけど、それは文句言ったのを覚えてます。結局、僕が辞めるって話をしたら、わざわざ新宿の僕のすごいちっちゃい部屋に加藤夫妻が来て、「辞めないでくれ。ミカバンドは将来こういう構想があって、こういうことをやるから辞めないで」って言われたんだけど、なんで断っちゃったかっていうと、加藤和彦の真似をしてたんだよね。

――当時は格好から何から真似をして。

☆ひろ　そう。結局、加藤和彦が自分で新しく人を集めてバンドをやってる姿を見て、俺も自分でやりたいと思ったんだよね。それで加藤和彦はもう俺のことは忘れたことになって、結果、その後は一切俺に触れない、雑誌やなんかの取材でもミカバンドに僕がいたっていうことも絶対言わないようになって。加藤くんが死ぬ2〜3年前からまたたまに会うようになったの。そのときに僕が、「あのときはワガママ言ったけど、加藤くんの真似をしてたんです」ってちゃんと本人に伝えて、「申し訳なかった、いろいろご迷惑おかけしました」って話をしたんですよ。そのあと加藤くんがほかで仕事してたところで僕らが仕事したらお金の未払いとかあって、それを加藤くんに言ったら、「わかった。いまから弁護士を立てて訴えますって言え。そしたらお金を払うはずだから」って言ったから、そう言ったらホントに払ってくれたんだよ。さすが加藤くんと思って。そしたら亡くなってしまったじゃないですか。結局、加藤和彦ってい

元エイプリル・フールの柳田ヒロとつのだ☆ひろで結成。唯一のアルバム『晩餐』がある。

早川義夫
ジャックスのリーダー&ボーカルとして活動。狂気に満ちた歌声が特徴。解散直後にソロアルバム『かっこいいことはなんてかっこ悪いんだろう』を発表。その後音楽から離れ、書店経営などを経て94年に25年ぶりの2ndソロアルバムをリリース。03年には佐久間正英と「Ces Chiens」を結成している。

浜口庫之助
昭和の大作曲家。スリー・キャッツ『黄色いさくらんぼ』、守屋浩『僕は泣いちっち』、西郷輝彦『星のフラメンコ』、マイク真木『バラが咲いた』、島倉千代子『愛のさざなみ』『人生いろいろ』、にしきのあきら『空に太陽がある限り』などの作曲を手掛ける。

水橋春夫
ジャックスのリード・ギタリストと

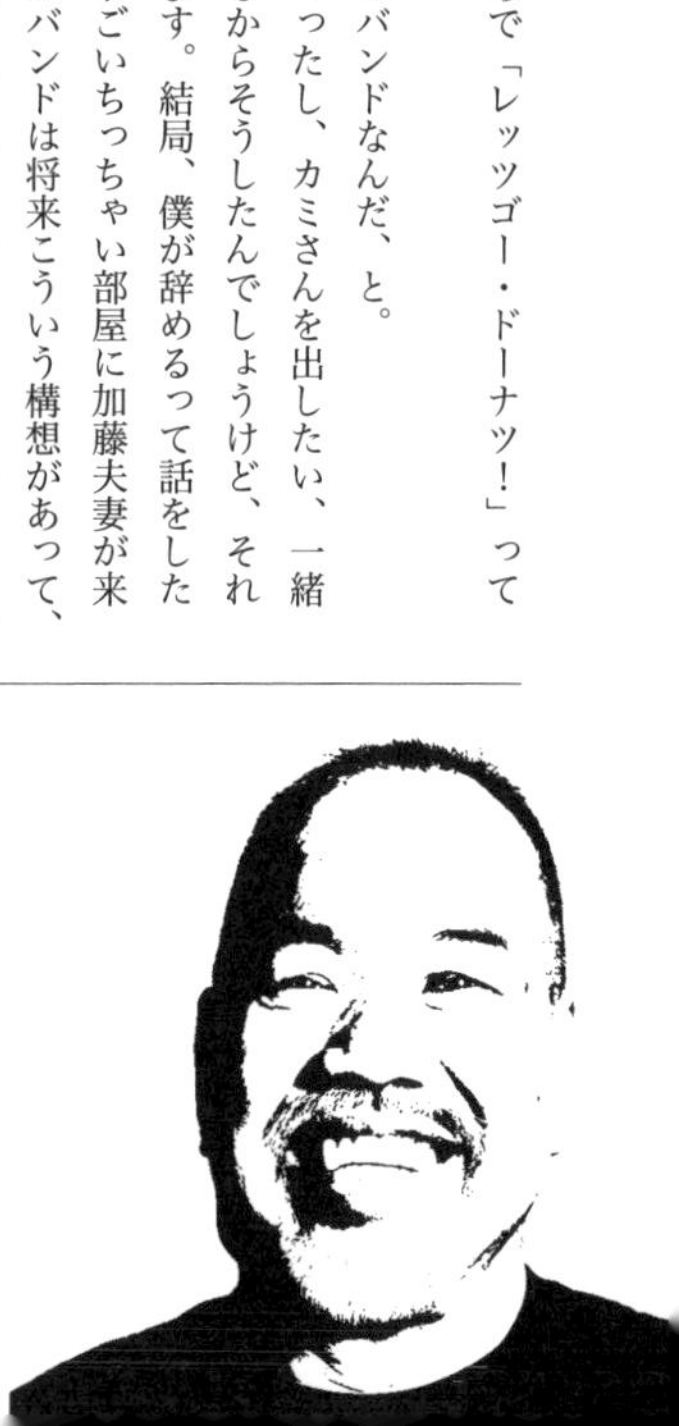

う人間は僕らにとってすごく明るい太陽のような人だったけど、本人自身はすごく明るくてケラケラ笑って人を明るくするわけじゃないんです。だったら俺のほうがよっぽど明るい。だから僕ともっと長くつき合っておけばよかったんだよ、そしたらあんなことにはならなかった。僕はバカなことばっかり言ってたから。

――もうちょっと弟分みたいについていれば。

☆ひろ うん、ついていればと思いました。亡くなってからこんなこと言うのはまったく失礼な話ですけど。ただ誤解が解けたとかだけじゃなくて、僕はちゃんと説明して謝罪をしたんで、それはよかったなと思ってますね。

――和田アキ子さんとも接点ありましたね。

☆ひろ 和田アキ子と接点があったのは渡辺貞夫カルテットです。ちょうど『ナベサダとジャズ』っていう番組がニッポン放送であって、その収録をしてるとき別のスタジオで和田アキ子が収録してたんですよ。そしたら和田アキ子が来て「タバコある?」って聞くから、「あるよ。吸う?」って言ったらさ、「いやマネージャーがタバコ吸うなタバコ吸うなってうるさいんだよ」って、こっちの控室で俺のタバコもらって隠れて吸ってたんですよ。それからやっぱり育ち盛りで腹が減るけど、ウチの番組は弁当が出てて、あっちは出ないんですよ。で、「腹減ってるんだったら弁当食う?」って言ったら「食う」って言うんで弁当あげて、和田アキ子が食ってましたね。

――それでしょっちゅう控室に来て。

☆ひろ で、だいぶあとになって研ナオコの曲を僕が書いたんですよ。和田アキ子が研ナオコに「つのだ☆ひろに曲書いてもらったの? どんなヤツ?」って言って、研ナオコは写真を持ってたから「この人」って出したら、「あれ? こいつニッポン放送のスタッフじゃないんだ?」って。それから何かあると気軽に声を掛けられるようになって。あの人も、リズム&ブルースの女王とか謳って仕事してるんで、なんか一緒に歌う機会があったので、僕の番組に出て歌うようなことがあったり、近しい感じにはなったよね。俺の結婚式にも来てますからね。「料理がセコい」って文句言ってましたけど(笑)。

――その後、ソロ活動も始まりますけど、過去のいろんなインタビューを読んでると、『メリー・ジェーン』の話をするのはもう嫌だ」みたいな感じがすごい出てますよね。

☆ひろ うん。もういいじゃんって。

――それと「名前になんで☆があるんですか」は聞かれすぎてるなって思いました。

☆ひろ そう! もうよそうよって。あるとき、何かの勉強会みたいなのがあったんだよな。いろんな企業の社長さんが来て、そこで僕が講演みたいなことをしたら、そのなかのひとりが、「ひろさん、キキって知ってますよね?」って話しかけてくるんですよ。それは誰かっていうと、僕が昔在籍してたときの渡辺貞夫カルテットを行き来してた上智の学生のなかのひとりなんだよ。そこにマーガレットっていう女の子がいて。僕はそのマーガレットって子が好きだったんだけど、当時は英語とかぜんぜんダメで言葉があんまり通じなかったから、彼女に曲を書こうと思ったんだ。で、マーガレットだと歌詞にしにくいっていうことで、仲間のひとりにメリー・ジェーンっていう子がいて、いい名前だなと思ったんですよ。それで曲を作ったら大ヒット。それから時は経って、12チャンネルで「メリー・ジェーンを探しにアメリカに行きませんか?」って話があったん

して活動。68年、デビュー・アルバム『ジャックスの世界』発表後に脱退。その後は、横浜銀蝿のプロデュースをしたり、Winkのトータル・ディレクションを務めたりする。晩年には、谷野ひとしと「水橋春夫グループ」を結成し、表舞台に復帰。18年8月に心不全で死去。

鈴木弘
日本のトップ・ジャズ・トロンボーン奏者として活躍し、71年にアメリカに移住。リーダー・アルバムに『キャット』がある。

佐藤允彦
世界で活躍するジャズ・ピアニスト。66年にバークリー音楽院に留学。69年に初リーダー作『パラジウム』を発表。以降、数多くのリーダー・アルバムを手掛ける。97年、自身のプロデュース・レーベル「BAJ Records」を創設。

増尾好秋
ジャズ・ギタリスト。早稲田大学時代の音楽サークルの同期にタモリがいた。渡辺貞夫のグループに在籍し、71年に渡米。エルビン・ジョーンズのアルバム『メリー・ゴー・ラウンド』に参加。ソニー・ロリンズのバンドのメンバーとして活動。現在は日本で演奏。

鈴木良雄
ベーシスト。67年から73年まで、渡辺貞夫グループ、菊地雅章グループに在籍し、73年に渡米。スタン・ゲッツ・グループ、アート・ブレイキー&ジャズ・メッセンジャーズの

jazz
HIRO
TSUNODA

05
伊右衛門
茶

だよね。断りましたね。たぶん相当ババアになってるだろうから（笑）。

――とにかく、それぐらいヒットして。

☆ひろ 当時、『ザ・ガマン』っていう番組に出てくれないかって話があって。シマヘビのお風呂のなかで『メリー・ジェーン』を歌ってくれないかって。「なんなんだよそれ！」って。もちろん断りましたよ。ヘビは大好きなんですけど、シマヘビのお風呂に入って『メリー・ジェーン』を歌うなんて、そこまで俺はお笑いにならなくてもいいだろうと思ったのでやらなかったですけど。

――昔の資料を見ると、シンガーソングコメディアン的に書かれてたり、肩書きに「コメディアン」が入ってるのがありましたよ。

☆ひろ それはね、あります。たとえばフジテレビの番組に出たときに、終わってみんな着替えてると、司会の人が「つのださん、おもしろいですね。普段はどういうところに出てらっしゃるんですか？」とか言って、例を挙げたのが全部寄席。「すみません、僕は音楽家なんです」って言ったら、「ハッ！ これまた失礼しました！」って、相手が音楽家だと思わないぐらいの感じなんだよね。

――どうしても外見的にも（笑）。

☆ひろ そう、外見的にもあれなんだと思う（笑）。ありがたいんだかなんなんだか。

妻 ダジャレ本も出してるんですよ。

――知ってます、『Theよたばなし　つのだ☆ひろのアーバンジョーク大全集』！ ミュージシャンではありえない本でしたよ。

☆ひろ この本はひどいですよね。

――画期的にひどいです！

☆ひろ だって書いてるの半分以上俺じゃないですもん。俺がせっかくおもしろい話を書いたのに、ボロボロに書き替えられて。この本はひどいです、人目に触れさせたくない。恥ずかしい！ で、おもしろくない話が載ってるでしょ、全部俺の話じゃない。こんなひどい本は見たことがない。それなのに自分の本だっていう、こんな恐ろしいことはない。

――これと同時期に出た『風に吹かれてメリー・ジェーン』って本のリライトをしたのが奥さんなわけですよね。それで出会って。

☆ひろ そうです。

――画期的なあとがきですよね。この本のおかげで奥さんと出会って結婚しました報告。

☆ひろ 画期的ですよ、「俺、結婚しました」って（笑）。めちゃくちゃですよね。

――それと本に気になるエピソードがありまして、コージー・パウエルとドラムバトルをした話について、ちょっと聞かせて下さい。

☆ひろ ああ、ありましたよ。これはたぶん『音楽はなんだ』っていう番組なんですけど、ちょうどコージー・パウエルが来日してて、ドラム合戦をしたいって申し入れたらあっちがOK出したんですよ。コージー・パウエル自体は日本にそんなにたくさん来てないですよね。おまけに早めに死んでしまったので、コージー・パウエルと触れ合った人があんまりいないうえに、僕は一緒に演奏してスティック交換しましたからね。貴重ですよ。

レギュラーベーシストとして活躍。85年の帰国後はMATSURIやEAST BOUNCE、BASS TALKなどを結成し、全国ツアーも展開。

高護
評論家、編集者、音楽プロデューサー。86年にレコードレーベル「ソリッドレコード」を設立し、ジャックスのアルバム『リアリゼイション』をリリースした。黒沢進との共著『定本ジャックス』（ジャックスの研究本）もある。

神谷重徳
ジャズ・ギタリスト。日本のプログレ・バンド「Love Live Life」のメンバーでもある。シンセサイザー奏者としても活躍し、コンピューター・ミュージックの草分け的存在。

『メリー・ジェーン』
作詞：Christpher Lyn（蓮見不二男）、作曲：つのだ☆ひろ、編曲：成毛滋・葵まさひこ。

——ところがそのとき「たいしたことないドラマーだ」って言っちゃったんですよね。

☆ひろ　そうそう、言ったんですよね。なんで「たいしたことない」って言ったかっていうと、1拍半のフレーズを何回かやると頭に戻るんですけど、ワーッとやってバンとやったら「ハッ、俺？」みたいになってて、もうわからなくなってるんですよ。ちょっと変則なフレーズをやると続かない。だから、めっちゃロックの人なんだよね。僕はもともとジャズの人だから、変則的なフレーズとかやってもぜんぜん平気なんですよ。それで手もたいして動いてないし、ただ大きい音を出してるけど、スティックをポーンと放ってパンと取るって、ラジオで何やってるんだって。

——ラジオだったんですね（笑）。

☆ひろ　見えないっちゅうの！　で、そう言ったんですよ、「たいしたことなかったですね」って。たいへんでしたよ、山ほど投書が来ました。「てめえみたいにロックも知らないヤツが」って、知ってるよ！　でも、世間はそんなこと知らないわけじゃないですか。

——「おまえハードロックとかわかんねえんだから黙ってろ！」ぐらいの感じですよね。

☆ひろ　そうそうそう。だから「おまえなんかフュージョンやってるヤツが」みたいに思われたかもしれないけど。ぜんぜん違うんですよ。フュージョンが流行ったときの話もあって、フュージョンとかソフト&メロウとか、いろんな呼び方してたんですよ。そのときに、「これどういうこと？」って聞いたら、「ロックとジャズの垣根を越えて、ロックとジャズを融合させたような音楽だ」と。

——「クロスオーバーだ」と。

☆ひろ　そうそう、クロスオーバー。とっくにやってるわと思って。とっくにそうだよ！

——ダハハハ！　「俺だよそれ！」と。

☆ひろ　うん、15年ぐらい前からそうなんだけどって。で、ジャズ上がりの人たちがみんなやり始めて、音楽自体は楽しくないの。ちょっとカッコつけて、いかにもすごいことやってるふうな、「おまえらわかんないからついて来なくていい」みたいなやり方をしてるから。ちょうどそのとき渡辺香津美と向井滋春双頭バンドが外タレの前座で中野サンプラザに出たんですよ。僕も行ったら、リハやってたわけですよ。こっちも口が悪いですから、終わって「どうだった？」って聞かれて、「何やってんのおまえ？　おもしろくもなんともねえよ。ジャズやれよジャズ。ジャズは素晴らしいんだから。なんでこんなことやってんの？」って言っちゃったの。

——えらい言いますよね（笑）。

☆ひろ　言いますよ。口は災いの元で、だんだんいろんな人から遠ざけられ、肩身を狭くし、世間を狭くしてるわけですよ（笑）。

——ひろさんがいろいろ言っちゃうタイプっていうことで今日も来たわけですから。

☆ひろ　わーっ！

前田日明に土下座させた！

——ボクのアイドルイベントで、ひろさんがプロデュースしている茶果菜さんというローカルアイドルグループをゲストに

キキ
当時、渡辺貞夫カルテットのファンの一派に上智大学の留学生の女の子のグループがあり、その中につのだ☆ひろが好きだったマーガレット、その仲間にメリー・ジェーン、キキがいた、とのこと。

コージー・パウエル
セッション・ドラマーだったコージー・パウエルは、ジェフ・ベック・グループ、レインボー、マイケル・シェンカー・グループ、ホワイトスネイク、エマーソン・レイク&パウエル、ブラック・サバスなど様々なバンドで活躍。少なくとも66枚のアルバムに参加。

渡辺香津美
トップ・ジャズ・ギタリスト。男性。17歳でアルバムデビュー。79年に坂本龍一、矢野顕子、村上秀一らと「KYLYN BAND」を結成。同年に、YMOのワールドツアーにサポート・ギタリストとして参加。

呼んだら、ひろさんも来てくれて。そのときに出た話が衝撃だったんですよ。リングスが好きなのは知ってたんですけど、もともと新日本のファンだったときに藤波さんに気になったことを全部直撃してたっていうエピソードが。

☆ひろ　それは詳しく話すと、資料があるんですけど。（資料を見ながら）プロレスと出会ったのは新宿の街頭テレビで、力道山の頃。レフェリーの沖識名がまだ現役のプロレスラーだった時代で、俺がすごい覚えてるのは、遠藤幸吉が腕を絞られて「痛い痛い痛い！」って言い始めたらそろそろ試合が終わり。で、力道山が怒ってバババッとやって勝つってだいたい決まってて予定調和なんですけど。で、全日本、新日本に分裂してからは完全に新日本でしたね。結局、全日の芝居くささとか、ああいうのが嫌になってきて。

――リアリティを求める派なわけですね。

☆ひろ　そうそう、真剣勝負。まじめなんですよね。アントニオ猪木に心酔しまして。『突然卍がため2』というアルバムにも参加してるんですけど。それから、六本木のアントンリブのパーティーとか招待されて。猪木さんとか藤波さんと話しましたね。あと、1990年にイラクの『スポーツと平和の祭典』に一緒に行こうって言われるんですよ。

――ほう！

☆ひろ　行かなかったんですけど（笑）。スケジュールが合わなかったんですよ。それから僕のエポックメイキングなところは、ソニーのVTRに初めてスローモーションがつくんですよ。それで私、新日の試合をずっとベータで録ってたんで、それをスローモーションで観るわけです。コマ送りで観たら、延髄斬りとかぜんぜん当たってないんですよ！

――そうなんですよ（笑）。

☆ひろ　「えぇぇぇぇぇーーーっ!?」って。いまでこそ当たり前ですけど、ビックリしちゃって。ディック・マードックのパンチも相手がバーンと倒れるじゃないですか、ぜんっぜん当たってない、こんなに離れてんの！　みんな倒れるの！　おかしいじゃん！

――長州力のストンピングから何から、これはおかしいんじゃないかってなりますよね。

☆ひろ　長州のストンピングは軸足のほうで音を出してるとか、全部わかっちゃうわけですよ。あのスローモーションは罪ですよね。

――選手に質問したのはその時期ですか？

☆ひろ　ちょうどそのぐらいですね、不思議に思ってたことを聞いて。そのなかで、ロープに投げたらなんで返ってくるんだとか。

――それを猪木さんに聞いたんですか？

☆ひろ　それは藤波さんに。猪木さんにはそんなひどいこと言ってないですよ、神様ですからね。

――藤波さんなら大丈夫（笑）。

☆ひろ　藤波さんには大丈夫。そしたら「あれはね、あれは投げられた力と反発の力で倍になって返ってこざるをえないんですよ」って言うの。でも、物理的におかしいですよね。

――そうなんですよね（笑）。ロープワークを繰り返したら、どんどん倍になりますよ。

☆ひろ　そしたらそのうち空に浮いちゃうじゃん。そんなバカなことはないんですよ。

――さすが藤波さん、中卒です（笑）。

茶果菜
静岡県藤枝市を中心に、地元農作物のPR活動を行うアイドルユニット。「JAおおいがわ」とつのだ☆ひろがプロデュースで、持ち曲は全曲つのだ☆ひろによって書き下ろされている。つのだの過去の名作を茶果菜が歌うという『アイドル時代 つのだ☆ひろ70年代作品集』も存在する。

沖識名
ハワイに移住した日系アメリカ人プロレスラー。現役時代はNWAハワイジュニアヘビー級王座を獲得。引退後はコーチに転向し、ハワイで大相撲からプロレスに転向したばかりの力道山を指導したことで有名。その後は日本プロレスで長年に渡り、レフェリーを務めた。

遠藤幸吉
51年、ボビー・ブランズとのエキシビジョン・マッチでデビュー後、大山倍達と共にアメリカに向かい、現地でグレート東郷と共に〝東郷3兄弟〟として各地を転戦。53年に日本プロレスに合流。力道山の

☆ひろ　そうそう、さすがだなと思って。あと、なんで長州さんのサソリ固めにかかっちゃうんだっていうのを聞いたの。「ひっくり返されなければかからないんじゃないですか？」って。これは愛情で言ってるんですよ。「あ、そうか！」って言うかなと思って。

――ダハハハハ！「あ、その返し方があったか！」って、参考にしてくれると（笑）。

☆ひろ　そう、言うと思ったら、「あれは長州も呼吸を読んでるんですよ。僕が息を吐いた途端にグッと返されちゃう。さすがサソリ名人だよね」みたいなことを言うんですよ。

――その藤波さんの返しもうまいですよ。

☆ひろ　慣れてるんだと思う、みんなに聞かれてるんだろうね。こうやって、どちらかというとインサイドストーリーを知りたいの。

――藤波さんは聞きやすかったわけですね。

☆ひろ　うん、聞きやすかった。藤波さんって嘘のつけないストレートな人なんで、ひょっとしたら信じてるのかもしれない。猪木さんはあんまりそういうこと言っちゃいけない人だなと思っていたんで、言わなかったね。

――でも、そうやって新日本プロレスに失望していったタイミングがあったわけですね。

☆ひろ　そうなのよ。そうするとUWFが登場するわけですよ。これはヤバいですね。UWFもいろいろあったじゃないですか、海外UWFとかいろんな名前になるんですけど、まずは前田日明信者になるんですね。前田日明のすごいところは、しゃべりが何言ってるか聞き取れないとか乱暴者だとか、そういうことで取り上げられることもありますけど、何がすごいってあの人こそ格闘技オリンピックを初めてやろうとした人ですよね。リングスグルジア、リングスロシアとかオランダとかアメリカとか、そういうネットワークを作ることによってひとつの土俵で何かができるっていうことを作った最初の人だと思ってるんですね。それだけでこの方の歴史的な価値っていうのはもう素晴らしいと思います。

――リングスといえば、それを支えてたのが糸井重里さんであり、クマさん（篠原勝之）であり、ひろさんっていう印象ですよね。

☆ひろ　ハハハハハ！　UWFの解説をやったことがあるミュージシャンって俺しかいないですからね。僕が子供の頃からやってたのは剣道、空手、柔道だから、なんとなくわかるんです。それから日本の選手の圧倒的に弱いところとか、それもよくわかるんですね。日本人選手の一番ダメなところって握力が弱い。みんなクラッチ切られちゃう。外国の人たちって、ふつうじゃない握力なの。

――聞くとカール・ゴッチさんも藤原組長も握力が異常なぐらいだったらしいんですね。

☆ひろ　そう、握力が強くないと極められるものも極められないんですよ。UWFの若手によく言ったんだけど、「おまえたち、試合のときなんで打撃を右、左、右って出すの？　右、左ってきたら次は右って相手にわかっちゃうでしょ？　それからリズムがターンターンターンだろ？　それじゃダメだよ。ダーン、ダダーンって出してみ？」って言って。

――ドラマーみたいな発想ですね。

☆ひろ　そうそうそう。だってリズムはすごいたくさんあるんだから、1個のリズムでやったら避けられるから、もっとオカ

タッグ・パートナーとして活躍し、56年にはシャープ兄弟を破って、世界タッグ選手権を獲得。

『突然卍がため2』
84年に発売されたLP。猪木ファンのミュージシャンによるユニット"AntonioDrivers"の作品。つのだは『AntonioSpecial'84』にドラムとして参加。『突然卍がため／動物園バトルロイヤル』の続編。

アントンリブ
アントニオ猪木が経営していたブラジルレストラン。豚のアバラを焼いたスペアリブが有名。

海外UWF
第1次UWF時代の後期、豊田商事がメインスポンサーになったことがある。豊田商事の関連企業"海外タイムス"（新聞社）が冠スポンサーだったことから、団体名を"海外UWF"と名乗った。しかし、資金融資するはずだった豊田商事会長の永野一男の殺害事件が起きてしまう。

ズ入れろっていうふうにさんざん言ったんですけど、ぜんぜんダメでしたね。残念です……。

――前田さんは人間的にはどうですか？

☆ひろ 前田選手はですね……何を言ったらいいんでしょう？ 1回、前田がすげえ怒り心頭でめちゃくちゃ怒ってるときに真っ正面から会っちゃったことがあって。ドア開けたら目の前で「オラ！ ふざけたことやってんな！」ってスタッフに怒鳴ってて、死にそうになったことありました（笑）。ヤバいと思って。それくらい怖かったですね。でも俺、前田に土下座させたことありますから。

――らしいですね。

☆ひろ 「すみません、勘弁してやってください」って土下座しましたからね。結婚式に俺を呼ぶの忘れて。それも野呂田秀夫先生が結婚式の会場に行って、「あれ？ ひろさんは？」って言ったら、「ハッ……しまった、忘れとったー！」って前田が言ったっていう（笑）。リングスのほかのヤツの結婚式にはみんな出てるんですよ。前田は「つのださん、俺の結婚式で何かやってくださいよ」って言ってるわけですよね。それで忘れてんの。

――ボクは呼ばれて参列してたのに、前田さんらしいですよね（笑）。それぐらい、ずっと格闘技が好きだったわけじゃないですか。お兄さんが『空手バカ一代』とか描いてるときはどう思ってたんですか？

☆ひろ あんまりですね。ただ大山倍達総裁には会ったことあります。関西のテレビ番組に大山総裁が出て、ボクシングの六車卓也も出て、俺も出て、前田も出てた。そういう格闘系の番組で、挨拶するときに「つのだじろうの弟です」って言ったら、「君がつのだくんの弟か」ってバーンって肩を叩かれて、それから俺は「大山倍達に掌底を食らっても立ち上がった男」って言ってるの、自分で。

――掌底じゃないですよ！

☆ひろ それから「ヴォルク・ハンのスリーパーを食らっても帰ってきた男」とか、「ビターゼ・タリエルの正拳突きを食らっても立ち上がった男」って言ってるんだけど。僕もいまはだいぶ絞りましたけど太ってたから、ブラッド・コーラーってヤツがいて、俺が控室前の通路を歩いてたら、スタッフに「あいつはどこの団体のヤツだ？」って聞いたって（笑）。

――まあそう思いますよ、外見的には。

☆ひろ リングスの後は両国国技館にアウトサイダーを観に行ったぐらいですかね。野呂田先生に「行かないんですか？」って聞いたら、「だって俺、警察病院勤務だもん。あそこにいるのは俺らが逮捕するようなヤツばっかだもん、行けねえだろ」って（笑）。

野呂田秀夫
87年、第1次UWF解散後に新日本プロレスに出場していた前田日明と出会い、88年に旗揚げした第2次UWFでリングドクター、その後リングスでメディカルアドバイザーとしてサポートした。

ヴォルク・ハン
ロシアの総合格闘家。コマンド・サンボのエキスパートで、91年にリングス旗揚げから間もなく前田日明にスカウトされ、前田戦でリングス・デビュー。通称、"千のサブミッションを持つ男"。

ビターゼ・タリエル
ジョージアの総合格闘家。極真会館（松井派）ジョージア支部長。リングス・デビュー戦でウィリー・ウィリアムスと対戦（一本負け）。身長200センチ。

ブラッド・コーラー
アメリカの総合格闘家。ヘビー級のスキンヘッド。リングスで山本宜久、クリストファー・ヘイズマンなどと対戦。

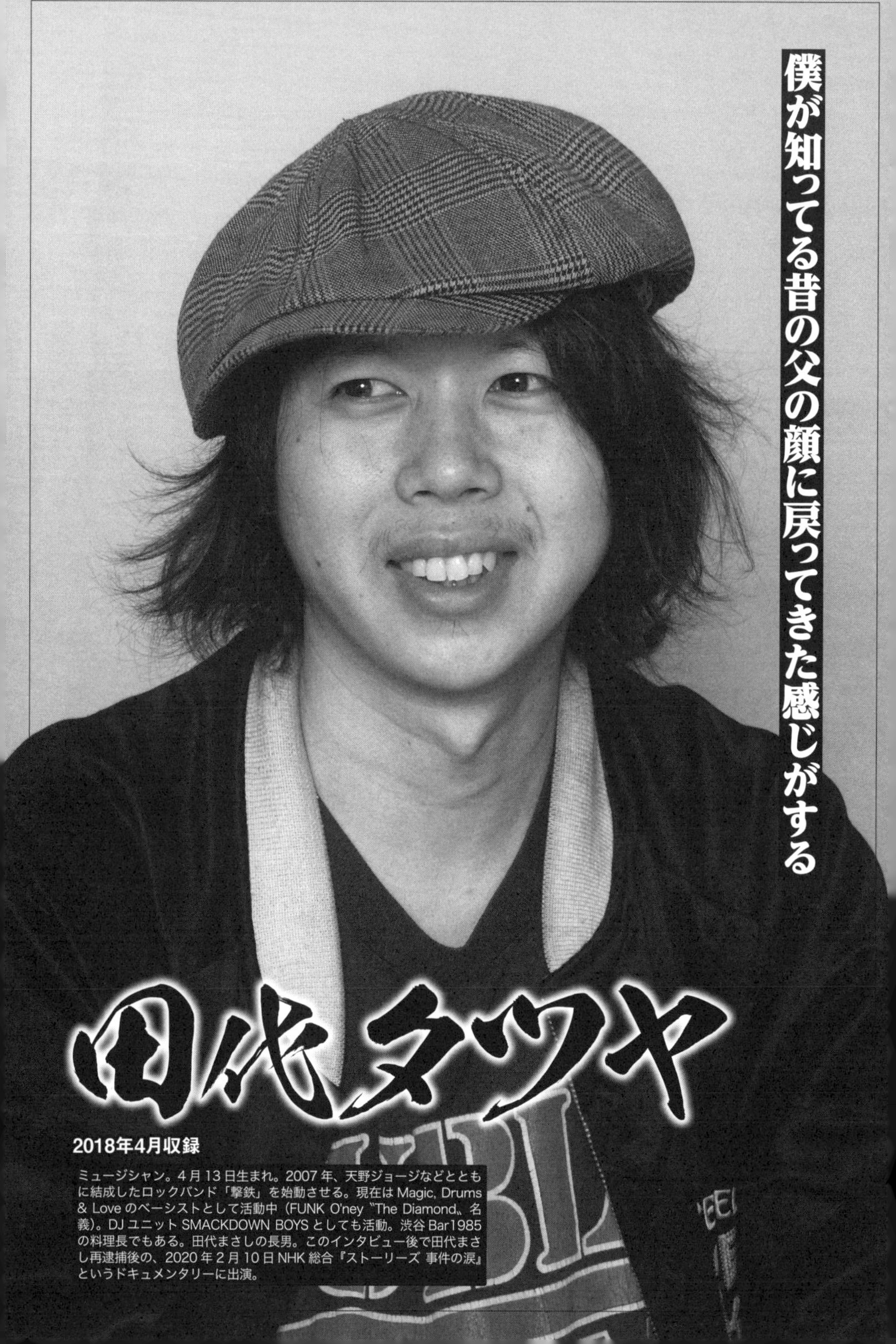

僕が知ってる昔の父の顔に戻ってきた感じがする

田代タツヤ

2018年4月収録

ミュージシャン。4月13日生まれ。2007年、天野ジョージなどとともに結成したロックバンド「撃鉄」を始動させる。現在はMagic, Drums & Loveのベーシストとして活動中（FUNK O'ney〝The Diamond〟名義）。DJユニットSMACKDOWN BOYSとしても活動。渋谷Bar1985の料理長でもある。田代まさしの長男。このインタビュー後で田代まさし再逮捕後の、2020年2月10日NHK総合『ストーリーズ 事件の涙』というドキュメンタリーに出演。

田代まさしの息子として

——今日の取材を受けるのは、かなり躊躇していたらしいって噂を小耳に挟みましたよ！

田代 ハハハハ、ちょっと（笑）。俺は全然いいんですけど、家族的にどうなのかなって感じで。一応、家族に聞いたら、「やりたいんならいいんじゃない？」みたいな感じで。

——とりあえず、ずっと周囲の人はわかっていたことが、今回の親子共演（18年4月8日、恵比寿リキッドルームにターシー＆マーシーとして出演）によって、田代まさしさんとの親子関係にようやく触れていい状況になったのかと思って、取材をオファーしてみました。

田代 まあ、僕自身は隠してなかったんで。

——ツイッターでも書いてましたよね。

田代 はい、ぜんぜん隠してるわけでもなくて。結局、知ってる人は知ってるから、あんまり隠す感じもなくて。ただ、触れられなければそのままでいいのかなとは思ってて。父がネットでどういうふうに言われてるのかはチェックしてました。家族のこと言われてたら嫌だなと思ってて。僕は常にそういう見方されてきたけど、意識せず生きてきたので。

——実際、ちょっと検索するだけでもすごい大量に出るじゃないですか、「田代まさしの息子がバンドで」みたいなまとめサイトが。

田代 僕もバンドで表に出ちゃってるから、それはしょうがないなと思います。ただ、自分から言うのはカッコ悪いなと思ったし。「そうなの？」とか言われたら、「そうだよ」ぐらいでサラッと終わらせてますね。

——最近、浅野忠信さんのお父さんが捕まったとき、「俺はそういう経験が3回ぐらいある」ってつぶやいて、ボクも拡散したらあれがネットニュースになってましたよね。

田代 あれはプチバズりしちゃって。あれも父が頑張ってるのを伝えたいと思って。間違った情報もありますけどね。ピコ太郎の著作権を先に取って売ろうとしてるオジサンがテレビに出てて、それに対して言及したんですよ、「人が作った価値のあるものを無関係な第三者がビジネスにするのはどうなのか」みたいな。それを父に向けて言ってるみたいにまとめサイトで書かれてて。ぜんぜん違うのになーと思って。

——撃鉄デビューの時点でヒントは出してたわけじゃないですか。ベーシストのニックネームがターシーで、「ブラックミュージックの血を受け継ぐ」みたいなコピーで（笑）。

田代 ハハハハ、そうですね。あれはじつは、苗字だけで知らない人から「マーシー」と呼ばれることがめちゃくちゃあったんで、面倒くさいなと思って。自分でターシーって名乗っちゃえばいいじゃんと思ったんです。

——そしてターシーマーシーの初共演が実現して、素直によかったなと思いましたよ。

田代 よかったですね、初めて共演できて。

——前からツイッターとかで、「昔のK-1の話をしたいからトークイベントをやりたい」ってつぶやきに「ボクが司会しましょうか？」って返したりの関係もあったわけですけど、田代まさしさんの息子さんとして生まれて、格闘技や音楽は身近だったんですか？

田代 そうですね、僕が生まれたときからそういうのを聞かさ

撃鉄
田代タツヤがベースを担当するバンド。07年から本格的に活動を開始、09年にはフジロック・フェスティバルのルーキーステージ出演を果たす。11年には劔樹人に見出され、パーフェクトミュージックとマネジメント契約。14年には1stフルアルバム『NO UNDERGROUND』をリリースしている。

れてたんで。3歳でジェームス・ブラウンのライブに連れてかれてたりとか、ぜんぜん覚えてないですけど（笑）。だから音楽は身近にあったんですけど、自分でやろうとは思春期までぜんぜん思ってなかったし、英才教育を受けてたわけでもなくスポーツをやってたんで。格闘技は父親に見せられて、K-1の最初の大会とかですね。

——お父さんが『SRS』の司会をやる前？

田代 前ですね、1993年で。昔から父は格闘技やプロレスが好きなんで、見せられてて。その頃、小学生で『ストリートファイター2』が出てきた頃で、『スト2』みたいな世界が実際にあるんだって最初に思って。

——93年というとライブUFOですね。

田代 そう、ライブUFOのとき！　いまから25年前。10歳だから小4で、そこからファンになって、毎回観に行かせてもらって。

——お父さんのコネで入場して（笑）。

田代 そうですね（笑）。当時から格闘技の番組を深夜とかにちょいちょいやり始めてたんで、観に行かせてもらったりしてました。

——PRIDEは行かなかったんですか？

田代 PRIDEも行ってました。父が捕まってからはあんまり観に行かなくなったんですけど、全盛期の頃は毎回行ってましたね。K-1、PRIDEは『SRS』やってたんで、フジテレビ系は。でも僕、格闘技めっちゃ好きだったんで、全日本キックとかは自腹で後楽園ホールに観に行ったりしてて。

——当時、田代さんの息子さんが『SRS』の打ち上げでキックの試合をしていたこともありましたけど、あれっていま思うと……。

田代 あれは若気の至りっすね（笑）。まさか放送されるとは思ってなくて、叩かれたりもして。あれは忘年会の余興で必ずスタッフ同士が試合をするっていうのがあって、「出たらおもしろいんじゃない？」ってプロデューサーの方に言ってもらって、その気になっちゃってノリでやっちゃったんですけど。

——そしたら叩かれた。

田代 はい。あのときは高1とかですね。

——田代まさしの息子として育つのって、本人としてはどういう感覚だったんですか？

田代 父親が芸能人みたいな印象はずっとなくて。いまでもあんまりないんですけど。父は目立ちたがり屋なんで、「ここにいるよ！」みたいな感じで、めちゃめちゃデカい帽子を被ったり、ブルース・リーの『死亡遊戯』の格好で飯食いに行ったりしてたんで、「目立つなよ！」と思ってました（笑）。目立ちたがり屋の父親っていうイメージです。

——そういえば「子供の運動会に行ったら川田利明選手の息子さんと同じ学校でテンション上がった」って言ってたこともあって。

田代 そうなんですよ。小学校は川田さんの息子さんと同じ学校で、ウチの父親はめちゃくちゃ全日本プロレスも好きだったから、「おぉっ、川田がいる！」って喜んでて。

——そのことをボクが田代さんのインタビューで原稿にしたら、川田さんは結婚を隠してたんで問題になったって話でした（笑）。

田代 えっ、そうだったんですね（笑）。

——お父さんはそういう迂闊なポイントがいくつかありまし

『SRS』
フジテレビ系列で放送されていた格闘技情報番組。96年4月に放送開始され、10月からは田代まさしがメインMCに就任。格闘技ブームに乗る形で人気番組となり、藤原紀香、畑野浩子などが歴任した「格闘ビジュアルクイーン」を輩出したり、雑誌「SRS-DX」を生み出すなど、格闘技界に大きな影響を与えた。田代まさしが01年12月に不祥事で降板すると、レギュラーだった浅草キッドが司会に昇格。番組は08年10月まで続いた。

ライブUFO
フジサンケイグループが中心となり、それまでの「国際スポーツフェア」を引き継ぐ形でGW期に渋谷の国立代々木競技場近辺で開催された複合イベント。93年は各社協賛のブースやフードコートに加え、CHAGE&ASKAのライブやK-1の第1回となる『K-1 GRAND PRIX '93』が開催されて大成功を収めた。「LIVE UFO」は94、95年も開催されている。

たよね。ボクのインタビューでも角田信朗さんの地雷を踏んで、角田さんがブチ切れて電話してきたりもして。

田代 ああ、『紙のプロレス』で。

――K-1の選手とも交流あったんですか?

田代 フェアウェルパーティーみたいなのはたまに連れてってもらってたんで、「お、元気?」みたいな顔見知りぐらいにはなったんですけど、誰と仲いいとかはなかったです。

――「当時、佐竹雅昭がどんな思いで闘ってたのかを語りたい」とか言ってたけれど。

田代 佐竹の自伝を読んだりして、こんな思いで闘ってたんだろうな、みたいな感じで、当時は知らなかった部分をあとで知って。

――『まっすぐに蹴る』、超名著でしたね。

田代 最高ですよ! 脳みそアルツハイマーになりそうなのに無理やり試合させられて。

――石井館長がいかにひどいかを告発するような本でしたけど、あのあと館長と仕事したら、まあ佐竹の悪口しか言わなくて(笑)。

田代 ホントですか(笑)。

――気持ちいいぐらいの切れ味でした。石井館長の当時のすてごろ話とか無茶苦茶おもしろいんですよ、道場破りの対策の話とか完全にアウトで、「相手の髪をこうつかんで引っ張ると、髪がごっそり抜けて」みたいな。

田代 ……マジですか。

――まず皮膚ごとぶっこ抜いて、みたいな。

田代 ……ヤバいっすね。

――やりすぎて相手が精神崩壊しちゃったりとか。

田代 でも、道場破りとか来るんですね。内部はそんなに知らない感じで、ただ好きだったんで、ふつうにカッコいいなって。

父逮捕の影響

――テレビでも人気で、格闘技にも音楽にも関係していて、「お父さんいい仕事してるなー」みたいに思っていたのが、ちょっと波乱が起き始めたのはいくつぐらいでしたか?

田代 僕自身、そんなに気づかなかったというか。昔から破天荒は破天荒だったけれど。

――不良のバンドの人でしたからね。

田代 父はお酒を飲まないんで。ただ、あの頃の父はかなり不安定で。当時、家にセコムがついてたんですけど、突然セコムが鳴って。ついに泥棒が入ってきちゃったと思って、何かあったときのためにベッドの下に金属バットを入れてたんで、父親もいないしそれ持って上に行ったら、父が家の窓を割って入ってきてて。しかもふつうなんですよ、「おう、鍵が閉まってたから」って(笑)。「いやセコム鳴ってるけど」みたいな、めちゃくちゃ不安定だったんですよね、その頃。

――不安定すぎますね(笑)。

田代 それとクスリもやってたか。事件に関してはニュースで知って。その日はちょっと覚えてないですけど、当時のマネージャーさんにホテルに行ってほしいって言われて、家族でホテルに行って、あとで聞くっていう。

――マスコミから逃れるために避難して。

田代 そうですね。家の周りがすごかったんで。そこで知って、3カ月ぐらいホテルにいたと思います。家を囲まれてすごかっ

佐竹雅昭
17歳で正道会館に入門、空手家として頭角を現し、91年にはリングスに参戦。K-1がスタートするとヘビー級の日本人エースとして様々な激闘を繰り広げ、映画『1・2の三四郎』に主演するなど、人気を博した。00年にはPRIDEに参戦して総合格闘技に挑戦、02年にはブッチャー戦でプロレスデビューを果たす。著書『まっすぐに蹴る』には、K-1時代に満身創痍にも関わらず連戦を強いられた経緯が綴られている。

たんで。

――とても家には帰れない状態で。

田代 はい。ただ、学校は行ってたんですよ。

――学校でも相当なイジられ方しました?

田代 いや、僕もヤンチャなほうだったから、みんな触れちゃいけない感じになってたんで。友達も励ましのメッセージとかいろいろくれて、ぜんぜん休まずに学校に行ってましたし、僕は大丈夫でした。たまに何か取りに家に帰ると取材すごくて、1回、母親が「なんか変なメイクの人がピンポン押してる!」って言って、パッと見たら鉄拳さんで。

――なんでまた!

田代 鉄拳さんがおでこに「田」って漢字で書いてて、たぶん番組の企画で来たと思います。出なかったですけど。僕は「うわ、やっちゃったわ……父」とぐらいにしか思ってなかったというか、関係ねえやっていうか。

――田代さんの事件は数ありすぎて、1回目がどれだったのか忘れちゃいがちですけど。

田代 ハハハハハハ! そうですね。そういうのは僕もあんまり覚えてないです(笑)。

――最初は「ミニにタコ」(都立大学駅でのミニスカパンチラ盗撮事件)でしたっけ?

田代 そうですね。だから母と妹はけっこうナーバスになって。それがホントにつらかったですね、ずっと。母は鬱病みたいになっちゃって、外に出るのも苦手になっちゃって。

――うわぁ……。

田代 僕がバンド始めたのが24歳ぐらいで、事件が起きて3回目の逮捕後かな? 僕のやってるバンドのライブには来てくれて。

――お母さん、そのぐらいからツイッターで見る限りは相当元気になってましたよね。

田代 そうなんですよ。だから、ライブとかを観るようになってから元気になって。

――ひたすらレッチリ関連のツイートして。

田代 そうです（笑）。その頃、「カッコいいバンドいるよ」ってレッチリを教えたらハマッちゃって、それが心の拠り所になったというか、それで復活して少し元気になって。

――子供がバンド始めたのも大きかったんですかね。

田代 どうなんですかね、バンドやるとは思ってなかったと思うんですけど。高校を卒業して映画の専門学校に通ってたんで。配給の会社に入りたくて学んでたんですけど。

――お父さんも『シネマで愛して』っていう本を出すぐらいの映画好きでしたからね。

田代 いまでも映画めちゃめちゃ観てるらしいです。で、映画の学校行ってたんですけどやめちゃって、それでバンドをやり始めて。

――学校やめたのはお父さんとは関係なく？

田代 まったく関係ないですね。バンドは高校のサッカー部の仲間と組んで、それが撃鉄で、カラオケに行くような感覚でバンドっぽいことをやってたんですよ。そしたら友達のスタイリストの女性に、「ライブやってみない？」って誘われて、1カ月で見よう見まねで曲を作って。そしたらそのライブハウスの店長さんに「バンドやったほうがいいよ」って言われて。それはギターの奴はいまと遜色ないレベルだったから「ほかのバンドで」みたいな意味だったらしいんですけど、「このメンバーでやりたい」って言って、それで撃鉄が始まって、そこからズルズルと（笑）。

――妹さんもCDを出してましたよね。

田代 そうですね、小夏・ひとみ・レイナで、『それいけ！アンパンマン』の主題歌を歌ってるんですよ、『てのひらを太陽に』。

――研ナオコさんのお子さんとブラザー・コーンさんのお子さんとのユニットで。

田代 懐かしいですね。妹も歌がやりたくて大学でバンド活動やってたんですけど、うまくいかなくて。だから、いまでも歌いたいと思ってるんだろうなって思いますけど。

――お父さんの逮捕後、面会とかは？

田代 面会はほぼ行ってなくて。拘置所にいるときは僕が会いに行ったんですけど、それっきり。手紙のやり取りしてたぐらいです。

――ボクがお父さんとよく仕事してたときも、息子さんの話はたまに出てましたよ。息子さんのライブを観に行ったけど、お母さんとか妹さんが来る前に帰った、みたいな。

田代 ああ、リハに来て差し入れしてくれて帰ったことがありましたね。刑務所から出てきたあとも、僕は食事に行ったりしてたけど、父は最近までライブを観たことなくて。

――家族が来るなら顔は出せないっていう。

田代 会って食事したのも数回で。最後に逮捕される直前はよく食事してたんですけど。

――ボクがよく一緒に仕事してたのは最後に逮捕される前で、『BUBKA』の連載が終わって会わなくなった頃にまた逮捕されて。

田代 ああ、そうかもしれない。病気しちゃったんですよね、

『シネマで愛して』
93年10月に日本文芸社から刊行された、田代まさしが「名作映画を通して、愛しい女たちや、やりきれない男心、青春の思い出などを語る」という内容の書籍。各章のタイトルも「男の気持ちをわかってよ」「底抜け青春、下半身ナイーヴ」とイジらしいが、最終章は「シヌマで愛して」とマーシー節が炸裂。

小夏・ひとみ・レイナ
当時、東横学園小学校（現・東京都市大学付属小学校）3年生で同級生だった田代まさしの長女・田代小夏、研ナオコの長女・野口ひとみ、ブラザー・コーンの長女・近藤麗奈の3人で結成。98年に劇場版『それいけ！アンパンマン てのひらを太陽に』の主題歌となる『てのひらを太陽に』をリリースした。ちなみに、12年に2世タレントだけで結成さ

最後に逮捕される直前に。盲腸になって入院してたんですよ。それであんまり外に出てなかったんじゃないかな。逮捕される直前はすごい痩せてたんですけど、それは入院してたから病気で痩せてるんだと思ったし、ぜんぜん気づかなかったです。

――2回目の事件ぐらいまで◎◎◎◎さんがだいぶ田代さんのこと庇ってたんですよね。

田代 ああ、そうらしいですね。

――「付き人やればいい」とか。それは◎◎さんがアタッチメント外してるところを田代さんが見たから説っていうのがあって。

田代 ハハハハハハ！ それもヤバいっすね……アタッチメントなんですね（笑）。

――お父さんが何度か捕まって、ボクとか掟ポルシェと一緒に仕事するようになっていく流れを、息子さんはどう見ていたんですか？

田代 僕はありがたいなっていう思いしかなかったです。完全に父の励ましになってると思ってたんで、ホントにありがたいなって。

――いろんな人がお父さんと仕事しなくなっていくなかで。お父さんが捕まったとき、一番ショック受けてたのが掟ポルシェでした。

田代 ああ、僕のバンドのマネージャーの劔（樹人）さんつながりで掟さんに会う機会があって、言ってましたね。劔さんの結婚式のときに掟さんとそのへんの熱い話をしました。

――掟さんホントにいい人だから。マーシー☆ポルシェっていうユニット組んだんですけど、インストアイベントやろうとしたら田代さんを理由にほぼ断られちゃって、ディスクユニオンでしかできなかったんですよ。それで、「せっかくこうやって社会復帰しようとしてるのに！ 日本はどうなってるんだ！」って怒りまくってて。「田代さんはもうドラッグはやらないって言ってんだ！」って怒ってたから、「やってたよ……。信じてたのに……」って、ものすごいヘコみ方してて。

田代 そうだったんですね……。

――あの時期、ボクも田代さんが穴を開けた代打の仕事をいくつかやりましたもん。

田代 マジですか！ そんなことが……その節はご迷惑おかけしました（笑）。

――いろいろ思い出しますよ。ボク、田代さんの冠番組のアシスタントもやりましたから。前の復活のときにCSで『田代まさしのいらっしゃいマーシー』っていうトーク番組をやることになって、ひとりじゃおぼつかないからサポートを任されて。で、DVD出す直前に捕まって発売できなくなったんですよ。

田代 ハハハハハハ！ ホントすいませんでした。豪さん常に横にいてくれたんですね。

――ボクがいなくても成立するようになったのがいいことだと思って。ボクぐらいしか横にいられなかった時期が確実にあったから。

田代 豪さんには迷惑かけっぱなしですね。

――ボクに特別な害はなかったんですけどね。今回の復活時にも一緒にイベント出て。

田代 なんか今回はいままで刑務所から出てきたときと違うというか。歳もあるのかなとは思うんですけど、印象が柔らかくなったなと思ってて。僕が知ってる昔の父というか。家族が一番仲良かったのは、父親の仕事が調子よくて世田谷区に一軒家

れたアカペラグループ「ロクヒカリ☆」に、ひとみと近藤麗奈も参加していた（他のメンバーは坂口杏里、穂のかなど）。

最後に逮捕される
10年9月の逮捕のこと。

『BUBKA』の連載
09〜10年に『BUBKA』で連載していた田代まさしによるアウトロー対談「悪いヤツほどよく喋る」。構成は吉田豪。カシアス内藤、チャック・ウィルソン、つまみ枝豆など、芸能界の不良色の強い有名人と対談を行った。

マーシー☆ポルシェ
08年に出所を果たし、芸能活動を再開し始めた田代まさしと、以前からマーシーのファンだったという掟ポルシェによる音楽ユニット。09年11月にはシングル『監獄ポップ』をリリース。インストアイベントなど、各地でライブも行った。約半年間でユニット活動は終了となったが、直後の10年9月に田代まさしはコカイン所持で逮捕されている。

を買った頃で。家族がすごい幸せな時期だったんですけど、最近はその頃の顔に戻ってきた感じがして……。

――あの家が売りに出されたとき、本気でボクが買うべきなのかって迷いましたもん。

田代 マジですか!?

――コレクターとして。内装も田代さんのオールディーズ趣味で、すごいカッコいいし。

田代 カッコいいんですよ。一時期貸してたんですよね。それから売りに出して。父はいまその頃の感じに戻ってきてて。表情がいいんで僕も会いたくなるし、連絡を取り合ってて。いまホントに仕事すごい頑張って、まじめにやってるのが見えるんですよね。ダルクがそういう会社なんだろうなって思うんですけど。で、母も気持ちが変わってきて、去年の9月に久々に家族で会って。親戚のお葬式だったんですけど。母が鬱病になっちゃったから、僕が父と会ってるのも隠してて。

――田代さんの復活イベントのときにダルクの代表と話したけど、いい感じでデタラメな人なんですよね。ダルクのイメージとはちょっと違うというか。もともと薬物やってただけのことはある感じの人だと思いました。

田代 僕も1回しかお会いしたことがなくて。父の誕生日に挨拶させてもらったら、仏様みたいな人だなと思ったんですけどね。

――壇上での発言はアウトなものばっかりでしたよ。マスコミがあれだけ集まってるなかで、「本当はダメだけど、覚醒剤をやるなら、まだマリファナの方がましです!」みたいな(笑)。

田代 ハハハハハハ! ホントですか! ダルクのおかげもあると思うんですけど、いま父は「食べることが楽しい」って言ってて。

――前はリリー(・フランキー)さんが田代さんに酒を覚えさせようとしてたんですよね。

田代 そうだったんですか!

――酒を飲めないから薬物やっちゃうタイプってけっこういるじゃないですか。「酒が美味しいことを教えないと!」ってやってたけれど、カルアミルクぐらいしか飲めなくて。

田代 ホントにそうなんですよ、甘酒かカルアミルク1杯でダメになっちゃうんで。

――あと、田代さんと最初に会ったのが2回目の逮捕のあとでVシネの監督時代だったんですけど、撮影の合間に取材したら、弁当を半分ぐらい残してタバコ吸い始めて、タバコの火をお弁当の肉で消してたんですよ……。

田代 マジですか……。この前、恵比寿のリキッドルームでDJやるってなったときに、僕の先輩のバンドの方からお弁当の差し入れが来て。それが金兵衛っていういい弁当で。『夕やけニャンニャン』やってた頃、ロケ弁とかホントに美味しくなかったのに、まだ有名じゃなかった金兵衛の弁当が登場してからは、みんな金兵衛しか食べないってなったみたいで。だから「金兵衛の弁当だ! なんでー?」ってなって。その先輩が金兵衛で働いてて、社長が「田代さんが頑張ってるなら持ってってあげて」って言って持ってきてくれたらしくて。それめっちゃうれしそうに残さず食べてて。……だからタバコの火を肉で消すような感じではないですね、いまは。

――田代さんが、何度か夢が叶いかけてはポシャってヘコんでるのを見てきたんですよ。マーチン(鈴木雅之)さんと一緒に何かできるかも、みたいなのがなくなったりで。

「田代まさしのいらっしゃいマーシー」
09年7月2日から同年9月10日までMONDO21で放送されたトークバラエティ番組。田代まさしとゲスト、そして"進行アシスタント"吉田豪によるトークが前後編で放送された。全6回の放送で、ゲストは堀江貴文(第1〜2回)、梨元勝(3〜4回)、堀之内九一郎(5〜6回)。

ダルク
患者に対し、薬物依存症からの回復と社会復帰支援を目的とした回復支援施設グループ。田代まさしは、15年ごろからダルクのプログラムを受けていることを報告し、やがてダルクのスタッフとしても働いていた。この頃には「芸能人専用のダルクを作りたい」との意欲をみせていた。

田代　ずっと言ってましたね、それ。

――「薬物で捕まった人は、ちゃんと反省させるためにみんなが関係を断つべき」的なことを言う人がいますけど、みんなが関係を断つと逆に寂しくて薬物をやるかもしれないと思って。適度に誰かが手を差し伸べないと。

田代　そうですね。覚醒剤に関しては脳の構造が変わっちゃうというか、脳みそが変わっちゃうんだなっていうのは僕も理解してて。

――理性で何かできるようなものでもない。

田代　そうなんですよね、きっと。それがダルクに入って自覚できて、自分はそういう病気なんだっていうのを理解できるようになってすごい変わったって言ってましたけど。

――音楽やる側として、音楽と薬物って切っても切れないものだとは思わないですか？

田代　僕はタバコも吸わないんで。それも昔のイメージというか、昔の破天荒な外国の有名なロッカーがそういうのやってたから、そういうのカッコいいとか、やってないといい曲作れないとか。でも、撃鉄ってすごいクリーンなバンドで。タバコも全員吸わないし。だからそういう考え方は理解できなくて。

――60年代、70年代のロック伝説的なものとか奇行とかって、だいたい薬物が原因だったと思うとガッカリしちゃうんですよね。

田代　ああ、テレビをホテルの窓から投げたとか。父は音楽のときはやってなかったというか、タレントになってからだと思うんで。

――そうです。芸人として緊張しちゃっていいパフォーマンスができないときにどうしてもそっちに逃げたくなっちゃうって言ってましたね。

田代　言ってましたね。

――ボク、田代さんの手が震えるのをフォローする役をすごいしましたよ。「これ薬物じゃないですからね、クスリが切れてるんじゃないです、緊張ですからね」って説明係を。

田代　あの頃は僕もヤバいなと思ってましたね。緊張しいなんですよ、父は。昔からホント。僕もけっこう緊張しいなところがあって、そこは似てるんでわかります。この前も一緒にＤＪやるときすごい緊張して（笑）。さすがに震えてはいなかったですけど。

父はやっぱりおもしろい

――ホントこうなって良かったですよ。

田代　モチベーションも高くて。当時は母の状態が悪かったり、僕も１００パーセント手を差し伸べてあげられなかった部分があって、「すげえ頑張ってるのになんだよ」って、そこが悪循環になってたと思うんですけど。

――何度も裏切られたって思いがあったからしょうがない部分はあるでしょうしね。

田代　そうですね。僕はタレントとしての父よりミュージシャンとしての父が好きなんで、音楽の話とかそういうやり取りをしてるなかで父も救われてる部分があるみたいで。出てきたあともラッツ＆スターでもう一回ステージに立ちたいっていう夢が捨てられないみたいで、それがモチベーションというか。いまでもすごい音楽が好きで、僕よりも聴いてるんじゃないかっていうぐらいめちゃめちゃ聴いてるし。だけど、音楽人として

100パーセント呼んでもらえる場っていうのはなかなか難しいなかで、今回僕が一緒にDJやろうと思ったのは、そういう人たちが集まるイベントに1回呼んであげたいなっていうのがあって。本人はどう思うかわかんなかったですけど、「ちょっとやってみない?」って言ったら、「やる!」って言ってくれたんで。

——超うれしそうだったじゃないですか。

田代 あのイベントはホントに音楽が好きな人がめちゃくちゃ多いイベントだったんで、音楽の話をしてるのも楽しそうだったし。打ち上げまで来て夜中の2時ぐらいまでいたんで、よっぽど楽しかったんだなと思って。

——どんな感じのDJだったんですか?

田代 父が選曲してきたものを基本、僕がかけて、昔のディスコDJみたいなスタイルで1曲かけて解説して思い出話とかして。で、やっぱりファンが求めてるんで、ちょっとラッツ&スターをかけて、コーラスやったり。最後にサム・クックの『ワンダフル・ワールド』を歌いたいって言ってて、いま薬物をやらなくて済むようになったのもワンダフル・ワールドが見られるようになったからだから歌いたいって言ってて。自分でコーラスも入れて編曲してきたヤツをCDに焼いてきて歌って。

——ただ、やる前はすごい気にしてましたよね。「今回の催しは父と自分が音楽を通じてまた仲良くなれた事と父の最近の頑張りに対するお祝い事だと自分は思っています。無駄な情報の拡散はご容赦願います」とか、宣伝ツイートも、ものすごい気にした感じで。

田代 そうですね。僕は音楽人として父を呼びたかったたし、父のファンに来てほしいというよりは、その場に父がいることが大事だったんで、父の告知はべつにしなくてもいいかなっていう感じで。まあ、いい感じでできたかなとは思うんですけど。この前のDJをきっかけに音楽の話で出られるようになったらいいなと思って。来月クールスに呼ばれて歌ってくるらしいんですけど、すごい喜んでて。ラッツ&スター時代の先輩がそうやって呼んでくれるのはとってもうれしいって言ってて、めちゃめちゃ楽しみにしてますね。

——本当に良かったと思いますよ。

田代 父はホントにいま夢を持ってるんで、実現してほしいし、その手助けをしていきたいですね。世田谷区の家は父が刑務所から出てきてひとりで住んでたんですけど、いまは母と妹が住んでるんです。父はまだ一緒に住めないので違うところにいるんですけど。雪解けというか、母と父が連絡取り合って、実際に会って食事したり、家族が戻ってきてすごくいい時期になりつつあるから、そうやって幸せに生きていけたらいいなって……。

——お母さんが元気になったおかげですね。

田代 父はやっぱりおもしろくて、久々に会って喫茶店に行って、父がいまアイコス吸ってるんですけど、「これすげえぞ、タバコと変わんねぞ、吸ってみろ」って、母が吸ったらそれを父が吸って、「うぉーっ、久々のキスの味! うめぇーーーっ!!」とか喫茶店で騒いで(笑)。そういうのもいいなーと思って。これからも仲良くしてほしいですね。**【取材後、劔さんのハロヲタ話になり】**いま僕がやってるバンドはメンバーが住所不定無職っていうバンドの人たちで、劔さんの昔からの同じハロー!好きの仲間なんですけど。

——住所不定無職はいいバンドです。

住所不定無職
ユリナが職業安定所でザ・ゾンビーズ子に出会い、結成されたというロックバンド。メンバーはユリナ、ザ・ゾンビーズ子、ヨーコ、℃-want you。15年には、ユリナ、ザ・ゾンビーズ子、℃-want youに田代タツヤと男性ボーカルのWhite Fire Shirohiを加えた5人組バンド「Magic, Drums&Love」が結成された。

田代　豪さんワンマンも来てましたよね。
――あのときあんなにヘタだった、チューニングすらもおぼつかなかったような人たちがこんなにうまくなってるって感慨深いです。
田代　そうですね（笑）。チューニングなんかべつにどうでもいいって言ってやってなかったですからね。「カッコ悪いよチューニング」とか言って。僕は住所のただのファンだったんで。ずっと観に行ってて。ベースの子がリハに来られないことが多くて、僕がリハ要員でベースだけ弾きに行って、エナジードリンクもらってライブをタダで観て帰る、みたいなことやってたんで。まさかいま一緒にバンドやるとは思ってなかったですね。
――そうやって周りにアイドル好きが多くても、あんまり影響は受けない感じですか？
田代　ふつうにカッコいいなとか、いい曲だなとかは思いますけど、追いかけたりは。1回、Ｂｅｒｒｙｚ工房と対バンしたときはすごいおもしろくて、前日に横浜のハードコアの一番大好きなバンドと対バンして、その次がＢｅｒｒｙｚ工房と一緒だったんですけど、威圧感はまったく一緒というか……。
――そうだったんですか！
田代　リハーサルからもう威圧されてる感じで、ライブするときに初めて恐怖を感じて。アイドルってハードコアなんだって思って。
――アイドルっていうかハロー！がですね。
田代　ハロー！はハードコアだと思って。リハのときからバキバキなんですよ。「殺すぞ！」みたいな。リハから全力でパフォーマンスも完璧で圧倒されちゃって。このあとにステージ立つんだ、怖いって思いましたね。
――ハロー！は特に対バンでナメられちゃいけないみたいな思いが異常に強いんですよ。
田代　また全員で挨拶に、こんなペーペーの僕らの所に来てくれて、それもすごいカッコいいと思って。ホントすごかったですね。

80年代のエロ本はヒッピーが作っていた

竹熊健太郎

2018年5月収録

編集家（編集者）・フリーライター。東京都出身。1960年生まれ。1989年、『ビッグコミックスピリッツ』（小学館）で相原コージと連載した『サルでも描けるまんが教室』が大ヒット。2008年、京都精華大学マンガ学部の専任教授に（後に退職）。2015年に、電脳マヴォ合同会社を立ち上げる。現在は無料Web漫画雑誌『電脳マヴォ』編集長。主な著書に、『フリーランス、40歳の壁』（ダイヤモンド社）、『ファミ通のアレ（仮題）』（アスキー）、『私とハルマゲドン』（ちくま文庫）など。

前の奥さんが強烈！

——今日は『ＢＵＢＫＡ』じゃなくて、『実話ＢＵＮＫＡ超タブー』の取材になります。

竹熊 あ、そうなんだ！『ＢＵＢＫＡ』だとばっかり思ってた。また香ばしい雑誌に。

——こっちはもっとエグいですよ（笑）。

竹熊 なるほど。今回は『フリーランス、40歳の壁』出版記念のインタビューってことですけど、まず『ＡＥＲＡ』で書評を書いてもらってありがとうございます。あれ、基本的には吉田さんの『サブカル・スーパースター鬱伝』の派生本みたいなものなんで。

——本を作るきっかけになったみたいですよね。

竹熊 それがきっかけですよ。なかなかいいテーマの本を書かれたなと思って。ただ、これはサブカルって括らなくても自由業はみんなそうなんじゃないかと思ったんですね。

——もっと大雑把に、「運動しない文化系の人たちは40歳ぐらいになると病みやすい」っていうぐらいだと認識していて。もともと『ＱＪ』で連載していたから、あえてサブカルを前面に出している部分もあるんですよ。

竹熊 ああ、あれ『ＱＪ』か。いまの『ＱＪ』はもうぜんぜん別の雑誌になってて。

——もうサブカル雑誌ではないですからね。

竹熊 なんかもう芸能雑誌になってるでしょ。っていうか赤田祐一くんが編集長だった時代が僕にとっての『ＱＪ』なんですよ。

——ふと考えたら竹熊さん絡みの本は全部買ってますね。デビュー作の『色単』に始まって。『諸星大二郎　西遊妖猿伝の世界』とか、あれはすごくいい本だったと思います。

竹熊 ああ、あれは復刻しませんから。諸星さんが復刻を断ってるの、どうも嫌われてるみたいなんですよ（笑）。でも、すごい力を入れて編集しましたから。あの時期は、これから編集者としてやっていこうと思ってた時期ですね。

——去年ぐらいかな、Ｂａｓｅ　Ｂａｌｌ　Ｂｅａｒというバンドのボーカルの小出祐介さんが「諸星大二郎と『ナウシカ』の共通点が」とか書いてたから、「そこに興味があるんだったらいい本がありますよ」って推薦したら、すぐに中古で買って衝撃を受けてましたよ。

竹熊 そうですか。あれ、インタビューしたのが宮崎駿さんと山岸凉子先生と、あと花輪和一さんと中沢新一さん、一応僕が全部インタビューして。あの宮崎インタビューは、ちょうど『天空の城ラピュタ』を作ってる追い込みの最中だったんですよ。あの頃はまだスタジオジブリができたばっかりで、ジブリに電話して「宮崎監督いらっしゃいますか？」って言うと本人が出たんですよ。

——ある時期までそうでしたよね。

竹熊 電話したことあります？

——ボクが編プロに入った頃、92年ぐらいに取材のオファーをしたときも、「忙しいからやれないんだよ！」って本人直々に断られました。

竹熊 あの頃はそうですね、『紅の豚』までは。いまじゃもう絶対に無理だよね。あのときは電話で粘ったんですよ。怒られたんだけど。だって3月に『ラピュタ』公開で、電話したのが

『フリーランス、40歳の壁』
18年にダイヤモンド社から刊行された、「自由業者は、どうして40歳から仕事が減るのか？」を追究した竹熊健太郎渾身の一冊。「仕事相手が全員年下」「自己模倣のマンネリ地獄」など自身の経験を交えつつ、田中圭一、ＦＲＯＧＭＡＮ、都築響一などに取材、「壁の乗り越え方」を探る。

赤田祐一
ライター、編集者。84年に飛鳥新社に入社、当時はヤンキー向け雑誌だった『ポップティーン』の編集となる。92年に編集を担当した『磯野家の謎』が大ヒット。やがて太田出版に移籍して『クイック・ジャパン』を創刊。18号まで編集長を務める。太田出版退社後は、まんだらけに移籍、その後、飛鳥新社に戻り『団

前年の12月だから一番忙しいときですよ。でも、諸星大二郎がテーマだから受けたんだよね。『ラピュタ』についてとか新作についてって話だったら、それは完成してからってことになるでしょ。あのとき1時間ぐらい電話で粘って、最後に宮崎さんが、「もう断る時間がもったいないから30分だけ」って言われて、そこから2時間インタビューした。しゃべりだしたら止まらない人だから。そういうのをやってましたね。……吉田豪さんのインタビューを受けるっていうことで、どんな感じかと思って来たんですが。

――ボクは基本的に雑談ですよ、こんな空気でゆるっと話して、それをまとめる感じで。

竹熊 僕もそうですね。ただ僕もインタビューはけっこうやってきたほうなんですが、吉田さん的なインタビューっていうのは少ないと思うんですね。たとえば吉田さんは、インタビュイーのことを調べると何かしらその人を好きになるポイントが見つかるって言ってたじゃないですか。それ、すごくよくわかるんですよ。ただ僕は基本的に、努力して好きなポイント見つけないとやらないインタビューは、たぶんやらないんですね。最初から好きか、あるいは今回の『40歳の壁』みたいにあるテーマが決まってて、そのテーマで話を聞くかどっちかで。逆に言うと僕はプロインタビュアーとは名乗れない。やりたくない人もいるから。『篦棒な人々 戦後サブカルチャー偉人伝』を見ると……。

――大好きな本ですよ!

竹熊 あれは僕にとっても自信作で、二度と作れないなって本ですね。あれだけは自信持てるけど、あのあと、あれに匹敵するインタビュー仕事はなかなかできてなくて。あの本だと康芳夫さんとかが、ある意味吉田さん的な対象だと思う。あの人の履歴には、すごくわかりやすいフックが多いじゃないですか。あれだけは赤田くんからやってくれって言われたの。赤田くん、康さんの資料を全部揃えて僕に出したから、まあ、仕事としてやるかと思って話を聞いたらおもしろかった。かなりあの人はなんというか、文学的な深みがありますね。それで康さんのあとに赤田くんから、「この人やってくれ」って言われたのがあって、それが金貸しの杉山（治夫）会長だったんですよ。

――なるほど、当時の『QJ』っぽい人選ですね。

竹熊 そうそうそう、ただ僕は杉山会長の本とか読んでおもしろいと思ったけど、ちょっと康さんとは違うなと思ったの。

――わかります。おもしろがる対象ではあるけど、好きになる対象とはちょっと違って。

竹熊 なんていうか、わかりやすすぎるんですよ、あの人。たぶん突っ込んで調べたら、おそらく何か見つかると思うんですよ。ただそこまでの労力を払う感じにならなかった。

――おもしろいけど深みはないと思います。

竹熊 だから杉山会長は断ったんだよね。康芳夫はOKで杉山会長はNGだった。プロインタビュアーとして当時から立とうと思ってたらやるべきだったんですよ。ただ僕、プロになったという気はいまだにないんですよ。吉田さんより10歳上なのね、業界に入ったのが早いから、20歳で入ってるから。

――まずは自販機エロ本の世界に入って。

竹熊 桑沢デザイン研究所を1年でやめてアリス出版の編集者に引っ張られて。で、エロ本を一緒に編集するっていうところから始まって。あれが20歳とか21歳になってたかな？

――そのとき家出したんですよね。

塊パンチ』など編集。12年には飛鳥新社を退社し、雑誌『Ｓｐｅｃｔａｔｏｒ』などに関わっている。

『色単』
官能小説などでよく使われるエロい単語を、類語辞典として豊富な用例とともにまとめた書籍。竹熊健太郎の処女作であり、共著者に友成純一、イラストはひさうちみちおが担当した。83年に群雄社から出版され、後にケイブンシャから復刻。そのどちらの会社も倒産していることから、05年にポット出版より再復刻された。

『諸星大二郎 西遊妖猿伝の世界』
86年3月に双葉社から発売。当時、諸星大二郎が双葉社刊行の『月刊スーパーアクション』において『西遊妖猿伝』を連載していた関係で、諸星本人の構成・文による解説や仕事場紹介などの濃い内容が実現。他、星野之宣の寄稿漫画、呉智英、宮崎駿、山岸凉子、花輪和一、中沢新一、細野晴臣などへのインタビューも。

『篦棒な人々 戦後サブカルチャー偉人伝』
クイック・ジャパン誌に連載されていた、竹熊健太郎によるロングインタビューをまとめた書籍。康芳

竹熊　うん、学校やめてから家出して。でも、そのへんのことは全部今回の本に書いてますから。

――いま考えたら、お母さんが発達障害だったんじゃないかってことも書いてましたね。

竹熊　はっきり発達障害とは書いてないけど、彼女は完全にそうでしたね。人の話を聞かないし、こっちもそうだからケンカになるわけですよ。家を出たのは母親から離れないとヤバい、下手したら金属バット殺人事件になるな、と思ったんですよ。80年に神奈川で起きたあの事件も、両親から成績のことで小言を言われ続けて金属バットで滅多打ちにして殺しちゃったんだよね。

――ボクらの世代との違いはそのへんだと思うんですよ。ボクも書いてた『マンガ地獄変』に竹熊さんも出てもらいましたけど、あそこに書いてたような人間って、20代で古本を集められてるってことだから、つまりボクも含めて家出とかと無縁な実家暮らしで東京生まれの連中ばかりなんですよ。

竹熊　ああ、そうでしょうね。僕も30代になってすごく集めましたけど、やっぱり部屋がたいへんなことになるんですよ。あと当時はLDね。それで置く場所がなくて広い部屋を借りるっていうことでドツボにハマッていくんですよ。吉田さんは買ったんだよね？

――マンションはひとつ買ってて、あとひとつ書庫を借りてるんですけど、もう物を置くスペースも仕事するスペースもないから、もう一部屋借りちゃおうかと最近悩んでます。

竹熊　目に浮かびますよ。同じです、だいたいそうなりますね。だから40歳を過ぎた頃に生活をダウンサイジングしないとヤバいと思って。離婚した頃ですね。それで古本屋を呼んで、最終的に小田急相模原の築40年のオンボロ２ＤＫに越したんですけど、そこに引越すとき本の段ボールが２５０箱あって２００箱は売りましたね。ほとんど読んでない積ん読の本が段ボール２００箱ですよ。さすがにこれはマズいと思ってわざと狭い部屋を借りて、嫌でも処分しないと引っ越せない状況を作って。だからいま、もう何もないですよ。

――離婚きっかけで人生が変わって。

竹熊　吉田さん、独身でしょ？　僕も1回だけ気の迷いで結婚したけど。今回インタビューしたなかで結婚して子供がいる人ってほとんどいなくて、あとは結婚しても子供はいない。都築響一さんなんて還暦過ぎて独身だもんね。あの人の生き方はある種、成功した俺だなと思ってる。（都築さんの経歴を詳細に語って）ええと……どういう話にします？

――いま離婚の話が出ましたけど、別れた奥さんとボクはネットで知り合いだったんですよ。ものすごいおもしろい人でしたよね。

竹熊　ああ、彼女から吉田さんのことは聞いてます。戸川純の弟子みたいな感じのタイプで。ただ、あの人はもともとアイドル志望だったんですよ。

――ああ、かわいかったですもんね。

竹熊　うん。広島出身なんだけど、タレントスカウトキャラバンみたいなのに応募して準優勝までいって。優勝したのが宍戸留美。

――ルンルン！　もしかして『ロッテＣＭアイドルはキミだ！』に出てたんですかね。

竹熊　それに出ました。それで、アイドルをあきらめて東京に出てきて大学に入ったんだけど……。

夫、石原豪人、川内康範、糸井貫二と、戦後のサブカルチャーの巨人たちが登場。98年に太田出版のＱＪブックスからリリースされ、07年には河出書房新社より文庫版が刊行された。

アリス出版
70年代から80年代にかけて隆盛した"自販機本"の最大手として名を馳せた編集プロダクション。亀和田武が編集長を務めた『劇画アリス』が有名。80年に明石賢生のエルシー企画と合併するが、数カ月後に明石が独立して群雄社出版が生まれた。

『マンガ地獄変』
96年に水声社から刊行。梶原一騎原作のダークな劇画作品や、ふくしま政美、ジョージ秋山、その他のジャンクな作品など、あまり陽の当たっていなかったマンガを再評価した。吉田豪をはじめ、植地毅、大西祥平などのライターたちの書籍デビュー作となった。

――そして伝説の、ある日、竹熊さんの家の前に立ってたってエピソードに繋がるんですかね。

竹熊 そうですね。だからなんていうか、ある種の業界にあこがれるようなタイプの若い女の子ですよね。そういうのに引っかかっちゃったって言うと悪い表現だけど……。

――彼女が空手に熱中していく過程もリアルタイムで聞いてました。竹熊さんに1回暴力を振るったことがあって、そこで暴力に快感を覚えて空手を始めたみたいな話とか……。

竹熊 ああ、別れ際に、けっこう暴力っていうか殴る蹴るが始まったんですよ。僕も1回だけ殴り返しちゃったのね、さすがに腹が立って。最後は『エクソシスト』だったね、首が回転するかと思うぐらいの。もう別人ですよ。だからある種、僕は僕であの人を追い込んでた可能性があるね、いま思えば……。

――今回の本でも発達障害的な部分があるって書かれてますけど、そのせいでコミュニケーションにも多少は問題があったんでしょうね。

竹熊 それは当然ありますけど、でも、やっぱり仕事が減りだしたっていうのが最大の理由じゃないですか？　彼女からしてみれば、こんなはずじゃなかった、みたいな。僕の仕事が減ったのは、来る仕事を断ってたのも大きいんですよ、同じ仕事ばっかり来るのが嫌になって。

発達障害がいっぱい

――『サルでも描けるまんが教室』が当たりすぎて、『サルまん』的な仕事が増えて。いま思えば、そういうのができない体質ではあったんだろうけど、そういう仕事もやっておくべきだったみたいな反省はあります？

竹熊 できないんだけど、いまにして思えば売れてるときに新しいことやるべきだよね。でも、売れてるときは目の前の仕事こなすことで精一杯で、とてもじゃないけど新しいことに余力を割く余裕がないですよ。でも、それができるかどうかでフリーの人生は決まると思いますね。

――『サルまん』がヒットして、竹熊さんが完全にキャラクター化したと思うんですよ。

竹熊 自分をキャラにしちゃいましたから。

――漫画上のキャラ、そして写真とかでも完全にやり切る、ああいう人として認識されたのはいい面、悪い面があると思うんですよ。

竹熊 もちろん。だからもうちょっと長い目で考えて自己プロデュースができる人間だったらこんなことになってないんです（笑）。

――あれによって完全にちんぴょろすぽーんの人みたいになったから、おかしなオファーもあったと思うんですよ、ああいう方向の。

竹熊 ああ、ありましたね（笑）。でも、僕はまず滑舌が悪いんで、放送メディアは向いてないんですよ。一瞬だけラジオやったことがあったけど、そのラジオを始めた途端に脳梗塞になったんで。しばらくはろれつが回らないですからね、だからこれでしゃべりの仕事は無理だなと思った。最初はとにかく名前を出そうっていうことがあったんで意識的にやったんだけど、もともと出たがりというか、まったく自分とかけ離れたキャラクターではないんですよ。でも、『サルまん』は最初の3巻が出た時点で自分のなかで終わってるから、終わった仕事をもう

『サルでも描けるまんが教室』
漫画で日本を支配する野望を持った相原弘治（19歳）と竹熊健太郎（22歳）の悪戦苦闘をあらゆる実験的な表現を用いて描いた、壮大なパロディでありながら、芯を食った漫画評論であり、さらに超現実的なマンガ家入門でもあるという作品。89年より『ビッグコミックスピリッツ』で連載され、豪華な装丁の単行本全3巻にまとめられた。97年には新装版『サルまん』、06年には『21世紀愛蔵版』が刊行されている。

一回やるっていうのはつらいですよね。庵野秀明さんが『エヴァンゲリオン』をまた作ってるみたいな。

——何度も作り直してますからね。

竹熊 関係者から聞いたけど、「一番やりたくないことをやった、それは『エヴァ』のリメイクを作ったことだ」っていう。

——ただ、ビジネス上はそれが一番金になるから。

竹熊 そうでしょ、ガイナックスを辞めて自分の会社を作ったから、当てなきゃいけない。そうすると確実に金になる企画は、庵野さんにとって『エヴァ』しかなかったんですよ。

——『ラブ&ポップ』じゃないですもんね。

竹熊 うん。でも結局、新しい『エヴァ』にしても延期、延期でえらいことになったじゃないですか。一応、完結編を作ってるみたいですけどね。

——作るのしんどいから、合間に『シン・ゴジラ』とか好きなことやらなきゃいけない。

竹熊 そうだよね。だって、あの人も鬱病になって1年間ぐらい会社に行けなかったの。

——らしいですけど、まあ病みますよね。あの規模でしんどいことやって、作品自体も自分の内面と向き合うようなことばかりやってたら。

竹熊 だから今回の本はそういう意味で複雑な構成の本で。テーマがいくつかあって、ひとつは歳をとって周囲の仕事相手が年下になることによって仕事が減るっていうのが大きいテーマではあるんだけど、もうひとつは発達障害ですね。吉田さんだったらわかると思いますけど、この業界でフリーランスをやってる人って半分ぐらいそうじゃないですか？

——ある程度、この仕事で結果を出してるような人の発達障害率は相当高いと思います。

竹熊 相当高いでしょ。もしかしたら吉田さんだってどっかあるんじゃないですか？

——自覚はなかったんですけど、最近になってなんとなくそんな気はしてきてますね。

竹熊 部屋も汚いでしょ？

——片づける能力がないのもそうかなって。

竹熊 それはひとつのポイントですよ。

——あまりにもなさすぎるんですよ。

竹熊 吉田さん、部屋に人は入れます？

——自宅は完全に無理なレベルですね。

竹熊 それは発達障害ですよ（笑）。

——仕事場も昔はミクシィでファンの人を4～5人雇って片づけてもらったりしてました。

竹熊 庵野秀明監督が『エヴァ』やってた頃に僕はガイナックスに行ってたんだけど、社内に監督の部屋があってそこに住んでるわけよ、コンクリートの6畳間ぐらいの部屋で。床に万年床を敷いて、29インチのブラウン管テレビが見れるようになってて、壁が両面全部本棚で、ビデオとかLDとか入ってて、完全にエントリープラグなんですよ。とにかく汚いんでガイナックスの女性社員が年に1回ぐらい監督がいないときに掃除するんだって。布団を上げると札束が落っこちてくる。お金使わないから（笑）。

——ダハハハ！　すごいなー（笑）。

竹熊 無造作。まあ、診察を受けたらなんらかの診断が下るであろうクリエイターはたくさんいますよ。

——そういう人は大勢いると思います。

『ラブ&ポップ』
98年に公開された、庵野秀明監督による初の実写映画。村上龍の小説を原作に、援助交際をすると決めた女子高生たちの1日を描く。主に、家庭用デジタルビデオカメラで撮影されており、邦画初のフルデジタルで制作された作品といわれている。

竹熊 あとは黒澤明も、私生活のこと読んでると絶対そうだなって思う。あの人も片づけができない人だったの。靴箱の中にコッポラからの手紙が入ってて、その横に『七人の侍』の頃のシナリオが入ってるとかね。ああいった人は才能があるんで、人が寄ってきて周りの人が世話を焼いてくれるんだよね。世話焼く人がいるから、ああいう人はふつうの仕事ができる。でも、ある時期に黒澤は周りの人たちを切っちゃったでしょ。それでハリウッドで監督しようとして失敗するじゃないですか。

――そして自殺未遂騒動に発展して。

竹熊 うん。あれも昔からの仲間を切って、サポーターがいなくなったからああなっちゃったと思えば、よくわかりますよ。今回書いたことでいろんな人から連絡があって、名前は出さないけれども、相当な大物の人からも、じつは自分もそう（発達障害）なんだっていう話でしたね。

――町山（智浩）さんもそうですよね。

竹熊 町山さんはそうでしょ。本当に多いですよ（笑）。ただ発達障害だから才能あるんだっていうのは間違いですよね。発達障害で才能がある人がたまたま世に出るだけで。

――発達障害の人に比較的こういう仕事に向く可能性があるってことだと思ってますね。ほかのことをシャットアウトして、好きな仕事に集中できる力があったりするので。

竹熊 シャットアウトしやすい環境が必要ですよね。僕も振り返って考えたら、ホントにやりたい仕事が来たときにほかの仕事を全部切ってその仕事だけに集中するっていう状況が作れたらうまくいくんですよ。『サルまん』がそう。あれ全部、サルまん以外の仕事を断ってたのね。

――あの時代の週刊誌のギャラで、あのページ数だったからそれが成立したんでしょうけどね。

竹熊 あの時代の『スピリッツ』で、しかも売れっ子の相原コージと組めたのが僕にとってはラッキーだった。あの頃はバブルだったから、『サルまん』の表紙は小学館史上もっとも手の込んだ装丁だったと思いますよ。あれ相原くんの原画を画家に油絵にしてもらって、それをカメラマンに頼んでライティングして写真を撮った表紙だからね。

――ものすごく無駄なことを（笑）。

竹熊 ものすごい。ホントは90年代のうちに……最終的には自分メディアを持ちたいっていうのがあったんですけど、90年代の時点じゃまだ無理だったね。結局、僕が一番売れてたって言えるのはせいぜい90年代で、そのときにいまのようなインターネットの状況になってたら違ったなと思うんですね。これはもうしょうがないですよね。だから新人の漫画家なんかでも、僕はだいぶ前から「持ち込みなんかするな。ネットに載せて人気を出して向こうから来させろ」って言ってたんですよ。だから僕、京都精華大学で教授やってましたけど、教えていて絶望的な気分になって。そもそも大学で漫画を学んで漫画家になろうと思う時点でダメですよ、身も蓋もないこと言っちゃえば（笑）。

――ちゃんとした才能があれば、たぶんそこに来ないでふつうに何かやってますよね。

竹熊 うん。もちろんすべてが無駄だとは思いませんよ、大学でそういったものを学ぶ一番のメリットは、同じ志を持った仲間ができる、トキワ荘みたいな感じで。あとは業界人が教えているわけで、業界とコネを作りやすいから。でも、あれ大学も悪いんですよ、学生を集めたいからサブカル学科みたいなの作るわけでしょ。先生たちも、仕事がなくなっちゃった人が多い

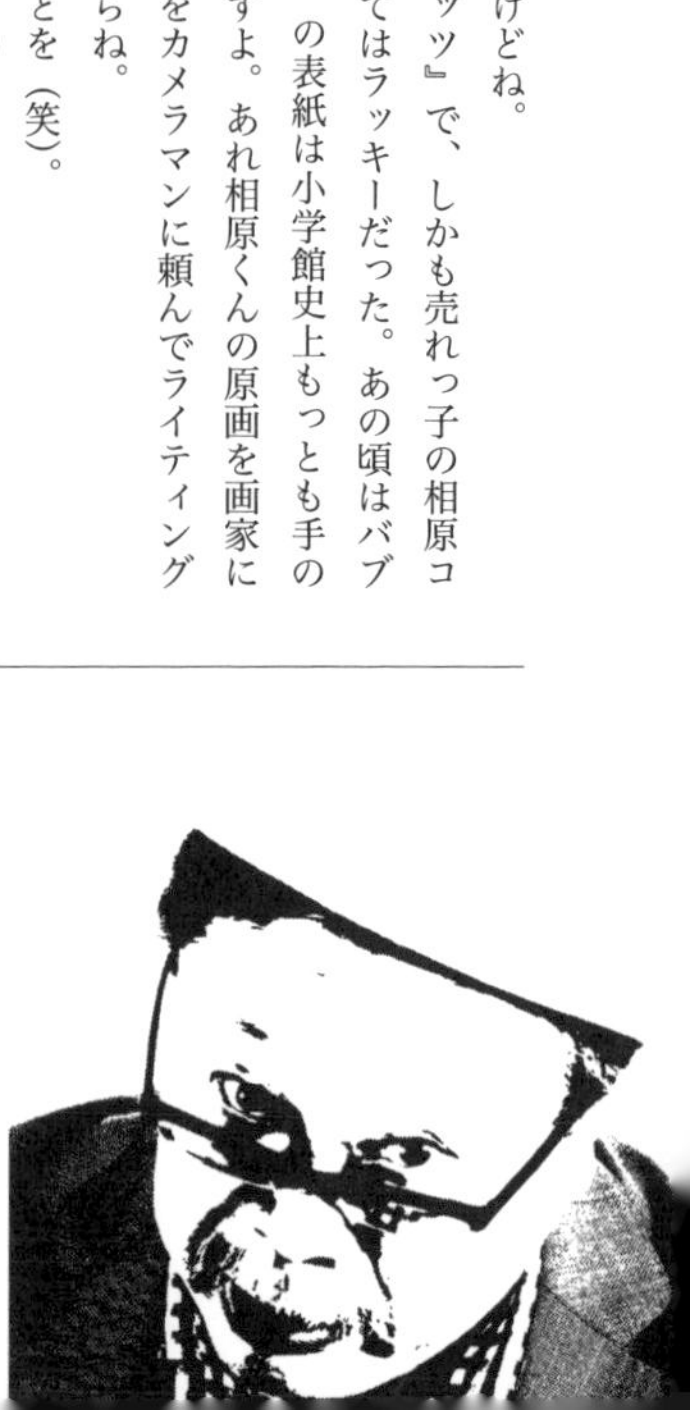

から、そういうところ（大学）が救いになるわけですよ。

――前に竹熊さんも書いてましたけど、「こういう仕事をしてると上がりが先生と呼ばれることになりがち」とはボクも思っていて、いかにそうならないでいられるかっていう。

竹熊 ああ、どっかで言ってましたね。やってみて、僕は先生はできないと思った。だけど僕に妻子がいたら我慢してたと思うね。で、我慢して鬱病になるんですよ（笑）。

――竹熊さんは、実際に先生の仕事をやったら精神的に壊れちゃったわけですからね。

竹熊 壊れましたね。あれはいろんな要因が重なったの。ちょうど僕が大学の先生をやってから『電脳マヴォ』が始まって。その前の『コミック・マヴォ』って同人誌じゃない。俺なんか大学のボーナスとか全部注ぎ込んでやってましたから。そのあと会社を作ったんだけどね、ツルシ（カズヒコ）と、吉田さんもよく知ってる（笑）。

――当時、竹熊さんと揉めたツルシさんのリツイートをしまくったのをよく覚えてます。

竹熊 あれをまたリツイートするから、ツルシが夜中に酔っ払ってとち狂ったこと書くじゃない。彼も発達障害だよね、間違いない！ やっぱり、よく知らない人と仕事するもんじゃない。2～3回会ったぐらいのことしかなかったんで。たぶん、あの人も会社を辞めるにあたってはそれなりの理由があったってことだよね。あのときは吉田さんがリツイートするんで、ツルシと奥さんがすごい嫌がってた（笑）。だったら書かなきゃいいじゃん。

各出版社のドラッグ事情

――ツルシさんが最初にやった竹熊さんインタビューの記事を読んだんですよ。そしたら竹熊さんが自販機本を作ってたときにドラッグをやってたっていうのが、ふつうに原稿になっててビックリしましたよ（笑）。

竹熊 ハハハハハハ！ まあ、あれは時効ですよね（笑）。……でもまあ、80年代のエロ本屋さんだったらほとんどやってましたよ。

――「昭和は緩かった」みたいな言い方をよくしてたんですけど、いま考えたら20世紀が緩かったというか、90年代のコアマガジンとかも非常にアレでしたからね（笑）。

竹熊 白夜はどっちかっていうとシャブだね。で、群雄社はLSD。アシッドとハッパね。ハッパはみんなやってたと思うんだけど。群雄社はサイケデリックなんですよ。白夜はちょっと……だって社内セックス禁止令とか出てたもんね、80年代は。群雄社は、社内でハッパやるなっていうお触れが出てましたね。まあ、みんなやってたけど（笑）。

――専門学校やめて家出してそういう場所に入ったら、確実に人生が変わると思いますよ。

竹熊 要するに80年代って70年代の延長で、70年代はヒッピーの時代で、80年代のエロ本屋ってヒッピーが作ってたんですよ。もっと言えば僕がいたアリス出版とか群雄社……エルシー企画がアリスと合併して分かれてエルシーが群雄社になったの。群雄社の社長とかアリスの社長はもともと全共闘ですよね。群雄社の明石（賢生）さんっていうもう亡くなっちゃった社長さん

『電脳マヴォ』
多摩美術大学で「漫画文化論」という講義を行っていた竹熊健太郎が、課題として学生たちに描かせた漫画を発表する媒体として、09年に同人誌『コミック・マヴォ』を創刊。12年には、参加していた作家陣や新たな漫画家を発掘するべくWEBに移行、『電脳マヴォ』としてスタートした。ちなみに"マヴォ"は、大正時代に実在したアヴァンギャルドな芸術家集団の名前から取られている。

ツルシ（カズヒコ）
鶴師一彦。81年にみのり書房に入社、『月刊OUT』の編集に携わる。86年にサンケイ出版（現・扶桑社）に入社、『週刊SPA！』創刊から編集に携わり、93年から95年まで編集長を務める。97年に退社後はフリーとして活動。03年には妻であるワタナベ・コウとふたりで雑誌『クレイジー・ヤン』を創刊した。

白夜
白夜書房。ビニ本から出発し、75年に「セルフ出版」、77年に「白夜書房」として創業した。末井昭が編集長を務めた『写真時代』で一世を風靡、他にも数え切れないほどのアダルト誌やギャンブル誌などを刊行。竹熊健太郎は『漫画ブリッコ』誌においてコラム連載などを担当していた。

群雄社
アリス出版を退社した明石賢生によって設立。編集局長を『コクリコ坂から』の原作も担当した佐山哲

なんかは、もともと佐世保のエンタープライズ阻止でスクラム組んで、「米軍は出て行け！　エンタープライズ反対！」みたいなことをやってたんだけど、一緒に肩組んでたのが糸井重里さんだったの。そういった人たちが社長とか重役やってて、社員がヒッピーだったわけですよ。

——竹熊さんはオタクカルチャー側の人だったけど、そういう文化にも馴染めた、と。

竹熊　うん。そのへんの話をすれば、高校時代までは漫画とアニメが好きな趣味人というかマニアというかだったんだけども、家を出てエロ本屋さんの仕事をやり始めてから、そういう人たちとの接触も増えるわけですよ。

——サブカルチャー的な。

竹熊　嫌でも。サブカルチャーというかアングラカルチャーに近いですよね。一緒に机を並べてたのは漫画家の藤原カムイ。彼がデザイナーやってイラスト描いてて。すっげえうまいヤツだなと思って。カムイがデビューしてから僕を紹介してくれるんですよ。『漫画ブリッコ』を紹介してくれたのもそうだし、双葉社もそうだし、小学館もそうなんです。カムイは結局、連載を降りたっていうか降ろされたっていうか、いろいろあったんですけど。カムイの責任じゃない理由で連載が終わって、僕だけ小学館に残ったって感じですね。

——今回の本の話に戻ると、フリーランスが40歳になると仕事が減る理由は編集が年下になるから問題って、仕事を減らさないコツは偉く見せないことだと思うんですよ。気楽に頼めそうな空気を出し続けるっていう。

竹熊　まあ、それがひとつの王道ではあるけど、ホントのこと言ったら売れることね。売れてさえいれば、どんなひどい性格

郎が務め、編集者として川本耕次、高杉弾、山崎春美、中野D児などが出入りしていた。

藤原カムイ
桑沢デザイン研究所を経て、アリス出版でも竹熊健太郎と机を並べる。79年に第18回手塚賞の佳作に入選、漫画家デビューを果たす。代表作に『雷火』(原作：寺島優)、『ドラゴンクエスト列伝 ロトの紋章』、『ドラゴンクエスト エデンの戦士たち』、『犬狼伝説』(原作・押井守)など。

『漫画ブリッコ』
セルフ出版→白夜書房より発行されていた成人向け漫画雑誌。創刊から半年後に大塚英志が編集長に就任、美少女コミック路線に転換し、ロリコン漫画誌の草分けとして人気を博した。谷口敬、藤原カムイ、中島史雄、みやすのんき(洋森しのぶ名義)などの美少女漫画家だけでなく、岡崎京子、白倉由美、桜沢エリカなどの女流作家も発掘した。

のクリエイターでも仕事はちゃんと来ますから。

――ただ、売れ過ぎたらそれはそれで難しくて、実際、みうらじゅんさんに1万円のコラムは頼みづらいじゃないですか。たぶん杉作（J太郎）さんにはまだ頼めるんですよ。

竹熊 ハハハハハハ！ そういう雰囲気ね。

――ボクもまだ雑な安い仕事が来るんですけど、そこは大きいと思うんですよね。いい感じでナメられる空気を作っておくっていう。

竹熊 なるほどね、偉くなりすぎると仕事が減る。まあ、それはアンビバレンスな感じできちゃいますね。つまりプロとしては仕事が来ないと困るんだけど、やりたくない仕事が来るのは嫌だっていうところで困っちゃったり。40歳に入って僕の仕事が減った一番大きな理由は断り続けたってことだと思う（笑）。2年間ぐらい断ったら来なくなりますね。

――当たり前ですよ（笑）。ボク、スケジュールの都合以外では断らないですからね。

竹熊 30代までは僕もそういう方針だったんですよ。最初はやりたくない仕事を受けてから、どうやって自分の興味に寄せるかっていうことでけっこう時間取られたんで、40過ぎてからそれが嫌になって。でも、吉田さんは割とうまく渡ってる感じがしますね。

――そうですね。40歳ぐらいで周囲の人たちが壁にぶつかってるのを見て、早めに対策を考えたのが良かった気がします。いろんな人からどうやって乗り越えたかの話を聞いて、先人の失敗を繰り返さないようにして。

竹熊 じゃあ、『サブカルスーパースター鬱伝』はそういう感じでやってたんですか？

――完全にそれですね。あと、独身なのは大きいと思いますね。意外とみなさん鬱々とするのって女性関係が大きいじゃないですか。

竹熊 大きいですよ。それで、だいぶつまずいたね。向いてないことはやるもんじゃないよ。恋愛とか結婚とかまったく向いてない。やっぱりさ、女性に対してサービス精神というか、こまめに誕生日に何か贈るとか電話するとかっていうことが一切できないんですよね。これはちょっと向いてないな、と。そもそも男がファッションに凝るのって女性がきっかけで、モテたいと思うのが最初じゃん。僕はそれがまったくなかったですからね。

――それよりも趣味が重要だった。

竹熊 だから早い段階で女性関係を断念しておけば、もうちょっといい人生を送れたかもしれないなと思う。考えてみたら自分から告った相手にはことごとくフラれて、向こうから来た人とだけつき合ってたから、そりゃロクなことにならないですよ……。ファンに手を出すのは一番マズいじゃないですか。簡単なんだけどあとが怖いっていうか、ファンに手を出しても時間が経てば相手はガッカリするだけだから。

――漫画家さんとかだと、ファンといきなり結婚みたいなパターンもありますけどね。

竹熊 うまくいってる人もいるけどね。やっぱり「ファンです」って寄ってきた人とつき合うというのは一番安易で、だいたいロクでもないことになる。僕の経験からもそうだし、周りを見てもね。あとは同業との結婚、これも一番つき合いやすいんだけど……。

――仕事にも理解があるし。

竹熊 ただ同業とか同じような仕事で奥さんが売れたケース、僕の知るかぎりでは100パーセント別れてます。枡野浩一さんとか。

――ダハハハハ！　枡野さんも大好きなんですけど、いわゆる発達障害側の人ですよね。

竹熊 完全にそうです。だからそういう人の本も書いてみたいなと思うんですけど。

――ニーズありますよ！

竹熊 絶対あるんですよ。いま発達障害っていうと子供時代に親が心配して医者に診てもらって、「発達障害です」って診断されるケースが多いじゃないですか。でも、僕の時代は発達障害なんて言葉もなかったから。

――ただの落ち着きのないヤツ、ただ話を聞かないヤツ、空気を読めないヤツ、みたいな扱いでしかなくて。

竹熊 そうそうそう。僕が発達障害のネット診断みたいなのをやると、ことごとく当てはまるわけですよ。非常に調子悪くなってたから、ちょっと町の心療内科に行って、その医者から発達障害の専門医を紹介してもらったんですよ。ただこれは非常に説明しづらい、病気とも言えない、性格の偏りみたいな、理解力と知性は人並み以上にあるんだけど、ちょっとズレてる。だからコミュニケーションがなんかしっくりハマらないということですよね。昔は奇人変人ボンクラと言われていた人たちですよ。そのなかで才能のある人が天才とか奇才とか言われた。それはたまたま才能があった人で、才能がないと奇人変人ボンクラですよ。そのへんは本にしたいなと思ってて。

――一番売れる可能性あると思います。

竹熊 僕もそう思うんですよね。ただ、僕の場合は適応障害を併発しちゃったんで病的な状態になっちゃったんですよ。15キロぐらい痩せたもんね。だから躁鬱病とか統合失調症の初期症状、まあ疑似症状なんだけど、それに近い状態になって、大学でも「竹熊先生が危ない」みたいな感じになって。だから、これはもう辞めるべきなんだなと思って。

――統失の初期症状というと被害妄想とか？

竹熊 被害妄想に近いところまでいきましたよ。あのまま働いてたらヤバかったですね。そっちに行っちゃったかもしれないから。

枡野浩一
歌人。コピーライター、フリーライターを経て、97年に短歌集『てのりくじら』他で歌人デビュー。代表作に『ショートソング』『ドラえもん短歌』など。00年の元旦に漫画家の南Q太と結婚するが、03年8月に離婚。役者やお笑い芸人としても活動。阿佐ケ谷に仕事場兼イベントスペースの「枡野書店」を構える。吉田豪によるインタビューが『人間コク宝サブカル伝』に掲載。

ヤバい話はなるべくしないでおきました

シルク

2018年8月収録

芸人、タレント。大阪府出身。大阪外国語大学外国語学部英語科卒業。1985年に漫才コンビ〝非常階段〟として初舞台を踏み、NHK上方漫才コンクール最優秀新人賞など、数々の賞を受賞。通訳なしでスムーズに会話ができる英語力で、松本人志の著書『遺書』の英語版の翻訳を担当。現在は〝よしもとの美容番長〟として女性限定の単独イベント「べっぴん塾」を主催。自身の美容知識をまとめた『シルクのべっぴん塾』シリーズは累計販売数が30万部以上という人気を誇っている。

アナーキーの追っかけ

――よしもとの美容番長ことシルクさんに、ものすごく聞きたい話があったんですよ！

シルク えっ、なんですか？

――若い頃のパンクとの接点みたいな話を山ほど掘り下げたいと思って今日は来ました！

シルク なるほど！　めっちゃ前のことなんですけど、それでもよろしければ（笑）。

――アナーキーの親衛隊だったんですよね？

シルク そうなんです。もともと私がずっとまじめで、相方のミヤコも勉強ではクラスの1番2番って感じだったんですけど……。

――好きな音楽も、あのねのねとかで。

シルク そうなんです。その頃はほのぼの系だったんですけど。でも、あのねのねもよく考えたらちょっと世間をバカにしたようなところがあったり、そういうところが好きで。あのねのねも親衛隊に入ってたんですよ。

――あのねのねでも親衛隊活動を！

シルク やってたんですよ。なので東京のニッポン放送まで会いに行ったりしてたんで。音楽的にはアナーキーほどすごくはなかったし、ちょっとほのぼのしてましたけど、昔からそういう感じが好きだったんですね。あのねのねの下についてたバンドも好きでした。

――あのねのねの親衛隊までやってたぐらいだったら、もしかしたら当時、甲本ヒロトさんとも接点あったかもしれないですね。

シルク えっ？　なんですか、それ？

――甲本ヒロトさんがあのねのねと仲良くて、昔から出入りしてたはずなんですよ。

シルク だったら絶対に覚えてますよ。男の人は珍しいから絶対わかりますからね。

――あのねのね門下で『ヤンヤン歌うスタジオ』とかの収録にも同行してたらしいです。

シルク ああ、じゃあちょっとあとですね。そのねのねになって、またあのねのねに戻ったぐらいですね。そのねのねのとき、私はちょっと離れたんですけど。私とミヤコさんはその頃、ハガキ職人だったんで『オールナイトニッポン』でしょっちゅう読まれていて、それを録音して次の日クラスで「昨日読まれた！」って言ってみんなに聴かせてました。

――もともと親衛隊みたいな活動が好きだったときに、日本にもパンクが現われて。

シルク はい。その前は私ちょっとロンドンにいまして。そのときにパンクがブームだったので、学校は行ってたんですけど、それよりもキングスロードばっかり行ってたんです。頭がツンツンの人たちばっかりだったのでビックリしましたね。そこにひとつメインとなるようなお店がありまして、そこを拠点に、ミュージシャンの人もいっぱいそこに来てて。

――SEXとかセディショナリーズ的な。

シルク 店の名前は……見てもわからんかな、一応写真いろいろ持ってきたんですけど。あ、思い出した、BOYって店でした！　向こうのパンクの人たち、基本的に労働者階級の貧しい人たちで、お金がない人たちなんで。基本、私たちはいつも取

アナーキー
78年に団地育ちのメンバーを中心に結成されたパンクバンド。結成時のメンバーは、ボーカルの仲野茂（シゲル）、ギターの逸見泰成（マリ）、ギターの藤沼伸一（シンイチ）、ベースの寺岡信芳（テラオカ）、ドラムスの小林高夫（コバン）。活動休止と再開を繰り返しながら、現在も精力的に活動中。

ミヤコ
吉本興業所属の漫才コンビ・非常階段、シルクの相方。シルク同様に大阪外国語大学卒業。新人賞を総なめした。96年6月に、肺がんのため37歳で死去。

あのねのね
清水国明と原田伸郎によるフォークデュオ。『赤とんぼの唄』『魚屋のオッサンの唄』などコミックソングが有名だが、放送禁止措置をとられた曲も多い。一時期、シリアス路線の「そのねのね」になっていた。

られてました。チラッとナイフ見せるでしょ？　だから怖っと思って渡してました。1回、「嫌や」って言ったら引きずり込まれそうになったんで、怖っと思って（笑）。それとか、「パーティーがあるからおいでよ」って言われて行ったらみんなラリッてて、怖ーっと思って早々にミヤコさんと帰りました。彼らがアパートの屋根裏部屋に勝手に住んでるんですよ。

――いわゆるスクワッドというか……。

シルク　はい。みんな汚いマットの上に寝てて。そんな生活してました、みなさんお金がないし泊まるところもない、でもロンドン市内に住みたいっていう人たちばっかりで。

――（写真を見て）うわ、ヤバッ！

シルク　見たほうが早いかなと思いまして。それで影響されて私もちょっとバンドを組んでて。これは相方となんですけど……。

――最高じゃないですか、これ！

シルク　で、こっちがアナーキーと一緒にロンドンに行ったときの写真ですね。

――アナーキーが『亜無亜危異都市』をレコーディングするときに同行したんですよね。

シルク　そうですそうです。そのときにアナーキーと一緒に行って。これ（仲野）茂ですけど、親衛隊の仲間はこんな感じで最初はみんな戦闘服っぽいのを着てたんですよ。そこからオシャレになってチャイナ服とか着る感じになって。で、この女の子がボーカルで私もバンドを組んでたんですけど。で、一時はちょっと竹の子族もやってたんです（笑）。

――竹の子族は東京だけじゃなくて？

シルク　大阪にもあったんですね。大阪城公園で。で、これは当時つき合ってた方です。

――現地のパンクショップの店員（笑）。

シルク　そうです、その人気のお店の。

――留学前からパンク好きだったんですか？

シルク　めちゃめちゃ好きでした。ロンドンに行ったときは私は髪の毛真っ赤だったんですけど。きっかけはセックス・ピストルズですね。あとスージー&ザ・バンシーズとか。

――スージー&ザ・バンシーズが好きっていうのもおもしろいと思って。あのバンドのスージー・スーも親衛隊出身じゃないですか。

シルク　そうですね、ピストルズの。

――そういう流れもあるのかなって思って。

シルク　単純にスージーがカッコよかったので。『イスラエル』って曲が好きでした。

――当時は珍しい女性のパンクスで。日本にいながら向こうのパンクを聴いてた時期に、イギリス留学する話が出てくるわけですか？

シルク　前後してですね。大阪外国語大学に行ってたんですけど。で、向こうに行ったときは毎日ライブハウスに行ってましたね。

――日本の音楽評論家もそんなに現地では観ていない時代に、いいバンドを大量に観て。

シルク　ホントにいいものを観ましたね。アダム&ジ・アンツとかまでは観てました。私、ギリでピンク・フロイドも観てるんです。

――『THE WALL』ぐらいの時期ですかね。それくらいメインストリームのロックも観つつ、パンク系のライブハウ

キングスロード
60年代UKパンクカルチャーの発信地であるロンドンの道路。マルコム・マクラーレン（セックス・ピストルズの仕掛け人）とヴィヴィアン・ウエストウッドが経営していたブティック「SEX」はこのキングスロードにあった。

BOY
BOY LONDON。ステファン・レイナーが、シド・ヴィシャスなどが通っていたショップ「アクメアトラクションズ」のオーナーだったジョン・クラヴィンとともにキングスロードにオープンさせた。

『亜無亜危異都市』
81年のサード・アルバム。敬愛するセックス・ピストルズが生まれたロンドンでレコーディング。マイキー・ドレッドをプロデューサーに迎え、レゲエなどの要素を取り入れた。

スージー&ザ・バンシーズ
女性ボーカルのスージー・スーが中心となったパンクバンド。セックス・ピストルズの熱狂的なファンで結成された。ゴス系ニュー・ウェイヴの先駆け的存在だった。

アダム&ジ・アンツ
80年代にニューロマンティックムーブメントを作り出したイギリスのニュー・ウェイヴ／ポストパンクバンド。アダム・アントを中心として結成。

スにも通って。

シルク　パンクはなんか身近な音楽っぽかったんですよ、自分たちも演奏できるんじゃないかとか。歌詞もそんなに考えなくていい、怒りをそのままぶつける感じで。特にイギリスだとすごく反社会的で。日本はぜんぜんでしたけど。自分たちもそんな感じはなくて。

――アナーキーは頑張ってましたけどね。

シルク　そうですね。ただ、自分たちは単に口うるさい団地のオバサンやだなとか、そういう感じの音楽として受け止めてて。あとはノリですよね、縦ノリでみんなが一体となって、曲は勢いっていうか。で、みんなカッコよくないのに頑張ってるなっていう（笑）。

――ああ、ビジュアル的に（笑）。

シルク　はい。逸見（泰成＝マリ）なんて、ぜんぜんカッコよくないですからね（笑）。

――でも、一番パンクスらしいというか、オシャレでモテそうな空気はありましたよ。

シルク　そうですかね？　コバン（小林高夫）もぜんぜんカッコよくなかった（笑）。ARBとかはちょっとオシャレな感じがして、アナーキーは楽器があんまりうまくない感じもよかったんですよね。逸見がヘタやから（笑）。アナーキーのライブに行くと、すぐ仲間ができちゃって、その仲間同士が仲良くなって。OLって私たちだけだったんですよ。みんな学生だったりバイトしてたりで。

――親衛隊をやっていたのは。

シルク　はい。OLでアナーキー追っかけてるのは珍しいって言われて。私たちと、京都の信用金庫に勤めてる男の子の3人だけが社会人で追っかけてるっていう不思議な状況でした（笑）。だから私たちはOLの服から途中でトイレに着替えて行ってたんですよ。

――当時のアナーキーの客層って相当凶悪ですよね？　アナーキーの親衛隊っていうと、ほとんどヤンキーってイメージでしたけど。

シルク　そうでした（笑）。なんでしょうね？　ずっといい子だったので、何かそういうものを破りたかったのかなと思いますね。それでロンドンから1回日本に帰ってきて、またロンドンに行ったんですけど。そのときにちょうどアナーキーがレコーディングのためにたまたま来てるよっていうのを聞いて。

――これは行かなきゃって感じで。

シルク　はい。そのとき相方（ミヤコ）も日本から来たんです。で、ずっとアナーキーのみんなと一緒に行動させてもらって。さすがにロンドンまで行ってる人は私たちだけでしたね。向こうがビックリしてましたよ。

――マリさんがファンとはフランクな人で、宿でもファンの人をホテルの部屋に入れて、みんなで飲んだりシンナー吸ったりしてたっていうのは当時の本にも書いてましたけど。

シルク　そうです、お部屋まで呼んでもらってみんなで飲んでました。だけどみなさん礼儀正しいというか（笑）。あのときはマネージャーさんもしっかりしてたので何もなく。

――ザ・クラッシュの映画『ルードボーイ』っぽいですよね。いまのシルクさんのイメージとは全然違いますけど、いい時代に本当にうらやましい活動をしていたと思いますよ。

シルク　ああ、いい時代でした。いまだったらファンとまず一緒に行動しないですよね。

ピンク・フロイド
70年代プログレッシブ・ロックの代表格。当初はサイケデリック・ロック中心だったが、初期の中心メンバーのシド・バレット脱退後は『狂気』『THE WALL』などプログレ路線で成功。

ARB
石橋凌がボーカルを務めた日本の社会派バンド。めんたいロックの第2世代として注目を浴びる。ARBは、Alexander RagtimeBandの略。

——もうちょっと距離ありますよね。

シルク　それはぜんぜんなかったですね。

——基本、レコーディングを見に行ったり一緒に遊んだりしてた感じだったんですか?

シルク　そうです、ロンドンではレコーディングを見に行ってました。そのレコーディングの隣のスタジオでも、忘れたけどパンクの人がレコーディングやってましたね。アナーキーが帰ったあと、私はまだ留学してて、ミヤコさんもしばらくいたので、いろんなライブを観て。あとはお金がなかったので、ネス湖でネッシーの写真を撮れたら売れるんじゃないかって、ひと晩じゅう粘ったんですけど撮れませんでした(笑)。ヒッチハイクしてスコットランドまで行って。こんな格好ですからあんまり乗せてくれなかったんですけど、ふたりとも髪の毛が真っ赤だったんで。……あ、思い出した! ザ・ジャム! アナーキーの隣のスタジオにザ・ジャムがいました。で、ポール・スミスと話しましたね。

——ポール・ウェラーですね(笑)。

シルク　そうだ。あとは別でポール・マッカートニーさんにも会いました。アダム&ジ・アンツを観に行ってて、当時、日本人でライブ行ってる人がそんなにいなかったので、帰りに必ず地元の人にゆすられるんですよ。

——「日本人なら金を持ってるだろ」と。

シルク　はい、「なんぼか出せ」と。だから靴にお金を入れてたんですけど、ライブでジャンプしたりいろいろするので、いざ出てタクシーで帰ろうと思ったらお札が溶けてなくなってて。それで歩いて帰ってたら、ちょうどピカデリーサーカスを曲がったところのスタジオでしんどくなって座ってたんですよ。そこに黒いリムジンが来てポールが降りてきて、また私も「じつはあなたを待ってました」って言ったらスタジオに入れてくれて、リンダさんが紅茶を出してくれて。「日本から来たの?」「はい、大ファンです」って言って、レコーディング見せてもらったんです。

——ちなみに、その時点でポール・マッカートニーに関する知識はあったんですか?

シルク　いや、あんまりなかったんですけど。いとこの10歳上のお姉ちゃんがビートルズの大ファンで、小さいときから聴いてたから曲はめちゃくちゃ知ってたので。ただ、そのレコーディングはポール・マッカートニー&ウイングスだったんです。なので『Ｊｅｔ』って曲しか知らなかったんですけど、「ビートルズの時代から大好きで」って言って。

——ポール・マッカートニーと会った伝説はけっこう有名になってますけど、それがアダム&ジ・アンツきっかけだったのがいい話ですよ!

シルク　そうですか? アダム&ジ・アンツを観に行って帰りに偶然会って。そこで『プレイヤー』って雑誌の人がいて、「君たちみたいなラッキーなガールはいないよ」って言われて、ロンドンの『プレイヤー』に載せてくれて。「日本から来たラッキーガール」って(笑)。20歳のときでした。いまだったら警備とかすごくて入れないでしょうけど、警備もなかったので入れてもらえました。

——ロンドンを満喫してたんですね。

シルク　はい。そのときパンクのお店しょっちゅう行ってたら、意外と服の作りがチャチなんですよね。ふつうのシャツに上から下までジッパーつけてるだけとか、ふつうのシャツにユニオ

ザ・ジャム
77〜82年に活動した、ポール・ウェラーを中心とするイギリスのロックバンド。70年代のパンクピークの時代に、60年代に流行したモッズ・スタイルを取り入れた。

シルク姐さんお宝写真

解説◉吉田豪

ロンドンでレコーディングしたアナーキーの 3rd アルバム『亜無亜危異都市』のジャケ撮影現場に、なぜか同行したときの写真。

アナーキー親衛隊の仲間たちとチャイナ服姿の非常階段シルク&ミヤコ。

ミヤコとガールズパンクバンドを組んでいたときの一枚。

ロンドンでのアナーキー仲野茂とシルク。

アナーキーのメンバーとロンドンを歩くシルク。1人だけド派手にロンドンパンク化しているのが亡くなったマリ。

ロンドンのパンクショップで。当時はBOY LONDONの店員と交際していたとのこと。その後、コリンズ監督といった大物外国人と交際する原点がここに!

シルク&ミヤコが組んでいたガールズパンクバンドと、ラモーンズ初来日公演でフロントアクトを務めた伝説のパンクバンドZIG ZAGのヒロシ。ZIG ZAGはアナーキーと紳助バンドの対バン時にも共演している。

ンジャックつけてるだけとか。「え、これ作れるんちゃう？」っていうことになって、私と相方でそういうパンクの屋外のコンサートのときに５０００円でブース出せるんですよ。それで白シャツを大量に買って、ユニオンジャックと絵を描いてＴシャツとか売って、1日3万円とか売れたんです。それで商売しようかなと思ったんですけど、ずっと描いていくのもなっていうことでやめたんですけど、けっこう儲けてましたね。

――それは日本のイベントで？

シルク はい。向こうではふたりでロンドンとかの駅前で、浴衣をたすき掛けにして、半紙にあなたのお名前を漢字で書きますっていうバイトをやってました。ジェイソンだったら「滋英尊」とか書いて5ポンドで売ってました。けっこういいお小遣いになりました。ホントお金なかったんで。相方が泊まりに来たときは、私は寮だから寮に入れないので、1日1500円のところに泊まってました。

――よく大丈夫でしたね。

シルク ときどき変なアラブ人が夜中に「キスさせろ」って入ってきましたけど、「あかんあかん！」ってグッと押し出しながら、鍵を首輪にしてたんで、それで鍵して、そこにタンスを置いて入れないようにしてました。

――パンクファッションが役立った（笑）。そういえば、ピストルズのジョニー・ロットン（＝ジョン・ライドン）と会話したこともあるんでしたっけ？

シルク ああ、ありますよ。それはパブリック・イメージ（・リミテッド＝ＰｉＬ）で京都の第一ホールでコンサートするとき、私とミヤコさんはＯＬで残業もあったので遅れて行ったんですよ。そしたら遅れて来たジョン・ライドンが、中に入ろうかどうしようか、コンサートやろうかやらないかどうしようかってひとりで考えごとしてるところに遭遇して。「いまから観に行くからやってよ！」って言って、「じゃあ行くわ」って一緒に会場入って。

――そうやって観ているうちに、「私もやらなきゃ」ってパンクバンドを組み始めて。これって音源とかは出してないんですよね？

シルク 出してないですね。これがバンドの写真で、この人はＺＩＧ　ＺＡＧの……。

――おぉっ！　ＺＩＧ　ＺＡＧ！

シルク え！　知ってるんですか？　これボーカルのヒロくんです。アナーキーの次にＺＩＧ　ＺＡＧが好きだったんですよ。なのでＺＩＧ　ＺＡＧもけっこう追っかけしてて。

――ホントに正しい趣味ですよね。

シルク そうですか？　あんまりこの辺りのバンドの話は知らない人が多いですけどね。

――ＺＩＧ　ＺＡＧは最近やっと再発されたり再結成したりで評価され始めてるんです。

シルク そうですか、へぇーっ！　アナーキーはまちゃまちゃが好きなんで、まちゃから仲野さんの情報だけは聞いてるんですけど。

――あ、そういえばボクも仲野さんとまちゃまちゃさんと一緒に飲んだことあります。

シルク ただ、向こうは私のことなんかきっと覚えてないですよ、いちファンですから。

――当時のシルクさんのバンドは、カヴァーじゃなくてオリジナルをやってたんですか？

ジョニー・ロットン
セックス・ピストルズのフロントマンでありボーカリスト。解散後はパブリック・イメージ・リミテッドを結成し、アンチ・コマーシャリズムを徹底した。

ZIG ZAG
80年代前半に活躍した京都のバンド。初期のメンバーは、ボーカル&ギターのヒロシ、ドラムスのマーク、ベースのダテ・ナオキの3人。ラモーンズと京都、大阪で共演したことでも知られる。07年に再始動。

シルク　オリジナルやってましたけどね、ぜんぜんヘタでした。私はリードギターでミヤコさんがドラムでスタジオ借りて練習して。

コンビ名はノイズバンドの非常階段から取っていた！

――吉本のある芸人さんから噂を聞いたんですけど、非常階段というコンビ名は非常階段で練習してたから命名したって言われてるけど、じつはキング・オブ・ノイズのほうの非常階段から取ってる説っていうのがあって。

シルク　ああ、じつはそうです（笑）。

――やっぱり！

シルク　ハハハハハハ！　でも、世間的にちょっと、あのグループはステージで放尿したりするので、感じ悪いかなっていうことで。

――それは出さないでおこうっていう。

シルク　はい。当時のマネージャーさんが「それはよくない」って。女性のマネージャーさんだったので。吉本で初めての女性マネージャーで桂文枝師匠につかれた方なんですけど、その方が私の妹と大学が一緒で、そういうご縁で私たちも見てくださったんですけど。「ビルの非常階段で練習してたっていうほうが世間体がいい」っていうことでそうなりました。いまはぜんぜん大丈夫でしょうけど、昔はすごかったので。あと、ザ・スターリンの遠藤ミチロウさんってご存じですか？

――もちろんです！

シルク　あの方もすごく好きでザ・スターリンもよく観に行ってました。お客様に消火器かけるので、ウチの相方が全部かけられて、真っ白になって会場を出てきました（笑）。

――いいなあ。ボクは世代的に間に合ってないんで、ほぼすべてが後追いなんですよ。

シルク　すごかったですよ。私、アナーキー親衛隊ですごい仲いい男の子がいて、その子はコンサートが終わったあとすぐケンカするから、ケンカってあだ名だったんですよ。

――ストレートなあだ名が（笑）。

シルク　はい。でもすごい男前なんですね。サッカーの井原（正巳）さんのお兄ちゃんなんです。いつも、「俺の弟、めっちゃサッカーうまいねん」って言ってたんですけど、サッカー自体もよくわからんし、「え、なんなんそれ？」とかみんなで言ってたんですけど、日が経って日本代表になって、「ほんまやったんや！」って（笑）。みんなあだ名がいろいろあるんですよ、カミカゼとかケンカとかチビとか。本名は知らないんですけど。

――しかし、凶悪なパンクに触発されて伝説のノイズユニットの名前をつけたグループがふつうに活動してたのもすごいですよね。

シルク　そうですね、ふつうに（笑）。

――初期の非常階段の写真を見るとパンク～ニューウェーブの匂いは感じるんですよ。

シルク　え、しますか？

――初期のZELDAとかああいう感じが。

シルク　ああ、なるほど！　たしかに（笑）。隠せないもんなんですかね。

――その後、先輩となる島田紳助さんが紳助バンドを組んで、アナーキーとも絡んだりしてましたよね。あれはどう思ってま

非常階段
79年にJOJO広重を中心に京都で結成された世界初のノイズバンド。ステージで女性メンバーが放尿するなど過激なパフォーマンスで知られる。Bisとのコラボ「BiS階段」、初音ミクとのコラボ「初音階段」など、別ジャンルのアーティストとのコラボも盛ん。

遠藤ミチロウ
ザ・スターリンの結成者でありヴォーカリスト。臓物・豚の頭を客席に投げ込むなど過激なパフォーマンスで知られる。『ロマンチスト』の「吐き気がするほどロマンチックだぜ」のフレーズが有名。19年4月25日、膵臓がんにより死去。

ZELDA
79～96年の間活動していた日本のガールズバンドのパイオニア的存在。BOYS BOYSのベースだった小嶋さちほを中心に結成。初期はLIZARDのモモヨがプロデュース。

紳助バンド
漫才ブーム絶頂期の80年に結成。同時期にデビューしたアナーキーを意識した曲もあり、アナーキーの『団地のオバサン』に対する『おばはんルート24』など。

した？

シルク ああ、ちょっとしてましたね。紳助バンドはぜんぜん興味なかったです。

――ダハハハハ！　ボク意外と好きなんですよ、芸人がアナーキーみたいなバンドをやっている感じが。

シルク ただ、なんか真似やなと思って。

――真似ですよね。団地のおばさん的な曲の方向性から何から完全にアナーキーでした。

シルク はい。あれはぜんぜん……。それだったら、まだ誰がカバやねんロックンロールショーのほうが好きでした。あれはなんかグサッときましたね。知ってはりますか？

――もちろんです！

シルク で、誰カバと紳助さんがコラボでテレビ番組（関西テレビで1979年10月から1年間放送された『誰がカバやねんロックンロールショー』。アナーキー、プラスチックス、ヒカシュー、RCサクセション、シーナ&ロケッツほか出演）をやってるとき、ときどき素人で出させてもらってました、バンドで。

――バンドで!?

シルク バンドでも1回出たことあります。このボーカルの女の子がけっこうかわいくて声もよかったんで。私たちの演奏はめちゃくちゃでしたけど（笑）。オーディションとか出ると、その子の迫力がすごかったんで。

――じゃあ映像も探せばあるんですかね。

シルク 関西テレビにあるんですかね？　番組は阪急ファイブの上のスタジオで撮ってました。バンドで収録した帰りにエレベーターに乗ったら松本竜介さんとマネージャーさんがいたんですよ。私と相方が乗ってて。「自分ら、いま俺らの番組出たやろ？　茶行けへんか？」って、ナンパされました（笑）。いまそのマネージャー、偉いさんになってますけどね。それで4人でお茶行きました。

――音楽熱みたいなものは芸人さんになっても続いてはいたんですか？　冷めました？

シルク なんかやり切った感じがあって、もうそういうことはやってなかったですね。やっぱり漫才のほうがおもしろい。楽器を使わなくてもしゃべりだけでできるんで。それでふたりの舞台をみんなが見てくれるのが快感でしたね。その頃、2丁目劇場っていうのがありまして、ダウンタウンさん中心に『4時ですよ〜だ』とか盛り上がってて、若者だけの劇場をいまの（大崎洋）社長が作ってくれたので。

――ノリとしてはライブハウスとそんなに変わらないような感じの舞台ができた、と。

シルク ホントそうなんですよ。だからすごい気持ちよくて。毎日ライブがあったので。

――大先輩がいる世界とは違うものだった。

シルク ぜんぜん違います。一番上がダウンタウンさんだったんで、自由な雰囲気で作れる感じだったし、そっちがいいなと思って。

――パンクでやれてたようなこともできて。

シルク そうですね、それもネタのなかに入れればいいだけの話なんで楽でした（笑）。楽っていうと失礼ですけど、あとでその厳しさがわかってくるんですよ。というのはなんば花月に出されたとき、ぜんぜんウケない。

――世代が違うと。

誰がカバやねんロックンロールショー
80年前後に関西を中心に活躍した日本のロックバンド。ボーカルはダンシング義隆。誰カバが出演する同名の関西テレビの番組もあり、ブレイク前の明石家さんまや紳助・竜介も共演していた。

いまの（大崎洋）社長
現在は会長。

シルク そこで初めて厳しさを知るんです。

――初期の非常階段の紹介文で、パンクだって書かれてることがけっこうあったんですよね。それはネタとかにも出てくるぐらいだったのか、それとも格好がそうだったのか。

シルク そうなんですよ。ふたりとも好きなのでどうしても隠せない部分があって。格好は前の林正之助会長に叱られてから……。

――叱られたんですか。

シルク はい（笑）。2丁目劇場では、追っかけあるあるみたいなネタのコントをしょっちゅうやってました。追っかけあるあるってパンクだろうがアイドルだろうが共通やったみたいで、そういうのはやってましたね。

――親衛隊経験が活きたネタを。

シルク はい。だからダウンタウンさんの親衛隊見たら、おとなしいなと思って（笑）。

――アナーキー親衛隊と比べたら（笑）。

シルク ネタも聞いてくれるし、まったく違うなと思いました。アナーキー親衛隊は最初から縦揺れで人に当たって、すごかったし。

――そんなアナーキーはマリさんの事件によってTHE ROCK BANDに改名してパンクバンドではなくなっていくわけですが、じつはマリさんの事件後の最初のインタビュー、ボクがやってるんですよ。

シルク 私、奥様とも仲良かったんですよ。

――さすがですね！ 後のパーソンズの。

シルク そうですね、ビックリしました、あんなに歌がうまいと思わなかったから。

――すごいですよね、JILLさんはあの事件のあとでスターになるっていう珍しいケースで。しかも大ヒット曲『DEAR FRIENDS』があの事件を歌った曲っていう。

シルク ビックリしましたね。「え、JILL？ えぇーーっ!? ええ曲やん……」ってなって（笑）。それまで逸見の味方やった人がみんな「JILLもええなあ、逸見があかんかったんちゃうか？」みたいになって（笑）。

――ダハハハハ！ まあ、事情を聞くとたしかにマリさんが悪いんですけどね（笑）。

シルク 悪いんですけど！

――芸人になることは直接伝えたんですか？

シルク なんにも言ってないです。ただバンドの仲間とか、追っかけしてた仲間とか、その子たちには言って、ABC漫才コンクールのときとかみんなが応援に来てくれました。毛色の違う人たちがいると思ったら（笑）。

――凶悪なパンクスたちが。

シルク はい、笑ってくれてましたけど。

――最近のシルクさんのイメージと、この頃の活動のギャップがデカすぎるんですよね。

シルク そうですよね。まさか美容にいくとは（笑）。不健康なことばっかりやってましたからね。ライブが終わったあとは絶対にみんなで朝までしゃべって始発で帰るって感じでしたから、お金がないもんで。ミヤコさんがその頃、お家を借りてたので、みんなそこに流れて。そこに行けば誰かがいるっていう。関西大学の前の学生が借りるようなアパートなんですけど、そこに集合して。

――ミヤコさんとは音楽的な趣味から何からほぼ重なるよう

マリさんの事件
85年、マリ（逸見泰成）が別れた妻であるJILLを刺して逮捕される。JILLはパーソンズのボーカル。

THE ROCK BAND
ギターのマリが抜けて、バンド名を「THE ROCK BAND」と改名し活動。五木寛之の同名短編小説にインスパイアされて作られたアルバム『四月の海賊たち』がある。

な感じだったんですか？

シルク 重なったのはパンクとあのねのねだけでしたけど、すべてのことに気が合いましたね。男性の好みだけは気が合わなかった。

――そっちで興味があるのは、ミヤコさんとUWFインターナショナル勢との交流で。

シルク ああ！ そうですそうです。そっちに流れましたからね、高田延彦さんとか。

――シルクさんはそっちにはそんなに。

シルク 1回行ったんですけど、気持ち悪うなりましたね。血とか身近で見るし。「ちょっとやめとくわ」ってもう行かなくなって。リンゴさんとふたりでよく行ってましたね。

――あの当時のミヤコさんのUインターの若手を見る目の正しさってすごいと思ってて。これはいいと思った若手がいて、キスを迫ったりしていたら、それが後の桜庭和志で。

シルク 知らんかった！ そうなんですか。

――たぶん最初に目をつけた人ですよ。飲み会に連れてこられた若手のなかから当時の桜庭をピックアップしたのはすごいと思って。

シルク 私がそっちに興味なくなってから、私にはぜんぜん話さなくなりました。ミヤコさんはリンゴさんとずっと一緒に行ってはったんでね。

――血も出るしちょっとやめておこう、と。

シルク そうですね、パンクで血はよう見てすごかったんですけど（笑）。なんかショーになると、ちょっと作られた感じがして。

――生のケンカとの違いが。

シルク ぜんぜん違いますよね、やっぱり。私たちは止めてるほうでしたけど。じつはケンカ止めてたときの傷がけっこうあります。

――えーっ！ そんなレベルなんですか！

シルク はい、けっこうすごいケンカだったんで。相方もけっこう傷いっぱいありました、顔だけはないけど。アナーキーのファンは女の人が少なかったんですよ。だから女同士で揉めることはそんなになくて、みんな仲良くなってましたね。で、気がついたら上のほうになってました、地位的にも。何かあったら「これメンバーに聞いてもらっていいですか？」みたいな感じになってましたね。

――ホントに歴史的証言ですよ。

シルク そうですか、こんなの聞いてもらえる人いないと思ってました。たぶんこんなの誰にも言わないで終わっていくんかなって。ライターの生江有二さんってご存じですか？ その頃、すごいアナーキーについてらっしゃったライターで、オジサンなのにすごいアナーキーが好きで、私たちにも興味津々で、「なんでロンドンまでついて来たの？ OLなのに」って、一緒に記事も書いてくれました。

――それってミヤコさんの追悼本（『非常階段ミヤコへとどけ 55人が綴る思い出』、97年、リトルガリヴァー社）で、2人のパンク時代の原稿を書いてた人ですかね？

シルク そうですそうです！

シンナー文化が蔓延

――「非常階段 シルク アナーキー」で検索すると、一番

生江有二
ノンフィクション作家。『平凡パンチ』全盛～末期の記者で、『トゥナイト』でリポーター＆コメンテーターを務めたことも。『無冠の疾走者たち』で日本ノンフィクション賞受賞。

上に出てくるのがボクのツイッターのつぶやきだったりしますからね。ボクがミヤコさんの追悼本に載っていた画像をアップしたやつが。もっとちゃんと歴史的な事実として広まればいいのにと思ってて。

シルク ほんまですか？ ありがとうございます。そういえばアナーキーの『亜無亜危異都市』のジャケットに私たち載せてもらってますね。それはいい記念になりました。あのときはまさか芸能界に入るとも思えへんし、吉本に入るなんてまったく思ってなかったし。ただこういうので度胸ついたんでしょうね、吉本のオーディションを受けるっていうのは。

——海外に単身乗り込んでヒッチハイクする度胸があれば、なんでもできるわっていう。

シルク はい、そうだと思います。それじゃなかったらたぶん足が震えて。だって吉本に入ったとき、私たちのオーディションしてくれたのはダウンタウンといまの（大崎洋）社長の３人ですからね。で、「いままでやったコント見せてくれ」って言われて、もちろんダウンタウンさんはクスリとも笑わないし。「また後日連絡します」って言われて落ちたと思ったら、「今度、2丁目劇場ができるんで一緒に出ませんか？」って言われて、「えぇぇぇーーー？」ってなったんですもん。

——その時点でダウンタウンさんはオーディションする側なんですね、そのキャリアで。

シルク 天才的に力がありましたからね。ネタを見たとき、「えっ、こんな人がいるんや！」って、アナーキーの『団地のオバサン』を聴いたときみたいに頭カチ割られるような衝撃でした。こんな歌を作って歌う人がいるんやっていうぐらいの。だからこれは勝てない、無理って思って、自分たちの路線を行くしかないと思って、諦めがつきました。

——島田紳助さんを含めて、いろんな人にそう思わせたグループだったわけですよね。

シルク はい。でも自分たちの路線を行けばいいんやっていう。べつにダウンタウンに追いつこうと思わなければいい、そっちの道を探っていこうって早めにわかってよかったです。オーディションを受けた時点でわかりましたので。それでいけるようになったっていうのは、やっぱり親衛隊とかバンドとかやってたからやと思いますね。ふつうのＯＬが無理でしょ。たまたまバンドでテレビに出ていたのを観てた吉本の人に、「ふたりで漫才したら？」って言っていただいて、漫才ブームのときに何回かオーディション受けて、それを見てくださった人がいて「吉本を受けに来ませんか？」って言っていただいたので。

——超スムーズじゃないですか！

シルク そうなんですよ。で、すぐＯＬを辞めて吉本に入ったんですけど。私たちとしてはＯＬを続けたかったんですよ。生活の保障がないと思ったんで。いまの社長に「ＯＬも続けたいです」って言ったら、「ええで。夕方5時から来たらええやん」って言われて。

——そんな融通が利くものなんですか？

シルク はい。で、夕方5時にＯＬの仕事が終わって夕方5時半に2丁目劇場に入って夜6時から舞台に出るっていうのを3カ月ぐらい毎日してたんですよ。そしたらある日突然、新聞に「高学歴女子、吉本入る」って書かれて。「いや、まだ入ってないねんけど」って思ったら、それが会社にバレちゃいまして、「副業はダメです」って言われて会社を辞めてこっち専業になったんですけど。

――ミヤコさんがアコム勤務でしたっけ？

シルク　そうです。私は警察の外郭団体で。

――一番堅いヤツじゃないですか！

シルク　だから辞めたくなかったんですよ、給料もよかったし。だけどまあしょうがないと思って。そこで吉本に「大卒の初任給ぐらいは欲しい」って言ったんですよ。富井（善晴、NSC開校責任者）さんという方が当時いらっしゃって、大崎さんが「富井さんに言え」って言うから言いに行って。無理やなと思ったんですけど、「大卒ぐらいの給料欲しいです」って言うたら、頭かきながら「うん、わかった」って言いはって。ほんまに次の月、13万5000円入ってたんです。

――吉本は新人にぜんぜんお金をくれないことで有名だから、それって破格ですよね？

シルク　はい。ウチら舞台を5回ぐらいしか出てへんのに。なんていい会社やろうと思って。たぶん私らだけやと思います、そんなにしてくれたの。言ってみてよかった。そういう厚かましさも親衛隊とかやってたところから来てたんじゃないかなと思ったんですけど。ふつうは言えないですよね、それって。

――当たり前ですよ。

シルク　いままでもらってた給料もらえなかったら生活していかれへんから言ったら、「なんぼもろうてたんや？」って言われて、ちょっと多めに言ったんですけど（笑）。そしたら、「そんな出されへんな」って言いはって、次の月、「絶対内緒やで」って13万5000円入ってたんです。ダウンタウンさんもたぶん10万もらってないときです。なので、ものすごくいい会社やなと思って。

――みんなは悪く言うけど。

シルク　はい。いい会社やなと思ったんです。でも、ちょっとカラクリがあって、めちゃくちゃ忙しくさせてもらってたとき、4年目ぐらいに『4時ですよ〜だ』が始まって、テレビに毎日出るようなときがあったんですけど、それでも13万5000円（笑）。でも最初の頃にそれもらってるから文句言えないですよね。なのでずっとそれで6年間。

――しばらく賃上げ闘争もしなくて。

シルク　そうなんですよ、最初にもらってたので。でも、これはなんぼなんでも安いなと思って言いに行ったら「もう歩合でええねんな、知らんで」って言われて、「大丈夫です、なんとか生きていけると思うので」って言ったら、次の月45万で。いままでずっと13万でやってたのなんやったんやって。

――もうちょっと早めにゴネておけば。

シルク　はい、ゴネとけばよかったですね。

――でも、交渉できる力があるわけですね。

シルク　そうですね、親衛隊でみんなを統率する、すごいワルのみなさんを統率する力がそこでついたかもわかんないですね（笑）。

――ケンカとかカミカゼ相手でも（笑）。

シルク　そうです。みんなシンナー吸いながらやってるでしょ、アホみたいに歯抜けて「やめや」って言うてもぜんぜんやめへん。

――当時はシンナー文化ですからね。

シルク　すごかったですよ、みなさん。「気持ちようなるで」ってみんな言うてたけど、「あ、そう？」みたいな。私らOLですからしないで。部屋めっちゃ臭かったですけど。でも、当時の仲間はいまだにお友達ですね。みんな情が深い。ちょっと逸れたような子が多かったので、最初は「優等生のふたりがなんやねん」みたいな感じやったんですけど、いろいろ活動してるうちに認めてくれて。それで馴染んでいって。で、ほぼ無欠席、すべてのライブに行くって感じだったので。

——地方とかも?

シルク　近畿2府4県はもちろん行ってましたし、広島とか名古屋あたりは行ってたので、だんだん覚えてもらって、「ほんまにアナーキーの曲が好きやねんな」ってみんながひとつになる、みたいな感じはありました。

——その後、パンクは聴いていたんですか?

シルク　パブリック・イメージ(・リミテッド=PiL)は聴いてましたけど。あとクラッシュとかジャムとかスタイル・カウンシルも聴いてました。ジャムが解散する年に大阪でライブがあったんですけど、そのときにミヤコさんと観に行ってて。会われへんやろうなと思って楽屋口に立ってたら、「じつは解散するから解散記念にみんなで写真撮ろう」ってポールが出てきて、みんなで写真撮りました。もちろんポールは私のこと覚えてなかったですけどね。

——その後、好きになった音楽はあります?

シルク　なんか知らんけど、ほんまにすごい高い声が出したくなって、クラシックのソプラノを習ってるんですよ、声楽を。いま2年目ぐらいなんですけど。だから、いまはそういう音楽を聴いてますかね。あのときパンクはまったく新しかったし歌詞も新鮮だったし、わしづかみされるような感じが当時はあったんですけど、いまのパンクはそれに比べたら緩いですよね。逆にいいのありますか?

——復活したアナーキーが原点回帰してて最高だから、またどこかで絡んで欲しいです! 聞けば聞くほど何かやってほしいですよ、それこそ藤井隆さんの音楽レーベルとかで、スージー&ザ・バンシーズみたいな感じで。

シルク　えぇーっ!! いやいやいや、とんでもない(笑)。スージー&ザ・バンシーズはいいボーカルがいたから成り立ってましたけど。私たち、そういうところはまじめなんで、私はヤマハ音楽教室にギターで通ってたんですよ、バンドやるって決まった途端に。

——パンクなのに(笑)。

シルク　ミヤコさんはヤマハのドラム教室に通って。みんなは勝手に適当にできたんですけど、私たちは一から習わないと嫌なので。いつか茂さんにまた会えるように祈ってます。ヤバい話はなるべくしないでおきました。茂さんが捕まっちゃうから(笑)。(名刺を渡して)これから茂さんに会うことあったらこの名刺を渡して、電話してください。

——ダハハハ! 了解です!

スタイル・カウンシル
ザ・ジャムのリーダーだったポール・ウェラーが、ザ・ジャム解散後にミック・タルボットと共に結成したバンド。1stアルバム『カフェ・ブリュ』は、ジャズやソウルなど、様々な音楽がミックスされたポップスで評価を得た。

20年もやってきてヒット曲もなければ、二世タレントの底辺ぐらいでくすぶってるんで、親父が見かねて使者を送ってくれたんじゃないかな

美勇士

2019年1月収録

ミュージシャン・俳優。ハワイ出身。1981年生まれ。父は桑名正博で、母はアン・ルイス。本名は桑名・美勇士・ジュリアン。1999年、ドラマ『ベストフレンド』で俳優デビュー。2001年、シングル『Over the View』でソロ歌手デビュー。2008年、3ピースバンド「トライポリズム」を結成し、ボーカルギターを担当。趣味であるフットサルの経験を活かし、芸能人女子フットサルチーム「東京チェリーズ」の監督も。現在は投げ銭アプリ「イチナナライブ」のエージェントも担当。

桑名正博とアン・ルイス

――いわゆる桑名正博ニセ息子騒動で話題になった結果、まさかRGさんにモノマネされるまでになるとは思いませんでした（笑）。

美勇士 ハハハハ、ホントうれしいですよ。この髪型のこともテレビに出るたんびに「ダセえ」だの「キメえ」だの言われますけど（笑）。これって実は髪を派手にすることで覚えやすくしようという魂胆もあって。もちろん好きでやってるのもあるんですけど。

――その結果、モノマネしやすくもなって。

美勇士 そうなんです。それが魂胆でもあったんですけど、今回のことでいい意味でも悪い意味でも売名になってくれたんで。そしたらRGさんがやってくれて、ほかにもいろんな芸人さんがマネしてくれて。ネタとしてたぶんいま旬だと思うので、ショーパブとかでも流行ってくれたらええなと思ってて。出オチネタでね。騒動は騒動で世間でワーッとなってくれたんですけど、そういう意味では6～7年この髪型してやっと刺さったかって。

――実は、この連載シリーズのかなり初期にお父さんも登場してもらってるんですよ。

美勇士 え、ホントですか！

――『人間コク宝』っていう単行本の1冊目にお父さんとか内田裕也さんとかジョー山中さんとか全員登場してるので感慨深くて。そして、ボクの持論で「二世にハズレなし」っていうのがありまして。そういう意味では、かなりちゃんとした二世の人だと思うんですよね。

美勇士 どっちかっていうとそうですね。

――資料を調べてて爆笑したんですけど、生まれたときの週刊誌の記事でお母さんのアン・ルイスさんが美勇士さんを抱っこしていて、そのTシャツがコカコーラじゃなくてよく見るとコカインなんですよ（笑）。

美勇士 ハハハハハハ！ しかもそれがちゃんと雑誌に載って（笑）。担当も気づかなかったのか、それが許された時代なのか。その写真、僕も知ってますけど。やっぱりアン・ルイスさんはぶっ飛んでますよね（笑）。

――そういう環境にしては真っ当に育ってきて。ご自分だと特殊だとは思わないでしょうけど、桑名正博さんとアン・ルイスさんの家庭に生まれるってどういう感じなんですか？

美勇士 「どういう感じなんですか？」っていうのはよく聞かれるんですけど、僕がいつも言うのは、ある日突然、親がアン・ルイスと桑名になったわけじゃなくて、生まれた日からアン・ルイスと桑名なわけじゃないですか。それが当たり前として育ってるわけで。みなさんの親がやってる仕事、電気屋だったら自分も電気屋を継ぐのと同じように、親がミュージシャンだったので僕もその背中にあこがれてミュージシャンになったってことで。

――それがふつうなんでしょうけど、ふつうの感覚がズレるとは思うんですよ。それこそ長嶋一茂さんも「ウチもふつうだよ」って言ってましたけど、ふつうなわけがないので。基準の違う「ふつう」が身につくっていう。

美勇士 ハハハハハ！ そうそう、イレギュラーなことが僕らはレギュラーなんで。

桑名正博ニセ息子騒動
桑名乃羅を名乗る男が、「桑名正博の長男だ」と騙っては、無銭飲食を繰り返しながら日本一周旅行をしていた。飲み屋で居合わせた客に近づき、桑名正博の『セクシャルバイオレットNo.1』を歌って飲み代を払わせたり、交通費を募ったりするという手口。TVメディアがこぞってこれを取り上げた。18年12月26日放送の『直撃LIVEグッディ!』で美勇士と桑名乃羅が初対面し、DNA鑑定をして血縁関係の有無を明らかにすることで合意、その場でDNAを採取した。このインタビューの後の2月25日に、美勇士がツイッターにて、「みなさんお待たせしました、ついにDNA鑑定結果が出ました。結果は…95%兄弟ではない!という結果でした」と血縁関係を否定している。

――だって、生まれたときから周りに裕也ファミリーがいるような世界なわけじゃないですか。ふつうなわけがないんですよ（笑）。

美勇士 そうなんですよね。たとえば新年早々いろんな人と会うじゃないですか。子供だったら親戚だったり近所の仲良くしてるおじちゃんとかにお年玉もらうんですけど、それが僕は内田裕也さんだったりするので。

――毎年、大晦日には『ニュー・イヤーズ・ロック・フェス』に連れて行かれるから。

美勇士 そうそう、それで勝新太郎さんからお年玉もらったりして。それは僕にとってはただのオッサンなんですけど、大人になったときに、「あ、あれ内田裕也だったんだ！」「勝新だったんだ！」みたいな。二世あるあるだと思うんですけど、子供だからわかんないじゃないですか。内田裕也がすごい人だとか勝新太郎さんがすごい人だとか。勝新さんいわく、子供の頃の僕はお礼も言わなかったらしくて、「こいつはありがとうも言えねえクソガキだな」っていつも言ってましたね。

――だって、ホームパーティーに若貴兄弟とかが来るような家庭だったわけですよね？

美勇士 そうそうそう、それはアン・ルイスのほうの家ですけど、若貴とも仲良くて。アン・ルイスがホームパーティー好きで、よくやってたんですよ。しょっちゅう開いてるんで、家のなかがいつも人でごった返してたんですね。30人ぐらいバーッと来る中に、いま思えばそこに若貴もいたしキムタクもいたし、早見優ちゃんも中森明菜ちゃんもいたし、すごいメンツだったんですけど。でも、子供の僕は誰が有名とかあんまりわかんないから、ふつうに「オジサン、オバサン」みたいに接していて。でも、だんだん大きくなるにつれ、テレビで観る人だってわかるんで、「うわ、キムタクがいる！」みたいなのはありましたけど。当たり前に家にいましたから。

――自宅が『夜のヒットスタジオ』的な。

美勇士 しかも、アン・ルイスさんって「恋多き女」って言われてたから、けっこうとっかえひっかえいろんな芸能人が（笑）。光GENJIさんなんて日替わりでメンバーひとりずつ来てるんじゃないかっていうぐらい、いろんなメンツが来てましたからね。玄関があって僕の寝室があってリビングで、その奥がマスターベッドルームだった家があって、だから人が来ると必ず僕の部屋の前を通るんですけど、「あ、今日はチャゲアスの飛鳥さんが来た」とか「今日は藤井フミヤだ」とか「今日は吉川晃司だ」とか、日替わりですごいレベルの人たちが通り過ぎていきました。

――お父さんとはまた違う人脈が。

美勇士 はい。アン・ルイスってすごくべっぴんだったと思うので、やっぱり男たちは惑わされたんでしょうね、あの美貌に（笑）。

――いまでこそそうやって客観的に見られますけど、当時は複雑な思いもありました？

美勇士 それも自分で分析すると、やっぱり2歳とか3歳までには離婚してるので、家族3人の思い出がほぼないじゃないですか。いま思うと寂しかったんだろうなとは思うんですけど、それも当たり前として生きてきて。

――最初はアンさん側に引き取られて。

美勇士 そうですね、親権はアン・ルイスのほうにいって、アンと暮らしていくんですけど。でもアン・ルイスが全盛期のと

生まれたときの週刊誌

アン・ルイス
アメリカ人の父と日本人の母を持つハーフ。『グッドバイ・マイ・ラブ』『六本木心中』『あゝ無情』などのヒット曲を放つ。80年に桑名正博と結婚。美勇士の出産・育児に専念するため休業するが、82年にカムバック。84年に離婚。13年10月、元夫の桑名正博と息子の美勇士で親子3人共演CD『ONE』が発売されている。

きなんですよ。『WOMAN』『六本木心中』『あゝ無情』のときに僕は小学校低学年とかだったので、やっぱり家に一切いないんですよ。裁判して親権を取って自分が育てるって決まったのにいないっていう。それについて親父はずっと文句を言ってましたけどね（笑）。「おまえ、いない癖になんで俺が養育費を払ってんねん、おかしいやんけ！」って冗談半分で。

——お手伝いさんが面倒を見てたんですか？

美勇士 ううん、おばあちゃん、アン・ルイスのお母さんがハワイにおじいちゃんとアン・ルイスのお兄さんを残して自分だけ来てくれていて。ただ、アン・ルイスも親と一緒に住むのは嫌だったみたいで、自分の住んでるマンションの真向かいの、歩いて30秒ぐらいで来られるマンションに引越しさせて、自分がいないときだけ僕の面倒を見に来てもらう生活をしてましたね。だから寂しい話なんですけど、子供の頃、朝起きて「お腹空いた、お母さんご飯作って」っていうのがふつうの流れだと思うんですけど、家に誰もいないんですよ。まだ5〜6歳なんで自分で料理もなかなかできないんで、テレビでも観てごまかそうと思ってテレビを点けたら『笑っていいとも！』に生で出てたりして、「そりゃ家にいないわな」みたいな（笑）。アン・ルイスの息子だってことで、金持ちのボンボンでいいもん食って育ってるんだろって言われるんですけど、結局その帰りにマクドナルドでハンバーガーを買ってきて「これでも食べときな」って言われたり、あんまりいいもん食って育ってなくて。そういう意味では特殊な二世だと思うんですよね。ほかの二世の話を聞くとうらやましくてしょうがないんですよ。

——ちゃんとチヤホヤされた記憶がない。

美勇士 だってS・Aちゃんなんか中学生ぐらいのときから月30万もらってたって言ってて、「いらない」って言ってもお母さんが給料のように毎月口座に振込むらしいんですよね。だから貯まっていく、みたいな。T・Yくんなんて月100万もらってたとか。それはいつも二世の番組とかに呼ばれて隣に座ってる二世の話を聞いてると、いいなー、みたいな。決してウチの親は貧乏とかじゃないはずなんですよ。でも小遣いは2000〜3000円とかで。欲しいものがあれば買ってくれましたけどね、ゲームが出たから欲しいって言ったら買ってくれましたけど。

——だから反抗期はあっても踏み外し切らずに済んだ感じはあるのかもしれないですね。

美勇士 そうかもしれないですね。やっぱりその通りじゃないですか、T・YにしてもS・Aにしても結果を見たらわかるわけでしょ、S・Rもそうだけど。ヤツらみんなおかしいですもん。もともとの私生活から金銭感覚もおかしいし、言ってることがめちゃくちゃなヤツが多いので。N・Tくんもそうですけど、子供の頃にお金もらったりしてるヤツらがおかしくなっていくんですよ。

——授業参観とかにはお母さんじゃなくてマネージャーさんが来てたって聞きました。

美勇士 そうなんです、やっぱり忙しいから授業参観があってもアン・ルイスさんは9割ぐらいは来てないんですよね。ほとんどマネージャーとかスタッフが来てて。もともと東京に住んでて学校は横浜だったんですよ。通うのにも1時間半とかかかる距離だったんで、いつもスタッフさんとかが学校に送ってくれたりしてたんですけど。それも「本日担当のタナカです」みたいな人が来るんですよ（笑）。子供ながらに「はじめまして」

って言いながら学校に送ってもらったり迎えに来てもらったり。授業参観とか発表会もスタッフさんが代わりに来てくれたりしてて、それもちょっと寂しい子供時代でもあるんですけど、それもずっと当たり前の生活だったんで、あんまり違和感はなくて。親も家にいないし、授業参観も親が来ない。でも、それはアン・ルイスなりの優しさなんですよ、誰も行かないよりかは誰か行ってあげて、みたいな（笑）。たしかに誰もいないよりはいいんでしょうけど、ふつうではない感覚ですよね。

——知らない人に来られても。

美勇士　そうそうそう、あなたにとってはスタッフかもしれないけど（笑）。それもおかしいんですけど、彼女なりのせめてもの気遣いだったのかな。それを親父が知って、逆に親父のほうが大阪から来てくれてましたね。

——生まれてすぐぐらいに離婚してるから、ご両親のゴタゴタは記憶がないんですよね。

美勇士　ほぼないですね、2歳とかなんで。

——お父さんが過去にいろいろたいへんなことがあったっていうのもなんの知識もなく。

美勇士　そうですね、子供時代はないですね。中学校とかになれば人としての知識もつくし情報も入るので、大方の間違ってきた犯罪歴とかも（笑）。マリファナにしても暴力事件にしても把握していくんですけど。でも子供時代は、僕の経験上は一緒に暮らしてないほうの親が恋しくなるんですよ。だから母と住んでるとお父さんが恋しくなるし、父と住んでるとお母さんが恋しくなる。親も、ずっと一緒にいると冷たくなっていくと思うんですよね、当たり前にいるから。離れたほうの親は寂しくて、たまにしか会えないと優しく振る舞うから、子供もいつもうるさくガミガミ言うお母さんより優しくしてくれるお父さんのほうがいいってなっちゃうんで、子供時代は僕は親父のほうがはるかに好きでした。

——そして反抗期に入って暴れ始めた結果、お父さんと住むようになるわけですよね。

美勇士　そうです。そこだけはちゃんと親の愛情をフルで受けてないみたいなことがそのまま反映しちゃって。学校が片道1時間半から2時間ぐらいかかるから、朝4時ぐらいに起きて5時ぐらいに家を出て、みたいな生活だったんで、それがしんどくなってきて。小学校5年ぐらいの「学校行かない！」から始まって。でも親としては「行きなさい」ってなるし、おばあちゃんはすごいまじめだったから、布団叩きでケツ叩きながら「起きなさい！　行きなさい！」って言われてたんですけど、それすらうっとうしくなって反抗期が訪れて。家庭内暴力も、おばあちゃん蹴り飛ばしたり突き倒したり始まっちゃって、女手ひとつでは無理だってことで桑名に引き取ってもらう流れになったんですよね。だから小学校6年生まではアン・ルイスと、中学校3年間は桑名正博との人生を歩むんですけど。

——お父さん相手にも反抗したんですか？

美勇士　いやあ、だからもうたいへんでしたよね。桑名さんのイメージどおりだと思うんですけど、破天荒で暴れん坊だったので、そんな人の家に暴れん坊の子供が来ちゃったから、それはそれはぶつかりまくりましたよ。

——当然、鉄拳制裁しかないですよね？

美勇士　鉄拳制裁も、もろその時代なので怒られるごとにぶん殴られてましたから、血だらけになりながら反抗してましたね（笑）。お鍋とかすると、具材が置いてあるじゃないですか。そこでケンカになると鍋ひっくり返すんですけど、すごく覚えてるのは鍋に入れる前の肉団子をバーンとひっくり返したときに、壁とか天井に肉団子がベチャッとついたことがあって。だから家の壁にはずっとその跡が（笑）。反抗期だったんで、親父もどうしていいかわからなかったんだと思いますし。桑名も血気盛んだったんで、やっぱり鉄拳制裁で。それがいいか悪いかはわからないですけど、いちいちぶん殴られてましたね。桑名さんって、僕らは家族だからぶん殴られても家族のケンカって感じですけど、外でも当然暴力は振るうわけですよね（笑）。

――家族も他人も同じように（笑）。

美勇士 スタッフにしても誰にしても。でも僕が知る限り、彼の長い芸能人生のなかで1回も暴力で訴えられたことがないんですよ。もちろん結果的に暴力を振るってしまうことは絶対によくないことではあるんだけど、暴力振るわれたほうも「まあしょうがねえか」みたいな、どこかしら筋が通ってしまってるんですよね。周りから見ても「そりゃおまえ、ぶん殴られてもしょうがないよ」みたいなことなのかなって思ってて。桑名さんってケンカになっても必ず最後には和解して「ごめんな」とか、次の日に「昨日はすまんかったな」みたいなフォローを必ず入れるので、そこでみんなあっさり許してくれるのかな。

――取材して、不思議な魅力の持ち主だと思いましたよ。当時の担当編集の女子が完全にメロメロになって、ライブにも行ってましたから。

美勇士 そうですよね。あの世代の人ってみんな、裕也ファミリーにしても、ジョー山中さんにしても力也さんにしても、みんな血気盛んだったから（笑）。みんなケンカしてたし、親としても全員鉄拳制裁の人たちだったと思うんで。でもいま、芸能人、タレント、ミュージシャンみんな生きにくい時代になってると思うんですよ。ちょっとしたことでも叩かれ、ちょっとしたことでも悪人扱いされ、ちょっとしたことでも芸能界復帰できないぐらいの時代で。でも桑名さんって僕の知るかぎりでは7回逮捕されてるんですね。

――ダハハハハ！　そうだったんですか！

美勇士 7回逮捕されてるのに堂々とカムバックして業界にい続けられるのは、やっぱりひとつはスターだからなのかなっていうのもあるし、ひとつは時代なのかなっていうのもありますけど。いまの時代、ちょっとでも犯罪に近いことをしてしまったら二度と業界に戻ってこられない可能性のほうが高いので。

――ヘタしたら1アウトで終わりですよね。

美勇士 ホントそうですよね。ストライクでも終わり、3回の猶予もないんかいって時代だと思うんで。いまの時代じゃあの人たち誰も生き残れなかったと思いますけど（笑）。

――「7アウトでもいいんですか？」って。

美勇士 もっと、30アウトぐらいいってるんじゃないですか（笑）。それでもずっと延長戦でやってたんでしょうけど。だからそれが時代なのか、彼らにスター性があったから許されたことなのかわからないですけど。そういう意味では僕らはラストチルドレンというか、裕也ファミリーのなかでも僕らが最後の若い世代だと思うんですよ。そんななかで一番ボスの裕也さんがなんでいまだに生きてるのかわかんないですけど（笑）。僕はあの人は仙人とか飛び越えて妖怪だと思ってるんで。そういうすげえヤツらを束ねるボスだからこそ、一番長生きして一番パワーがある人なんだろうなと思って。裕也さんとお会いするといまだにピリッとしますよね。ホントにボス感がすごいです

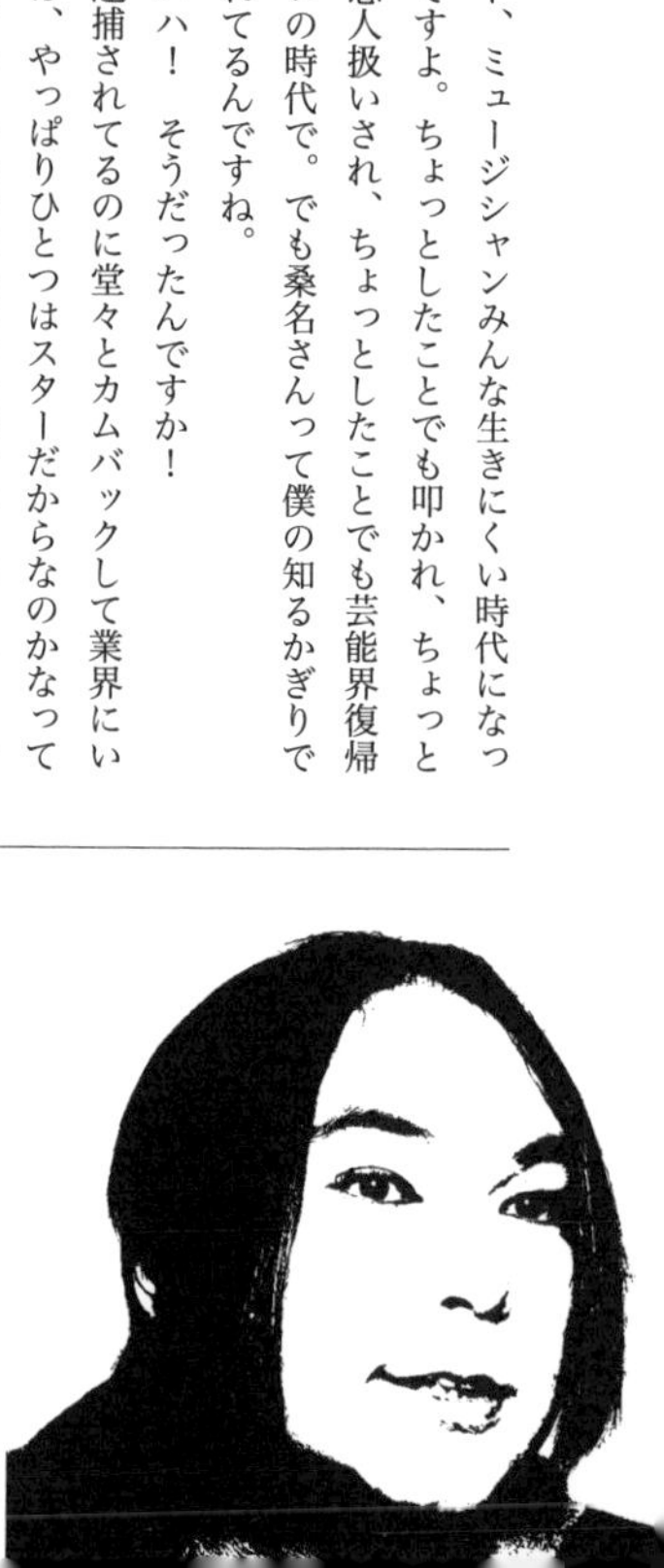

から、オーラというか。

――子供の頃から会ってても緊張感がある。

美勇士　やっぱり見かけも雰囲気もオーラも全部含めて、子供ながらにも「この人、ただ者じゃねえぞ」ってわかるじゃないですか。裕也さん、だいぶおじいちゃんになっちゃいましたけどね、迫力も薄れてきて、でもお会いすると誰もがピリッとする、いまだに業界のボスなんじゃないかなと思いますけどね。『ニュー・イヤーズ・ロック・フェスティバル』に親父もずっと出てたんですよ。それを46年やってきて、僕は37歳なんで生まれてからずっとそこにいるんですよ。『紅白歌合戦』とかいまだに一度も観たことないんですよね。年越しは常にステージにいるので、『ゆく年くる年』も観たことないし、正月の思い出はそれしかなくて。正月に必ずすることっていうのは、ライブをやって数日後のオンエアを家族揃って楽しむってことなので。

内田裕也の厄介エピソード

――そんな裕也さんとの思い出っていうと?

美勇士　すごく思い出に残ってるのが、夜中に六本木でたまたまバッタリ会ったんですよ。「裕也さんお疲れさまです、美勇士です」「おう、何してるんだ」「いま六本木で遊んでて帰るとこです」って言ったら、けっこう深い時間だったんですけど、「おまえ腹減ってねえか、飯連れてってやるよ」って言われて。夜中だよと思いながら(笑)。向こうも帰るときだったと思うんですけど、かわいい後輩なのか息子同然に思ってくれてるのか、「飯行くぞ!」って言って、六本木のど真ん中であの内田裕也が急にダッシュで走り出したんですよ。スタッフも3~4人いて、みんなが「裕也さん、どこ行くんですか!」って追いかけてって、僕も走って追いかけたら、そのまま焼肉の游玄亭に走って行くんですけど、時間的に当然閉まってるんですよ。でも人が中にいるのは見えてたんで、裕也さんが游玄亭の門をガンガンッて叩いて、「開けろ! 内田裕也だ!」って言って。

――ダハハハ! 厄介だなー(笑)。

美勇士　店長らしき人が「ああ裕也さんどうも」って出てきたら、「もう閉めてんのかコノヤロー!」「すみません、1時間前に閉めたんです」「俺が来たんだから開けろバカヤロー!」って言ったら、「わかりました」ってお店が開いたんですよ。厨房の人がまだ帰ってなくて。「美勇士、おまえ好きなもん食え」って、閉まってから1時間以上経った游玄亭を無理やり開けてふつうに料理を振る舞ってくれたのは、いまだに覚えてますね。

――迷惑ではあるけども、走るぐらいの気遣いはあるんですね。急いで行かなきゃって。

美勇士　そうなんですよ! あのダッシュはなんだったんだろうと思ったとき、お店が閉まってるだろうっていうのがあったんだろうなっていう。急に猛ダッシュなんですよ、追いつけない人もいたから。どこに行くとかも言わずに急に走り出して。けっこうな距離だったんですよ、六本木から西麻布なんで。

――西麻布の交差点まで下り坂とはいえ。

美勇士　あの下り坂をグワーッと裕也さんが走って。まだ元気だった頃っていったらおかしいですけど。最近は車椅子なんで。十数年前の話で本人は覚えてないと思いますけど。

――裕也さんのチャーミングさと厄介さといろんなものが混ざったエピソードですね。

Bondy
Fort de Romainville
Pré St. Gervais
Romainville
Belleville
Bagnolet
Fort de Rosny
Rosny
Charonne
Montreuil
VINCENNES
Fontenai
Nogent
Marne
St. Maur
Châtillon
Bagneux
Fontenai

美勇士　だから親父も、「あの人はマネできない」って言ってて。だって『ニュー・イヤーズ・ロック・フェスティバル』のオープニングって毎年変わったことやられるんですけど、ハワイかどっかを内田裕也がチャリンコで20分ぐらい走ってる映像だけ流す、しまいにはスカイダイビングするとか、しまいには選挙で。有名な政見放送がありますけど。

――『パワー・トゥ・ザ・ピープル』！

美勇士　全部英語っていう（笑）。そういうところで桑名さんとかジョーさんとか力也さん、みんな裕也さんに惚れてしまったらしいですよ。もう敵わないなっていう。で、仕分けのヤツにも出たりするわけじゃないですか。あれって結局、ロック界を代表して顔を売りに行ってるんですよね。だからある意味、プロモーションなんですよ。そういうところに目がいく裕也さんってすごいねっていうのは、みんなよく言ってましたね。

――ボクの『人間コク宝』って本で、ジョーさんが裕也さんを殴った話とかしてたんですよ。それを読んだ裕也さんが怒ってるらしいって情報が入ってきて。「ジョーが本当にこんなこと言ってたのか、だとしたらジョーを許すわけにはいかない！」みたいな。あのときは本当にどうしようかと思って（笑）。

美勇士　裕也さんもケンカっ早いからね。アメリカ人とかにやたらケンカ吹っかけるんですよ。みんなで一緒に和気あいあいとご飯食べてすごく機嫌いい感じでも、「よし次の店に行くぞ！」って六本木のクラブとか当時GOLDとかに行くと外国人の方たちがいるわけですよ。そしたら自分の席に案内される前に見かけると、「ヘイ・ユー・ファッキン・アメリカン！」とか言って中指立てて。「カモン！」ってケンカ吹っかけるんですよ。

――なんで（笑）。何もされてないのに？

美勇士　そうです。ただ外国人がクラブにいるっていうだけで、「ジャパニーズなめんな！」みたいなこと言って。アメリカ人は内田裕也なんか知らないから、「なんだコノヤロー！」みたいな感じでよくケンカになってて。「俺は内田裕也だぞ」って言ったって「知らねえよ！」って話で。そういうことが多発したんでボディガードを置くようになって。若い頃は桑名とかジョーさんとかみんなあいだに入ってましたけど、みんな40、50とかになってくると自分らじゃケンカを止められないから、若い屈強なバンドマンを。

――カイキゲッショクのHIRØさんとか。

美勇士　HIRØくんとかを横に置くようにして。HIRØくんは六本木のチーマーのボスだったから、ケンカする以前に「うわ、HIRØくんいる。やめとこ」みたいな。HIRØくんを従えてたのが大きかったんでしょうけど。結果、『ニュー・イヤーズ・ロック・フェスティバル』はHIRØくんが受け継いで仕切ってるんで。それでHIRØくん周りのヤバい連中が裕也さんの周り固めるようになってから、誰もケンカ吹っかけなくなってきましたね。でも結局みんなヤバい連中だから、お酒とか入ると僕らにも厄介になるんですよね（笑）。裕也さんとか、怖い先輩方を気にしなきゃいけないのに、今度は若くて酒癖悪いヤツらも出てきたから、けっこうHIRØくんたちにも困りましたね（笑）。

――ようやく上がおとなしくなってきたら。

美勇士　そうなんですよ、やっと静かになってきたなと思ったら、今度はその次の世代の連中が出てきたんで。僕も子供の頃からその世界にいて、怖い連中はいっぱいいるんですけど、そ

GOLD
伝説のクラブで、通称"芝浦GOLD"。89年から95年にかけて、港区海岸三丁目で営業していた、7階建ての倉庫を使った巨大ディスコ。新宿ツバキハウスの店長を務めた佐藤俊博プロデュース。高橋透がレジデントDJ兼音楽監督。

カイキゲッショク
ミクスチャーバンド。ヒップホップ界からはZeebra、ミクスチャー界からはHIRØやJESSE(RIZE)、パンク界からはMOTOAKI(元SOBUT)と、様々なジャンルからその第一人者が集結。メンバーは白塗りのメイクを施している。

こにはいかなかったんですよね。

――犯罪歴もないですよね。

美勇士 もちろんまったくないですし。

――あの環境で育って、すごいですよ！

美勇士 そうなんですよ、それが一番驚かれますね。酒、タバコをまずやらないんで。

――お父さんはあんなにやったのに（笑）。

美勇士 それが意外だと言われて。だから僕は反面教師の成功例だと思ってて（笑）。こんだけ親がぶっ飛んでると、さすがに子供は落ち着くんだろうなって、いま思い返すと。二世特有の生意気なところもありますけど、もちろんものは言いようだから「物怖じしないよね」って言い方なのか「生意気だよね」って言い方なのか「度胸あるね」って言い方なのかってことだと思うんですよ。二世って基本的にみんな態度はデカいと思いますし。

――そりゃ子供のうちから日常的に大物に会ってたら、嫌でも麻痺しちゃいますからね。

美勇士 そうなんですよ、その大物とふつうにタメ口でしゃべれる環境で育っちゃうわけじゃないですか。僕も勝新さんだの松田優作さんだのが子供の頃から近所のオジサン感覚でいるから、「ねえオジサン」みたいな感じで接してるので。だから、裕也さんといても1回ピリッとはなりますけど、でも同世代とか若手のミュージシャンとかタレントさんと比べると、そのピリッ度が僕らは低いというか、怖いけど家族みたいな。ほかの人たちはただ怖いだけだと思うんですよ（笑）。裕也さんもナメられたくない人だから、わざと怖く振る舞ってるところもあって。もちろん根はすごく優しい人なんで、夜中に走って焼肉屋を開けてくれるぐらいの人だから（笑）。

――最近、近田春夫さんとイベントやって、「裕也さんは最初にハッタリで、かます。そこからはいい人」っていう話になりました。

美勇士 はい。演者の僕らも当然ですけど、スタッフが一番ビビってますからね。「ヤバい、今日内田裕也さんと仕事だ」みたいな。

――キツめのカマシがきますからね、「なんだこの音は！」みたいにブチ切れたりで。

美勇士 そう、それで「バカヤローおまえ」みたいなことをスタッフに一発言うんで、みんなビビッてピッとなっちゃって、そこからは自分のペースに持っていくっていうのが彼のやり方なんで。だからライブとか観ててもPAさんはいつも半泣きでやってますよ。

――テレビで観てるだけでも伝わりますよ。

美勇士 ジョーさんとか力也さんも厳しい人だったんで、リハーサルでちょっとでもハウッたら引きずり下ろしてボッコボコにして。

――え！ ハウリングしただけで！

美勇士 いやホントに。それも話を聞いてると、あの世代の人たちって命懸けて歌ってる、「俺は命懸けで仕事してんだ！」っていうのがすごいから、「だからスタッフのおまえらも命懸けでやらんかいボケ！」みたいな。ジョーさんなんかすぐ引きずり下ろしてましたからね。「おまえらはハウらないようにするのが仕事だろ、バカヤロー！」みたいな。まあそのとおりなんですけど、そのためにリハーサルがあるわけで。だけど、リハーサルから引きずり下ろしてましたからね（笑）。

近田春夫
慶應義塾大学在学中から、内田裕也のバックバンドでキーボード奏者として活動。72年にハルヲフォン（後の近田春夫＆ハルヲフォン）を結成。85年、President BPM名義で活動開始。タイニー・パンクスらと日本語ラップのパイオニア的活動を行う。87年にビブラストーンを結成。クールス、桐島かれんなどのプロデュースに関わり、ザ・ぼんち『恋のぼんちシート』ジューシィ・フルーツ『ジェニーはご機嫌ななめ』など楽曲提供も多い。

――本番でやるならわかるけど（笑）。

美勇士 そう、かわいそうでしたけど。

――近田さんが言ってたのが、裕也さんと本の打ち合わせがあって出版社の人と会うときに裕也さんが最初にカマそうと思ったらしくてガスマスクを着けて現われたって（笑）。

美勇士 ハハハハハハ！　カマす意味がちょっと違いますよね。だから感覚がすごいんですよ、誰も敵わない。何考えてるかわかんないですからね。この5～6年は老化が進んでるから、声もちっちゃいし話してても何言ってるかわかんないから、「ああ、そうですよね」って言うしかなくて（笑）。そういう意味では先輩が弱っていく姿は見たくないんですけど。次から次へとみんないなくなって、四天王もみんな亡くなっていないですし。

――そうなんですよね、裕也ファミリーがいなくなっていくことがホントに寂しくて。

美勇士 それで裕也さんだけ生きてるのもすげえなと思うんですけど。白竜さんぐらいじゃないですか、まだ現役バリバリでやってるのは。原田芳雄さんもいないし。「みんな引っ張っていかれてるな」って冗談で言ってましたけど、それもあながち嘘でもないんだろうなって。みんな1年以内ぐらいでいなくなっちゃってるんで。この1年、裕也さんもいろんなことがあったと思うんで、（樹木）希林さんもいなくなっちゃって。不思議な夫婦でしたけど、でもやっぱり夫婦は夫婦だし心の絆はつながってると思うんで、裕也さんもいますごく寂しい思いをしてると思いますし。夫婦ってけっこう後を追うようなこともあると思うんで、裕也さんももしかしたらっていう気はしてますけどね。でも、こないだも『ニュー・イヤーズ・ロック・フェスティバル』では裕也さん、頑張ってやってたんで、まだまだ力強さは感じましたね。

――「裕也さんが立った！」っていうだけであんなに盛り上がるのが最高でした（笑）。

美勇士 ハハハハハハ！　クララが立ったぐらいの勢いで（笑）。そんなとこもありますけど、あのイベントはホントに彼が命懸けてずっと守ってきてる舞台なので、ホントにみんながあの舞台に懸ける思いは強いですよ。まずスタッフがピリピリしてますし、彼のライフワークを汚すわけにいかないって演者もスタッフもみんな死ぬ気で臨んでるからすごいですよね。スタンバイ時間10秒遅れただけでスタッフさんにボロカス言われますからね、「おまえ何時だと思ってんだよ！」って。そんな現場っていまほとんどないと思うんですよ。ちょっとミスしたら先輩にぶん殴られるみたいな現場ってないから、芸能界どうなっていくんだろうと思いますよね。

桑名正博ニセ息子騒動

――そういう環境で育ってるとお父さんに何があっても動じないと思うんですよ。お父さんにほかの子供がいても動じないぐらいの。

美勇士 そうですよね。それもいま騒動になってますけど、誰ひとり不思議がらないっていうのが面白いですよね。「まあ、桑名さんだからいてもおかしくないよね」みたいな。「ああ、いそういそう」みたいな（笑）。

――最初は「怪しいヤツがいるな」って感じだったのが、「顔似てるな」「本物かも」って流れに変わるのも面白くて（笑）。

白竜
79年に『アリランの唄』でデビュー。1stアルバム『光州シティ』の収録曲『光州シティ』が、光州事件（韓国での全斗煥政権による人民弾圧）について歌っていたため韓国の圧力から発禁に。84年公開の映画『いつか誰かが殺される』を皮切りに、ヤクザ映画・Vシネマの俳優としても活動。

原田芳雄
映画『竜馬暗殺』『ツィゴイネルワイゼン』などで知られる個性派俳優。精悍な容貌を生かして、はぐれ者やアウトロー的な役柄で魅力を発揮。03年、紫綬褒章を受章。

美勇士 そうなんですよ。僕ら家族も最初に彼が出てきたとき、「いや、ないない」みたいな感じだったんですけど、日に日に「あったかもね」みたいな話に変わってきちゃってて。桑名さん、もうひとり隠し子いるんですけどね、正式なほう。彼に関しては僕が中学生のときに打ち明けられたんですよ。「じつは弟がいるんだけど」っていうことを14歳か15歳のときに言われてるんですよ。

——そうか、1回経験してるわけですね。

美勇士 そう、経験してるし、言ってくれるんですよ。週刊誌にバレたのだって亡くなったときなんで。それは先方の親がスクープなのに死んじゃったら効力がなくなるっていうんで、葬式の日に発売の『女性セブン』に載ったんですよ。リークした親も親だけど、週刊誌もさすがだなと思いながら。お葬式の日にスタッフが『セブン』買ってきて、「載ってますよ」って見せられて。「ああ、ついに出ちゃったか」って言いながら葬式やって。

——葬式の日にスキャンダル！

美勇士 さすがだなと思って。その葬式の1週間後には不倫相手っていうのがなんかの週刊誌に出てきたりして、スターは死んでからのほうがすごい出てくるんだなって。死んでもなお出てくるかって感じでしたけど。でも、そうやって言ってくれるはずなんですよ。

——もし隠し子の存在を知ってたら。

美勇士 だから今回の件に関しては僕らも絶対ないだろうとは思ってますけど、どっかしらでそうかもしれないってところもあって。だとしたら、親父も知らない子供じゃないと筋が通らなくて。向こうは42歳とおっしゃってるんで、僕より5つも上なんで。僕が生まれる5年前って照らし合せると、まだ桑名が売れてもいない時代なんですよね。デビューはしてるけどバンドでくすぶってる時代。

——ファニー・カンパニー時代。

美勇士 そう、『セクシャルバイオレットNO.1』よりも何年も前なんで、世間的に桑名正博がスターになる前の話なんですよね。お母さんは銀座のホステスだっていうんですよ。銀座の自分のお店に桑名が来て、そこで仲良くなって関係を持ってできた子だって乃羅氏は言うんですけど。売れてもいない時代に銀座のクラブに行けたかなと思っていろいろ調査していくと、親父もクソボンなんで。

——ダハハハ！　そうでした（笑）。

美勇士 すごいボンボンでお金は持ってたから可能だったなとか。ふつうのバンドマンだったら、みんな貧乏生活なんですけど。

——ファニカンは異常でしたからね。親の持っている蔵で練習して、売れる前からオープンカーを乗り回してた人たちですからね。

美勇士 そう、ファニカンは売れてもいないのにみんなでロサンゼルスに行ったりしてたようなバンドなんで、金持ちだから行けたのかなとか、いろいろみんなで推測してるんですけど。だから親父ですら知らない、相手が妊娠したことすら言われなくて、向こうも今日に至るまで内緒にしてたのかなっていうことぐらいしかないんですよ。あとは彼が嘘ついてるか、どっちかしかないんですけど。

——おもしろい展開でしたけどね。最近の芸能スキャンダルでこんなに微笑ましい騒動も珍しいというか。怪しい怪しいっ

ファニー・カンパニー
71年に桑名正博、横井康和を中心に結成。72年に『スウィートホーム大阪』でデビュー。『ファニー・カンパニー』『ファニー・ファーム』の2枚のアルバムがある。74年に解散。以降、桑名正博はソロで活動。

て言われて、ついに美勇士さんが会いに行ったら、呑気に「本物だ！」って言ってるのとか、なんだこのピースフルな感じっていう（笑）。

美勇士 ハハハハハハ！ そうそうそう。フジテレビとしては、ワイドショーとしてはケンカして引き延ばしたかったみたいですけど、僕もそんなことで好感度を下げたくもないですし。ことの発端としては、1年ぐらい前から情報はあったんですよ、そんなヤツがいるらしいぞっていう。ただそんなに大きな被害があるわけでもないし、親父の奥さんも見て見ぬ振りをしてたみたいなんですけど、ここ数カ月で一気に彼の出没率が高くなって、沖縄でそういうことをやり出した、と。

――歌ってお金もらうようになって。

美勇士 「桑名の息子だ」って言ってお金もらったり飯を奢ってもらったり泊めてもらったりしてるヤツがいるっていうことが多発し始めて、僕にもSNSを通してDMがいっぱい来るようになったんですよ。「昨日、沖縄で息子さんって人と会ったんだけどご存じですか？」とか「美勇士さんですか？」とか言われて。「自分の親が飲みに行った先で桑名の息子っていう人と会って、いいヤツだから飯を奢ってやったんだって言うんだけど、なんか違和感があるからおかしいと思って美勇士さんにメッセージ送りました。沖縄にいましたか？」と。弟（アン・ルイスとの離婚&再婚後に生まれた桑名練）に聞いてみると「俺も行ってない」って言うから、僕らが行ってないのに息子はありえないんで疑問に思ってたら、その2～3日のあいだに4～5人からDMが来たんですよ。「ニセモノに会いました」とか「怪しい人に会いました」とか。それで調べていくと、「桑名の息子と名乗ってるヤツがいる、気をつけろ」みたいなのがけっこう拡散されてて。でも、誰かがすごい被害に遭ったってわけじゃないので。

――大きな額でもないし。

美勇士 だから僕も静観して、ことが大きくなったら公式に発言しようかなと思ってるうちにSNSのほうが先回りしてどんどん拡散されていって、しまいには僕の家族や桑名ファミリーの仲間たちも「気をつけろ」と。あんまりみんな言わないでよって思ってたんですけど（笑）。しまいには顔写真とかも出てきて晒され始めてるから、このご時世、晒されるのってあんまりよくないと思うんですよ。彼が犯罪者と決まったわけじゃないので、逆に僕が晒してる人たちに注意のメールを送ってたんです。原田喧太くんとかもすごい怒ってて、「こいつ見つけたらぶっ殺す」とかSNSに顔写真上げたりしてるから(笑)。「一応この業界人なんだから言葉遣いと晒すのはちょっとマズいと思うよ」って送って。

――常識人だ！

美勇士 「彼もいち個人だから肖像権もあるし、勝手に晒すのはよくないと思うよ」って。一般の方がやるぶんにはいいけど、「喧太くんだってあとから何言われるかわかんないよ」って送ったら、「知らねえ」って。

――さすが喧嘩の「喧」の人ですね（笑）。

美勇士 そうそう、喧嘩の「喧」の喧太だからさすがだなと思って。「おまえはやんなくていいよ、代わりに俺がやる」とか返ってきて（笑）。そんなこと言ってたらフジテレビが裏で動いて彼について取材を始めてたんですよ。で、彼の本名から犯罪履歴から何から調べ上げた状態で僕に依頼が来て。それでわかりましたっていうことで『直撃LIVEグッディ！』で会う

原田喧太
ミュージシャン、俳優。原田芳雄の長男。ギタリストとしてはDogsBone、THE TRIPLE Xなどのメンバーとしても活動。「喧」が人名用漢字ではなかったため、戸籍上は「けん太」だという。

ことになって。最初は報道だったんですけど、彼に容疑も何もかかってないのに報道でやるわけにいかないってことになってワイドショーに切り替わって。

——そういう流れだったんですね。

美勇士 それで僕が呼ばれて行ったら、この流れになってこれだけ世間で騒動になったんですけど、最初は誰がこんなもんに関心あるんだって思ったんですよ。どうでもええやろ、こんなこと。テレビでやってもちょっとフワッとしたニュースぐらいで終わるだろうとか、べつに桑名さんには隠し子いてもおかしくないやろってフワッと終わるだろうと思ってたんですよ。最初のフジの打ち合せも適当に、人の家庭の事情を食いものにして、こいつらはしょせん視聴率を取りたいだけなんだろって感覚で行ってたんですけど、いざ放送してみるとすごい視聴率だったみたいで、ツイッターでも騒がれてるし関心あるんだなと思って。そしたら次から次へといろんな仕事がいっぱい来て、話を聞きたいってなったんで、意外とみんなこの話好きなのねって（笑）。年末って悪いニュースばっかりだったと思うんですよ。そんななか、年の瀬に隠し子騒動みたいな、ニセモノいるぞみたいな話でみんなホンワカしたのかなと思って。

——すごい程よかったんですよ。

美勇士 そうなんですよね、タイミングがよかったと思うし、その隙間にポッと出たニュースとしては「おもしろいじゃん」って感じで。でもツイッターとかエゴサーチして見てると、今回の騒動も完全に賛否両論半々なんですよ。「こんなつまんねえ話、誰が観るんだよ」っていうのもいれば、「こんなにおもしろいワイドショー久々に観た」って人もいて、世間っておもしれえなって。結果、視聴率取れてたり、こんだけ長引いてやってることを考えると関心が強いんでしょうけどね。

——RGさんのモノマネが答えですよ！

美勇士 ハハハハハ！ そうなんですよ、僕も最初は怒ってたんですよ。人の名前を騙って人からお金を巻き上げたりはよくないぞって思ってたんですけど、『グッディ！』さんに行くまでどの自分でいけばいいかわかんなくなったんですよ。怒り心頭で「いい加減にしてほしいです！」って怒り腰でいくのかどうするのかなと思ってて。そしたら始まったとき、安藤優子さんが笑いながら話してたんですよね（笑）。じゃあ僕もそっちでいきますと思って、「ニセクシャルバイオレットだ」とか、そういうギャグを入れた対応にしたんですよ。それが逆によかったのか、それもウケてくれたので。その次には僕も彼にある意味感謝しなきゃいけないのは、単純に仕事が増えたのもそうですけど、彼がちょっと悪者ふうな感じだったでしょ。犯罪者ふうに扱ってもらうことで、なぜか僕の好感度が勝手にどんどん上がっていくんですよ（笑）。

——「こっちの息子はまともだ」っていう。

美勇士 そうそうそう。僕もべつにまともなほうではないんですけど、彼のおかげでどんどん好感度上がっていくし。僕ももともと弁が立つほうなので、ワイドショーでふつうに話してるだけなのに、「こいつしゃべれるじゃん」みたいな感じでネットでも話題にしてくれるし、彼のおかげでタレントとしても知名度がまた上がったことにもなるし、純粋に仕事も増えて、この1カ月だけでも数年ぶんぐらいの仕事量になってるので（笑）。

——とりあえず感謝しかない（笑）。

美勇士 逆に感謝なんですよね。DNA鑑定にも行きましたけ

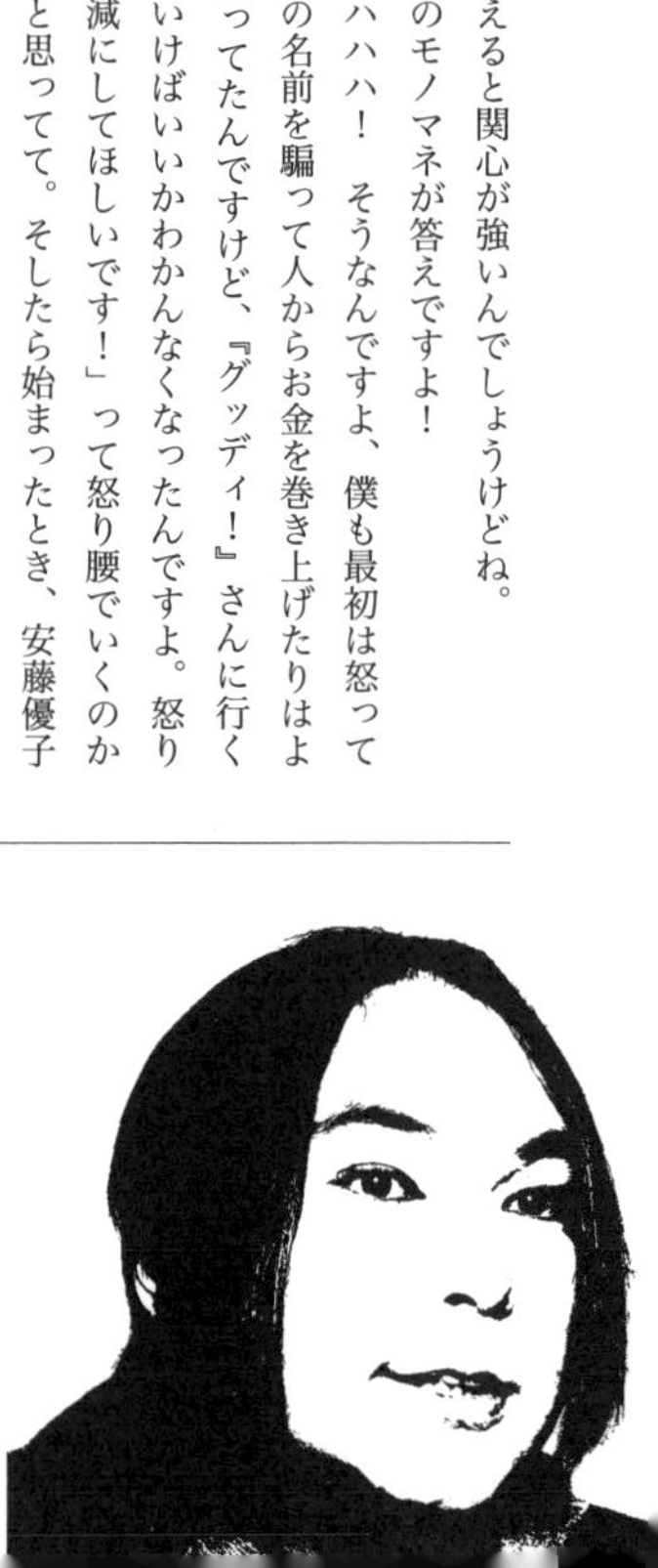

ど、その結果が出たらもう終わりなので。今月（2019年1月）いっぱいのことだと思うんで、世間の関心もそれで1回終了するし、2～3カ月後には忘れられてるぐらいのことだし、テレビ局にしてもこういう取材にしてもあんまりおもしろくならないので、僕もまた一気に仕事がない時代に戻るんでしょうけど（笑）。そういう意味では僕もこれがどういう結末になるのか見えてなくて、フジテレビさんもその結果をどう発表するのかいまだに悩んでるんですよ。

――テレビ的にはどっちを求めているのか。

美勇士 そう。どういう感じで発表するかとか、ふたり並んで開封するのかとか、どうしましょうかって言ってて。僕は生放送でやったらいいじゃないですかって提案してるんですけど、フジはビビッてやりたくないって言ってるんですよ。でも、ここまでやったんだから。『グッディ！』が始めたことなんだから最後まで面倒見てよって話で。「いまみんなテレビを観ない時代で、みんなコンプライアンスコンプライアンスって言ってるなかで、年の瀬にちょっとおもしろい話題が出てきたんだから、生放送で初めて並んで開封してみたいうほうが僕はいいと思いますよ､番組としてもかなりの挑戦でいいじゃないですか」って言ったら、みんな反対してるんですよ。

――そっちのほうがおもしろいのに！

美勇士 「それはさすがに生では無理ですね……」って。いまだに連絡が来てないので収録にはなると思いますけど、僕の次なる筋書きとしては、結果がわかっちゃったら終わりなので、彼に来てほしくないんですよ。

――なるほど！

美勇士 当日、行方をくらまして「いなくなった！」っていうふうにしてほしいなと思ってて。結局また結果がわからないから本人を探さなきゃいけないってなって、「追ってまた情報を」みたいな、『ドラゴンボール』方式みたいな。でも、やらせでもないので。

――人生が懸かったガチですもんね。

美勇士 そうなんですよ。ホントに彼がどうなのかわからないですけど。でも実際フジの取材も2回ぐらいすっぽかしてるらしいんですよ。だからホントにわかんなくて。でもホントに根っからニセモノだとしたら僕と会わなかったと思うし、DNA鑑定もふつうは応じないと思うんですよ。バレちゃったら彼は詐欺師としては終わりなわけですから。それに応じたっていう意味ではどこかしら本当なのか、彼はお母さんに「あんたは桑名の息子だよ」って信じ込まされて生きてきたっていうことしかないんですよ。それが本当なのかもしれないし、親父もいなけりゃそのホステスさんもお亡くなりになられてるので死人に口なしで、確認のしようがないんですけど。でも彼も気づいちゃったと思うんですよ、もし詐欺師なんだとしたらこの手で逃げ切れるなっていう、「親からそう言われたんだもん」って言えば罪がないからっていうことに逃げるんだろうなとは思ってるんですよね。

――美勇士さん的には、どっちに転んでもおもしろいかなぐらいの感じなんですかね？

美勇士 僕はそう思いますけどね。結果、世間は僕にケンカしてほしかったんでしょうけど、愛のある感じにしちゃいました。だから「僕どっちでもいいんで」って言ったら、フジテレビも「立場なくなっちゃいます」とか言うんですよ、「僕らなんのためにDNA鑑定してるんですか」って。「べつに俺が頼んだわけじゃねえし、おまえらが勝手にネタにしたら視聴率取れたからやりてえだけだろ」って強気に言ってるんですけど。だからやらしい意味で、この騒動でどれだけお金儲けできるかってことを考えると、兄貴だろうが兄貴じゃなかろうがふたりで全国ツアーをやったらおもしろいんじゃないかなと思ってて。

――いいですね。あと、本物だったら『ニュー・イヤーズ・ロック・フェスティバル』に出てお父さんの曲を歌ってもらったりとか。

美勇士 そうなんですよ！ だから本人にも言ったんですよ、「僕のライブにゲストで出て『セクシャル』歌ってよ」って。そしたら「いやぁ、おこがましいです。夢のようだなあ」とか言ってるから、たぶん実現します。

――せっかくだから弟さんも参加して。

美勇士 そうなんですよ、だから「3人で並んでやろうよ」って言ってて。需要があるかないかっていったら、騒動からどれだけスピーディーにできるかだと思うんですけど。何かしら番組がついてくれるなら、いまだったらAbemaTVとか、ああいうエッジの効いた局とかが、『美勇士と乃羅のナントカ旅』みたいな旅番組やってもおもしろいやんと思ってるんです。本人は「ありがとうとごめんなさいの旅がしたい」って全国行脚をしたっていう話なんで、もしニセモノだったら……。

――どっちでも番組はできるんですか!?

美勇士 うん。「いままですみませんでした。彼は結局は違ったんですけどお世話になりました」って、奢らせた人とかお金を借りた人にちゃんと謝ってお金を返しに行くっていうのをふたりでやる旅。逆に本物だったら本物で、「ご心配おかけしました」って一緒に周って歌うとか。で、奢ってくれた方にはチ

ャージいただきません、みたいな。そこにカメラ入れるとか。もしどこも乗ってくれるとこがなければYouTuberになればいいと思うんですよ。美勇士と乃羅のチャンネル作って、そこで旅していくっていうのもおもしろいんじゃないかなと思って。せっかくだからいろんなことやりたいし、どう転んでも次につなげたいなと思うんですけどね。

——こうやって人生を掘り下げるきっかけを作ってくれただけでもボクも感謝ですよ。取材しやすいタイミングを作ってもらって。

美勇士 そうなんですよね（笑）。だから僕も今年で21年目になるんですけど、20年もやってきてヒット曲もなければ、タレントとしてもそのへんの二世タレントの底辺ぐらいでくすぶってるんで、親父が見かねて使者を送ってくれたんじゃないかな、みたいな。「おまえ乃羅でもう一回世に出るチャンスやるから」って言ってくれてるんじゃないかなって気がしていて。半分冗談、半分本気で言ってますけど、この件で入った仕事のギャラの半分彼にあげようかなと思ってるぐらい。「あなたのおかげです」みたいな（笑）。

——どっちにしても平和な決着になって。

美勇士 僕も怒るんだとしたら完全に演じるしかないので。やらせというか世間の気を惹きたいがゆえにやる行為になるから、そうすると苦しくなるだろうと思ったんです。「ええ加減にせいよ！」とか胸ぐらつかむシーンのほうが初対面のVはおもしろいものになったと思うんですけど、素直にいこうと思って。僕も本人の顔見た瞬間に、やっぱり「コノヤロー！」と思うかもしれないし、わかんなかったんですよ。でも、顔見たら自然とホッとして、自然とハグしちゃったんですよ。

——いいシーンでした。

美勇士 それは素の部分の桑名家のものだと思うんですよ。親父まだ生きてるときに彼が出てきたらどう言ったかなと思うと、たぶん怒ってないと思うんですよ。ただ僕の弟が言うには、「ホントに確信犯で嘘をついて騙して人からお金をっていうヤツだったらいくらフレンドリーな親父でも怒ってたと思うよ」と。でも、いまとなってはただのエンターテインメントショーになってるし、使ってるのもワイドショーなわけですから、僕もそっちに気持ちを変えちゃったんで、だから究極の言葉でいうとどっちでもよくて。「本当のお兄ちゃんだった場合どうしますか？」って言われるんですけど、べつにどうもしないよって。だって彼も40過ぎて、僕も40前で初めて会ってるわけで、いままでお互いいなくても生きてきたわけでしょ。だから「へぇー、お兄ちゃんなんだ、そうなんだ。じゃあ法事のときに呼んであげればいいか」ぐらいのもんですよ。ただ自分はタレントだから、これだけの騒動が起きたならピンチをチャンスにじゃないですけど、次につながるようにしたほうがおもしろいんじゃないかと思うので。売名って言われたってそのとおりだし、便乗してるとも言われますけどそのとおりなので、なんの反論もしないです（笑）。

——これは乗っかったほうがいいですよ。

美勇士 そりゃ単純に乗っかる、おいしいっていうのは恥ずかしくもなく堂々と言えると思うんですよ。売名売名ってみんな言うけど、芸能人なんて売名が仕事だと思ってるんで。売名できてなきゃ仕事も来ないしスポンサーだってつかないわけですから。一般の人はすぐ売名だなんだって言うけど、売名するのが僕らの仕事なんだから。もっと言うと芸能人なんてテレビは自分の顔を売るツールであって、そこで顔を売って自分がやりたいことを裏でやる。テレビのギャラなんてゲストだと5万から10万ぐらいが相場なわけで、でも営業に行けば50万、100万っていう10倍以上の値段がつく。でも営業に呼ばれるには顔が売れてなきゃいけない、話題がなきゃいけない。だからテレビはあくまでも自分の名前を売るためのツールだから、「売名だ!」って言われても、売名のためなんだからいいだろって昔から思ってるんですよ。

――そりゃモノマネされたら「名前を売ってくれてありがとう」しかないですよね。

美勇士 モノマネされて怒ってる人たちは何を考えてるんだって思いますけどね。モノマネされるぐらいあなたもスターになったんだよって思うし、今回僕は騒動があってネタにされてるわけですけど、でも僕はうれしいしありがたいですよね。これは数カ月後には忘れ去られると思うんですけど、今回の件でありがたいのは、タレントとしていろんな局の方が「こいつ使えるな」って少しでも思ってくれて会議で名前が挙がるようになったのかなって思うので。実際、今回の騒動と関係なく何本かテレビの仕事もいただいてるので、ありがたいなとは思ってるんですけどね。いちタレントとして業界向けのプロモーションにもなったんだなっていうのは感じてます。あくまで二世なんで、どこに行っても二世の企画とかになっちゃうと思うんですけど、そこは乗り越えていかなきゃいけないなって。

ガキの頃から裕也ファミリーって カッコいいと思わなかったですか？

HIRO

2019年3月収録

ロッカー、ミュージシャン。1967年生まれ。1996年にRISING SUNを結成。このバンドで「ニューイヤー・ロック・フェスティバル」にも出演。2001年、石井隆監督『TOKYO G.P.』の主演を務める。2008年にRISING SUNは解散し、翌年Zeebra、MOTOAKI、JESSEらとともに「カイキゲッショク」を結成。現在もロックバンド『湾岸の羊〜Sheep living on the edge〜』のフロントマンを務める。妻はシンガーソングライターのAI。

芸能ギャング裕也ファミリー

——本当にご無沙汰してます。下手したら、最後に会ったのは東京ドームの『レッスル1』（2003年1月19日）ぐらいですよね。

HIRØ （握手して）ご無沙汰してます。いろいろやってますよねー、元気そうで。

——おかげさまで。個人的には、HIRØさんがここまでちゃんと裕也さんのサポートをしてくれることにはホント感謝してますよ。

HIRØ 裕也ファミリーですから。

——裕也ファミリー入りしたときも、すごいことになったと思ってましたけど、まさか右腕的な位置までいくとは。

HIRØ いやいやいや、先輩たちがどんどん亡くなられたんで。もともと僕はジョー山中の後輩なんですよ。僕は最初、ジョーさんとずっと一緒で、それで裕也さん紹介してもらってというか。ガキの頃から裕也ファミリーってカッコいいと思わなかったですか？

——当たり前ですよ！　テレビで見られる不良や異端として最高の存在だったと思います。

HIRØ ガキの頃から見てて、この人たちはテレビに出てる人の中でもちょっと異質だぞ、カッコいいなってずっと思ってて。

——それはどれくらいの時期ですか？

HIRØ 小学生くらいの頃、ジョーさんが最初に捕まった時ですかね。「マリファナ」って言葉を初めて聞いたり、『人間の証明』で、これ日本人が歌ってるんだとか思ったり。で、逮捕されて出てきたジョー山中が「あれ、この人は何人なんだ？」っていうルックスで。逮捕されて連行されるときも、「コノヤロー！」とか言って暴れていて、「え、なんなんだこれは？」と子供ながらに衝撃を受けました。TVで、ホタテマン（安岡力也）とかも観て、あっこの人は怒ったらホントに怖い人だなってことがすぐわかるじゃないですか。

——『ひょうきん族』の着ぐるみ姿でも。

HIRØ そしたら、この人たちがみんな同じグループで出演してて、それを束ねているのが内田裕也さんで。裕也さん自体を初めて知ったのも子供の時に見た映画のポスターで『水のないプール』、見るからにヤバい目つきと雰囲気で。あっ、このヤバい人たちは、みんな一緒の仲間なんだって。自分がガキの頃は暴走族が全盛で、ある種の不良文化の憧れがあったんですけど、この人たちを画面越しに観て一発でヤラれましたから。聞けば世間では裕也ファミリーって呼ばれていて。力也さん、ジョーさん、桑名（正博）さん、メチャクチャカッコ良くて俺もこのファミリーに入りたいなと思ったら念願のファミリー入りできてたっていう。願いは必ず叶うものなんだって思いましたね。

——すごいですよね、そこからここまでになって、若手でここまでいったっていうのは。

HIRØ ……もう51ですけどね(笑)。48歳で子供も授かって、すごくいい50歳の誕生日パーティーを仲間たちと嫁にやってもらって、裕也さんとか皆さんいろんな方々がお祝いしてくださって、俺はこんなに幸せでいいのかなと思ってたら、去年の暮れにいきなり急性虫垂炎が破裂して腹膜炎になって。

『レッスル1』
K-1と、当時は全日本プロレスに所属していた武藤敬司が手を組み、PRIDEを運営していたDSEが協力したプロレスイベント。文中の03年1月19日の東京ドーム大会は第2戦にあたり、ボブ・サップvsアーネスト・ホーストや、鈴木宗男の秘書だったムルアカが出場していた。20年4月で活動停止した武藤敬司の団体「WRESTLE-1」とは無関係。

――大病されたとは聞いてました。

HIRØ　1カ月近く入院してて、まだちょっとつるから杖ついてるんですよ。脚はぜんぜん平気なんですけど内臓が安定してないというか。ずっとドレーン入れてて、CRP（C反応性蛋白。正常範囲は0・3以下。重度な疾患の可能性が15～20）が30オーバーしちゃったんで、なんらかの後遺症は残るって言われてて、最後の最後にこんなことがあったかと思って。確か力道山も亡くなられたのは腹膜炎だったんですよね。お医者さんにも、「いまの医学だから助かってるけど、昔だったら享年50ですよ」って言われて。

――裕也さんより先に。

HIRØ　ヤバいですよ！　だからここから先、もう一回いただいた人生というか、まじめにちゃんと生きようと思って1日1日を大事にしてます。裕也さんも車椅子でお見舞いに来てくださって、「ジョーも力也も桑名もみんな持ってかれて、おまえまで持ってかれたらどうすんだ！」って病室で怒られました（笑）。

――そういえば新宿ロフトの『BURST』のイベント（02年10月4日）で共演したとき、ボクが司会でものすごい緊張感あふれるトークコーナーになったことは覚えてます？

HIRØ　はい、懐かしいですね。

――最前のモヒカンのお客さんが完全にラリッてて、編集長のピスケンも行方不明になっちゃって、そんななかボクが司会のトークコーナーで釣崎（清隆）さんとHIRØさんがピリッとくる瞬間があって。

HIRØ　え、そうでした？

――覚えてないですか？　HIRØさんが、「死体写真が載ってるような雑誌に俺は出たくなかった」みたいなことを言ってて。

HIRØ　ああ、言ってましたね。ニュアンスはちょっと違うんですけど。

――で、「聞き捨てならねえな」って釣崎さんが反応して、それをボクが司会進行しなきゃいけないっていう地獄のような展開で。

HIRØ　こないだの『BURST』復刊イベントで、釣崎さんとやっと電話番号を交換しましたよ（笑）。僕、覚せい剤とかも大嫌いで、麻薬関係はアゲインストだから石丸（元章）さんともうまくいってなかったのかな。だからピスケン元編集長ぐらいとしか交流なくて。あと僕はタトゥー入れてないんですけど『TATOO BURST』の表紙をさせて頂いたことがあって（笑）。川崎（美穂、『TATOO BURST』編集長）さんに「異例ですからね！」って言われました。ホントその方たちぐらいで、今回また新しく『BURST GENERATION』って雑誌をケロッピー前田さんが始めて、なんとなくみんな3周ぐらいしてるんで、いい歳になってやっとお話ができるようになったなと思って。

――そこには距離があったんですね。

HIRØ　たぶんあのときは死体写真の話もシャブの話もしてると思うんですね。僕も仲間をシャブでいっぱい失ったといいますか、そいつがそいつじゃなくなっちゃうじゃないですか。だからものすごいアゲインストだったんで。それが石丸さんとかにしてみるとおもしろくなかったのかなって思いますけど。

――石丸さんも、わかりやすく薬物でたいへんなことになった人ですからね（笑）。

『水のないプール』
82年2月20日に公開された、若松孝二監督、内田裕也主演による映画。実際に仙台市で発生していたクロロホルムで眠らせるという手口の連続暴行事件に着想を得た物語で、内田裕也が暴行犯の「男」を演じた。

釣崎（清隆）
AVメーカー、シネマジックで監督として活動後、写真家に転身。死をモチーフにし、タイやコロンビアなど世界中で本物の死体を撮影、「死体写真家」として知られる。『BURST』誌には、写真だけでなく映画批評なども連載していた。17年8月には、覚醒剤所持の現行犯で逮捕されている。

HIRØ　ホントですよね（笑）。

――いまでも忘れられないですよ、ふたりがピリピリしてるときに、司会のボクが困り果てて「こんな感じで、いろんな価値観があるのが『BURST』というわけですけど」みたいな大雑把なまとめ方をしたことは（笑）。

HIRØ　あのときはライブも仲野茂さん、PANTAさん、それに僕のRISING SUN、あと僕が妄走族呼んできて、けっこうな東京のアンダーグラウンドなところを出せたかなとは思うんですけどね。

――そこに妄走族が入って、『BURST』という世界に現在進行形の不良の文化を持ってきたのがHIRØさんだって実感しました。

HIRØ　『BURST』が終わってからも東京のストリートシーンといいますか、ロック、パンク、ハードコア、ヒップホップ、レゲエ、いろいろありますが、最近は現役の暴力団の方でDJとかラッパーとかになってる人もけっこういらっしゃるみたいで、ストリートシーンも変わったなと思いましたね。

――足抜けしないでも続けられるんですか！

HIRØ　そうみたいですね。こないだも『BURST公開編集会議』で、反社とかそこらへんの線引きはどうするんだって話もしたんですけど。僕も昔からのつき合いで知ってる人が、実は暴力団だったって。えっ!?　って。そうなるともう、つき合いが難しいですよね。僕も嫁（歌手・AI）に迷惑かけたくないんで。

――ちゃんとした活動をされてますからね。

HIRØ　ナショナルスポンサーとかの仕事やってる訳じゃないですか。さすがに嫁に迷惑かけるわけにいかないから。ホント最近まじめにやってて、こんなまじめな僕が『BURST』でいいのかって思ったりもするんですけど（笑）。

――裕也さんのケアをしてるイメージが強いから、最近いい人感は出てますよ（笑）。

HIRØ　そうなんですねー（笑）。

――甲斐甲斐しくサポートする人っていう。

HIRØ　だって初めて出会った頃、もともとジョー山中さんに拾ってもらって、ジョーさんから力也さん、裕也さんってどんどんつき合い出して。出会った頃の裕也さんに、「お、おまえカッコいいな」とか「おまえけっこうバチバチだなあ」とか言われて、どんどん誘ってくれて、あれから僕はずっと裕也さんの魔法が解けないですからね。

――裕也さんにカッコいいって言われたら。

HIRØ　ホントですよ！　ただ、『人間コク宝』の豪さんとZeebraとの対談で、Zeebraが僕の父親と裕也さんが関係あってどうのこうのって話をしてたんですけど（内田裕也がZeebraに「俺はこいつの親父から頼まれてるから」とHIRØのことを語ったという話）、あれはちゃんと裏を取ってほしいなと思ってて。たしかに知り合いではあるんですけど、何年も経ってから知り合いだっていうことがわかって、裕也さんに「おまえ、誰々の息子なのか！」って言われて。けっこうヤンチャしてた父親だったんで、30年ぐらい前にハワイに移住しちゃったギャングスタなんですけど（笑）。あっカタギですよ。父親のことを裕也さんに言ってもしょうがないと思ってたんで。裕也さんには「順番間違ってなくてよかったよな」っていつも言ってもらってるんですよ。やっぱり裕也さんって誰々の子供だとか、そんなの関係ないって言うか。裕也さんと

PANTA
72年に「頭脳警察」としてデビュー。政治的な過激な歌詞などが問題視され、1stアルバムが発売禁止になる。75年に頭脳警察が解散、以降はソロや「PANTA&HAL」名義で活動。頭脳警察の曲『コミック雑誌なんか要らない』は内田裕也のお気に入りで、主演映画『コミック雑誌なんかいらない！』のタイトルに引用。『BURST』のPANTAの連載「暴走対談」の後を、HIRØが引き継いだ。

RISING SUN
HIRØを中心に結成されたハードコア・ロックバンド。六本木を中心にアンダーグラウンドシーンで活動していた。

妄走族
三軒茶屋近辺の不良が自然発生的に集まって結成されたヒップホップユニット。00年にアルバム『君臨』でデビュー。14年には主要メンバーだった般若が脱退。15年には解散した。

知り合った頃は、自分もイケイケだったんで、ステージとか観て頂いてもらったりしたり、あとなんと言ってもジョーさんの推薦というか、ジョー山中の太鼓判は大きかったんじゃないでしょうか。あの頃は、裕也さん、ジョーさんと、それこそ毎日のように色々な所にカマシに行ってましたねー。地方の会場やプロレスやK−1や。そういえばザ・デストロイヤー亡くなりましたね。

——プロレスはお好きなんですよね。

HIRØ 大好きです！ それこそ小学生のときはずっとプロレス小僧ですね。僕、1989年から1994年の大晦日まで6年間アメリカにいて、そこから90年代後半はホーク・ウォリアーとかスティーブ・ウィリアムス、テリー・ゴディとはよく遊ばせてもらいました。

——ああ、六本木の仲間ですね（笑）。

HIRØ はい。当時ガスパニック、あとミストラルブルーってロアビルの1階にある電車のバーわかりますか？ あそこにあんなデカいヤツらがみんな溜まってて。僕もしょっちゅう行ってたんですけど、行くとドアが半開きになってるから誰かいるのかなと思ってパッと開けたらいきなりバチーン！ って。

——水平チョップ食らって（笑）。

HIRØ 「なんだよ！」って見たらバンバン・ビガロだったり（笑）。あそこは来日したプロレスラーたちのたまり場でしたね。

——フミ斎藤とかもいる感じで。

HIRØ そうです。フミさんは、いまだに僕のライブとかにも来てくれますし。こないだもすごく貴重な、ついにブロディの本が出たじゃないですか、あの本も読ませてもらって。フミさんにしか書けないブロディでしたね。プロレスは大好きでしたね。豪さん、プロレスの人ですもんね？

——ボクが『紙のプロレス』の編集部にいたときに代々木の路上で会ったこともあって。

HIRØ あっ、そうですよね！ 僕も1回、『紙プロ』に出させてもらったことあるんですけど。僕はずっとUWF信者で。あとは荒くれ外人アウトローの大男たちが大好きです。あ、僕（ジェラルド・）ゴルドー先生と仲いいのは知ってます？ アムステルダムに日本のヒップホップのあるクルーが行ったとき、ゴルドー先生が、「おまえらちょっと待ってろ」って奥に行って、どうしたのかなと思ったら僕が表紙の『BURST』持ってきて、「知ってるかおまえら？ ディス・イズ・マイ・弟子」ってゴルドー先生が言ってくれたっていう。ちなみに我が家の猫ちゃんの名前がゴルドーです。誰もわかってないからゴルドー、ゴルドーって呼んでますけど、AIちゃんのペットの名前がゴルドーって、かなり面白くないですか（笑）。

——UWFはどれくらい信じてたんですか？

HIRØ 全面的に信じてました。

——これはガチだ、と。

HIRØ はい。新生UWFをバリバリ信じてて。ホントに好きすぎて、当時アメリカに住んでいたんですけど、新生UWFのビデオは全て取り寄せてました。そのあとニューヨークで「あ、ここはあの道場だ！」って僕そのままUSA大山入っちゃったんですよ。

——えっ！ USA大山空手に？

HIRØ USA大山空手に。ウィリー・ウィリアムスも本名でのアクバ先生って呼んでました。ニューヨークでずっとやっ

フミ斎藤
斎藤文彦。プロレス評論家・研究者。ミネソタ州にあるオーガスバーグ大学留学中から、『アメリカ駐在記者としてプロレス雑誌に寄稿。帰国後は『週刊プロレス』の編集スタッフ・ライターとして活動する。アメリカナイズされた文体のコラムは熱烈に支持されており、著書多数。妻は香山リカ。

USA大山
USA大山空手。極真会館の高弟だった大山茂が、インストラクターとしてニューヨークへ派遣され、ウィリー・ウイリアムスなどを門下生として迎えた。茂は極真会館が主催した『全世界空手道選手権大会』の開催に尽力するなどしたが、ウィリーのプロレス参戦が揉め事に発展、茂は極真会館を離脱し、USA大山空手（国際大山空手道連盟）を設立した。マンハッタンに本部道場を構えている。

てて。毎日マジメに稽古していました。確か尾崎（豊）さんも通ってましたよね。時期は異なりますけど。

——大山茂さんとは？

HIRØ 僕の頃は最高師範って呼んでました。尾崎さんの話も最高師範から聞きました。正道会館との5対5とか、あの頃です。

——超いい時代じゃないですか！

HIRØ 超いい時代でしたね。（石井和義）館長とも親しくさせてもらって、一緒にハワイ行ったり、かわいがってもらって。いい時代でしたね。で、USA大山空手に入ってわかっちゃいました。先輩たちに、「え、わかんない？ なんで顔を蹴らないの？」とか、「これおかしいと思わない？」って言われて、「え？」ってなっちゃいましたね。

——わざわざそこまで行って気づいた！

HIRØ いや、すげえ信じてましたよ。（UWFと新日の）提携時代とかは、もう一番ズキュンでしたね。

——「新日本なんか潰せ！」って感じで。

HIRØ バリバリでしたよね。

——前田日明さんや高田延彦さんと接点は？

HIRØ ないですね。1回だけ、裕也さんに「ちょっと1軒つき合ってくれ」って言われて、どこ行くのかと思ったらリングスの事務所にどんどん入ってったことがあって。「ちょっと1杯飲ませてくれ」って、事務所で1杯飲ませてくれって言って（笑）。

——当時、リングスの事務所が渋谷にあって、裕也さんが突然来るから困ってるっていうのはリングスのスタッフの人から聞きました（笑）。

HIRØ そう、行きましたよ！ 裕也さんはすごいですよね。こないだの『BURST』の裕也さんとの対談でも話したんですけど、勝新太郎さんの葬儀のあとに「1軒つき合ってくれ」って裕也さんに言われて、そしたら赤坂のオフィス北野に、まだ夕方ぐらいですよ。皆さんちゃんとお仕事してるところに行って、「おう、1杯飲ませてくれ」って。

——なぜ！

HIRØ たけしさんはいなかったんですけど森（昌行、当時社長）さんとか出てきて。

——そりゃあ社長が出るしかないですね。

HIRØ 「こっちは勝さんとこ行ってきたんだぞ！」とか言って、なんでキレてるのかわからない（笑）。裕也さんはたけしさんのことが大好きですから。いつもたけしさんとのことを楽しそうに嬉しそうに話しますねー。

——いい場面をいっぱい見てるんですね。

HIRØ そうですね。渋谷にドンキホーテっていう、ドアがいつも鍵閉まってて、裕也さんが酔っ払ってドンドンって扉を叩くと中から「山！」とか聞こえてきて、裕也さんが「川！」って言うとドアが開く会員制の店があって（笑）。もともと石原プロの人たちのたまり場らしくて、裕次郎さんが最後に飲んだブランデーグラスが飾ってあるようなところで。よくそこには連れて行ってもらったんですけど、本当にえっ!? っていうような大スターの方々がいらしたりしてる不思議な場所でした。そこで裕也さんがケンカになったんですよね。ひとりで入って、映画のナントカ組とケンカになって、裕也さんは悔しくて家に帰って金属バット持ってまた戻ったんですよ。

——うわー！

HIRØ　そのとき裕也さんがジョーさんに電話して、「ジョー、いま金属バット持って向かってるから」「裕也さん、俺が行くまで待っててくださいよ」ってことで、ジョーさんからすぐ電話がきて、「ヤバいHIRØ、裕也さんがいま金属バット持ってドンキに向かったから、俺たちグローブとボール持って行くぞ」って言われて。それでグローブとボール持って裕也さんを回収して（笑）。

――草野球やってる振りをしながら。

HIRØ　っていうかホントにおもしろおかしくマンガみたいなファミリーでしたね、よくイタリア映画で何言ってるかわからないようにこうやって口を隠して話したりするじゃないですか、会話を読まれないために。それやってみたり、ホントに裕也ファミリーは東京のロックシーン、映画シーンなのかわからないけど、そこでおもしろおかしく裕也さんと遊ばせてもらったというか。

なぜか桑名さんと揉めた⁉

――この前、美勇士さんにこのページに出てもらったんですけど、『ニュー・イヤーズ・ロック・フェス』話で爆笑しましたからね。

HIRØ　何を言ってたんですか？

――リハがいかにたいへんなのかとか。音がハウッただけでPAをボコボコにしたり。

HIRØ　いや〜、美勇士はまだわかってないですねー（笑）。『ニュー・イヤー』のリハは裕也さんの一連のパフォーマンスなんですよ。それもちゃんとテレビが撮ってるところで、「てめえどうなってんだ！　俺たちは足から下まで見せなきゃ意味がねえんだよ、こんなとこにモニター置いてんじゃねえよ！」って言って、モニター全部撤去するじゃないですか。そうすると、「おい、音聞こえねえよ！　どうなってんだ！　PA、聞こえねえぞコノヤロー！」「すみません！」ってやってるんですよ（笑）。だから、それくらいの遊びです。

――なるほど。裕也さんの密着映像を見るたびに思いますもんね。最初にまずキレて上下関係を作るようなところがあるのかなって。

HIRØ　違います。カメラが回ってるから、あれはサービスですよ。ニューイヤーのリハもいつも局のプロデューサーが僕に目配せして、良い映像が撮れましたって合図出してますから。内田裕也はすごく優しいですよ。出演者、スタッフ、関係者、仲間にはとても優しいです。ジョーさんもすごい優しいですし、でも怒らせたら一番怖いのはジョー山中ですけどね。

――普段はジェントルでしたけどね。

HIRØ　怒らせたら一番怖いんじゃないですかね。俺もジョーさんに怒られたことはないですけど、ジョーさんがキレたのは何回か見ましたね。ただ間違ったことが嫌いな人なんで。あー、あと大阪でイベント終わって高級クラブに行ったとき、大阪っていったら桑名さんの仕切りじゃないですか。僕とかジョーさんとか、裕也さんはいなかったんですけど、そのとき桑名さんが膝悪くて杖持ってて、「シャキーン！　どやこれ折りたたみやで」とかやってて。そのなかでお笑い芸人の方に、「何言うてんねん」って頭コーンとやってお笑いノリで芸人さんたちやホステスさんたちが笑うっていう、そのうち桑名さんが酔っ払ってきて、その杖で僕も頭コーンとやられたんですよ。で、

僕が「桑名さん、俺サルですか犬ですか？」って言って。そしたら「何言うてんやHIRØ」って言うから、「……オイ、サルでも犬でもねえんだったら人の頭を叩いてんじゃねえぞコノヤロー！」ってなっちゃって。

――うわー！

HIRØ そしたら桑名さんも、「なんじゃコラ！　表出ろコノヤロー！」ってなって、ジョーさんもついて来て。僕と桑名さんとジョーさんと、ジョーさんの息子でいまラッパーやってるZEROと4人でトイレに行って、僕もちょっと収まらなくて、「上等だコノヤロー！」ってなってたんですけど、そのとき桑名さんが「おまえなんでそんな怒るんや、そんなことあるやないかい」って。「いや桑名さん、ロックの先輩がそうやってロックの後輩小突いたら、そりゃヤバいですよ」って話をして。ジョーさんも、「どう見ても桑名が悪いし、俺は止めない。やるならやるで俺は黙って見てる」って言って。桑名さんが謝ってくださったんでそこで収まったんですけど。

――とりあえずなんとかなって。

HIRØ でも、桑名さんにしてみれば、なんでジョーが味方しないんだって思ったんでしょうね。次の店に行って、桑名さんのマネージャーが「遅くなりました！」って来たら、桑名さんが杖でマネージャーの頭バチーンと叩いて、「何やっとんじゃ！　ワシはHIRØにケンカ売られて！」とか始まっちゃって、「え、桑名さん、終わったんじゃねえのかよ！」って僕もなっちゃって。でも、ジョーさんやご一緒していた昔の超有名下町暴走族関係の怖い先輩たちが、「もうHIRØ、行こう行こう」って出してくれて、それで終わったんですけど。それで東京に帰ったら裕也さんに、「おまえ桑名にケンカ売ったそうじゃないか！」って。

――また厄介な展開に（笑）。

HIRØ 「じゃあ何か？　おまえは俺にもやるのか？」って言うんですよ。「裕也さんやジョーさんは絶対そういうことしないじゃないですか」「ま、そうだよな。たしかにそれはジョーからも聞いたし、おまえが悪くないのはわかってるけど、でもあそこ大阪だぞ、大阪は桑名の味方いっぱいいるんだから、気をつけないとさらわれるかもしれないからな」って言われて。そこから桑名さんとは1年ぐらい疎遠になって。でも、あるとき席に呼んでくれて、僕もちょっと緊張して行ったら、桑名さんが「おまえはすぐ怒るんやからー！」ってニコニコしながら最初に言ってくれたんで、僕も「もう桑名さーん！」ってすぐなって。

――ちゃんと和解はできたんですね。

HIRØ はい、もちろん。ファミリーですから。ただ、いつも打ち上げ会場のどっかでガシャーン、「おりゃー！」とか聞こえてパッと見るとだいたい桑名さんなんですよ。酔っ払ってなんかあるとドシャーン、ガシャーン、「何言っとんじゃコラ！」って。それはそれで愉快な仲間たちなんですけど……。

――桑名さんにキレるのはさすがですよ。

HIRØ まあ、そこは男同士のつき合いじゃないですか。ジョーさんにも言われましたよ、「あそこでHIRØが言わなかったらちょっと違うよね。ちゃんとHIRØが言ってよかった、間違いない」って。桑名さんは、酔っ払うとすぐガシャーンとなるんですよね。松田優作さんとの有名な逸話もジョーさんから聞きましたけど。

――憎めないキャラではあるんですけどね。

ZERO
ジョー山中の息子で、スウェーデン人のモデルが母の、レイ・アーロン・山中。ラッパーとして活動。レイ"カーク"カークランドと共に、「The LIGHT」というユニットも組む。

HIRØ 最高ですよね。で、そんな後は朝までずっと歌い続けるっていう。「次は何聴きたいんや？」ってあの甘い歌声で。最高ですよね（笑）。

——サービス精神はある（笑）。

HIRØ はい、バリバリですよね。亡くなる前も、もう動かなくてずっと息をされてるだけだったけど、大阪行って「先輩！先輩！」って言うと脈が動いてましたからね。だから真っ暗ななかで夢なのか現実なのかわからなくて、耳だけ聞こえてたんですかね。たいへんでしたよ。美勇士もよく頑張りましたよね。立派だった。

——力也さんも闘病生活が長くて。

HIRØ ホントですよね。力斗（息子）が本を出したのを読んだんですけど、最後の半年、1年ぐらいはわからなかったですね、ああいう感じだったんだなって。何回か退院されたときにご一緒したこともあったんですよ。手をブラブラさせて「なんか手がバカになっちまって、こんな感じだよ。今日会ってることアンちゃん（裕也さん）には内緒だぞ」って言われたんですけど。確か彫りひとさんのイベントで「力也さんが来る」って言うから、「いや、力也さん入院してるはずですよ」って言ったら、「実は来るんですよ。HIRØさんが来るってお伝えしたら、じゃあその後どこどこの焼肉屋でって、いいですか？」って言われて、行ったらホントに力也さんいて。力也さんもカッコよかったですね。

——最高でしたね、息子さんにすら本当のことを言わない感じとか、どこまでがギミックなのかわからない感じだったのも含めて。

HIRØ 「俺はジェノバで生まれてイタリアのシシリーの血が入ってる」って言ったら、横でジョーさんが「嘘だ、力也さん大宮じゃん！」って（笑）。超最高ですよ！

——父方のおじいちゃんがマフィアで、母方のおじいちゃんが右翼のうんぬんとか、どこまで本当かわからないエピソードだらけで。

HIRØ おもしろいのは力也さんにあこがれてジョーさんがショービズの世界に入ったんですよ。『自動車泥棒』って映画で力也さんと知り合って、当時の力也さんってバリバリカッコよかったじゃないですか。で、桑名さんが本当にバンドでずっとやっていくぞって決めたのはフラワー・トラベリン・バンドのジョー山中を見てだから、あの3人はつながってるんです。みなさん1年1年で逝ったじゃないですか、ビックリしましたね。ファミリーの先輩たち3人が立て続けに亡くなって、裕也さんと一緒にジョーさんと桑名さんのお骨を拾わせて貰って。力也さんの火葬には立ち会えなかったんですが。裕也さんもかなりショックだったと思いますね。僕自身もその後、死生観や色々なことを考えて、悩み、自律神経失調症になってしまって、まったく眠れずに気がついたら家の中を壁から壁まで何十往復もしていたり、ヤバかったですねー。睡眠薬や精神安定剤を処方されたんですけど、これ飲んだら一生これなしでは生きていけない気がして飲まずに何とか直しました。嫁のおかげです、本当に感謝しています。いまはすっかり完治して、笑い話にできるようになりましたから。あっ、すみません。暗い話で。さあ明るい話をしましょう（笑）。

——力也さんとアブドーラ・ザ・ブッチャーのケンカって知ってます？ 六本木で揉めて、転がってたブロックか何かでブッチャーの頭をかち割って倒した、みたいな。

HIRØ　あ、力斗の本に書いてましたね。

——あれ、いろんな本によって力也さんの発言が微妙にディテールが違うのも好きで。

HIRØ　そういうのってあるじゃないですか。何かの本で読んだんですけど、山本KID選手がボクシングの何位かのチャンピオンの人と渋谷でケンカしたのもけっこう有名な話ですよね。……実は、あれ僕いたんですよ。

——現場に！

HIRØ　はい、目の前で見てました。あれはすごかったですね。KID選手も亡くなってるので亡くなった方のそういう話もあれですけど、あれはすごかったですね。……これ原稿チェックとかできるんですか？

——もちろんです！

HIRØ　僕はエイジアのほうから下から車でハーレムのほうに上がってきたら、知り合いの何人かがいて、「あ、HIRØくん！　なんかKIDくんが揉めてるっぽいんですよ」って言うから車停めて「どうした？」って言ったら、KIDが誰かに何か文句言われてるんですよ。KIDは下向いて「はい、はい、はい」みたいな感じで我慢してて。「誰あれ？」って聞いたら、「何々くんで、どこどこでボクシングのランカーで」「そうなんだ。KID大丈夫なの？」「たぶん大丈夫じゃないですか？」って言ってたら、いきなりそのボクサーの人がKIDのことバチーンと手出したんです。えって思った瞬間にKIDがタックルして持ち上げてダーンと倒してうしろに回ってチョークで落として、今度は上に乗っかってマウントパンチ。

——落としたあとで！

HIRØ　そう、落ちてるのに。2発ぐらい殴ったら起きて。で、もうみんなふつうにしてて、「KID大丈夫？」「いや昔から知ってるんですよ」って言ってたから、そうなんだと思って。それで終わってハーレム戻るのかなと思ったら、まだその相手の人もイケイケで起き上がって、またふたりが揉めてるんですよ。「え、また？」と思ったら、相手の人が鼻血流しながら「てめえコノヤロー！」ってやってるんですよ。もし警察が来たらどう見てもKIDの方が加害者に見えるじゃないですか。そしたらKIDも「すみません」ってやってるんですよ。そしたらまたその人がKIDのことひっぱたいたんですよ。もうデジャブですよ！

——ダハハハ！

HIRØ　また同じようにタックルして倒して首絞めて、また落ちちゃったんですよ。で、また上に乗っかってバッコンバッコン殴って、「わかったわかった、勘弁してくれ！」ってなって。だからけっこういろんな雑誌に出てましたけど、あれは僕、見てました。KID強いですよね。選手としても日本の宝でしたけどストリートでもみんなリスペクトしていましたからね。でもあれはKIDが我慢して我慢した結果のことでしたからね。あれからK-1、UFCって本当にカッコ良かったー。あの頃、僕らはHARUと一緒にウルフレボリューションをやっていたから魔裟斗派というか。だからKIDは「どうせあんたら魔裟斗派だろ」っていうような感じでしたけど、ウルフレボリューションも……なんか話せないこともいっぱいありますよね（苦笑）。**【以下、大幅に自粛】**。みんな揉めちゃうからね。難しいですよね。

——『BURST』とかもそうですけど、執筆陣がいろいろ揉めてるから、バランスよくつき合うのが難しいっていうのは

ウルフレボリューション
魔裟斗が中心となって開催されていたキックボクシングと音楽の複合イベント。イベントの代表を務めていたHARUはバンド「STAB BLUE」で活動するミュージシャンでもあった。03年に六本木ベルファーレで開催された「WOLF REVOLUTION meets LUZ」では、魔裟斗は宇野薫とオープンフィンガーグローブを着用したエキシビジョンマッチを行い、ライブパートにはSTAB BLUEをはじめ、宇頭巻、妄走族、BAT CAVE、RISING SUNが参加していた。

思いますね。

HIRØ やっぱ年齢ですね。50歳で揉めてたらちょっと恥ずかしいなっていうか。

――いつ死ぬかわかんないから、みんな仲良くしとこうよっていうのはありますよね。

HIRØ そうなんですよね。揉めるとかって無駄なエネルギーというか、負の連鎖を呼びますよね。

抗争事件と間違えられた!?

――でも、こうなる前はHIRØさんもかなりたいへんだったはずで。USA大山空手で学んだ技術は、路上でも活きるわけですか？

HIRØ はい、反省しています。僕はけっこう脚が器用だったんで、フランシスコ・フィリオたちが有名になる前の縦蹴りっていうかブラジリアンキックが得意で。電撃ネットワークのギュウゾウさんも士道館とかやってたじゃないですか。だから「HIRØの縦蹴りやっぱすごいね！」って言ってくれて。退院したときも、「HIRØの蹴りがもう見れないのか」ってギュウゾウさん言ってて（笑）。僕、三五十五さんとすごく仲良くさせてもらってて。

――三五さんも気性が荒かったっていう。

HIRØ そうですよね。僕、初めてお葬式の弔辞を三五さんのときにやったんですよ。山田邦子さん、影山ヒロノブさん、裕也さんの3人が弔辞だったんですけど、裕也さんが「俺は今日ここで君の冥福を祈る。が、やっぱり俺ではない、ここはHIRØだと思う。HIRØ頼む」って言われて、「えっ!? うわちょっと待ってよ！」と思いながら初めて弔辞をやらせて頂きました。三五さんずっと仲良かったんで、心からの言葉をね。

【ここから最高に物騒なエピソードが語られるが大幅に自粛】。

去年入院してて、僕の復帰ライブ『STREET BLOOD』を年末渋谷でやったんですけど、そのときも鉄アレイとかアグレッシブドッグスとかSOBUTとか、あと城南ウォーリアーズって知ってます？ UZIとMARYANの。そういうヤバい連中がみんな集まってくれて、あとカイキゲッショク、モトアキもZeebraも来てみんなで復帰ライブやらせてもらって。全員集合しましたね。

――ハードコアとヒップホップのアウトロー関係をちゃんとまとめられる人ですよね。

HIRØ まあまあ（笑）。50歳の誕生日にけっこういろんな連中、ロック、パンク、ハードコア、ヒップホップ、役者、格闘家いろんな人が集まってくださって。裕也さんのお祝いの言葉から始まり湾岸の羊、電撃ネットワーク、Zeebraと真木蔵人、カイキゲッショクと立て続けのライブショーがあり新極真会の世界チャンピオン塚本選手のお祝いの言葉まで、皆さんに50をお祝いして頂きました。深夜1時ぐらいにはもう終幕して、僕は家族とスタッフでゆっくりしてたんですけど、Zeebraが「今日はどうしても朝まで一緒にいたい」って言うんで、「じゃあおいでよ」って言ったらZeebraと妄走族の神が来て、「今日のバースデーはすごかった、全員いたよ。ヒップホップも全員いてパンクスも全員いて、映画の『ウォーリアーズ』じゃないけど、あそこで何かが起きるんじゃないかってみんなハラハラしてたけど、みんなニコニコしてあんなにいいパーティーはなかった」って言ってくれて。「HIRØく

鉄アレイ
84年に結成されたハードコアパンクバンド。ボーカルのRYOの実弟は新日本プロレスの小島聡。

アグレッシブドッグス
83年、福岡県北九州市小倉にて結成されたハードコア・メタルバンド。

SOBUT
95年、HIDE、MOTOAKI、YOSHIYAで結成されたハードコア・パンクバンド。メンバーチェンジを繰り返しながら現在も活動中。

城南ウォーリアーズ
G.K.MARYANとUZIによるコラボレーション・ユニット。楽曲『ファイティング・スピリッツ』はテレビ朝日『ワールドプロレスリング』のエンディングテーマに起用されたことも。

湾岸の羊
HIRØがヴォーカルを務めるミクスチャーハードコアバンド。メン

んがちゃんとやるんだったら俺はついて行くから、ニューイヤーも含めしっかりやろうよ」って彼も言ってくれて。じゃあカイキも問題は色々あるんですけど、ちゃんとやらなきゃなって思っています。

――パンクの世界に首を突っ込んで一番思ったのは、いろんな人が表に出てない期間に捕まったりいっぱいあるんだなってことなんですよ。

HIRØ ホントですよね。酔っ払って器物破損だ、トラック停めてフロントガラスに頭突きしたとか、もうメチャクチャ、無駄というかなんというか。変にシャブなんかやってパクられてるよりはマシですけど、でも「あれ、これ警察署の番号じゃん。もしもし」って電話出ると、「●●●●さんわかりますか?」「わかりますけど、身柄引き受けとか俺行かないから。もうちょっと泊めといてください」って(笑)。

――反省させないとっていう(笑)。

HIRØ ホントそうなんですよ。

――意外と真っ当ですね、HIRØさんは。

HIRØ そうですよ! 当り前ですけど、僕は40歳過ぎてからは1回もぶったり蹴ったりとかのケンカはしてないんですよ。

――ほう! そうなると、さっそく40歳以前の話を掘り下げたくなりますけど(笑)。

HIRØ 嫁にも言われるんですけど、「あんた出会った頃は人間じゃなかったからね」って。ホントに僕はまともになって。家族のおかげですね。入院も僕ひとりで昔のようなことやってたらもう死んでましたね。家族がいてくれたから病院に運んでくれたりして、いろんなことを乗り越えられたというか。

――ただ、40歳前のヤバそうな時期も、会ったときの印象はホントいいんですよ。基本ものすごいジェントルな人じゃないですか。

HIRØ だって僕、日本の高校3校もクビになって最後はアメリカの高校を卒業したんですよ。カリフォルニアだから、スマイルじゃないですか(笑)。

――なるほど!

HIRØ 笑うスキルはあるんで。

――ダハハハ! コミュニケーションスキルは高いわけですね。それでも相手が何かしてきたらスイッチが入るんだろうけども。

HIRØ そうですよ、だから僕が日本に帰ってきたばっかりの頃は六本木がホームなんで、ガスパニックとかのセキュリティシステムを作ったり、ホントにガスパニックさまさまなんですけど、いろいろやってて。ああいうバウンサーとかってパートナーシップが大事じゃないですか、ひとりでなんて絶対できないんで、必ずパートナーとやってて。当時、三歩ルールっていうのがあって、酔っ払ってるヤツでガリバーかよっていうくらい2メートル超えたデカいヤツとかいるじゃないですか。一歩出てきたら一歩下がる、二歩出てきたら二歩下がる、三歩目出てくるようだったらもう寝かせちゃおうって言ってたんですよ。みんな酔っ払ってるし、各国で言語も様々だし話し合いの余地は二歩目までって。「あ、出てきちゃった」ってなったら、パートナーはそいつの真後ろに絶対気づかれないようにつくんですよ。で、二歩まで出てきて、三歩目出てくる瞬間にうしろのヤツが首を絞めるんですよ。で、ダーンとそのまま寝かして、ガスパニックの横に墓地があるんですけど、墓地に投げちゃうっていう。

バーはREDS(AURA)、TATSU(GASTANK/THE DEADROCKS)、Ryo-ta(Omega Dripp)、CHAGEEEEEE(Omega Dripp/ZIGGY/カイキゲッショク)。

——失神させて捨てる！

HIRØ　あと汚れたときはバーッと水で流してきれいにして。当時はまだ街に防犯カメラとかなかったんで。で、麻布警察とかガスパニックだ、外人ゾーンでミストラルだってなると、通報が入っても20分ぐらいは来ないんですよ。落ち着いた頃に、「どうしたのー？」なんて来て。要は警察としても面倒くさかったんでしょうね、外国人のデカいのとか当時はどうしたらいいかわかんなくて。当時の六本木はすでにアフリカ系、イラン系、ブラジル系、コロンビア系って組織がありましたからね。

——自力で守るしかなかったわけですね。

HIRØ　そうですよね。だから当時、僕やHARU（シルバーウルフ代表）やレイ松村ってオーストラリアのエクスプロージョンって格闘技の大会やってた彼なんかは、日本をナメてる外国人を世直しじゃないですけど、そういうのはみんなでやってましたよね。日本人の女の子にひどいことしたりしてる連中や日本人に対してリスペクトのない不良外国人には。やっぱり、その国に行ったらその国の人たちをリスペクトしないと。

——要するに戦後の大山総裁感覚ですよね。

HIRØ　ああ……なるほど（笑）。そこでマスオーヤマが出てくるとモゴモゴしちゃいますよ。

——真樹先生とは接点あったんですか？

HIRØ　そうですね、誰に紹介してもらったんだっけな。（中山）一也さんかな？

——あ、中山一也さんとも交流が。

HIRØ　『BURST』のPANTAさんの対談連載に中山一也を推薦したのは僕なんですよ。よく何かあると、例えば沖縄で米兵に少女がレイプされた事件があると「HIRØ～一緒に大使館突っ込まんか」とか連絡ありましたねー、相変わらず熱い人ですね。沖縄の事件は自分もホントに行こうか考えましたけどね。

こっしー　あの〜、RISING SUNとしてのバンド活動はいつからやってたんですか？

HIRØ　僕は1994年の大晦日に日本に帰ってきたんですけど、その次の年からですね。それこそ地域密着型じゃないですけど、ホーム六本木のみのバンドで、ガスパニックだミストラルだ、そういう六本木のクラブとかバーで僕らの曲ガンガンかけてくれてライブして。外国人しかいないじゃないですか。みんなガンズ&ローゼス、レイジ・アゲインスト・ザ・マシーンでいきなりRISING SUNとかそんな感じで。そういう地域密着型バンドでしたね。

——六本木で遊んでいると日本でバカ売れしてるバンドのような錯覚ができた（笑）。

HIRØ　六本木ではスーパースターでしたね（笑）。初期はお客さんも東京にいる外国人の連中ばっかりでしたね。メンバーも、ガスパニックとかミストラルに溜まってるバイリンガルのミュージシャンみんなでやる感じでしたね。

——元THE MONSTER A GOGO'Sで東京クランプスでめろん畑a go go運営の木下さんも一時はメンバーだったんですか？

HIRØ　はい、キーボーも一時期いました。後期ですね。外国人バンドが終わってセカンドアルバムだから『BAD BOY』の頃なんで、それこそ恵比寿みるくから始まって渋谷のエイジアで僕がイベント用に200万ぐらいかけて6メートルぐらいの金網作ってステージ前に建てて、マンスリーでやってい

真樹先生
真樹日佐夫。作家、漫画原作者。実兄・梶原一騎の紹介により極真会館総本部に入門。大山倍達と義兄弟の契りを結ぶ。68年に『兇器』でオール讀物新人賞を受賞。劇画の代表作に『ワル』がある（映画化され、主演は谷隼人）。80年に、独自の門派・真樹道場を設立。12年1月、急性肺炎のため急逝。

た『クラブザウルス』。僕らRISING SUNと妄走族、GANXSTA D.Xとか雷、SOBUT、ブライアン（・バートン・ルイス）と浅野（忠信）くんのサファリとかと一緒にやって。僕が日本のヒップホップとものすごい至近距離にいた時代ですかね。そこから僕もそうやってライミングするようになったり。その時代の後かな、KATSUTAの後にキーボーが弾いてくれてました。

——いまはアイドル運営ですけどね。

HIRØ アイドルやってるって言ってましたね。今度一緒にやりますよ、キーボーのヒカリノ香車と僕の湾岸の羊が一緒ですね。あと、原宿のクロコダイルってガンさん（村上元一、元内田裕也マネージャー↓原宿の伝説の人物）のお店じゃないですか。僕が昔、六本木水曜会ってやってたんですけど、いま原宿水曜会ってやってて、ジョーさんとかショーケンとか裕也さんとか、『ニューイヤー』の先輩たちのカヴァーを僕とレッズ（AURA）とTATSU（ガスタンク）とかでやってて、それのバックでキーボーがやってくれたり。それを今年も5回ぐらいクロコダイルでやってますよ。ゆったりとした空間でロックバラードやスローをやっとこの年になって歌っています。

——ちなみに最後のケンカって覚えてます？

HIRØ いやぁ……言えないことばっかりですね（笑）。六本木で……警察沙汰になってもう終わって……いや、でも言えないな。

——言える範囲で言うと？

HIRØ もう酒もタバコもやめたんですけど、飲んでる頃はたくさん失敗して反省して、ちゃんと学習して。その頃はまだ飲んでる頃で15年くらい前かな。朝方みんなで飲んでて、仲間の女の子が具合悪くなって吐いちゃってたんですよ。で、六本木の交差点近くでみんなで介抱してたら、タイトスカートでうずくまって吐いてるわけで、ガラの悪いヤツらが「ネエちゃんいいケツしてんな」って始まったから、「コノヤロー！」みたいになって。向こうは3人で、こっちは僕ともうひとりだったんですけど、朝方の交差点だから目立ちますよね。「はいそこまで！」って言われてパッとみたら警察がいて、僕はそのまま連行されて。取調室で、「もうひとりのヤツはどこにいる？」って言うから「知らない」って言って。「さっき一緒にいたヤツだよ、どこだ？」「俺が友達の女性を介抱してたら絡まれて、1対3でかわいそうだと思って味方してくれた外国人じゃないかな」「いや、あいつは日本人だ！」「いや、中東っぽい感じの男の人が一緒に闘ってるのは見ました。3対1だったからありがたいと思ったけど、僕は知らないし顔もわからない」って話して。それで取調室から出たら、ケンカした相手も鼻血出しながら来て、「てめえコノヤロー！ おまえはなんかやってるな」って言われて。ハイキックとかバンバン入れてたから。

——USA大山空手仕込みの（笑）。

HIRØ でも、どっから見ても暴力団風なヤツだから、「いや僕は間違ってません！」って胸張って言ったんですよ。もうひとりのヤツは脚折れちゃったらしくて救急車で運ばれて、そこであぁだこうだ言ってるヤツは鼻折れて鼻血出してて、あともうひとりいて。そしたらひとり警察官が来て、「あなたは暴力団？」「いや僕は違いますよ」「ナントカ事件のあの抗争ではないみたいですよ」って。その3人が右翼団体で揉めてたみたいで、それなんじゃないかと思ったみたいで。これはラッキーと思って、「僕は女の人を介抱してたところを絡まれたんで、

GANXSTA D.X
ヒップホップMC。暴走族や竹の子族などを経て、ブレイクダンサーとして活動。渡米後はアフリカ・バンバータが創設したUniversal Zulu Nationの一員となり、移り住んだサウスセントラルでギャングに襲われた所をフロレンシア13のメンバーに助けられ自らも加入。帰国後は日本で「Florence 13」を立ち上げ、東京の六本木を中心にシンボルカラーを赤とするBLOODS系ギャングの頂点となる。

雷
95年頃から活動を開始。RINO LATINA II、TWiGy、D.O、YOU THE ROCK★など、後のヒップホップ界をリードするメンバーが揃っていたことで知られている。西麻布のクラブゾアで開催されていた「ブラックマンデー」を中心に、ライブ活動を行った。現在は「KAMINARI-KAZOKU.」に改名されている。

サファリ
99年に結成されたハードコアパンクバンド。浅野忠信、ブライアン・バートン・ルイスのツインボーカルが話題となり、「FUJI ROCK FESTIVAL」にも出場した。

ヒカリノ香車
元THE MONSTER A GOGO'SのMORITAKA（木下盛隆）をリーダーに、同じく

たしかに闘いましたけど、3対1で攻められたんでしょうがなかったんです」って言って、全員帰されたんですよ。そしたら後日、「あなたを帰したのは間違いだった、ひとりは救急車で運ばれて脚の骨折れてるし、ひとりは鼻の骨が折れてる。これは示談してもらわないとこのまま今日は帰れません」って言われて。「じゃあ示談しますよ」って言ったら、3人のうちのもうひとりがすでに別の事件で九州で逮捕されてて留置されてるって話で。だからどうしようもないヤツらなんですよ。で、僕は「100万なら払います」って話をしたら向こうは500万って言ってきて、冗談じゃないって話になって。でも警察も、「あっちは入院しちゃってるし、示談がまとまらないと帰れないです」って言うから、「わかりました」ってことで250万で示談になったんですよ。

――そういうことを経験すると、面倒なことはもうやめとこうかってなるでしょうね。

HIRØ で、そいつらが六本木でロシアパブかなんか経営してて、六本木歩いてたらまた会っちゃったんですよ。「おう！」とか言うから、「250万も入ったんだから少しはいいもん食えよ」ってイヤミ言って終わったんですけどね（笑）。まあ、いま思えばそれが最後のケンカですかね……。まさか50過ぎてこんな話をさせられるとは、本当に恥ずかしいです。

――不良やるのもたいへんですね。

HIRØ あとはガスパニックとかセキュリティ時代にみんなでフォーメーション作ったりシステムを作ってた時代……あの頃は模索しながらやってた時代だったし、体がデカいうんぬんよりもネットワークとか、いかに瞬間で寝かす技術を持ってるかとか、そういう時代でしたからね。相手のいることなんで、やりすぎることもあるじゃないですか。よくある話ですけど、次の日に新聞見て「はぁ～っ、大丈夫だった」とか、そういうのが嫌になったというか。だから、やってた時代は日本をバカにしてる不良外国人のみを相手にしていた感じでしたね。

――ホントにRISING SUNな感じで。

HIRØ そうですね、若い頃はなんかそういう変な正義感と言うか。

――結婚してお子さんができて相当変わったんでしょうけど、結婚時の報道もけっこうな衝撃がありましたよ。

HIRØ ホントですよね。報道だと「十年愛」みたいに書かれてて、まあホントだいたいそれくらいなんですけど。彼女もバイリンガルでお互い英語でしゃべったり、楽なんですよね。僕もずっとLAにいたりニューヨークにいたりして。でも『紅白歌合戦』に出たり、日本のヒップホップの括りというよりは芸能であったり、それこそコマーシャルだったり、そういうのをやってて。世間の見方は変わってきましたよね。そんな状況だから、さっきのケンカの話とかはあんまり……。

――気をつけてまとめます。

HIRØ ありがとうございます。僕も話しちゃうからいけないんだけど（笑）。**【この後もデリケートな話が続いたので大幅自粛】**今日、K連合の話もしちゃいましたけど、子供の頃、複雑な家庭環境だったので僕の育ての親っていうのがふたりいて、小中学校は杉並にいたんですよ。杉並だから当たり前のように周りにいたんで、僕の頃のK連合と最近のK連合ってまったく違うじゃないですか。僕はガキの頃から周りにK連合があったし、ふつうにK連合の黒い特攻服に短髪でっていう集会に僕は金髪でGジャン上下とかで出ちゃったりしてあとで危ない目

元THE MONSTER A GOGO'SのKAZZ、フォークユニットsWanのKEIとHARUKOの4人で結成されたロックバンド。

AURA
ヴィジュアル系バンドの先駆けとも呼ばれるバンド。原宿のホコ天を中心に活動、テレビ番組『天才・たけしの元気が出るテレビ!!』で紹介されたり、『三宅裕司のいかすバンド天国』に出場したことで話題になり、89年に『ドリーミングナウ』でメジャーデビュー。92年に活動休止となるが、06年に復活。18年には約10年ぶりとなる新譜を発表した。

ガスタンク
83年に結成。BAKI、TATSU、BABY、MATSUMURAのメンバーで85年に1stアルバム『DEAD SONG』を発表。88年12月に解散するも、99年、06年、10年と断続的に再結成している。

に遭う、みたいな（笑）。でも当時の同い年、1コ下、1コ上ぐらいのなかでは目立ってたから、なぜかそういうのも許されちゃう存在だったんで。だから新しいK連合になってからそういうふうになりましたけど、要は自分にとっては子供の頃にいた近所の暴走族の話って感覚なんですよね。僕、高校が明中（明大付属中野高校＝明大中野）だったんですよ。そうだ、明中の久田（将義）さん？　僕のこと大っ嫌いですよね？

——ダハハハハ！　そうなんですかね。

HIRØ　『ナックルズ』で僕のことをみんなでボコボコにしたって座談会を4ページかなんかでやってたらしくて。いろんなとこから電話かかってきて、「いいんですか？」とか言われて、本を送ってもらったら、その久田さんて編集長がみんなをリードして、元足立区の下町有名暴走族どうのこうのとか3人ぐらいで僕のことを袋だたきにした自慢話の座談会をやってるんですよ。なんだこれと思って。それ繋がりじゃないですけど『万引きGメンは見た！』の伊東ゆうが後輩で。

——あの人も空手の人ですよね。

HIRØ　ゆうが『ナックルズ』でZeebraのインタビューをやったみたいで、その次に僕をやりたいって言ってくれて。でも『ナックルズ』はそんなことやってるから嫌だって話をして。ましてや編集長がみんなをリードしてそんなこと言ってるから、たとえば1対1で決闘して勝ったって話だったらまだいいですけど、15人がかりで彼女を連れてる俺を袋だたきにした話を誌面でしてるから、俺はふざけんなって話をして。そしたら二代目ですか、ヨイショ中山さんが来て、中山さんが「本当に申し訳ありませんでした、初代と僕は違うんで、僕はBURSTのファンでHIRØさんの直撃世代なんですよ！　これから良いつき合いをお願いします」ってヨイショされて、乗っかりつつ、一応ゆうの顔を立てて。

——それで和解して。

HIRØ　明中入ったときも、僕は最初、池袋のH高校クビ、次に行った定時制クビ、3校目が明大中野だったんですよ。2コダブってるんで、周りみんな15歳で僕だけ17歳なんですよ。それが恥ずかしくて。だから生徒手帳とか見られないようにして。僕、恥ずかしいから15歳って偽ってたんですよ。あと悪名もとどろいてたんで隠してて。でも、やっぱり知られてるんですよね、だから「あれは兄貴だ」って言ってて。たまに教室から出ると、2年生のヤバそうなのが待ってるんですよ。「先輩！」とか言うから、「いや、僕違いますよ」って言うんですけど、「いや俺全部わかってますから先輩」とか言うから「だったら黙ってろ！」って言って。そしたら下校するときに2年生の連中がガーッと待ってて、「ちょっと来いよ。おまえの兄貴は関係ねえからよ、おまえもデケえ態度してんじゃねえよ！　おまえの兄貴には昔は集会とかで世話になったけど、おまえと兄貴は関係ねえからな」とか言われて。見たことねえよバカヤローとか思いながら、「はい」って言ってなんとかごまかしてたんですけど、結局バレちゃうんですよね。久田さんて、たぶん僕と同い年なんですよね。同い年で高3のときに僕が高1で。その代のやつら15人対僕1人だったんですよ。彼はいなかったと思うんですけど、それを読む限り。だからもう大人になってから、子供の頃に大人数で袋だたきにした話を座談会でしないでって。

——気持ちはわかりますよ、1対1でやられたとかならまだわかるけど。

HIRØ　そうなんですよ。ちょっと話が大きくなって、「H

ＩＲØは女の子ふたりを両手に抱えて偉そうに入ってきて、俺たちがそれを囲んで」とか言ってたけど、違うんですよ、俺は彼女とふたりで行ったんですけどね。

——今回、かなりデリケートな話は多いんですけど、なんとかうまくまとめてみます。

HIRØ ホントそこは、よろしくお願いします。『人間コク宝』ありがとうございます。うれしいなあ。けっこう見てて、俺のオファーが遅いなあって思ってました（笑）。

これ誰かおもしろいんですか？

木下盛隆

2019年4月収録

アイドルプロデューサー・バンドマン。めろん畑 a go go、SOZELICA、The Grateful a MogAAAz のプロデューサーとして活動。狼の墓場新宿三丁目隊長。1969 年 3 月 3 日生まれ。THE MONSTER A GOGO'S、RISING SUN、ヒカリノ香車、東京 CRAMPS、P.I.M.P、KEITH & BAD EGG など数々のバンドに参加。新宿 3 丁目と鶯谷南口にある BAR『ゴリラポップカフェ』（旧『モンスターカフェ』）の代表（新宿のほうは現在閉店）。

でんぱ組・incにハマる

――今日のテーマは、男の墓場プロダクションの忘年会でよく会っていた刺青だらけの人がどんどんヲタになり、気が付いたらアイドル運営になるまでのドラマを聞きたいというか、それ以前の話から掘らせて下さい！

木下 でも、アイドルからですよね、こういう流れになったというか、こういう機会を持ってくださったのもアイドルですもんね。

――もっと言えば杉作J太郎って人なんですけど。

木下 もちろんJ太郎さんぐらいからで。

――もともと、この店が杉作さん監督映画のロケに使われたのがきっかけなんですか？

木下 そうなんですよ。音楽雑誌でJ太郎監督が新宿の美味いものを食べて回るみたいな企画がありまして、この店のことは知らずに、こんな大きいハンバーガーがあるんだっていうことで編集さんが連れて来まして、そこで初めてお話しして。そこで映画の話か何かでちょっと盛り上がって、「じつは映画を撮ってるんです、よかったらこの店を使わせてくれませんか？」っていうんで、「ぜひぜひ」って言ったら、その何週間か後にみうらじゅんさんとかとみんなでバーッと来て。

――ちょうど撮影期間の取材だったんですね。

木下 そうです、それで『怪奇!!幽霊スナック殴り込み！』のオープニングを撮って、みうらじゅんさんはここで亡くなられて。山田五郎さんが横にいてタナダ（ユキ）さんが刺して。

――じつはボクあのとき、みうらじゅんさんと山田五郎さんのケアをしてくれって言われて、すぐそこの新宿三丁目の池林房って居酒屋でふたりのケアをしてたんです。待ち時間が長いんで、「ふたりと共通の知り合い、豪ちゃんしかいないからさ」って言われて。

木下 そうだったんですか！ そのときに次の『湘南ワイルド』『ママ、俺も男だ』っていう企画だけあって。その予告編を撮ると言って蛭子さんの娘さんがいらっしゃってて。

――蛭子さんの娘さんの希和ちゃんが男の墓場の女優第一号として売り出されるはずだったんですよね。

木下 「その予告編を撮りたいんで、木下さんは木下さん役で出てください！」なんつって、その予告編を撮ったんですよ。結局、予告編も完成してないと思いますけど、そこからトントントンでしたね、『幽霊スナック』を公開するって話でポスターとか貼らせていただいたりして、なんとなく観に行って。

――ちゃんと自腹で観に行ったんですか。

木下 もちろんですよ！

――出演者にも見せてくれないシステムだった、あの映画。「お客さんが入るから豪ちゃんは観ちゃダメだよ」って言われて。舞台挨拶に呼ばれた出演者なのに！

木下 映画を観に行ったら、「来てくれたんですか！ いまからトークショーなんですよ」なんて言われてそのまま壇上に上げられて。「次の作品ではホントいいとこやってもらう木下さんです！」なんて紹介されて。

――あのトークショーも恐ろしいシステムでしたね、映画も観てないのに引っ張り出されるっていう。ボクもやらされまし

たよ。

ごっしー 下北の？　あのとき俺、引っ張り出されて漫才やらされたよ。

——基本、出演者がビラ撒きもやらされたりで。

ごっしー 大槻ケンヂさんも下北の駅前で捕獲されて、泣いたからようやく解放されたの。いい大人が泣くことないのに(笑)。

——木下さんはそこからの付き合いで。

木下 はい。当時はコブラ（男の墓場プロダクション）さんがいたんで、コブラさんが頻繁にやれお花見だの忘年会だの、お誘いだけ口頭で告げに来てくれまして。その後、僕がイベントやるときにJ太郎さんが出てくださることになって、そしたらその前の日にJ太郎さんがここに来られて、「ホントに申し訳ないです、明日どうしても出られません。ホントにどうしようもないのですみません、ロマン優光ってヤツ行かせますんで」「僕の枠をロマンにやらせてください！」と。

——ダハハハハ！　なぜか代役になって。それはどういうイベントだったんですか？

木下 ガレージとパンクと刺青と、そこらへんのイベントですね。あれがロマンさんとの出会いで。ロマンさんはTHE MONSTER A GOGO'Sのことは知っててくださったんだけど、それまで話す機会がなかったので。

——まさか自分が作ったアイドルをロマンが推してくれるようになるとはっていう。

木下 そうなんですよ。『サーフィン・バード』（ザ・トラッシュメンが63年にリリースしたガレージ～サーフの定番曲）を歌うアイドルがいるってことで豪さんがツイッターで上げてくれて、ロマンさんが推してくれたり、あのへんからですよね、いまの流れになったのは。

——もともと男の墓場の忘年会でタトゥーの人たちが脱いだりして豪快に騒いでいて、それがどうやら新宿三丁目の『モンスターカフェ』（現『ゴリラポップカフェ』。新宿店は閉店し、鶯谷店のみ営業中）って店の人らしいぐらいの認識ではいたんですけど、会うたびにだんだんアイドルにハマッてきて。

木下 そうなんですよ！　僕、アイドルっていうよりでんぱ組にハマッたんですよね。

——正確には最上もがに。

木下 そこは二転三転あるんですよ。まずはでんぱ組というグループにハマるんですね。でも、当時45～46歳で大人だしアイドル遊びをするという感覚はないので。4～5年前だから。ちょうどでんぱ組は武道館の年でグワーッと行くんですけど、ライブを観に行ったら、「あれ、この人たちこないだ武道館やったんだよね？」ってぐらい入ってなかったりして、もがさんがツイッターでグレたようなことばっかり、「私たちは人気がない」とか「もうスッカスカ」とかつぶやいてて。

——ストッパーのない人ですからね（笑）。

木下 僕的には、もちろんもがさんすごいなと思ってたんですけど、りさちー（相沢梨紗）が好きだったんですよね。かわいくてかわいくてしょうがなくて。だから最初はりさちー、もがだったんです。もがさんは人気がありすぎちゃって（握手会の）並びもキツいし、朝の5時から並んで、朝9時ぐらいに「はい、最上もがさん終了です！」みたいなこと言われたんで、しばらくりさちーで。転機が訪れたのが……こんな話でいいんですか？

——こういう話を聞きに来てるんです！

THE MONSTER A GOGO'S
90年代の日本のガレージ～サイコビリー・シーンを牽引したバンド。後にROBINでも活躍するHIROSHIがギターで在籍しており、ボーカルのHIDEROWが事故で亡くなった際に一時解散。後期に木下盛隆がベースで参加。めろん畑a go goがTHE MONSTER A GOGO'Sの楽曲をカバーしている。

最上もが
金髪ショートがトレードマークで、一人称が「ぼく」。でんぱ組.incに5年間在籍していたが、心と身体のバランスが取れなくなり、17年8月に脱退。バイセクシャルであることを告白したことでも話題になった。

りさちー
相沢梨紗。でんぱ組.incのリーダー。キャッチフレーズは"2.5次元伝説！"。元妄想キャリブレーションの桜野羽咲ともコラボユニット「LAVILITH」を結成している。

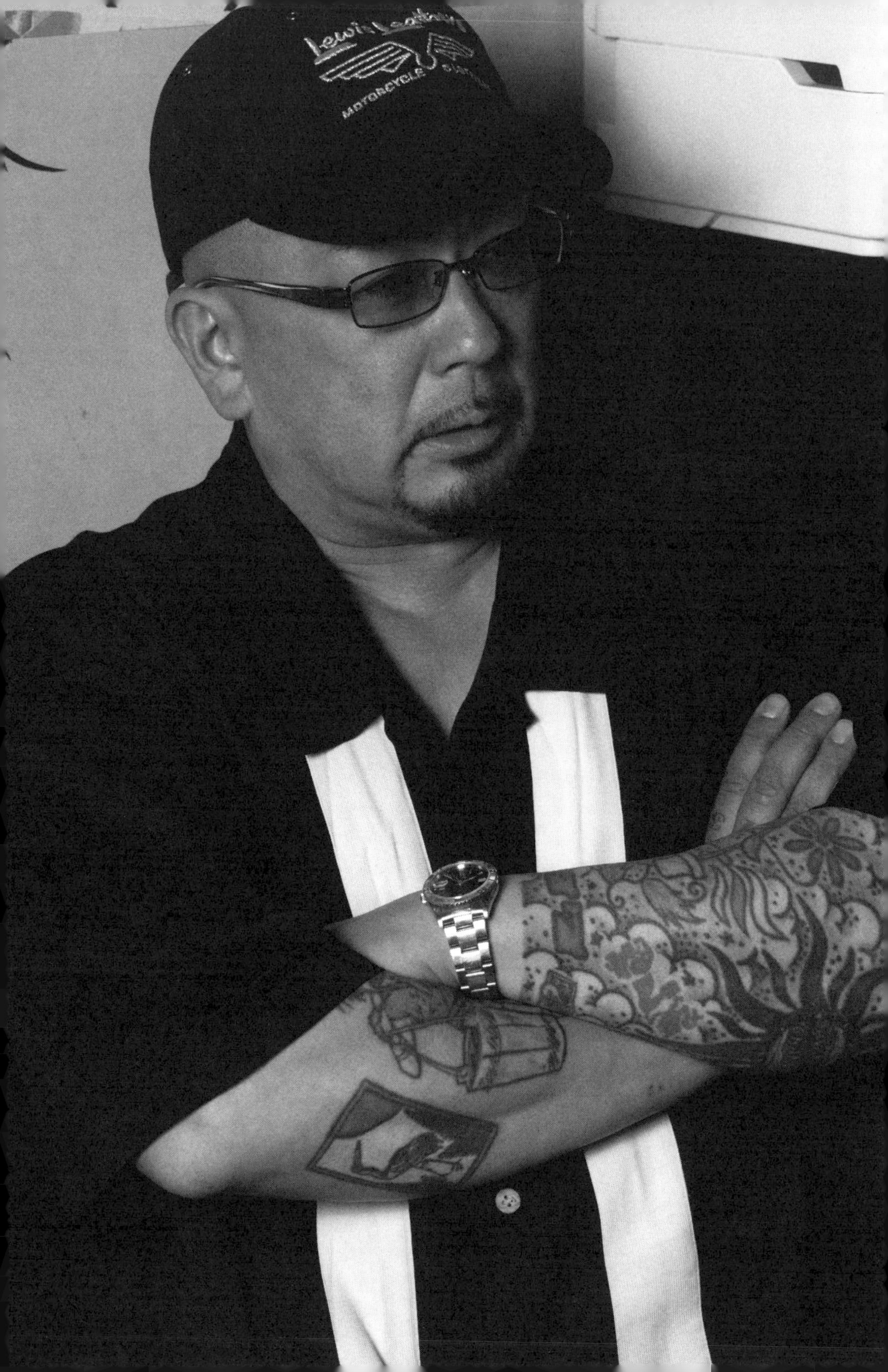
MOTORCYCLE

木下　そうなんですか（笑）。いいんですか？　これ誰かおもしろいんですか？

――気にしないでください！

木下　最上もがさんが『ウルトラマンギンガS』にアンドロイド・ワンゼロで出てましたけど。もともと僕、四谷で商売やってるウルトラマンガイアの吉岡毅志さんにお世話になってて、毎日のように遊びに行ってて。そこって円谷の方のたまり場だから、円谷のプロデューサーさんとけっこう仲良くなるんですね。で、「木下くん、『ウルトラセブン』わかるよね？　チブル星人……」「あのアンドロイド少女ゼロワンですよね」「そうなんだよ、そのゼロワンの新しいのやろうと思ってさ。やっぱり金髪がよくて、でんぱ組の子に……」「えぇーーーー!!」ってなって。

――好きなものがつながった！

木下　そうなんですよ！　で、もがちゃんがワンゼロの写真集を出すんですよ。そのプロデューサーの方から直接、「サイン会やりますのでよろしかったら」って言われて、ツタヤに行って50冊ぐらい買って、当たりが15冊ぐらいでね。1冊1冊サインしてもらって。「え、こんなにいっぱい？」って。あとで「転売屋さんは困る」みたいなこと書いてたんで、僕もそう思われてたんだろうな。

――まあ、それは疑われますよね（笑）。

木下　それで、もがさんが「いいページとか気に入ってくれたページとかあったかな？」って言うんで、緊張しちゃって「いや最初から最後まで全部が素晴らしい！」と。でも、これ見てもいないのに来たヤツっぽいなと思って、「最後のウエディングドレスはまっすぐ見れなかったですよ！」なんつって。それで「でんぱも好きなの？」って言うから「大好きです」。「でんぱのなかでは誰が好き？」って言われて、僕はやっぱニワカだったんで、バンドみたいにひとりが好きっていうのはカッコ悪いと思ってたんですよ。バンドはバーンとかたまりでバンドだっていう。

――箱推しが当り前っていう。

木下　そうなんですよ、だから「いやいや、みなさんそれぞれがすごい！」って言ったら、「ふーん、箱推しなんだ」って言われて。

――あれ？　と（笑）。

木下　ちょっと空気が違うぞと思って。そこで、「え、これいけないことなの？」って思うわけですよ。さらに言っちゃうと、女子として好きなのはりさちーだぞと思いながら、でもあなたのキャラと才能と、なんて思ってて。そしたら、「え、『ウルトラマン』なんて観るの？」って言われたんですね。「実を言うと僕、山崎さんと仲良くしてて」「え、山崎さん？　円谷の？　さっきまでいたよ。仲いいの？」「そうですね、お世話になってます」「そうなんだ！　ぼく山崎さん大好きでさ。なんだ、山崎さんの知り合いなんだ。山崎さんぼくたちのお父さんだよね」と。僕は山崎さんと歳が3つも変わらないわけですよね。でも「ぼくたちのお父さん」っていうキーワードでガチーンとなっちゃって。

――そこでスイッチが入って（笑）。

木下　はい。それでいまWACKにいる僕の友人が仲良かった外林健太さんもまだちょっとプアな頃で、すぐ外林さんに、「ちょっと俺の衣装を作ってくれ」って言って。

――「俺の衣装」？

アンドロイド少女ゼロワン
『ウルトラセブン』の第9話「アンドロイド0指令」に登場。普段はマネキンに化けているが、チブル星人の指令で地球人女性の姿に変身するアンドロイド。小林夕岐子が演じた。

WACK
つばさプラス（つばさレコーズ）を退社した渡辺淳之介により設立された音楽プロダクション。所属アーティストのプロデュースの仕方、プロモーション展開などが型破りなことで知られる。BiSH、豆柴の大群、EMPiREなどが在籍しており、その多くを松隈ケンタがサウンドプロデュース。

外林健太
衣装デザイナー兼フォトグラファー。WACK所属グループを中心に、多数のグループの衣装やオフィシャル写真を手掛ける。

木下　はい、「これだ！」ってもがちゃんの写真を見せて、「これの男性タイプ。チブル星人は男のアンドロイドも作ってた。ふたりは兄妹で裏切り者のワンゼロをやっつけに来たという設定だ。でも妹だから葛藤がある」って、そこまでストーリーを作って、ワンゼロの男版をイメージして作ってもらって。それで四谷のイベントのときにそれ着てったら山崎さんが大喜びして、「何それ？　ワンゼロ？」「はい、男性タイプです。チブル星人を裏切ったワンゼロをやっつけに来た双子の兄という設定です」って言ったら、「最高に面白い、それすごい」って言われたんで、来たぞと思ったら使われなくて。でも、それ着てちょいちょいもがさんに会いに行って。

――最上さんの反応はどうだったんですか？

木下　すごく喜んでくれたんですよ。まあ、ホントに喜んでたかどうかわかんないですけど（笑）。それで『白魔女学園』のイベントをバルト9でやったとき、「『白魔女学園』のコスプレをしてきてください。コスプレっていってもハードルが高いから、男は白ければいい」と。でも、けっこうガチでやってくる人もいて、僕、じつは自分で試作したひとつと外林さんに作ってもらったのがあって、それをふたりで着て行くわけですよ。それでメンバーが出てきて、「わーすごい！　みんな白魔女だ!!」って言ったら、もがちゃんが「違うのがふたりいるよ。ぼく『ウルトラマン』をやってるでしょ、ウルトラマンがふたり混じってる」って。……幸せでした。

――イジッてもらえて（笑）。

木下　ハハハハハ！　イジッてもらえて。そういうことを繰り返してるうちになぜかアイドルを作ることになって。アイドルを作るのも、急に僕の電話が鳴って、15年ぐらい疎遠だった知人からで。「じつはいま九州にいて、お願いがあって電話しました。俺と映画を撮ってください」って言うんですよ。

――ほう！

木下　「ほう！」ってなるじゃないですか。「俺と映画？」「話すと長くなるんで時間を取ってもらえるなら東京に行きますよ」ってことで東京で話したんですけど。彼は脚本家の真辺克彦さんっていう、『脳男』とか『ソロモンの偽証』とか『あしたのジョー』の現代版の脚本とか書いてる人と、若い頃にずっとコンビで僕の店に来てくれてたんですよ。ひとりはビッグネームになってて、ひとりはいなくなってて。で、「いま何やってるんですか？」って訊いたら「●●●ですよ」「九州で？」「はい、▲▲▲」って。

――うわー！

木下　親戚が■■さんで、「とりあえずそこに行儀見習いで入ったけど辞めたいんですよ」と。でも親戚なんで、辞めたいって言っても、辞めて何するんだ、と。「俺は映画が撮りたいんだ」「おめえみたいなヤツに映画が撮れるか！　でも、おまえが本当にそこでやれるならやれよ」と赦しが出たらしくて。

――足抜けのための映画制作！

木下　ハハハハハ！　それでその真辺さんに電話したら、「バカか、この野郎！　何言ってんだ。おまえがいまさら帰ってきて映画の世界にいられるわけないだろ！」と。まあそういう感じですよね。そこで彼らのつき合いが復活して。で、「ある日、夢に木下さんが出てきて木下さんに説教された。その日から博打に勝ち続けて何百万と儲かった」と言われて。で、またしばらくしたら今度は白いちっちゃい龍が飛んできて、つかもうとすると逃げる。でも、ずっと周りにいる。それを真辺さんに、「こ

『白魔女学園』
13年公開の、でんぱ組・inc主演の特撮映画。魔女を育成する学園へ入学した少女たちを待ち受ける、悲痛な運命とバトルを描く。監督に『仮面ライダーフォーゼ』『獣電戦隊キョウリュウジャー』シリーズなどの坂本浩一、脚本には『けいおん！』シリーズの吉田玲子。テレビ朝日と東映が制作。

真辺克彦
第1回札幌映像セミナーに参加した際、オリジナル脚本が脚本家の荒井晴彦、長谷川和彦監督から高い評価を受ける。95年『ミッドナイトストリート～湾岸ドリフト族』で脚本家デビュー。00年黒木和雄監督『スリ』にて本格長編デビュー。その後多くの映画脚本を手掛ける。

れはおもしろいから脚本のネタにどうですか？」って言ったら、「おまえ、ホントに映画を撮る気なら木下さんのとこ行け。木下さんがおまえに手を貸すって言うなら俺が全面的にケツ拭いてやる」って。

――なぜかキーパーソンになっちゃって。

木下 そうなんですよ。「おまえ白い龍って覚えてねえのか」と。僕の刺青、白龍なんですよ。「白い龍っていったら俺らのなかでは木下さんだろ！」って言われてハッとなって電話してきて。僕も嫌いじゃないんで、「よし、やりましょう」って言って脚本を3本バーッと書いて、それに全部架空のアイドルが出てくるんです。3つともつながってないんですけど、もうアイドルにハマってたんで。

――アイドルが自然と出てきちゃう。

木下 そう。そこに全部めろん畑a go goってアイドルを出してたんです。その脚本を持ってその●●●が真辺さんに見せに行って、「俺と木下さんで書いたんです」と。そこで真辺さんがビンタして、居酒屋で机ひっくり返して暴れ出したらしいんですよ、「おまえ、俺をナメてんのか！」みたいな。真辺さんもちょっと昔の人で、「おまえが書いたのは漫画だ、これは脚本じゃねえ。こんなもん認めるか。木下さん巻き込んで何やってんだ！」って8時間ぐらい説教されたって話で。

――木下さんの脚本のせいで！

木下 でも最後に、「漫画としてはおもしろいしキャラクターも立ってる。こんなもん実写でやるヤツはバカだ。でも、ひとつリアリティがある、めろん畑a go goだ、このアイドルの描写だけはおもしろい。おまえ木下さんと一緒にこれ作ってみろ」って言われて。

――へー！

木下 で、彼から「言われちゃいましたよ」って言われて、「アイドル？ 作る？」なんつって。そのとき僕もちょっとだけバックギアが入ってたんですよね。いつもふたりで行くスナックがあるんですけど、80歳ぐらいのおばあちゃんがやってて、そこのママが「ちょっといいかしら、一昨日入った子なんだけど、まだ18歳でほかのお客さんにつけらんないから、ここ入れてあげてくれる？」って言われて「はじめまして」ってかわいい子が来て。そこでアイドル作るって話をしてたから、「ん？ なんでスナックで働いてんの？」と。そしたら、「この店、ウチのママが若い頃に働いてたんです」と。中学校ぐらいから学校に行かなくなって何もしなくなって、「あんたもういい加減にしなさい、とりあえずお母さんのいたところで働きなさい」って無理やり「ウチの子お願いします」ってことで一昨日連れて来られたばかり、と。

――運命的ですね！

木下 で、なんとなく聞いたらすごい映画が好きで、僕なんかよりもいっぱい観てるんですよ。音楽も好きで、最初「アイドルやる？」って言ったら、「アイドル？ は？ アイドルってなんですか？」みたいな感じだったんですけど、それから1週間ぐらいしてまたその店に行ったら、別の席からこっちに来て、「おじゃましていいですか？ こないだの話ってまじめに言ってくださったんですか？」「やる気ある？」「ウチの母に会ってもらえませんでしょうか」って言われて僕が会いに行って。「ウチの娘にできるんでしょうか」「わかりません。道は作りますけど歩くのは娘さんなんで。逃げ足だけ早く構えといてください。やれるところまでやります」って、それでめろんのメンバーになったんです。

——良かったじゃないですか。

木下 当時はあの子もアイドルのこと知らなくて、いろいろ勉強して最後は「WACKに入りたい」って言って出て行きましたよ！

——勉強した結果（笑）。つまり、アイドルを始めようと思ったとき、鍵になるメンバーがいきなりいなくなっちゃうわけですよね。

木下 そうなんですよ！ いや、その前に、めろんの最初のライブの半年ぐらい前なんですけど、どえらいことが起きるんですよ。

——……なんですか？

木下 ×××××です。

——書けるわけがないですよ！

木下 それでその●●●のヤツが、「木下さん本当に申し訳ない、俺は九州を出られなくなった」って（笑）。「浮ついたことしてないで1回帰って来い」ってことになったみたいで。「シャレにならなくなるんで僕の痕跡は全部消しといてください」と。彼がいなくなって、彼女がいなくなって。たまたまオーディションに中村（ソゼ）が来て。中村が来なかったら潰してたかもしれないですよね。

——中村さんが入ったのも、ボクと南波一海さんがやってるイベントにめろんが出て、その動画を観たのがきっかけだったという。

木下 そうなんです。

——ボクと南波さんのイベントでもお客さんはビビりまくってましたからね。まったく知名度のないめろん畑を呼んだら、刺青だらけの凶悪な人たちが客席で暴れまくってて。

木下 そうなんですよ。あのときもホントになりふり構わずで、僕の友達にも、「とにかく来てくれ、数は力だ。盛り上げてくれ」って。いつも男の墓場の忘年会のカラオケで永ちゃん歌ってる、あいつが切り込み隊長なんで。あいつと僕がずっとでんぱに通ってたんですよ。そしたら2ちゃんねるで彼と僕が「ヤクザ」ってあだ名で呼ばれてて（笑）。

——ダハハハ！ ストレートすぎる！

木下 仙台のもがちゃんのトークイベントに行ったときも「今日もヤクザ来てたよ。ゾロゾロ大名行列で脇に車を待たせて偉そうでいい身分だ」って書かれてて（笑）。でんぱの2ちゃんねるではずっと「ヤクザ」って呼ばれてましたね。いくつか目立つグループがいたみたいで。いつもいる永ちゃんのヤツは岐阜の人間で、岐阜のキャバクラ行って、隣に座った子がたまたま、「え、でんぱ組好きなの？ 私えいちゃん好きなんです！」「東京に来てアイドルになりなさい」って言って。

——そんなスカウトばかりじゃないですか！

木下 そのキャバクラの外の入口と中で2枚扉があるんですけど、そこで閉店までその子と「ちゃんと仕事はある、俺は店を2軒持ってるんだ」とか説得を続けたんですよ。

——それふつうにキャバ嬢の引き抜きだと思われますよ。一番やっちゃいけないヤツ！

木下 そうですよね（笑）。ただ、彼がオラオラなんで、田舎の町ではぜんぜん大丈夫で。結局その子が再来月に来るって話になったんですね。よしと思ってレコーディングの準備してたら連絡つかなくなって。しばらく店にもいない。で、またひょっこりそいつが行ったらいて、「おまえ何しとんねん！ 東京

中村（ソゼ）
17年6月にめろん畑a go goに加入。ミントグリーン担当。三つ編み。派生ユニット・SOZELICAとしても活動中。

に行くって言ったろうが！」「……怖くて行けなかったんです」「そうか……田舎が楽やな」って（笑）。そんなことばっかりで、やっとメンバーがいまの4人になって落ち着きましたね。アイドル編はそんな感じです。

――でも、よくここまできましたよね。

木下 ホントそう思うんですよ。運がよかったですよね。っていうか、ホントありがとうございます！　初期に目をかけてくれて。

――早い段階で忘年会でデビュー前のめろんの音源をもらったっていうのもあったので。

木下 音源を作るのが早かったのは僕がバンドマンだから作りやすい環境があったのと、アイドルやってみて思ったのが、これCDとか作らなくてよかったんだって。みなさんオリジナルもなくやってて、CDも作らずに。

――チェキだけ売れればいいっていう。

木下 そうなんですよ！　そういうことを知らないままアイドルを始めてたんですよ。

――地下アイドルはそういう文化なんだけど、バンドやってたからバンドの曲はあるし、CDを作らなきゃっていう概念がまずあるし、そこがちゃんとしてたわけですよね。だから音源も配れたし伝わりやすかった。

木下 そのときは真辺さんの説得力で映画のほうにっていう部分もちょっとあったわけですよね、僕とそいつが作りたかったのは映画だったので。だから決めるのもけっこう簡単でしたし。『SHE SAID』なんて僕が書いた脚本の劇中歌であの詞のまま出てくるんですよ。じゃあそのままやっちゃおうよとか。

――最初に映画に使われたのは杉作さんの『チョコレート・デリンジャー』ですか？

木下 はい。松山まで観に行きましたよ！

――あれ出演もしてるんでしたっけ？

木下 出演もしてます。そしたら松山では出番がカットされてて、でも（ミュータント）みゆ太郎が千葉に観に行ったときは出てたんだけど、めろんの音楽はなかった（笑）。

――何バージョンもありますからね。Jさんが「木下さんが来たのにカットしてた、どうしよう！」って焦ったらしいです（笑）。

木下 なのにまた、「今日は東京からスターが来てくれてるんですよ」ってステージに上げられて。「じゃあ今日いらしてるみなさんにめろんのCDをもれなく差し上げます」なんつって全部差し上げて。もともと忘年会で「今度の映画に何曲目を使っていいんですか？　じゃあそれ使いまーす」って感じで。

――フットワークだけは軽い（笑）。

木下 ハハハハハ！　で、J太郎さんのところでバンドでボーカルやってた子わかります？　J太郎さんがやってたダスティローカルに、ほんの一瞬だけボーカルがいたんですよ。その子が男の墓場の忘年会に来てて、カラオケでももクロとかでんぱを熱唱してて。そのときまだ19歳とかだったと思うんですよ。その子はももクロとかでんぱのPVの制作スタッフの下の下にいたんですね、怒鳴られながら「灰皿持ってこい！」とか「弁当持ってこい！」とか言われるだけの子で。そこで「えーっ、でんぱ組？」とか盛り上がって、フェイスブックとかで友達申請して。そしたら僕のフェイスブックからJ太郎さんが、「え、この子とつながってるじゃん！」ってバンドのボーカルのオファーをして。でも少し仕事で病んじゃって北海道に1回帰っち

『チョコレート・デリンジャー』
杉作J太郎監督の未完成映画。吾妻ひでおのギャグ漫画が原作。松本さゆき主演で、木下盛隆も古書現世の客役として出演。17年3月18日ちば映画祭の前夜祭プログラムとして初公開されたが、これは完全版ではない。今後アニメ・パートが追加されるとのこと。

ゃうんですけど、また東京に出てきて。その子がいまめろんの映画を撮ってくれて。いまではウチの従業員で、僕の右腕で、めろんのPVは全部その子がやってるんですよ。

――思いっきり墓場人脈じゃないですか。

木下　そうなんですよ！　墓場でしかないっていう。いまウチのチームは全部そうですね。だからまたJ太郎さんのところにふたりで挨拶行こうかなと思ってるんですけど。

戦慄のハードコア現場

――じゃあ、めろんの話に続いて、そろそろ木下さんのバックボーンを掘りましょうか。

木下　うわーっ、めろんの話で終わるのかと思ったら。バックボーンなんてないですよ。

――もともとパンクだったんですか？

木下　パンクですね……。中3から高1ぐらいにかけてパンクの友達がいたりしたんで、パンクにダーッと傾倒して。17歳ぐらいで横浜から東京に出てきて、いまに至ります。

――基本、不良ではあったわけですかね。

木下　不良っていっても、あの時代ってすごい細分化されてません？　人数多かったっていうのもあって。不良といってもそんな語って聞かせる武勇伝はないんですよ。すねてる感じでしたね、だからパンクが好きだったんで。健康的な友達は暴走族やって、なんとなくすねてる人たちはパンクと万引き（笑）。

――意外とそこは直結してますよね。

木下　そこに楽しみを見出すっていう。

――当時のパンクのインタビューって、だいたい万引きの話でしたからね。ボクがやった『BURST』のADKレコード座談会なんてシンナーと万引きとヤクザとケンカした話ばっかりで、よくこれが載ったなっていう。異常でした。

木下　わかります。それで、東京に来て最初に知り合った人たちがすごかったんですよ。

――それはハードコア系の人たち？

木下　まず最初はハードコアだったんですよね。とにかくケンカが好きなわけですよ。ケンカをするためにパンクをやってる。友達が、「パンクっていうのがあってよ、そこのライブハウスに行くとタダでケンカできるらしいよ」「マジで？　タダでケンカできんの？」「チケット代はかかるらしいんだけど関係ねえべ」とか言ってましたから（笑）。

――ダハハハハ！　事件にならないケンカができる世界があるらしいっていう（笑）。

木下　そうなんですよ。僕は地元でパンクっていうのは自分の解放だ！　みたいな感じで、自分の居場所を見つけたみたいな、そういう感じだったんですけど。東京に来て知り合った連中はことごとくそんな感じなので。

――80年代のハードコアシーンは怖かったですよ。ヘタに行ったら殴られるかもしれないっていう緊張感が、まずありましたよね。

木下　ありましたし、狂ってましたよね。「いや、そんなことはなかったぞ」って話をあとからされるんですけど、僕が15〜16歳のときはダイビングして下に落ちたヤツは踏んづけていいみたいなルールがあったんですよ。ダイビングはそのつもりでやれ、と。

ADKレコード座談会

『BURST』99年5月号に掲載の「伝説のパンクレーベル『ADK』同窓座談会!!」。スターリンのギタリスト・タムが運営していた自主制作レーベル・ADKレコード関係者の、パンク・レジェンドたちが集結した座談会。シンナー、窃盗、喧嘩の話が満載。構成は吉田豪。

——なるほど、すぐに立ち上がれ、と。

木下 すぐに立ち上がるか、蹴られたらそいつの脚をつかんで立ち上がれ、みたいな。僕が16歳ぐらいのときかな、あるライブでダイブしてダーンと落ちて、みんなから蹴飛ばされて踏まれて、これちょっとマズいかなと思ったら襟首持ってダーンと大根の一本抜きみたいにしてくれたのが、いまのEXTINCT GOVERNMENTのリキさんで。すげえ人だなと思って。そのときのことを話してたら、「いや、でもそんなことはなかったぞ。けっこうみんな落ちたら助けてたけど。木下くんがおかしいんじゃねえの？」って（笑）。

——一部の特殊な常識だった可能性が！

木下 で、ちょっとパンクやるんですけど、みんなヤクザになるか捕まるか以外の未来がないですし、結局、音楽が好きだとまじめでダサいみたいな雰囲気まで出てきちゃうわけですよ。要は練習とかしようもんなら、「じゃあ学校に行きゃいいじゃん、大学に行ってサラリーマンになれよ」ぐらいな感じで。東京に来て最初に知り合ったヤツがそういう感じだったんですよね。で、次に知り合ったヤツが、「おまえ横浜なの？ 誰々知ってる？」って言うから、「知ってるよ、先輩だし。俺は怖くて話しかけられなかったね、睨まれたらビームで焼けるって言われてたよ」って言ったら、「あ、そんな感じなんだ。こないだ泣きながら土下座してたぜ」って言われて。で、次の日また違う友達に会って、「昨日会ったナントカっていうのはどえらくて、俺の先輩に土下座させたって話でさ」って言ったら、「あいつが？ あいつめちゃくちゃ弱いじゃん。こないだ鉄パイプ持ってきたからビール瓶でぶん殴ってやったよ」って。

——次々と上が出てくる。

木下 そうなんですよ、もうやめだと思って（笑）。そのへんでいろんなことがつまんなくなって、これはダメだ、俺は俺の道を行こうと思って。それでいろんなバンドの友達とずっと遊んでるんですけど、バイカー系の友達とかハードコア系の友達もいて、ガレージとの出会いは25歳ぐらいですかね。僕、トラックの運転手やってたんですよ。携帯が鳴って、知らない番号だったんですけど「はいもしもし」って出たら、「はじめまして！ 木下くんでいいのかな？ 俺ヒロシっていうんだよ、THE MONSTER A GOGO'Sってバンドやってさー」「ああ存じ上げてますよ」「知ってる？ ホント？ だったら話が早いね、いいベース弾くらしいじゃん、ウチで弾かない？」って、急にですよ。それが現SCAMPのHIROSHIさんとの出会いで。そこからGOGO'Sに入っていろいろ活動をして。そこからですよね、なんとなくちゃんと人を集めてショーを意識して。それまではそんなことはしちゃいけないんだ、みたいな雰囲気のなかにしかいなかったんで。それが居心地がよくて楽しくて、レコーディングしたり。

——ボクが会社に入ったときの先輩がテキサコ・レザーマンだったんですよ。

木下 ワオ！ そうだったんですか！

——ボーカルのモッコスこと指宿さんが先輩で、指宿さんは会社に泊まるときは常にギズムとカムズしか聴かなくて、ガレージもハードコアもつながってるんだなと思って。

木下 僕の世代ってそこそんなに線引きないんですよね。だからGOGO'Sもエレキベースでしたけどサイコビリーとずっと一緒にやったりで。いまは棲み分けがハッキリしてきて。で、GOGO'Sをやってるときに僕がいろいろ積み重ねでやらかし

EXTINCT GOVERNMENT
90年代から活動しているジャパコア重要バンド。ボーカルのリッキー（リキ）は赤いモヒカンがトレードマーク。元鉄アレイのカツタがベースとして在籍していた（20年1月14日に脱退）。

SCAMP
90年代から、一時解散したものの活動し続けているスラッピン・ハードコアバンド。ハードコアとサイコビリーの暴力的なクロスオーヴァー・サウンドを初めて世に体現。ギズムのメンバーでもあるIRON FIST タツシマがドラム。元THE MONSTER A GOGO'Sで元ROBINのHIROSHIが加入。

テキサコ・レザーマン
87年に結成。ガレージ・パンク界の"DUKE"。ギターウルフ、MAD3、The 5・6・7・8's、Jackie&The Cedricsなどと共に東京ガレージシーンを創出。

て免停360日になるんですね。飯が食えなくなるわけです。

――トラックの運転手時代に。

木下 そうです。そしたらHIROSHIさんが、「ちょっと話しようよ」ってなりまして。当時のボーカルのヒデロウが幡ヶ谷ヘビーシック（ライブハウス）を作るんですよ。そのときのドラムはラーメン屋をやってて、ちょっとメジャーっぽい活動もあったりして。で、HIROSHIさんも商売を始めるわけです。「バンドやってわかるよね、お金なんて絶対に儲からないからさ。でも好きなバンドを長くやるには経済を自立させるしかないからさ。トラックに乗れなくなって別の仕事しなきゃいけないんでしょ？　俺と商売やらない？」って、それでモンスターカフェが。

――それがここにつながるんですね。

木下 鶯谷店が最初にできるんですね。とにかくやりたいことなんて絶対お金にならないから、お金を遣ってでもやりたいことがやりたいから、それを確保するんだっていう。

――ハードコアとかガレージをやってるような人は、当然そういう発想になりますよね。

木下 どうやったってお金なんか入らないので。だから僕がヒカリノ香車やったときも自営業じゃないメンバーは全員雇って。僕が雇ってるぶんにはライブだから休むってどうにでもなるじゃないですか。それがいまに至るんですよね。最初のめろんの4人は赤羽のビルの足場に乗ってペンキはがしとか。

――従業員として雇って。

木下 女の子4人と僕と。日当2万円とかで。とにかく経済を自活させるっていうところはいまでも重要ですね。それがないと。

――アイドルの揉めごとって基本はお金ですから。

木下　それがホント大嫌いで、見てるのも嫌で。チェキ代を食費に回しちゃう運営も嫌いだし、「チェキの売上もらえないならやれません」って言い出すアイドルも、どっちも嫌いなんですよ。好きなことやってんじゃないの？　って。僕はステージには立たないけどメンバーだと思ってるわけですよ。みんなでメンバーでやってるのにって。そのバンドマンの気持ちってわかってもらえない（笑）。

――ダハハハハ！　わかってもらえなくて最初にメンバー全員抜けちゃったんでしょうね。

木下　そうなんですよ。でも最初の子なんて、アルバムのアートワーク全部やって、1カ月以上ずっと鶯谷に泊まり込んで、近くの銭湯行って帰ってずっとそれをやってたんですよ。似たようなことを中村はやるんです。だからどうしても肩入れしたくなるわけですよね。お金になるならないじゃなくて、何かちゃんとしたものを用意したいなとか。金で揉める運営さんって、なんなんですかね？　収入を食べちゃうんですよね、きっと。

――最初は儲からないのは当り前だと思うんですけど、「最初は儲からないのをみんなで共有しよう」はまずわかり合えないだろうなと思ってて。まずは運営が持ち出さないと。

木下　そうですよね。要は「俺もキツい、おまえらも我慢せい」ってことですよね。

――「赤字だからおまえらも赤字」って、それはわかり合えるわけがないだろうなって。

木下　そうなんですよね。でも、僕も言っちゃうんですよ、「お金は空から降ってこないよ、誰かが持ってくるんだ」と。それは売れてたって企業が出すのかテレビ局が出すのかレコード会社が出すのか、誰かが出す。何もないところにポーンと金は生まれない、そこは理解してないとってよく言うんですけど。

どんな場所でも矢沢の襟は立っている

――あこがれて好きだったアイドルの世界の中に入ってみて、実際はだいぶ違いました？

木下　違いますよね、ぜんぜん違うんですけど、でもあこがれたのがでんぱ組さんなので、まだ遠いですよね、背中から一本伸びる影の頭が見えるぐらいで。もっと先を見てみないとっていうのがあって。でもそれには何をすればいいのかぜんぜんわからないです。だからね、僕はこの話をしたいんですよ！

――なんですか？

木下　自分がニワカだったっていうのもあるんですけど、最初のインディーズブームを体験してるじゃないですか、みんなでソノシート作って。要は企業に頼らない、メジャーに頼らない、自分らでやる。それがやれるのはロックだけだと40過ぎまで心から思ってたんです。まさかそれをアイドルがやっちゃうっていうのを僕はホントにわからなかったんですよね、それでまずビックリしたんです。

――音楽的にもアイドルが一番自由で。

木下　そうなんですよ。忌野清志郎さんですら、かつてロック的な独立心や刃向かう力や抗う精神は、むしろ演歌の人が共有してるんじゃないかと思ってたわけですよね。土田世紀さんの『俺節』とか、自分の殻を弾く象徴としてロック、パンク、演歌、ブルースみたいな。でもそれが、自分らの道は自分で決めてい

『俺節』
91～93年に『ビッグコミックスピリッツ』で連載された土田世紀の漫画。津軽の高校生・海鹿耕治が、単身上京して演歌歌手を目指す物語。17年、関ジャニ∞・安田章大が主演で舞台化。

いんだっていうことを若い女の子たちがやってるのを見たときに本当に目から鱗が落ちたんですね。当時の清志郎だってアイドルのことを自分の作品のなかで「ジャリタレ」としか呼んでないわけですよ。若いアイドルを「ジャリタレ」ってバカにして、演歌歌手とデュエットして。いまのでんぱ組や旧BiSのような子たちの出現を当時誰も予言もしなかったし作ろうともしなかった。そこでいままで僕の好きだったものすべてひっくるめて、でんぱ組に負けちゃった気がしたんです。

——でんぱ組はそこまですごかった！

木下 そうなんです。そこは本当にビックリして。ジャリタレじゃなかった。ロック好きとアイドル好きだったらロック好きのほうがカッコいいとしか思ってないのが、アイドル好きな人のほうがじつは精神的に闘ってる人が多いなって好きになってみてわかったし、ロックバンドをやってる人のなかに、ちょっと楽しくて変わった人生を歩いてるふうな、ただの古いものの保存委員会に収まっちゃってる人がいっぱいいて、僕たぶんそのなかのひとりで、それが嫌だなというのがあって。

——どうしても懐古主義的になったりして。

木下 あと映画では『ゴーストバスターズ』が全員女性になって復活したり、映画だけはどんどん新しくなるんですね、『スーパーマン』も『スパイダーマン』も設定が変わってどんどん新しくなる。ロックの世界だけはレミー（・キルミスター）が死ぬまで、ずっとモーターヘッドを続ける以外の方法がなくて。なんとなく頭のなかで冗談めかしてですけど、でんぱ組とかアイドルを聴き始めたとき、いまの20代の若いヤツら、モーターヘッドみたいなバンドを組んで映画みたいに全部女にしてやればいいのにとか考えてたんですよね。そしたら、それでアイドルできるんだと思って。最初は僕の作った曲から始まるんですけど、『サーフィン・バード』は僕がやってたバンド、東京クランプスってバンドも含めて全部やるんで、そこは僕の印としてやろうと思って。でも、ここまでやっちゃうんだったら女がGOGO'Sやってもおもしろいのかなとか。それが始まりで、まずHIROSHIさんに相談して、「おもしろいんじゃない？やってみたら？」って言われて、ボーカルは死んじゃったんで、当時のレーベルや音源の権利をヘビーシックのオーナーが引き継いでるんで、「ちょっとやりたい」って言ったら、「あ、いいんじゃないですか？」ってことで、それでゴーになったんですよね。

——そういう関係性で始まったから、めろんはヘビーシックでのライブが多いんですね。

木下 そうなんです。そこはなんとなくゲン担ぎもあって。僕が若いつもりでやるよりは、タイガーマスクだって入れ替わりますよね、とにかく若返る。逆に曲は古くならないじゃないですか。いまでも昔好きだったもの全部好きなんで、それを新しくすれば、それで現代にグリップする方法は何かなと思ったら、アイドルでしかなかったんですよね。

——対バンとかでほかのアイドルグループを間近に見ると、どんなことを思いますか？

木下 やっぱりうらやましいなと思う人たちもいっぱいいますし、なんでこれがっていう気持ちもちょっとありますし。正直言いますとそっちのほうが多いんですよ。自分でも曲作るんでわかるわけですよね、ドラムマシンを3分間リズムだけ、一応タムやなんか入れるんですけど、これは慶（森岡慶。ソフトバレエ森岡賢の実弟）っていう僕の相棒の領分なんですけど、慶

モーターヘッド
イングランドのロックバンド。豪快暴走サウンドでロック・シーンの権化として君臨。15年にバンドの象徴であるレミー・キルミスターが死去し、40年間に渡る活動を停止。スラッシュメタルやハードコア・パンクなどに大きな影響を及ぼす。

東京クランプス
エロキンズのエロヴィス佐藤がTHE MONSTER A GOGO'Sのメンバーと組んで、敬愛するTHE CRAMPS（精神病院でライブを行ったこともある伝説的パンクバンド）のトリビュートバンドとして活動。

でいえば1曲、スネアの音だけで7色ぐらいは使い分けるわけです。それもせずにようやるなとか、でも売れてるんだとか、そこは本当に難しいわけですよ。

――音楽にちゃんと思い入れのある運営かどうかって、ホントすぐわかりますもんね。

木下 そうなんです！ おかげさまで「ちょっと曲作ってもらえませんか？」って軽く言ってくださる人もいるんですけど、全部お断りして。どこまでやっていいのかもわからないですし。メロだけで「はいどうぞ」でいいのか、ちゃんと歌メロがこうだからギターはこうだとか、そこまでやるのか。でもそこまでやらないと音楽って絶対に成立しなくて。それをしないから、ああいうよりカラオケのような、歌メロにフレーズひとつグリップしていかないものになっちゃうのかな、と。でもそういうのが売れちゃってるんですよね。だから今回初めてギュウ農フェスに出させていただくんですけど、それまでずっと僕はメンバーには、「とにかくＴＩＦとかそんなもんに出たいと思うな、そこに１００組いたってモブキャラだ、主役になろうぜ」と。で、なんとなくそういうごった煮のアイドルシーンからも少し距離を置くようになっていて。

――お金が好きな運営と音楽が好きな運営とアイドルが好きな運営がいると思って、音楽が好きな運営がボクは一番信用してますね。

木下 僕はお金もけっこう好きですけど。

――お金も実はちゃんと稼ごうとしている場合は悪じゃなくて、アイドルが好きな運営がいちばん問題を起こしがちだと思ってます。

木下 なるほど（笑）。お金が好きな運営って、あるアイドルが解散したときに、そこの運営さんが落ち込むわけですよ。鬱になるんじゃねえかっていうぐらい。で、知人に宛てたＬＩＮＥの内容が、「何々が解散した、俺には何もなくなった。もうガソリンスタンドのアルバイトに戻るしかない」って書いてあって。だったらガソリンスタンドでバイトしながらやればよかったじゃんっていう、「俺ほどの人間がいていい場所じゃないんだ、ガソリンスタンドは」っていう考え方からしてムカつきますし、潰れてよかったし、女の子たち逃げてよかったなと思いますね。僕らバンドだから30年やれちゃうんですけど、アイドルさんはそういうわけには……でも、いくかなと思ってるんですよね、いまはパッと見30代後半の人もちらほらいますよね。

――地下にはいますね。

木下 7割は幻でも3割のところで夢は見せないとと思って。こないだもギュウ農フェスのプレイベントで、ギュウゾウさんに愛と期待を込めたすごい厳しいお言葉をいただいたんですよね。そこでメンバーがすごい落ち込んでるわけです、ギュウゾウさんの気持ちに応えられなかったと。でもそこで僕が「そうだぞ！ ギュウゾウさんは！」なんて言うのも野暮ったいんで、「新木場コーストのメインステージに立ちたかったの？ じゃあコーストでワンマンやろう。叶う夢は片っ端から叶えようよ」と、それしか言わないようにしてて。そこでカッコいいとこ見せれば、ギュウゾウさんも見直してくれるからって。

――こないだのＡｂｅｍａＴＶ『火曜Ｔｈｅ Ｎｉｇｈｔ』に吉田豪推薦枠でめろんが出演したときも放送事故寸前みたいになってたから、相当ハラハラしながら観てましたけどね。

木下 あれはここじゃ言えない……。

――サポートに行ってあげればよかった。

ギュウ農フェス
電撃ネットワークにしてとちぎ未来大使でもあるギュウゾウが、地元・栃木県を盛り上げるとともに、将来的には栃木県内でアイドルフェスを開催することを目標としてスタートさせた栃木県応援イベント。

木下　ホントですよ！　あれを貫くならいまの自分らを知ることも大事で。たとえばギターウルフがレミオロメンより客が来ないなんてことで落ち込みもしなきゃ悩みもしないと思うんですよ。日本に住んでる革ジャン革パン、カワサキ乗ってる人間でギターウルフを知らない人間はひとりもいなくて、そのなかで「俺は好き」「俺は嫌い」だと思うんです。とにかくパイには全部行き渡ってる。めろんもそんなにバーンと売れるような音楽やってないですけど、そこまで行き渡っててあいうことをして、「それがいいんだ」って言う人がひとりでも多くなればいいと思うんですよね。「まだ早い、おまえらは」とは正直思いました。どうですか？　ダメでしょ。

——正直言ってダメでしたね。

木下　ダメですよね。じゃあ言います、いまのアイドルを一番ダメにしてるもの、ツイッター。あの番組の後、「さすがめろん、バラエティトークにつき合わないところがさすがだぜ」とか書いてくれちゃうファンの方とかがいるんですよ。

——そこは甘やかしちゃダメだ、と。

木下　メンバーがそれをRTして、「私は合ってた」って思っちゃうわけですよ。そうじゃなくてあの場はまず矢口（真里）さん、岡野（陽一、元巨匠）さん、そして「ご紹介」として名前が出てしまっていた豪さん、そこをまず考えろよ、と。「バラエティトークにつき合わないところがさすがだぜ」って言ってくれる人も、あそこでおもしろいことやれれば、「さすがめろん、バラエティでも十分イケる」って書いてくれるに決まってるんだから。

——バラエティに乗っかりながらも破壊的なこともできるのが正解のはずなんですよね。

木下　そうなんですよ。じつはあそこ（琉陀瓶）ルンはちょっとよかったかなとは思うんですけど。やるかやらないかなら絶対やったほうがいいし、黒歴史だろうが何歴史だろうが、歴史はないよりあったほうがいい。恥をかけ、ヤケドしろ、と。前号にＨＩＲØが出てましたけど、ＲＩＳＩＮＧ ＳＵＮのライブでちょっといろいろあって、僕の気持ちが少しグレたときがあったんですよ。「俺は恥かいてまでやりたくない」って言ったとき、ＨＩＲØが真顔でね、「どんな場所でも矢沢の襟は立っていると言ってくれたのはキーボーだ」と。

——いいフレーズじゃないですか！

木下　「そのキーボーが何を怖がるの？　ヤケドしようよ。大ヤケドして、あいつらバカだって言われようよ。みんな俺らのこと覚えるんだから」って。あのとき30代半ばぐらいですけどね、これは僕の専売特許だったのにＨＩＲØに取られちゃったなと思ってね、僕もそこでなんとなくバチーンとね、恥をかいてでもやるっていうふうに切り替えて。それからは「こんなことならやらないほうがいい」っていうのは言わないようにしてます。

——ＲＩＳＩＮＧ ＳＵＮの元メンバーだったっていうことは、つまり木下さんも『ニューイヤーロックフェス』に出てたんですか？

木下　出てました。僕、ＲＩＳＩＮＧ ＳＵＮというバンドの歴史のなかで一番長くベース弾いてたんですよ。5～6年連続で出てましたね。とんでもないバンドだったんで（笑）。

——あと何か言い残したことはありますか？

木下　ないんじゃないですかね。逆に何かあります？

ごっしー　ジャッキー・チェンの映画にも出てるんですよね。

墓場プロに関わる前に。

木下 いや、もう関わってはいたんです。

――『新宿インシデント』ですか？

木下 そうです。結局あれは当局に止められて公開が3年遅れてるから、公開の4年前に撮ってるんですよ。初日の新宿に、店を抜け出して観に行ったんですけどお客さん10人ぐらいしかいなくて（笑）。ジャッキーさんは中2のときにファンレター書いてるんです。「あなたのようなアクションスターになりたいんです」と。そしたらね、誰が書いたか返事が来たんです。「香港にはそういうことを学べる学校がいっぱいある。本気でやりたいならいつか香港に来るといいよ」って英語で書いてあったから、僕はそこで「進路が決まった」「俺は香港に行く」ってしばらく言ってたんですよ。でも結局、行かなくて高校で彼女ができるんです。その彼女が中華街の華僑の子で。いつもお祭りになると獅子舞の前で太鼓を叩いてるんです、カンフーの踊りをしながら。シビれるわけですよね。元町の橋が3本あって、いつも真ん中の橋で待ち合わせしてるんですけど、ある日そこに行ったら橋の向こうに人だかりができててジャッキーがいたんですよ。子供たちもワーッて行って、みんなジャッキーと握手して。でも僕は学生服でタバコとか吸ってたし、「あなた何？ジャッキー・チェンが好きだから私とつき合ったの？」みたいなことを彼女に言われたくもないし思われたくもないっていうのがあって、あんまりその話には触れずにいたんですよね。でも彼女まだ来ないしどうしようかなと思って。そしたらハイエースがバーンと来て、ジャッキーが「バイバイ、バイバイ、ありがとう、バイバイ……おーい！　おーい！」って遠くの僕に向かっても言うんですよ。「え、俺？」「バイバーイ！」って。

――わざわざ指差して。

木下 もうタバコをガーッと消して、「ありがとうございます！」って。あのときのジャッキーの目が、心から「香港来なかったんだね、日本で楽しくやってるんだね」って言ってるように見えたんですよ。そんなこともありつつ、僕が16歳のときにラフィンノーズのNAOKIさんが入って最初のツアーを横浜のシェルガーデンに観に行ってて、ラフィンノーズと人生で初めて対バンしたのが29歳ぐらいのときで。そのときPONさんに、「じつは12年前にシェルガーデンに行ったんです」って言ったら、「キーボーあそこいたんか！」「はい、ステージで初めてラフィンノーズを観てから一緒のステージに立てるまで12年かかりました」「うれしいなあ！」なんていうのがあって。その前にKENZIを観に行ったんですけど、そのときKENZIさんがまだクラブ・ザ・スターだったんでザ・スタークラブと対バンで。KENZIさんともスタークラブとも30歳ぐらいのときに一緒にやるんですよ。10代で観ていたものは必ず線になる。当時、東京にすげえおっかねえ鉄アレイってバンドがいるらしいって言ってたのが、KATSUTAくんとも一緒にバンドやるようになって。その頃、大好きだったSAMURAIってバンドがあって。SAMURAIがホントに大好きで大好きで。

――カッコよかったですよね。

木下 カッコよかったですよね！　そしたらリューシンさんと30代後半で仲良くなって、オフィシャルでヒカリノ香車でSAMURAIの曲カヴァーさせてもらって。なんとリューシンさんがボーカルでライブをやったこともあって。必ずそうなる。その極めつけがジャッキー映画だったんですよ。

『新宿インシデント』
ジャッキー・チェン主演の、09年に公開された香港・日本合作映画。ジャッキー・チェンが「アクション封印宣言」した作品でもある。07年秋頃から、舞台となる新宿の歌舞伎町や神戸の繁華街でロケが行われていた。

ラフィンノーズ
81年に大阪にて、ボーカルのチャーミーを中心に結成。80年代前半は、THE WILLARD、有頂天と並び、〝インディーズ御三家〟と呼ばれる程の人気を博した。メジャーデビュー後もバンドブームの先駆け的存在に。

KENZI
80年代半ば人気を博した伝説的パンクバンド。その後、KENZI & THE TRIPSに。ボーカルのKENZIは、現在八田ケンヂ名義で活動中。

ザ・スタークラブ
77年に名古屋にて、ボーカルのヒカゲを中心に結成された、ジャパニーズ・パンクの老舗バンド。84年にメジャーデビュー。ヒカゲ以外はメンバーチェンジを繰り返しながらも、毎年コンスタントにアルバムを出しつつ精力的に活動中。

SAMURAI
80年代に、主に渋谷・屋根裏で活動していたロックンロール・パンク・トリオ。五寸釘龍心がベース&ボーカルで、自らのレーベル「五寸釘」から楽曲をリリース。

——伏線の回収はできる。

木下　全部できてるんです。だからあとはどこで（フランシス・フォード・）コッポラと出会うかと、マット・ディロンと出会うか、それくらいですよね（笑）。あとはウォルター・ヒル、僕の10代を回収していくのは。

『ドラクエ』好きでずっとやってるのに、すぎやまこういちが嫌だから音を消してやるようになった

香山リカ

2019年2月収録

ライター・精神科医。立教大学現代心理学部教授。北海道出身。1960年7月1日生まれ。東京医科大学在学中に、TACOの山崎春美の誘いにより、『HEAVEN』のライター及び編集者に。プロレス好きで、ジャイアント馬場を崇拝。ファイターズとYMOも愛好。政治活動も熱心。ベストセラー『しがみつかない生き方』（幻冬舎）をはじめ、エッセイや評論など単著・共著多数。近著に、『皇室女子』（秀和システム）、『大丈夫。人間だからいろいろあって』（新日本出版社）など。

昭和プロレスの激ヤバモラル

——香山さんには以前、ボクの『サブカル・スーパースター鬱伝』という本の単行本用追加取材部分に出てもらったんですけど、精神科医として総括してもらおうとしたら、サブカル側としての熱い思い入れを話し始めたのが面白かったので、今日もそんな感じの雑談です！　最近、今回の取材と関係なく香山さんと北原みのりさんの対談集『フェミニストとオタクはなぜ相性が悪いのか』（17年／イースト・プレス）をちょうど読んでいて。

香山 ああ、ありがとうございます。

——これに出てくる香山さんのエピソードがすごくかわいげがあって、良かったんですよ。

香山 何？　どんなの？

——ボクのツボに入ったのが、「私、近年見た映画で最高に好きなのが『マッドマックス　怒りのデス・ロード』なんです。孤高にして強い女性が、権力者のもとで蹂躙されていた女性たちを解放して一緒に逃げ、途中で引き返してきて、その権力者と闘う話。主人公のマックスはあるきっかけで逃げる女性たちの旅に同伴することになるんだけど、孤高の女性とマックスは同志愛は育むけど恋愛関係にはならない。そのクールさにシビレました。それから私も強くなりたい、と格闘技を習い始めたほど（笑）」っていうエピソードで。

香山 ああ、そうそう、クラヴ・マガに行ったんですけど、あまりにもついていけなくて。そのあとシステマにもちょっと行って。でも筋力があまりにもないから、それをもう少しつけてからのほうがいいやと思って、いまはまずジムに行ったりしてるんですけど。

——影響されたら、すぐ動く感じが最高で。

香山 ああ、すぐ影響されますね（笑）。

——香山さんのそういうかわいげがボクは好きなんですけど、いまの世の中の香山さんの見方とはだいぶズレがあると思ってて。その辺りを検証してみようって感じのテーマです。

香山 ありがとうございます。私、ゲームも好きだったし、もちろんプロレスも好きだったりするけど、それは忘れられちゃってて。ずっと左寄りのことを言ってる人みたいに思われてて。私がすごくショックだったのは、5ちゃんねるの『なんJ』（なんでも実況板）に野球民が移ってきてから、ほぼずっと見てたんですよ。自分では一番メンタリティがなんJ民に近いと思っていて。それで去年、なんJの人たちがハングル板に進出して動画BAN祭りってやったじゃないですか。あのとき私すっごい興奮しちゃって、いつもハセカラとかしょうもないことをやってたヤツらが社会正義みたいな行動に出てすごいとか思っちゃって、それをツイートとかしてたら、「すり寄ってきた」とか言われて……。

——ダハハハハ！　「私はもともとそっちが好きなのに！」ってヘコんじゃったんですか（笑）。

香山 そう！　弟（中塚圭骸）にだけはずっと「おまえも『なんJ』を見たほうがいい」ってずっと言ってきて、だから弟だけは証明してくれて。ほかの人には『なんJ』を見てるって誰にも言ってなかったから、もっと言っときゃよかったと思って……というようなことがあって。

——自分が属してると思ってた世界から叩かれたりするよう

北原みのり
雑誌編集者、フリーライター等を経て、96年に日本では初めて女性だけで運営するセックストーイショップ「ラブピースクラブ」を設立。女たちのエロスとフェミニズムについて語った、香山リカとの共著『フェミニストとオタクはなぜ相性が悪いのか「性の商品化」と「表現の自由」を再考する』がイースト・プレスから出ている。

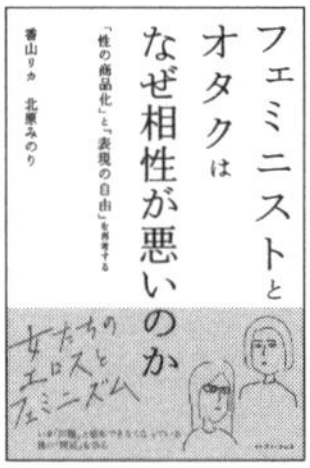

ハセカラ
Hという高校生（当時）が、2ちゃんねるのなんJ板にて悪質な冗談と挑発を繰り返した結果、なんJ民に顔と出身校を特定されてしまう。それからの批判と中傷に耐えきれず、唐澤貴洋という弁護士に相談するが、唐澤がいろいろ杜撰だったために、Hだけでなく唐澤もからかいの

になっちゃったわけですか。

香山　その人たちには叩かれないけど、外の人たちに言われたり。あとプロレス板でもけっこう叩かれてたことがあって、それも「すり寄ってきた」とか言われて。こっちは3歳からプロレスを観てるんだぞ、みたいな。でも毎日毎日行ってるわけじゃないし、行ってない時期もあるから。サブカル好きだったのをなんだと思ってるんだろうっていうか。

――旦那さん（斎藤文彦＝フミ斎藤）の影響でプロレス好きになったんじゃないかぐらいの誤解があるんですかね。

香山　そうですね。その本もすごい誤解されちゃって。私と北原みのりさんという、いわゆるフェミニストが2人してオタクを叩いてる本っていうふうに思われてしまったんです。こっちはオタクの立場で話してるのに。

――香山さんは本来オタク寄りの人なのに。

香山　そう！　それなのにいわゆる「表現の自由戦士」と言われる人たちからは、「またフェミニスト2人があれこれ言って叩いてる！」とか思われちゃって……。

――北原さんと比べると、香山さんはかなりバランスを取ったこと言ってましたけどね。

香山　北原さんは、とても純粋でまっとうなフェミニストですよね。

――純粋ですね。「え、それでショックを受けるの？」ぐらいのことが多い人でした。

香山　ああ、そうですね。去年、私が卒業した東京医科大学っていうところで女性差別があったじゃないですか。あれも北原さんはすごい衝撃を受けて、抗議したり被害者の会を作ったり。私ももちろんあれはひどいと思うけど、まああるのかもしれないなーとそれほどのショックではなかった。女性の医者たちのなかからも、「現場では女性医師が多すぎると困る。ある程度の男性優遇は必要」みたいな意見さえ出てきたから、北原さんはそれにもショックを受けたんじゃないかな。女性医師がみんな立ち上がると思ったのに、女性医師のほうが冷めてたから、そういうできごとひとつひとつに傷つくセンシティブさがあるんですよね、北原さんは。

――まじめな人なんだと思うんですよ。

香山　そう、とてもまじめなんですよ。そこで「さすが津田塾」とか言っちゃうとまた差別的になるんだけど、昔ながらの津田塾大学のイメージを感じます。よい意味で昔の女学生のような。私もふだんはもちろんマイノリティ差別はいけないって言ってるし、数は一緒でも社会的には女性が立場的にはマイノリティとすれば、女性差別はいけないって当然思うし。

――当り前ですね。女性のほうが権利が足りてないってことを前提にしなきゃいけない。

香山　とは思ってるけど。とはいえ女性が完全に被害者だっていうことを言っても社会にはなかなか理解してもらえなかったりするし、またこういうこと言うと問題なんだけど、例えば#ＭｅＴｏｏ運動みたいなことも、30年前にこういう写真がありました、みたいなのも出てきてるじゃないですか。これどこまでそういうのが……。

――30年前の発言がひどかったとか、その頃とは常識が違いますよって話で。この5年ぐらいでも相当変わってるわけですからね。

香山　ホントですよ。だから『島耕作』的な感じの、ああいうことがオフィスでもあったりして、もちろんいま見ればアウト

対象となっていく。この一連の騒動を、2人の氏名から引用して「ハセカラ騒動」と呼ばれている。

だけどっていう。あと北原さんと私がすごく違うのは、私だって『ＨＥＡＶＥＮ』とか『Ｊａｍ』とかの自販機本から出てきたような人間なので。いや、いつまでもこの来歴ばっか言ってるのも変なのですが。ムショ帰りを自慢するみたいな感じで（笑）。

——いわゆるエロ文化から出てきた人で。

香山 だからあの頃、Ｖ＆Ｒのバクシーシ山下の作品なんかもめっちゃおもしろいと思って、観てケラケラ笑ってた側なんですよ。でも、北原さんはあれを観たときに、あまりの恐ろしさに本当にひどいと思ったって言うのね。私は昔は明らかに楽しんでしまった。

——そもそも最近のＡＶ強要問題も、バクシーシ山下さんの著書『ひとはみな、ハダカになる。』（07年／理論社）が復刊されたときの抗議活動から始まってるわけですよね。

香山 ああ、そっかそっか。じつは私、もうすぐ『根本敬論』って本を出すんですよ。

——え、そうだったんですか！

香山 いま根本敬を考える。もちろん初めは根本さんを評価するっていうことでやり始めたんだけど、たまたま去年ぐらいから……。

——ちょっと流れが変わってきましたね。

香山 そう！

——元しばき隊の野間易通さんが「根本敬の共著『ディープ・コリア』には自分も影響を受けたけど、あれがレイシズムを呼んだ部分もあるんじゃないか」とか言い出したりして。

香山 そうなんですよ。今度の本には吉田さんのツイートも引用させていただきました。本ができたら送りますね。

——ボクは「10年以上前のことで、いまの基準でいったらアウトなことはいくらでもあるけれど、それをいま批判するのはフェアじゃない」とかつぶやいた記憶があります。

香山 たしかにあれをいま出したらアウトかもしれない。『ディープ・コリア』だけじゃなくて、『生きる』とか村田藤吉とかも、あれ一方的なイジメみたいな話じゃないですか。でも、私も当時ものすごく好きだったし、だからいまの文脈でアウトなものを過去においてもやっぱり許されなかったんだとか言っていいのかっていう問題なんですよね。

——そうなんですよ。

香山 プロレスだってナチスコスプレとかいたじゃないですか、（クルト・フォン・）ヘスと（カール・フォン・）ショッツとか。

——昔のプロレスは調べると戦慄しますよ。衝撃的なのは、グレート・アントニオがバスを引っ張った伝説あるじゃないですか。あのバスには障害者が山ほど乗ってたらしくて。

香山 え！ なんで？

——両方の意味があると思うんですよ。見世物小屋的な感覚もあるし、施設の子たちをそこに乗せるというファンサービス的な感覚もあるし、両方の意味を兼ねた、本当に悪趣味な娯楽だったんですよ、昔のプロレスって。

香山 だってヘスとショッツって、彼らはカナダ人でドイツから来たわけじゃないのに、ナチスの歩き方をして、ハイル・ヒトラーの右手を挙げるっていう、いまじゃ逮捕されるぐらいのことをやってたじゃないですか。

——そもそも神様のはずのカール・ゴッチだってナチスギミックが入ってましたもんね。

香山 そうそうそう！ だからプロレスでは普通にやってまし

『ＨＥＡＶＥＮ』
高杉弾、山崎春美、隅田川乱一らが79年に創刊したのが『Ｊａｍ』（エルシー企画）で、その後継誌が『ＨＥＡＶＥＮ』（アリス出版↓群雄社出版）。エロ雑誌がカウンターカルチャーの牙城だった時代の代表的な自販機本（書店流通しない成人向け雑誌。内容的に制約が少なくサブカル色が強い）。『Ｊａｍ』には、山口百恵の自宅から出た使用済みナプキンを大々的に公開した企画「芸能人ゴミあさりシリーズ」が掲載。香山リカは山崎春美に誘われ、『ＨＥＡＶＥＮ』でライターデビューしている。『ＨＥＡＶＥＮ』末期は代理で編集長役を務めたことも。

バクシーシ山下
ＡＶ監督。Ｖ＆Ｒプランニング在籍時の作品『女犯』が、本物のレイプにしか見えないとフェミニズム団体から抗議を受ける。その他にも、観念絵夢の包茎の皮を食べる『全裸のランチ』、日雇い労働者が登場する『ボディコン労働者階級』など過激な作品をメインに出し続け、自衛隊員とＡＶ女優を絡ませる『戦車とＡＶギャル』、墓石相手にＳＭをする『死ぬほどセックスしてみたかった』（中指Ｐ子主演）など発売禁止となった作品も少なくない。今も特殊なＡＶを発表し続けている。

『根本敬論』
19年3月に、太田出版より発売された『ヘイト・悪趣味・サブカルチャー根本敬論』。〝悪趣味〟の最重要人物、根本敬（特殊漫画家）について評たよね。それはもちろんダメだけど、ＷＷＥだって、たとえばタタンカとか、ああいうネイティブ系をギミックにして笑うじゃないけど、野蛮な動きをさせるとか、いくらでもあったじゃないですか。

――プロレス技に原爆の名前付けすぎ問題とか、大木金太郎のガウン、ふつうに原爆ですからね。韓国人が原爆のガウンを着て日本人に原爆頭突きするから完全にアウトという。

香山 いわゆるポリコレ棒っていうのをどこまで振るのかっていうね。サブカルにもそれを適用していいのかっていうことがひとつと、でも悩ましいのは、サブカルがそうやってゲラゲラ笑いながらそんなことをして、それが知らないあいだに現実にまで浸食してきちゃって、ああいう在特会系のデモとかになってもどっか笑ってバカにしててっていうのがいまの状況を生んだと思うと、なんでもいいからやれとはもちろん言えないわけだし。

――ボクがそれに近いことを感じたのは宗教に関してだったんですよね。サブカルチャーが新興宗教をおもしろがってたらオウムのサリン事件が起きたとき、宗教はおもしろがっちゃいけないんだっていう線引きがまずできて。その後も新興宗教をおもしろがる人を見るたびに、「ちょっとそこは気をつけたほうがいいんじゃないですかね」と思ってます。

香山 ああそうですね、あれは95年か。彼らは本気だったわけだからね。私もそれはちょっと思った。ただ、選挙に出たりしたときはおもしろかったですよね。あの歌とか閻魔の数え歌とか、いまでも聴くと不謹慎ながら笑っちゃうけど。

――幸福の科学よりオウムのほうがちゃんとしてるみたいな見方が当時はあったのが、いまは忘れられちゃってるじゃないですか。

香山 あのときはそうですね。あと宮﨑勤の事件のときのあの部屋が映し出された衝撃なんですよ、「ウチだ！」みたいな。で、北原さんはお母さんだか妹と一緒にそのニュースを見て、怖すぎて泣いたと言ってました。

――ボク、この本で一番引っかかったのは、北原さんの「宮﨑勤がいろんなものを産んだ」みたいな発言だったんですよ。「オタクの市民権を獲得し、秋葉原を作り、萌え文化を作り、幼女性愛をファンタジーとして肯定する文化を作り、ひいてはクールジャパンで経済効果を生み、時代や社会のシンボルになってしまった」って、そんな歴史はないですよ。あるとしたら、宮﨑勤事件によってオタクが悪者扱いされようとしてたのに反発してオタク側が立ち上がった流れはあるけれども、宮﨑勤が作ったわけではないっていう。

香山 それくらい宮﨑がオタク文化のシンボルになったってことでしょうね。ちょっと似たようなこととして、去年のキズナアイをめぐる騒動もあったじゃないですか。私自身はさすがにハマってたわけじゃないけど、ＶＴｕｂｅｒってすごいなーと思って見てたから。それで友人でもある弁護士の太田啓子さんがあれに対して性的搾取だと抗議していてクレームを言ってて、私はちょっとどうしたもんかと思って。

――そのへんのズレはあるわけですね。

香山 キズナアイはＶＴｕｂｅｒの萌えキャラという別の存在で、現実の女性や幼女を重ね合わせる必要はないんじゃないかと思います。

――香山さんはサブカルの根っこがしっかり残ってる人じゃないですか。だから、ちょっと相容れない部分があると思うん

論した唯一とも言える1冊。

『ディープ・コリア』
87年、幻の名盤解放同盟（根本敬、湯浅学、船橋英雄）が、まだ民主化する前で情報もあまり伝わってこない韓国に渡り、自らの目と耳と足を駆使して集めた「日常のどうでもいい瑣末な大韓民国の姿」を書籍として刊行。その後、増補改訂を繰り返し、最新版では600ページを超える大著に。

『生きる』
84年から『平凡パンチ』で連載された根本敬の漫画。信じられないほどの不幸が重なり続けるキャラクター村田藤吉とその家族の物語。根本敬漫画の入門書。村田一家を苦しめる吉田佐吉が村田の娘のペットを獣姦する回で、倫理協会からク

ですよね。

香山 まるきり相容れないと言ってもいいかもしれませんね、そこは。それなのに差別には厳しく言うのはおかしいだろって言われて。でも、表現の自由戦士とか言われてる人たちは「ヘイトも表現なんだ」みたいに言ってて、そこは被害者もハッキリといるし違うだろと思うんだけど、それをうまく理論化して「そっちはダメで萌えはいい」みたいなことを言語化できなくて。

――個人的には、単純に被害者の有無を線引きにするだけでもいい気がしてますけどね。

香山 でもほら、キズナアイとかだって幼女という被害者がいるじゃないかってことで。

――ボクの友人の掟ポルシェがよく言うんですけど、「ロリコンは悪ではない、悪いのはペドフィリアだ！」って。ロリコンはただ小さな子供が好きなだけでなんの罪も犯してない。ロリコン＝悪にされるのは迷惑だって。

香山 なるほど。でも、問題はそこに性欲を感じるかどうかじゃないですか？

――ロリコンはただ愛でてるだけで、ペドフィリアというそこに性欲を感じてる人種がいて、悪はそっちなのになぜロリコンという括りで怒られなきゃいけないんだってことでした。

香山 性欲の有無は線を引けるんですか？ たとえば私、パンダとか大好きなんですけど、パンダに性欲は感じてないんですよ。

――当り前ですよ（笑）。パンダと獣姦したい層は、あんまりいないと思いますけど。

香山 それはパンダ好きで、でも一部には性欲を感じる人もいると思うんですよ。あと顔を埋めたいとかも思うから、性と無縁ではないとは思う。だけど、そこまで掘り下げなければ違うじゃないですか。ロリコンは微妙だなと思うんですけど、どうなんですかね？

――漫画とかのレベルで収まってるロリコンは意外といるんですよ、リアルにいかないで済んでるロリコンは。だから、そこを迫害するのはあきらかにやりすぎだと思っていて。

香山 私も、吾妻ひでおさんのマンガに出てくるミニスカ少女とか、ああいうのは好きだったし。それこそロリコン、キズナアイはダメってなると、吾妻ひでおもダメみたいになると思うんですよね。

――吾妻ひでお先生にインタビューしたら、「たしかに俺の周りにも1人ヤバいヤツはいた」って言ってたんですよ。吾妻先生はただ単にかわいい少女を愛でる文化としてやってたけど、周りには本物もいたっていう。

香山 どのジャンルにもマニアは絶対にいるし、メガネのコレクションとかでも性欲を感じる人はいるから、それは仕方ないと思うんですよね。性欲を喚起するからダメってなると、あらゆるものがダメだと思うんですよ。

――宮﨑勤事件のときに思ったのは、宮﨑勤が借りてたビデオは金髪洋ピンばかりだったことで。

香山 そうそう、『若奥様の生下着』とかいう本があの部屋の一番上に置かれてたけど。

――マスコミが画作りのために手の上に置いて。そもそも、その本を持ってる時点でロリコンでもないっていう。結局、大人が好きだけど代償行為で子供にいってる人だった、と。

香山 あ、そうか。でも外国では一律に幼女がなんらかの性的なイメージを喚起するものはNGといわれますよね。日本の萌

レームが来て打ち切りに。

(クルト・フォン・ヘス)
ヒトラーの亡霊というギミックの悪玉ドイツ系レスラー。同じナチ・ギミックのカール・フォン・ショッツとタッグチームを結成。アントニオ猪木と坂口征二の黄金コンビと抗争を繰り広げたことで知られる。日本では「戦犯コンビ」「ナチの亡霊コンビ」と呼ばれた。

タタンカ
ラムビー族インディアンのプロレスラーで、90年代前半にWWF（現WWE）でインディアン・スタイルのベビーフェイスとして活躍。タタンカが試合中に劣勢になると、観客は一斉にインディアンの祈りの歌を合唱し、攻撃に転じると雄叫びをあげて応援した。

キズナアイをめぐる騒動
18年、人気VTuberのキズナアイがホスト役を務めるNHKの特設サイト「ノーベル賞 まるわかり授業」で、その起用を巡って物議が醸された。キズナアイが萌え絵であり、性的表現にすぎるのではないかというクレームがツイッター上に書き込まれ騒動に。発端は、弁護士の太

えイラストも信じられない、と。大塚英志さんも言ってるけど、そういう意味では日本ってAKBみたいなアイドルができたとき、いわゆる萌えの国策化みたいになってきて。でも、国策にして海外の人たちにみんなに買ってほしいけど、でもそこに性欲は感じちゃいけないぞとか、そこには誰も文句言わなかったじゃないですか。それはなんでなんですかね。

――北原さんはAKBと秋元康について「女子高生や若い女性に対する支配欲がむき出しになっているように見える」と言っていて、香山さんは「たぶんビジネスなだけ」とか言っていて、ボクも香山さん寄りの意見です。

香山 AKBは女の子も好きだしね。私いま大学で学生に教えてるけど、学生はホントに緩くて、「AKBはなんの問題もないじゃないですか」って言ってました。海女さんの萌えキャラの碧志摩メグちゃんっていたじゃないですか。三重県志摩市がホントに公認キャラクターにしようとしたら炎上してやめたんですけど、非公式キャラになって、いまでもクッキーとか売ってて。あれに関して学生たちは、「私はいいけど海女さんたちが嫌だって言ってるならダメだ」って言うんですよね。それ以外は、「なんでそんなにうるさく言う人がいるのかわからない」って。そこは私も「そうだよね」って言うんですけど。

サブカルがリベラルでなくなった

――ちなみに、かつてAVを楽しんでた側としては、いまはどんな感じの評価になってるんですか？　この対談では北原さんがAVに対してかなり批判的だったじゃないですか。

香山 そこはでも、精神科医的なことを言っちゃうと、たとえ

田啓子氏が発した「性的に強調した描写されアイキャッチの具にされるがよりによってNHKのサイトでやめて（原文ママ）」という意見論評。これにキズナアイを擁護する反論も相次ぎ、ツイッター上で論争となった。

吾妻ひでお SFやナンセンス要素をふんだんに盛り込んだ作風はSFマンガのニューウェーブと評され、80年代に一世を風靡した不条理コメディ・ロリコンブームの火付け役とされる。19年に食道がんのため死去。

大塚英志 サブカルチャーに詳しい評論家。80年代にロリコン漫画雑誌『漫画ブリッコ』の編集長を務める。『漫画ブリッコ』上で中森明夫の「おたくの研究」を連載したことで、「おたく」という言葉が世間に広まることに。漫画原作者としては『多重人格探偵サイコ』『リヴァイアサン』などがある。

ば出演強要問題も、じゃあ強要じゃない意思と強要の境目は、「私は自分で選んでやってる」って言ったって……。

――それ自体が洗脳の可能性もあるわけで。

香山 おおいにあると思います。それに「強要された」って言っても、そのときは「わかった、いいよ」って言ってたのに、あとになって「強要だ！」って言う人もいるから。

――後で洗脳が解けたパターンもあるし。

香山 だからホントはどっちかわかんないと思うんですよね。それも激しい論争になってますよね。一方でセックスワーカーの権利を認めましょうみたいな人たちは、「すべて強要だ」って言うのは彼女たちの尊厳を傷つけてるって言うわけじゃないですか、誇りを持ってやってる人もいるから。それもそうかなと思うし。

――「強要は絶対にない」っていう業界の声に対しては、あるに決まってんだろと思ってて。

香山 ああ、そりゃそうだよね。そうか、「ない」って言ってる人たちもいるんだ。

――当時、女優が一斉にそう言って業界を守ろうとしたんですよ、「私たちはそんなの見たことない」って。それは怖いなと思いました。

香山 そういうことも含めて、いまは本当に表現行為が難しい時代になりましたよね。

――特にツイッター見てると、ホントに香山さんはたいへんそうだなって思いましたよ。

香山 何を言っても嫌がられるから。アンケートとか取られちゃって、「香山リカは有害だと思う」が97パーセントとかで（笑）。

――ほぼ全員じゃないですか（笑）。

香山 どうなってんのかなと思って（笑）。

――右も左も、みんなまじめなんですよね。

香山 まじめですね、それはそう。サブカルがまじめじゃなくやってきた末のいまの安倍政権じゃないけど（笑）。これでいいのかよって言われたらどうかなと思いますけどね。

――政治に一切関心がないのも問題だけど、政治に片寄りすぎるのも問題だから、バランスが重要だと思ってて。特にツイッターが政治ネタだらけになっている人を見ると思うのは、自分の世界が政治中心になった瞬間にふたつに分かれるじゃないですか。政府側に乗るのかそうじゃない側か。政府側に乗っかったら、万能感を得られると思うんですよ。

香山 ホントですね。

――だけど、いわゆるリベラルな側っていうのは、真面目に政治のことを考えれば考えるほど、何度も敗北し傷つきしんどい思いをしなきゃいけない。もうちょっと適度に自分の人生を楽しんでる感じをツイッターで出しながら政治のことも考えないと、相当しんどくなってくるだろうなと思ってます。

香山 私も最初はツイッターで「犬の散歩に行った」とか「プロレスに行った」とかやってたんですよ。だけど、いったん「ちょっといまおかしいよね」とか言っちゃうと、ちょっとでも「今日はどこそこでカレーを食べました」とか言っても、絶対にリプでケチをつけるヤツが出てくるんですよね。だからもう面倒くさくなっちゃって、個人的なことは一切言うまい、みたいな。もう小姑みたいな。

――「これは法律に違反してるんじゃないですか？」みたいな揚げ足取りをしてきたり？

香山 そうそう！「盲人が歩く線を踏んでいる！」とか。こっちはちょっとしたサービスじゃないけど、そういうの見たいって人も読者のなかにはいるわけですよ、休みの日は何してるとか。そういう感じでちょっと載せると、だからネコとか写そうもんなら「部屋が汚い」とか「暗い」とか、あとちょっと壁に映ったものとかも、みんな『ミッション・イン・ポッシブル』みたいに拡大して「これが映ってる」とか特定されちゃうから、なんにも言えなくなっちゃうんですよね……。

――パソコンの画面を写そうもんなら、そこは情報の塊だからたいへんなことになるし。

香山 いや。リベラルサイドも人物特定はやりますからね。画面に写り込んだ人の顔を抽出したり、みんなＦＢＩの諜報部員のようになってておもしろいとは思うけど。だから逆に無邪気に個人的なこととか、番地が写ってるような写真とか上げてる人がいるとビックリしますけどね。車のナンバーとかね。でも昔の小説や評論の単行本って、五木寛之とかビッグな作家でも住所が書いてあったのって知ってます？

――昔の出版界はそれが当り前ですからね。

香山 昔は文芸手帳っていうのがあって、主な作家の自宅住所書いてありましたよね。

――漫画雑誌のファンレターの宛先も全部自宅でしたからね。だから子供が漫画家の自宅にサインをもらいに行くのが当り前っていう。

香山 ああ、そういえば誰か言ってました。そうやってみんな家に来るから、女性の漫画家は御殿みたいな家をわざと建てて、夢を壊しちゃいけないってことで。なんなんですかね、それで怖いことは起きなかったのかな？　何万人に1人は変な人もいるから、それこそ村崎百郎さんみたいに殺されちゃう人もいるけど、当時はほぼなかったんですかね？

――誘拐とかもほぼなかったわけですしね。

香山 逆に個人情報はみんな公開しちゃったほうがいいってこと？　そういう意味では、機械が不具合を起こして、ツイッターが1分ぐらい全員の顔が映ったり名前が映るようなバグが起きないかなっていつも思う（笑）。

――ダハハハハ！　ストレス溜まりますか？

香山 実は私はぜんぜんなんです。叩かれて楽しくはないけど、でもぜんぜん大丈夫です。プロレス魂ですかね。ここで平気とか言うからまたかわいげがなくて……どっちがいいんですかね。「ホントは怖いんですよ」とか言うほうがもっと叩かれるのかな？

――最近でいうと、はあちゅうさんが叩かれて、「つらい」とか言えば言うほど、「何が『つらい』だ！」みたいになってるんで、どっちが正解かはわかんないですね。反応しちゃうとやっぱり「反応あった！」ってなって喜んじゃうから、完全に無視するべきなのか。

香山 「反応しないほうがいい」ってよく言われるけど、たとえば辻元清美さんだって反応してないけど、もっと叩かれてますから。

――かわいそうですよね。

香山 かわいそうですよ、あの人！

――あんなにわかりやすくデマが次々と。

香山 そう！　清美さんは昔からよく知ってるんですけど、彼女こそイメージのような強くて厚かましい女なんかじゃなくて、乙女みたいな人なんですよ、傷つきやすくて。だからぜんぜん平気じゃないみたいで、「ホントに嫌になっちゃうよ」って言

ってたし、嫌で見てないみたい。ほかにも何人か叩かれる人いますよね。同じこと言ってもキャラで済ませられる人と、叩かれて職場にまでクレーム来る人といる。あ、それ私か。

――ネット界のパブリック・エナミーが。

香山　そう。でもやっぱり女が多いですよね、蓮舫さんとか清美さんとか私とか。かわいげがないとかなのかな、50代のこの3人って。

――でも辻元清美さんとか蓮舫さんはまだわかるじゃないですか。香山さんはよくその枠に入ったなっていう。政治家でもないのに。

香山　ほんと、そうですよ、どういうことなの！

――80年代サブカルアイコンだった人が。

香山　「あの頃に戻ってください」とか言ってくる人がいて、でもだいたいネトウヨなんですよ。どんな人かなと思ってタイムライン見ると中韓叩きをしてて。だからサブカルでこんなになっちゃうんだって。「昔は『ファミ通』の連載をあんなに読んでたのに」とか。だからそういう人には、『ファミ通』を読んでくれてたのに、なんでこんなになってるんですかって思うんですけど。ほら、『ドラクエ』の音楽やってた人もそうでしょ？

――すぎやまこういちさんも右ですもんね。

香山　でしょ？　ゲームって関係ないのかな。もしかしたらあの音にネトウヨになる要素が（笑）。私、ホントに『ドラクエ』好きでずっとやってるのに、すぎやまこういちが嫌だから音を消してやるようになっちゃって、おもしろさが半減だって怒ってて。あれで儲けたお金を、『ニューヨークタイムズ』とかに「慰安婦なんて嘘だ」って広告を出したりするのに使ってるわけでしょ。ひどいですよ！　すぎやまこういちはなんでああなっちゃったんですかね。「堀井雄二も同じだ」みたいにすぎやまこういちが言ってたけど。

――サブカルは基本、リベラルなものっていうイメージだったのが徐々に変わってきて。

香山　そう！　ミュージシャンなんかはよくネトウヨ化してみんなにいろいろ言われて、サブカルってそういうところから一歩身を離してるけど、まかり間違ってもナショナリストにはならないだろうと思うんですけどね。

――たぶん何かに対する反抗みたいな感じで、当時は世の中がもうちょっと右なイメージだったからリベラル側が反抗だったのが、うまいこと世の中の空気を書き換えられたというか、日教組がものすごい力を持ってるかのような幻想が作られ、そこに反抗するのが正しい、的な感じになってきた気がします。

香山　でも、サブカルってメジャーなものとか権力に対してバカにしたりとかっていうスタンスだから、安倍政権とかもバカにしそうなもんじゃないですか。違うんですかね？

――総理大臣は基本イジるのは自由だったのが、急にそこがデリケートゾーンになって。

香山　だって、田中角栄とかみんな真似してたじゃん、大平正芳とか。芸人とかも真似してたじゃないですか。たぶん安倍の真似とかテレビじゃあんまりできないですよね。みんなが支持してる一党独裁みたいなものをサブカル的な人が支持してカッコいいとか思うのかな。カッコよくないと思いますけどね。

――ボクが百田尚樹批判の本をラジオで紹介しようとしたとき、けっこうストップがかかったんですよ。とある局では「百田尚樹に商品価値があるうちはダメですけど、なくなったらいくらでも」みたいなことを言われて。

香山　何それ（笑）。いまサブカル的な人で、「そういうのおかしいんじゃないの？」とか言ってる人って誰がいるんですかね。

――それこそいとうせいこうさんとか。

香山　松尾貴史さんとかラサール石井さんもがんばって発言してますよね。

――松沢呉一さんとかいますけど、1回真面目にそういうことを考え出すとホントに全力でやらざるを得なくなっちゃうじゃないですか。香山さんに「あの頃に戻ってくれ」っていうのも、たぶんそういう思いがあると思うんですよ。おもしろい活動と同時進行でやるならいいけれど、政治的な活動が主になっちゃうと寂しいっていうのはあると思います。

香山　まあね、それはサブカルじゃないしね。大槻ケンヂさんとかは何も言わないのかな。

――そっち側じゃないですよね。

香山　大槻さん、最近はどんなことしてるの？

――大槻さんは何も変わらずですよ。

香山　いまの時代、ものを作ったりするうえで、よくそこを避けてものを言えるなって逆に思うけど、そんなことないんですかね？

――そこに関わった瞬間、「おまえはどっちなんだ」になるのが面倒くさすぎると思うんですよ。「どっちかに属さないことには許さない」みたいな空気が。だから、なるべく触れたくない人の気持ちもすごいわかるんです。

香山　そっか。たとえばこないだ私がすごく感じたのが、ペット・ショップ・ボーイズが4曲入りのミニアルバムを出して、毎日歌詞つきのPVを1曲ずつ公開してたんですけど、1曲目が「愚かなリーダーに機会を与えろ」っていう、トランプのことなのかとにかく皮肉る歌で、2曲目が「格差社会でどうやればリッチになれるか」みたいな歌で、3曲目がSNSにハマッてる人への皮肉で、4曲目がものすごいストレートな、難民の子供が死んだっていう歌で、オール・メッセージソングですごいなって。どれもシンプルなメロディラインの曲で、いまものを作るってなると、この人たちはこれしかできなかったんだろうなと思って、そこは納得がいったんですけど。こういう世の中の状況で、それを全部見ないで「彼女は素敵さ」とかって歌うのは難しくないんですかね？

――よく「音楽に政治を持ち込むな」的な論争がよくありますけど、ボクは左右含めて、どんどん持ち込むべきだと思ってますね。

香山　そうですよね！　それを持ち込まず、いま何を歌わんやって気がするんだけど。

――ナンバーガールのドラムがネット右翼になったみたいなニュースをボクが拡散したせいで、「吉田豪ふざけんな」「吉田豪は音楽に政治を混ぜるの反対派か」とか言われたんですけど、政治色の強い音楽、大好きですよ！

香山　だけど、あれ『ライジングサン』に出るんですよね。ウチの大学でも移民の研究とかしてる先生もいるわけですよ。だけど「いま入管でオーバーステイしてる人たちがひどい扱いを受けてることどう思いますか？」って聞いても、「いや、ちょっとそれは専門外だから」「自分は歴史を研究してるんで」って言われたりするわけ。でも、いま起きてることを自分のことなんだと思わないで、このタフな精神はなんだろうってすごい不思議で。こういうこと言うと、「おまえのほうが洗脳されてんだろ」とか言われるんですけど。

――ちなみに、そのへんのことに関してフミ斎藤さんはどんな反応なんですか？

香山 いや、べつに何も。でも、あちらも親が左翼学者みたいな感じで、もう死んじゃったんですけど。だからなんともないですね。プロレス界はどうなんですか？ プロレス界はあんまり政治が持ち込まれてないですか？

――もともとがゴリゴリの右翼な世界から始まってますからね、日本のプロレスは。

香山 職業右翼といまのネトウヨみたいな排外主義みたいなのってまた違うじゃないですか。プロレス自体がどこ出身かもわからないような、嘘だかホントだかわかんないような出自でね。もちろん仲間同士の差別とか、そういうのはあったのかもしれないけど、プロレスがそもそも大木金太郎さんから力道山もそうだし、韓国の人とか北朝鮮の人たくさんいたじゃないですか。べつにそれで「あいつは韓国人だ」とか、「朝鮮人だ」とか、そんな差別することなかったと思うんですけど。

――長州力もべつに差別されてないですよね。北尾光司がバックステージで「この朝鮮人野郎！」と言ってクビになったぐらいで。

香山 北尾って精神科医と結婚したんですよね。いまどうしてるんですかね？ 奥さんが上野の商店街のお金持ちなんですよね。クリニックの事務とかやってるんですかね？

中国語を習っている理由

――ツイッターでもそういう呑気な話とかして、もうちょっと隙を出したほうがいいと思いますよ。絡まれるかもしれないですけど日常を出したほうが。基本的にサブカル的なものも好きなかわいげのある部分を見せたほうがいいなって思ってます。日常を楽しんでいる感じを。

香山 2～3年前に、「今日は入試監督だった」とか言って、入試監督って3時間ぐらいダーッとやるじゃないですか。だからみんなその時間をどう使うかたいへんで、片脚立ちをして筋トレをしたみたいなことを書いたらすっごいクレームが来て。「監督に集中していない！」「受験生は必死なんです！」「みんな一生をかけてやってるのに監督が筋トレやってるなんてどういうことだ」とか、それでホント嫌んなっちゃって。だから、もう一生何も言ってやんねえぞ、みたいな（笑）。

――そこで負けちゃダメですよ！

香山 辻（希美）ちゃんとかもそうでしょ？

――でも、辻ちゃんは負けてないじゃないですか。一切懲りずに日常を発表し続けて。

香山 じゃあ明日から日常も発表しよう。

――まじめにいつも怒ってる人みたいなイメージはツイッター発信なわけじゃないですか。

香山 そうなんだ。ネトウヨのことはバカにしてるんですけどね。バカすぎて紹介して一番おもしろそうな意見を紹介してる感じで。

――在日認定とかは日常ですもんね。

香山 「パスポート出せ」とか。ネトウヨが一番思ってるのは、どっかから金をもらってるんだろとか、結局は金なんですよね。金ももらえないのに何かを進んでやるはずがないって信念があるみたいなんですよ、なんか。

――ボクも最近、NGTの騒動であまりにもデマに踊らされ

NGTの騒動
18年12月、NGT48のメンバーだった山口真帆が男性2名に自宅に押しかけられ暴行を受けたとされる事件。19年1月に山口がSNSで事件を明らかにして以降、運営側の対応が後手に回り、騒動が拡大していった。山口以外のNGTメンバーに誹謗中傷や脅迫が相次いでいた。

てる人が多いから、「落ち着きましょう」って言ったら、「あいつは秋元康から金をもらってる」「あいつは在日」みたいなことを書かれてて驚きました（笑）。

香山 金がないと人がある意見を言うわけがないっていう発想が不思議でね。大震災があってみんなボランティアをやったり、人は金がなくても動くっていうのをあんなにみんな見たりしてたくせに、「どうせ金に違いない」って言い出すのはなんなんですかね？

――基本、むしろ義というか正義の心のほうが動きやすいわけで。そして自分に対することよりも他人に対することで動くものじゃないですか。その正義が、はたして正しいものなのかどうなのかって問題があるだけで。

香山 だから、最近のそういう反差別とかでも、スタンド・アップ・フォア・サムバディ、自分じゃない誰かのために立ち上がりましょう、みたいなスローガンで。だから私がヘイトに反対するのは、私が在日だからじゃなくて、私はマジョリティだけど、この人たちが言われるのは許せないっていう、そのカラクリがわかってもらえないんですよね。

――「あいつも在日だから」になっちゃう。

香山 そうそう、そのほうがわかりやすいんだと思う。でも、人のためのほうが言いやすいじゃないですか。そうじゃないんだったら「金だろ」っていうね。どっから金が来るんだろうっていつも思うけどね、そういう発言をしたら。だって、発言しないほうがCMとか来てお金が入るかもしれないのにね。

――余計なこと言っても得はないですよね。

香山 そう、ホントに！

――あと本で印象的だった話が、井田真木子さんが亡くなったときの話で。祭壇に井田さんの本が十数冊並んでるのを見て、「この十数冊、燃やせば2分だ。これしか残らないんだ」と思ってショックを受けたっていう。

香山 そう、そんなに本があってすごいじゃんとか思ってたけど、燃やせば2分で……。

――「子供もいなくて、たまたまかもしれないけど棺にすがって泣きじゃくるパートナーもいなくて、即物的に私もこうなるんだ、私の人生は無意味だと思ってしまった」、と。

香山 子供がいればいいとは思わないけど、子供がいる人はうらやましいなと思うのは、「ああ、私って何も仕事してない」って思ったとき、「いや、でも子供は産んだ！」みたいな大義名分が与えられるような気がして。

――社会的な役割を果たした感じが。

香山 そう、「生きものとして子孫を残したんだ！」って思えるのはいいなって気がするんですよね。そうじゃないと自分のやったことのみが自分の生きた証じゃないですか。

――当然、作品はいっぱい残してるから生きた証はそれなりにある側のはずなんだけど。

香山 燃やせば2分（笑）。

――ただ、井田さんは亡くなったあとも作品はちゃんと再評価されてる人ですからね。

香山 そう、井田さんはすごいですよね。でもそう考えたら、じゃあ誰だったらすごい仕事したかっていったら、そんなにね。

――それこそ景山民夫とか当時、天才的だと思ってたけど晩年がああだったせいか再評価されることもないから、それも寂しいし。

香山 ああ、ホントそうですね。あ、秋山道男さんも死んじゃ

井田真木子
ノンフィクション作家。80年代の女子プロレスブームの中にいた神取忍さんらレスラーの青春をたどった『プロレス少女伝説』で大宅壮一ノンフィクション賞を受賞。中国残留孤児二世を追った『小蓮の恋人』で講談社ノンフィクション賞。01年の急逝以降全作品が絶版だったが、14年7月に里山社より著作撰集の刊行が開始。

秋山道男
若松プロで演出から出演までを経験、テキ屋を経てエディトリアルの道へ進んだ「スーパーエディター」。無印良品のオープニングでゴミ袋をチラシ代わりに配布し、雑誌の創刊カバーにキョンキョンを黒塗りにして登場させ、子どもたちのための雑誌を売価10円で編集。チェッカーズの総合プロデュースも行なった。

ったんですよね。秋山さんこそもっと検証されていいんじゃないかと思う。

——相当さまざまな文化に絡んできた人で。晩年はリリー・フランキーさんと仲良くて、その関係でボクもよく会ってたんですよ。

香山 私は上杉清文さんともちょっと仲いいから、上杉さんたちが呪殺祈祷僧団で経産省前テントひろばで反原発の呪殺っていう祈祷をやってたのも見に行ってました。これ、70年代に水俣病のときにやったお坊さんがいて、上杉さんたちが原発事故が起きて再開した。すごいな、と思いました。一時期、彼らは毎月やってたので私は何回か見に行ったんだけど、それがまたネットで「坊さんが呪殺とは何ごとだ」ってすごいクレームが来て。上杉さんじゃないお坊さんも何人かいて、その人たちが所属してる寺とか本山に電凸する人たちがいて、それでやめる人も出てきて。大学で授業をしてるお坊さんもいたから、大学にまでクレームが来たんです。

——香山さんの学校は大丈夫なんですか？

香山 大丈夫じゃないですよ、ぜんぜん大丈夫じゃない。ときどき事務方や学部長にもやんわり注意されてます。たいていは電話の窓口では「教員の発言は自由なので」と言ってくれてるのですが、私1人だけあまりにクレームが多いんですって。いまの人たちって巧妙だから、「学生の保護者です」「高校の進路指導の教員です。あんな先生がいるなら今年はウチの高校から受けさせるのやめます」とか言うらしい。そういうノウハウもネットで公表されてるから、たぶんウソだと思うのですが。

——やり方が巧妙になってきて。

香山 そう、すごいんですよ。でも、そんなのネットをつぶさに見ていれば、だいたいそういう人たちって「やってやったぜ」みたいなことを書くんでわかるんですよ。その人はどんな人かなと思って見ると明らかな右翼や差別主義者なわけだから、学校も調べてくれればこういうヤツらが言ってるんだってわかるのに。いわゆるふつうの良識的な市民から来たと思い込む必要ないのに、最初からクレームじゃなくて嫌がらせ目的なのにって思います。

——そういうダメージを受け続けて。

香山 とはいえ、あまりダメージにはなっていないという。そういえば、さっき話した呪殺祈祷僧団に秋山道男さんもよく来てたから、そこでしばらくぶりに再会しました。カッコよかったです。私、あの人を誤解してました。20代のときから知ってるのですが、小泉今日子とか資生堂の仕事とかやってブイブイ言わせてたから、もっと業界っぽくて金儲けとかして功名心の塊と勝手に思ってたんですよ。でも、呪殺で会ったら肩の力が抜けながらも鋭いし、おしゃれだし、ステキだなーと思いました。先ごろ亡くなって残念です。

——香山さんが人生は無意味だと思ったことについて、その後、変化はあったんですか？

香山 変化はそんなにないな。いろいろ考えちゃって。でも、私はちょっと卑怯っていうか、医者なんで、最後の最後は医者だっていうアイデンティティにすがれば人の役に立ってるって思えるかもっていうのがあって。

——人を救ったという思いで死んでいける。

香山 ただ、精神科医ってホントに救ったのかよくわかんないことが多いから、もっと人を救った感がほしくて、ここ2〜3年、週に1回だけある病院で内科の勉強をしてるんですよ。そ

上杉清文
劇作家として知られる。67年、瓜生良介のアングラ劇団「発見の会」に参加。72年、荒戸源次郎のアングラ劇団「天象儀館」に参加。『Jam』『ウイークエンド・スーパー』『写真時代』などにも寄稿した。現・日蓮宗興統法縁会・成就山本國寺住職。

れはいよいよ自分が窮地に落ち込んだら、どっかの離島の診療所の先生になれば、さぞかし充実感があるだろうなって。

——ダハハハ！　最後にいいことやって死んでいくために、そんなプランが（笑）。

香山　そう！　自分のために。でも、それが身についてないと、いざやろうと思ってもできないから、その保険のために週1回だけ無給である病院の総合診療科っていう、どんな人でも診るっていうところに見習いに行ってるんです。これ、すごくいいでしょ？

——いい話だと思います！

香山　それでも叩かれたりして（笑）。

——そこにも抗議の電話が（笑）。

香山　そう！　抗議の電話がきて。

——「あいつを辞めさせてください」って。

香山　村役場の人も「やっぱり先生は困ります」とか言って、辞めさせられるかもしれない。……それ本当に言われたらどうしよう？

——「アンケートで97パーセントが辞めさせろと言ってました」みたいな（笑）。

香山　「街宣車が来るとか言ってます」とかね。去年は京都で公演しようとしたら、右翼に言われて中止になったんですよ。そしたら「なんで中止させた」っていうことで、右翼に屈したと、また逆の抗議もあって。みんな電話してくれたり、京都弁護士会とか声明を出してくれて、思ったより大ごとになっちゃって。そんなこともありましたね。殺伐としてますね。常在戦場ですね。

——80年代は平和でよかったと思います？

香山　だから楽しかったツケが来たんだなって。60年生まれだから10歳のときに万博もあり、12歳のときに札幌オリンピックもあり、20代が80年代で30歳ぐらいでバブルが来てっていう本当に楽しい前半戦だったので、少々のことは仕方ないなと思うんです。

——最初に楽しみすぎたから。

香山　そう。80年代は楽しかったなと思いますけど。そう思うとネットってろくなもんじゃないですね。もちろん大好きなんですけど。それこそウーマンラッシュアワーの村本さんとか、ちょっとした人に平気でみんないろんなことどんどん言うじゃないですか。あれってすごいですよね。みんな有名人に直接ひどいことを言いたかったんですかね？

——香山さんや村本さんみたいに、政治的なことを発言するとどれくらい面倒くさいことになるか、的なことも見えちゃうじゃないですか。だから、みんないろんなことを言わなくなっていくっていう悪循環だと思います。

香山　なるほどね。私、実際はそんなにしんどくもないし、しんどいってあんまり言わないようにしてるし、気楽にやりたいなと思ってるので。だけど、そうすると余計に憎たらしく見える人もいるかもしれないんですよ。

——憎たらしく見えてもいいから、もっとマイペースな感じでいけばいいと思いますよ。

香山　最近ぜんぜんプロレス行かなくなっちゃって。もうリアルが戦場みたいだからフェイクの闘いとかバカバカしくなっちゃって。

——ダハハハ！　せっかく世間でプロレスが再評価されつつあるときに余計なことを！

香山 再評価されてるんですか？

――まあ、主に新日ですけどね。

香山 ぜんぜんわかんなくなっちゃったんですよ。ついにプロレスの状況がわかんなくなって。NOAHってどうなってるんですか？

――一応、地道にやってますよ。

香山 身売りしたりしてもやってるんだ。

――ジャイアント馬場追悼興行は行きます？

香山 え、いつあるんですか？ どこで？

――アントニオ猪木も来場しますよ。あと、ブッチャーの引退式もやるイベントで。

香山 え、それどこが主催でやるの？

――それ、旦那さんに聞くのが早いですよ！

香山 プロレスの人もほとんど死んだじゃないですか、NOAHの関係者もほとんど死んじゃって。だからぜんぜんわかんなくなっちゃった。仲田龍までねえ。宝島のプロレスの暴露本みたいなのは、もう出てないですか？

――一応細々と。ただ形式は変わりましたね、あのサイズのじゃなくてUWFの単行本みたいなのを出してます。一時期は気が滅入ることしか載ってなかったじゃないですか。

香山 ね、NOAHの黒い霧とか。あんなの読んでも一部の人しかわかんないですよね。

――つらいんですよ、弱者をひたすら追い込んでるだけで。

（調べて）馬場追悼興行は明日ですね。

香山 そうなんだ！

――あんなにジャイアント馬場への熱い思いを語っていた人なのに！ いま政治以外で趣味として楽しんでることはあるんですか？

香山 だからさっき言った内科の勉強。

――それ、趣味じゃないですよ（笑）。

香山 あと中国語を習ってて。それも、もし日本が中国に乗っ取られても、私は中国の味方ですって言って生き延びるために（笑）。

――ダハハハ！ なんでそんな状況まで想定した上で語学を学んでるんですか（笑）。

香山 だって、医学とか見てても中国ってすごい伸びてるし。去年、向こうの首相が北海道に来たとき、「北海道を乗っ取ろうとしてる」とかみんな言ってて。もしそうなったときは「私はずっと中国の味方でした」とか、「中国語も話せます」とか言って（笑）。

――完全に炎上する発言ですよ！

香山 でも、まじめに言えば、内科の勉強をしてると中国の患者さんがすごい来るんですよ。それは言われてるように保険偽装とかそういうのじゃなくて、旅行者で自費診療の人が多くて。だいたいみんな通訳も来たり日本語を話せる人がほとんどなんだけど、「私も中国語勉強してます」とか言うとすごい安心してくれるから、それもあって中国語やってみようかなと思ってやってます。あと去年、自動車免許を取ったんですよ。20歳ぐらいのときにも取ったんだけど、そのときって人格攻撃をしながら教習所の教官が指導してて、「おまえは向いてない」とか「運転なんかすんなよ」とか言われて、それがあまりのトラウマで免許更新しなかったんですよ。去年、どこかの教習所が上限60歳って言ってて、私は去年57歳だったから最後のチャンスだと思って日の丸教習所に行ったら、いまって教え方がぜんぜん違

NOAH
プロレスリング・ノア。00年に全日本プロレスを離脱した三沢光晴が中心となって旗揚げしたプロレス団体。全日本プロレスからは三沢と共に選手25名とフロントの社員数名も離脱、NOAHが事実上の後継団体とされた。このとき、全日本に残留した選手は、川田利明、渕正信、マウナケア・モスマン、そして参院選に出馬中だった馳浩だけだった。

仲田龍
リング・アナウンサー。全日本プロレス時代は故ジャイアント馬場さんの秘書役を務め、NOAHでは渉外部長やGMとしても活躍。NOAHがテレビ放映を打ち切られた後に、永源遥と共に暴力団マネーに活路を見出して、結果的にNOAHを崩壊に導いた（別冊宝島『プロレス 黒い霧』に詳しい）。14年2月15日に赤塚PAの駐車場で死去。

って。「こんなオバサンですけど」って言っても、「いやそんなことないです、大丈夫ですよ！」って言ってくれて。なんの苦労もなく免許取ったんですよ、運転してないですけど。それも楽しかった。あとはクラヴ・マガとシステマ。

――格闘技&運転って、ほぼ『マッドマックス　怒りのデス・ロード』じゃないですか！

香山　そうそう。クラヴ・マガって相手を攻撃して逃げるためのものだから、最初から目を潰して金的を蹴るみたいな感じで、すごいですよ。でも、あんなの実践できないですよね。なんか人に恨みを持った感じの人とかも習いに来てるし、怖いんですよ（笑）。

――ダハハハハ！　香山さんのこういう素の話はあんまり聞けないんでよかったです。

（あの頃は）『BUBKA』と2ちゃんねるは禁止でした

みうな

2019年8月収録

セラピスト・モデル・コラムニスト。静岡県出身。1987年2月12日生まれ。本名、斎藤美海。2003年5月、カントリー娘。に加入。その後、フットサルのハロプロ選抜チーム「Gatas Brilhantes H.P.」に入団。ポジションはフィクソで、里田まいと共に守備的な役割だった。2007年にハロー！プロジェクトを卒業。2014年、現役尼僧アイドル「アマゾネス」を結成。現在は恋愛コラムニストとして活動中。YouTubeに自身のチャンネル「みうなチャンネル」を開設。

元ハロヲタ小板橋とお友達

——今日はカメラマンが浮き足立ってます。

ごっしー　何度もステージを観てますよ！

みうな　……え、ホントですか？

——彼は、あの頃の『BUBKA』でハロプロについての連載をしていた人なんですよ。

みうな　ああ！　あの頃は『BUBKA』を読んじゃダメって禁止令が出されてて。『BUBKA』と2ちゃんねるは禁止でしたね。

——当時の『BUBKA』はカラーページでハロプロのスキャンダルを暴き、モノクロページでハロプロの愛を伝えるという歪んだ雑誌だったんで、それはしょうがないです！　今回は、みうなさんのハロー時代から現在に至るまでの流れについて、詳しく聞いてみたいと思ってます。

ごっしー　気になりますよね！

みうな　え、なんでそんな気になっていただいたんですか？　だって他にもハローのメンバーさんは大勢いらっしゃるじゃないですか。

——だけど、かなり謎が多い人じゃないですか。あの人がなぜいま恋愛を語る人になってるのかっていう。ただ、恋愛語りの片鱗みたいなものはもともとあったんですかね、子供の頃もお父さんの友達に恋をしちゃったりとか。

みうな　なんでそんなこと知ってるんですか！　ツイッターをフォローしていただいてるのは知ってますけど、そんなじっくり読まれてるとは想像してなくて。そもそもあんまり表に出たくないなっていうのが強かったから、そんなに目立ったことはしてないつもりで。

——表に出たくないって意識あるんですか？

みうな　辞めたあとはすごいありましたね。あの時代、出すぎちゃいましたよね。活動は3年半だったんですけど。私たぶん人からどう見られるかってことに自分の幸せとかがなくて、自分がやりたいことをやりたくて。自由と名声って引き替えのところがあるじゃないですか。私は自由のほうを優先したくて。

——つまりアイドルになりたいと思ってそのとき一番勢いがあったハロー！プロジェクトに入ってみたけど、自由がないと気づいた。

みうな　そうそう。もともと私、性格が生意気なんですよね。高校にも携帯を持ってって授業中とか掃除中にいじって先生に怒られて、なんでこんなことで怒られなきゃいけないんだ、みたいな。ほかにも授業中に漫画を読んでて反省文を書かされても、「なんで怒られるのか意味わかりません」って書くとか。

——ぜんぜん反省しないんですね（笑）。

みうな　そう、反省しないんですよ。「勝手にさせろ」ってタイプで。どうやったら大人を黙らせられるかなと思ったときに、有名になったら黙るなと思ってアイドルになって。

——そんな理由だったんですか！

みうな　親とかもマウントを取ってくるじゃないですか。どうやったらマウントを取り返せるかなって思って、テレビとか出たらいいんじゃないかな、みたいな。でも、やっぱりそれは予想どおりで、オーディションを受けたら……。

——モーニング娘。のオーディションでしたよね。6期だから道重さゆみさんのときに。

みうな そうです。で、国民投票3位までいって落とされたんですけど。でも大人を黙らせるには名声だっていうのはやっぱり当たってて、オーディションに受かったらみんな手の平返してきました。「サインください！」みたいなのがダーッと来て。だから人間ってこんなチョロいのかと思いましたね（笑）。

――そこは予想通りだった（笑）。

みうな そうそうそう、なんか人間のチョロさに逆にショックを受けちゃって。オーディションに受かってこれからデビューするっていうのは、私の人生のなかではやることが変わっただけなんだけど、それだけで人がこんなに手の平を返すんだ、みたいに思って。

――人間は変わってないわけですからね。

みうな そうそう、人間は変わってないのに。そこからなんでなんだろうなって感じになって。そういうのって私自身にない感覚なんですよ。あの人はすごいって状態になっちゃったかもしれないけど人生は長いじゃないですか。すごくいられる時期って短いというか、だいたいは一度栄えたら枯れてってたりして。

――みうなさんと交流のあるコイタくんのように。

みうな ああ、そうですね。超仲良しで。あの人いまだに仲良しなんですよ。私は社会的にどうなろうと人間としてつき合ってるので。

――ただのモーヌタが偉くなって、そしてスキャンダルで叩かれたわけですけど、「私のなかでは超信頼できる友人の1人です。これからも変わりません」って書いてましたね。

みうな そう、変わらない。私、ぜんぜんこの雑誌のことを知らなくて、「取材の話が来たんだけど、どう思う？　受けていいかな？」って聞いたら、「ああ、その雑誌、俺のことをめっちゃ叩いてるけど、受けるのはいいと思うよ」って言ってました。私にとってはかなりお世話になってる友達で、東京のお兄さんみたいな感じです。ウチの親も仲いいんですよ。こないだ一緒にご飯食べに行ったりって感じで。ウチの父親にも信頼されてて。「東京でわからないことは永田さんに相談して」って親が言うぐらい。なんか縁がありますね。もちろん彼氏とかじゃないんだけど。

――でも「コイタくんの家にパンツ忘れた」って書いてたら、そりゃ誤解されますよ。

みうな たしかに（笑）。……っていうか、なんでそんなことまで知ってるんですか！

――ツイッターに書いてましたよ！

みうな 私、自分で言ったこととか書いたこと、基本全部忘れちゃうタイプなんですよ。

――そして話を戻してカントリー娘。に入ることになるわけですけど、そういう考えの人がよく問題を起こさないでアイドルを続けられましたね。

みうな ぶっちゃけ、最初から20歳ぐらいでアイドルは辞めようと思ってたので、まあその期間だけは恋愛禁止でいようっていう。

――ちなみにその以前から恋愛は経験済み？

みうな ファンの人が見てたらホント申し訳ないですけど、私は高2でデビューしたんですね。高1のときに2コ上のサッカー部の彼氏ができてシュート決められちゃって（笑）。だけど、私すごいサバサバしてるんで、カントリーに受かって上京するときも、「カントリーとかそういうんじゃなくて僕がつき合いたい」みたいな感じで言ってきたんですけど、「いまは男より

コイタくん
小板橋英一＝永田寛哲。大学時代にモーニング娘。（特に市井紗耶香）にドハマリする。中退してライター活動に専念。07年にピクシブ発足から関わり、11年に芸能部門のピクシブプロダクションを設立。14年に虹のコンキスタドールをデビューさせる。その後、ピクシブ代表兼虹のコンキスタドールプロデューサーとして活躍するが、盗撮＆セクハラ疑惑でどちらも辞任。

© ムコキマツソ

カントリー娘。
ハロー！プロジェクトのアイドル・グループ。プロデュース担当の田中義剛が経営する花畑牧場で働きながら芸能活動をする〝半農半芸〟をコンセプトとして99年に結成（03年に拠点を東京に移してから、プロデュースはつんく♂に）。デビュー直前に柳原尋美が交通事故で急死、翌月には小林梓が心労で脱退。みうなは03年4月に加入。一時期活動休止状態だったが、14年11月5日に「カントリー・ガールズ」に改称して再スタート（センターの島村嬉唄がすぐに辞める）。19年12月26日に再度活動休止。

仕事優先だわ」って感じで。

——そこはちゃんとしてるんですね。

みうな　自分の人生のなかで大事なものがあって、それにめちゃくちゃ全力で集中するっていうタイプなんですよ。ずっと長く芸能を続けようって発想だったらどっかで問題を起こしてたかもしれないですけど、わりと情に厚いところがあって、グループだったしひとりのスキャンダルはみんなのスキャンダルみたいなとこあるじゃないですか。みんなで謝らなきゃいけなかったり。そういうところでわざわざプライベート優先っていう、そこまでのリスクは取らなくていいな、って。

——これだけ自由を求める人だったのに。

みうな　ああ、そうですね。基本的には自由でいたいけど、そういう場で個人プレイに走っても自分にとっても周りにとってもあんまりいいことないかなっていう感じですね。

ミキティ伝説

——またカントリーっていうのはけっこう不幸な歴史から始まったグループでしたよね。

みうな　そうですよね。でも、みんな気にしてなかったですけどね。メンバーが替わって土壌が少しずつ整理されて、いま改名されて。

——カントリー・ガールズで。

みうな　いまけっこうやってるんですか？

——そこは詳しくないんですね。

みうな　まったくハローの人と連絡は取ってないし。べつに何かがあったわけではないんですけど。

ごっしー　辞めてからもライブは観に行ってましたよね。当時、たまに見かけましたよ。

みうな　ああ、よっすぃー（吉澤ひとみ）の卒業とか？　辞めてから2～3年くらいは（里田）まいちゃんとかよっすぃーとかみんなと遊んでたんです。でも、業界を変えるとつき合う友達が変わるじゃないですか。つき合う友達がその時期ごとに移り変わるんですよね。

——カントリーは、ちょうど時期的に田中義剛色が薄れてきた頃だったわけですよね。

みうな　そうですね、義剛色が薄れて東京色を出そうみたいなところで募集されて。カントリー娘。に紺野と藤本（モーニング娘。）やったじゃないですか。私以外みんな北海道出身で。私、静岡でしか生きたことがないから県外の人と触れ合ったことがなかったんですよ。相当カルチャーショックを受けました。静岡って暖かいじゃないですか、わりと性格が違うんですよ。北海道の人は辛抱強い感じ。

——雪国って感じの。

みうな　静岡の人って私みたいに自由で明るくてって感じなんですよ。まいちゃんはマーくんと結婚したけど、たぶんああいうの向いてるんですよ。辛抱強くアスリートの奥さんとして支える、みたいな。私は絶対無理だから（笑）。旦那のパブリックイメージがついて、どこどこの奥さんみたいになると、その枠のなかで生きなきゃいけないじゃん、みたいな感じになっちゃう。パブリックイメージの呪縛みたいなのには悩みましたよね。アイドルっていうパブリックイメージとの闘い。

——その後は、ガッタスというハロプロのフットサルチームにも参加することになって。

みうな フットサルも、この人たちヤバいなと思ったことがあって。私、2003年の5月にカントリー娘。に加入して、いきなりダンスレッスンを激しくやってハローの夏コンやって、9月にフットサルが入ってきたんですよ。わけのわからないま毎日体育みたいな感じで。次の年の3月にガッタスが都大会に出てボロ負けして、そのときによっすぃーが裏でキレてて。まいちゃんとかミキティ（藤本美貴）もみんなキレてて。なんでキレてるんだろうと思ったら事務所にキレてたんですよ。「……っていうかさ、私たちこれ仕事でやってんの？　それともスポーツしてんの？　どっち？」みたいな。超負けず嫌いだから、「やるんだったら本気でやりたいんですけど！」って（笑）。

――ダハハハハ！　格好いいなー！

みうな みんなの目の表情が変わって事務所にキレて「このまま私たちチャラチャラやらせるんですか？　どっちですか？」みたいなことを言って事務所に対してめちゃくちゃキレてて。負けたからその八つ当たりもあって、メンバーで「こんなんじゃダメだよね？」って会議が始まって。カメラ回ってたんだけど、「止めて！　いま大事な話してんだから撮らないで！」みたいな感じで。ガッタスは裏でもそんな感じで。よっすぃー、ミキティ、里田まいは超体育会系なのね。高校のときテニスで北海道2位とかになってるの。ミキティなんかは4人きょうだいの末っ子で上にかなりシバかれてきてるし、よっすぃーもバレーボール部だし。基本スペック高すぎ！　みんな顔がよくて歌も歌えてダンスもできて。

――ボクの周りはハロヲタが多くて、「いままでのアイドルの歴史のなかで最強のアイドルは何か」みたいな企画をやったとき、ボクの友達が「ガッタスですよ！　特にみうなのＰＫ！」って、いまだに「みうなのＰＫ」っていうのは語られてるぐらいなんですよ。

みうな ハハハハハハ！　でも、あのＰＫは私の人生のなかでも転機だったと思うんですよね。私、小学校1年生から地元でミュージカルやってたんですね。地元では主役みたいな、センターみたいな感じで。でも、ハローに入ったら、すごい自信がなくなったっていうか。ハローでいきなりプロの世界に入って、そこにはあやや（松浦亜弥）とか……。

――とんでもないモンスターがいるわけで。

みうな そうそうそう、とんでもない人たちに同行させられて、ガッタスやっててもモーニング娘。のミキティとかよっすぃーとかあのへんの人たちって、人生何回目ですかっていうぐらい仕事ができる人たちなんですよ。ほかのフットサルチームあったじゃないですか。基本、ウチらみたいに仕事あんまりないから公園とかで毎日練習してるんですよ。ウチらは週2で2時間ぐらいの練習でやってて、それでも（石川）梨華ちゃんとかよっすぃーとかミキティとか、時間ないなかでめっちゃパフォーマンス出すんですよ。

――そもそもの運動能力とか、負けず嫌いなハートとかが違うってことなんですかね？

みうな そこもですけど、戦略性みたいなところにめちゃくちゃ長けてて、だから短い時間でいかに結果を出すかっていう能力が違った。私はモーニング娘。よりは練習に出られたほうだけど、それでもぜんぜん及ばない！

――カントリーの3人がとにかくすごい練習していたとは当時から言われてましたよね。

みうな そう、練習してたけど、いいとこ全部取ってくし、結

ガッタス
Ｇａｔａｓ Ｂｒｉｌｈａｎｔｅｓ Ｈ.Ｐ.（ガッタス・ブリリャンチス・エイチピー）。ハロー！プロジェクト所属のメンバーらで構成されたフットサルチーム。芸能人女子フットサル（なでしこジャパンの応援企画としてスタート）の公式大会を中心に出場。03年9月9日発足当時の参加メンバーは飯田圭織、高橋愛、紺野あさ美、カントリー娘。、メロン記念日、後藤真希、松浦亜弥の12名。北澤豪も監督として参加していた。15年3月に活動を休止。

みうなのＰＫ
第2回フジテレビ739カップ決勝戦（ガッタスvsカレッツァ）のＰＫ戦で、規定の3人で決着が付かずゴールデンゴール方式で7人目までもつれ、ガッタスで誰が蹴るかと話し合っているとき、サッと手を挙げたのがみうなだった。そのＰＫを決めてガッタスが優勝。

果も出すんですよ（笑）。

――ステージでは負けてもしょうがないだろうけど、フットサルでは勝てると思ったら。

みうな そうそうそう！　私は要領が悪くて、ルックスもよくて歌えて踊れて、しかもめちゃくちゃ合理的に仕事ができる人たちのなかでやってきて、どこも勝ち目ないんだけど、みたいに思って。なのに事務所からは競争させられるじゃないですか。私どうやって生きていけばいいんだろうってなって。そのなかでもなんとか自分を信じてやっていくしかなくて。大事な仕事だよって言われても、そのなかでも決めなきゃいけないポイントってあるじゃないですか。ここでシュート決めるとか、あると思うんですよ。練習量と実際に結果を出すっていうのは違うので。で、ＰＫの練習をすごいしてたんですよね。たぶんガッタスのなかで補欠みたいなポジションで、どうやってここから上がっていくかっていうことを考えてて、大逆転っていうことを……。

――ずっと考えてはいたんですね。

みうな あのＰＫで手を挙げるっていうのは、その場でパッといまここだって思いついたけど、そこから自分の成功体験になるじゃないですか。圧倒的なメンバーのなかでどうしていいかわからないとき、それでもあの出来事ひとつで自信を持てたっていう。あのとき練習しながら「自信ない自信ない」っていつも泣いてたんですね。だから賭けたんですよ。いまここ賭けようみたいに思ったんですね。

――相当時間が経ちましたけど、いまだに「みうなのＰＫ」ってフレーズは聞きますよ。

みうな ホントですか？　たしかにあれはなんか降りてきた感じしましたよね。その場をパッと一瞬で変えた出来事ではあったから。

――「最後のＰＫで、もう誰も蹴りたくないっていう緊張するところで、その子が勇気を出して手を挙げるシーンがあるんですけど。俺ね、アイドル見てきて人生でいちばん泣いたのはあのシーンだと思うんですよね。いちばん魂を揺さぶられたのは。俺、別にみうな推しでもないのに」「ぜひみなさん、いまからでも見てほしい」っていう。これはコンバットＲＥＣというボクの友人の発言です。

みうな ありがとうございます。たぶん度胸という意味ではすごくあると思うんですよね。失敗してもいいからやってやろうみたいなところはあって。だけど私は戦略性みたいなところに欠けてたから、いまだったらどうやって戦略を組み立てたらいいかわかるけど、そのときは……入ったら想像以上だったから。

――やっぱりハロプロの全盛期に入るっていうのは、それくらいつらいことなんですね。

みうな いや、つらいですよ（笑）。けっこう足が速いと思って１００メートル走の選手になったらボルトが隣にいたみたいな話ですから。いま客観的に見てみたら、ハロ－っていうところに配置されなかったら、もしかしたらなんかあったかもしれないなと思うけど完全に埋もれちゃいましたからね（笑）。

――フットサルによって、いまだに一部では忘れられない存在にはなったけども……。

みうな でも、あのとき完全に埋もれてたからこそいい経験になったというか、そういう天才と自分を比較して、自分だったら何ができるんだろうとか、どういうところで何をしたらいいんだろうとか、どういう価値観を持って生きていったらいいんだろうっていうことにすごい真剣に向き合う機会になったんで。

——持たざる者としての闘い方を考えた。

みうな ホントそうです。あややとかマジか、みたいな。私そんなに顔デカいとか言われないですけど、私より顔ちっちゃくて胸も大きくてあんなに歌えて、基本スペックが違いすぎる。ミキティもそうですよ。まいちゃんとけっこうそういう話をしてて。まいちゃんはじつはかなり戦略家だから、この基本スペックが違うなかで私たちどう闘うか、みたいな。

——そういう戦略会議を（笑）。

みうな モーニング娘。に予算ぶっ込まれてるじゃないですか。私たち予算がないので。

——リリースもほぼなかったですもんね。

みうな そう、リリースとかなくて、要は地方営業部隊みたいな感じなんですよね。ＡＫＢもたぶんやってること同じだと思うんですけど、ＡＫＢが全国区みたいな感じで。

——本隊が知名度を上げて。

みうな そうそう、それで地方営業部隊がいて。でも地方営業部隊のほうがかなり実践を積めるんですよ、脚本家とかついてないので。

——そうか、フリーでＭＣしたりの能力が。

みうな そう、そういう意味では放置されてるからスキルは上がっていくっていう。予算がないがゆえに衣装も１０９に自分たちで買いに行ったりしてたし。ＭＣも全部自分たちで考えて。イベントでも知名度がないので、イオンとかのショッピングモールのイベントでも、「ナントカ娘が来るって」「え、辻（希美）ちゃんかな？　矢口（真里）かな？」とかワーッとなってるときに、「どうもー！」みたいに出て行って、「誰？」ってなったところからどう盛り返すか、みたいな感じで。

——それは強くなりますね。

みうな 強くなったし、だからトーク力とかその場の適応能力とかすごい鍛えられて。モーニングとはまた違うスキルが（笑）。

——雑草の強さが。

みうな そうそう、ホントに！　失うものがないみたいなところで育てられましたね。

ごっしー 安倍なつみさんのライブに出て、安倍さんがすごいかわいがってましたよね。

——不思議なのがハローのＯＧの人を取材するといろんな当時の仲間の話が出てくるんですけど、なっちの話ってぜんぜん出てこないんですよ。そこがすごいミステリアスで。

みうな ああ、なんか距離が遠くて。なっちの話はちょっと噂に聞いてるけどイメージ的にあんまり表に出しづらいっていう（笑）。私はハローに対していまだに仲間意識があって、あんまり悪い話を表に出したくない。

——ちゃんとそういうルールがある！

みうな だってあの当時を共有してた人たちだし。当時から事務所内で、ここまでは言っていいけどここからは言っちゃダメとか、週刊誌のインタビューとか来たら意地悪な質問されるから、「こういう質問されたらどう返す？」ってマネージャーとシミュレーションとかしてたんですよね。だから、あいつ超嫌なヤツって話とか、それぞれあると思うんですけど、それってお互い様じゃないですか、一緒に仕事してるからいい面も悪い面も見てて。でも、そういうことを言うのってどうなのかなっていうのがあるので。そういう意味でも私、よっすぃーとか大好きなんですよ。

――吉澤ひとみさん、飲酒ひき逃げ事件によって芸能界引退になったと報じられました。

みうな　いまたいへんなことになってるけど、よっすぃーとか私の記憶のなかでは人間性とか素晴らしい先輩だったし、弟さんを事故で亡くされたじゃないですか。それが07年1月の前半だったんですね。お葬式とかも行ってて。その1月の後半に私は横アリで卒業コンサートだったんですけど、そんな状況のなかで手紙をくれたり。私の記憶のなかではホントにそういう人だから、擁護ってわけじゃないけど絶対に嫌いにはなれないんですね。

――そういうハローの仲間意識みたいなのって、ボクもすごい好きなんですよ。

みうな　ありますよね、ほかのメンバーも。

――最近、加護ちゃんと仕事したとき、ちょうど吉澤さんの事故の直後だったんで吉澤さんの話はNGって言われてたんですよ。でも番組側はどうしても聞きたい。生放送だったんですけど、だから事務所NGみたいな棒を作ってもらって、ボクが聞いたらNGの棒を出すみたいな流れになったんですよ。そしたら加護ちゃんは事務所のNGを押し切って、「とにかく言えるのは、私たちはいつまでも仲間です」っていうコメントを出してくれて。

みうな　私たちはお互い競争し合ってたしライバルだったけど、でも切磋琢磨した仲間で。あとハロプロっていうグループで、私たちは最強って思ってたから。フットサルやってたときも私たちが負けるわけないと思ってたし、自分も信じてたしみんなも信じてたから。

――超いい話じゃないですか！

ごっしー　プロ野球選手みたいですよね。

みうな　ホントにそう！　自分たちがトップのグループだってプライドをみんな持ってる。

――あと、最近もとあるネット番組で「ミキティ超怖い！」とか言ってましたよね。

みうな　すごい見てくださってる！　ミキティ超怖いけど、ミキティ超好きなんですよ。

――みんなそうですよ！

みうな　みんな言ってます？

――みんな怖さを含めて大好きっていう。

みうな　そう！　やっぱり人としてすごいイケてると思う。私、仕事のやり方とか考え方とかミキティから学んだことがけっこう多くて。フットサルやっててメンヘラになっちゃったから。うつ病みたいな本を出版してますからね、『みうなノート』っていう。

――あれ、うつ病みたいな本なんですか！

みうな　うつ病みたいな本ですよ。ミキティはかなりサバサバだし、怒ることにちゃんと筋が通ってるし、こういうときにどう考えたらいいのかっていうのをミキティからけっこう習ってる。要はミスしたときに私はどんどん落ち込むんだけど、ミキティはそう考えない。落ち込むんじゃなくてどうやって挽回できるかだけを考えるって言ってて、なんかすごいセンスがある。あの人、決めるとこはちゃんと決めていくんですね。リハーサルはダラダラやるのに本番ちゃんとキメて、カメラに抜かれたときもちゃんとキメるんですよ。

――ただ、ダラダラとはやってるんですね（笑）。

みうな　ダラダラやってるように見えるの、ブスッとしてるか

『みうなノート』
07年1月29日に講談社より刊行。みうながガッタスを通じて感じたことを記した手記。

ら。すごい文句も言ってるし。

——ダハハハハ！ ミキティだなあ（笑）。

みうな 「水！」とか言って。フットサルでもよく言ってたのが、靴紐の結び方にこだわりがあって、絶対これをほどくなってすべてのマネージャーに言ってるのに、新人マネージャーとかがほどいちゃうから、「誰！ 美貴の靴紐ほどいたの！」とかすごい怒ってて。当時のハローは水の銘柄もすごいこだわりがあって。そもそも自分で決定できるところがないんですよ、プロデュースされてるから。

——自分で決められることはこだわりたい。

みうな そう。お〜いお茶はいいけど生茶はダメとか、全員がOK出せる水はボルヴィックとか、すごいそういうのありましたね。

——ボクが聞いたミキティ伝説でシビれたのが、紳助ファミリー時代に……（以下略）。

みうな ああ、そういうことやる人です。めっちゃ感動する！ もっと好きになっちゃう。

——あと、高校に入って早々に生意気だって呼び出されたときの喧嘩最強伝説もあって。

みうな ミキティが楽屋で言ってたけど、「高校入った瞬間ヤリマンって言われてて、処女のときから言われてたんだけど！ 美貴、処女なんだけどな」って言ってましたね。

——強いなあ！

みうな 親分肌っていうか、ヤンキーチックな人のほうが面倒見よかったりするじゃないですか。あとミキティは、「美貴、『BUBKA』の表紙飾ったよ」って言ってた（笑）。

——ダハハハハ！ 誇らしげに（笑）。

みうな 美貴の当時の家に行ったんですよ、けっこうデカいマンションだったんですけど。『BUBKA』買ってた。「昔の男とのキス写真が出されちゃったんだよねー」って。

ごっしー カッコいい！

みうな 最高なの、あの人。いいよね、素敵なんですよ。あややの話とか聞きます？ 私はハローにいながらひとりハローのことを俯瞰してて、自分のことは話さないけどこんなにスターになるとたいへんだろうなと思いながらあややとかと見てて。あややはひとりだけ飛び抜けてるし、ほかの子の嫉妬とのつき合い方がたいへんそうだなって思いましたね。だって、みんなグループでひとりだけソロで、でもあややソロは当たり前でしょって思ってて。

——別格でしたもんね。

みうな 別格じゃんって思って。でも、どうしても一番目立つ人にみんな、「なんであの子ばっかり！」ってなるわけじゃないですか。そのなかで孤独というかたいへんそうだなって。ダンスの先生にこないだ会ったんですよ。かなり振付けやってる人で、カントリーでは2曲やってもらったんですけど、そのRYONRYONも「いま振り返るとあやや天才だったよね」って話してましたね。教えててなんて楽なんだろう、みたいな。飲み込みめちゃくちゃ早いし面倒くさいこと言ってこないし、ホント天才って。表のイメージでは天才って言われてるかわかんないけど、一緒に仕事したらみんな天才だって言いますね。

——後藤さんとあややの確執エピソードが最近、解禁されたじゃないですか。ごまっとう時代に楽屋でふたりきりになったとき、後藤さんが「私、あなたのこと嫌いなんだけど」って言って、あややが「私も嫌い」って返したけど、その後は仲良く

RYONRYON
野村涼子。95年から安室奈美恵、MAX、SPEED、知念里奈、D&Dなどの振付・出演・指導を手掛ける。日本テレビ系列『THE夜もヒッパレ』に、初代Hi-pp.sのリーダーとしてレギュラー出演。03年からは、ハロー！プロジェクト所属のグループの振付指導。

なったっていう。

みうな　ハローって嫌いなものは嫌いって言う人たちが多くて。だからメンバーの情報をファンに売っちゃうとか週刊誌に売っちゃうみたいなヤツいないですね。テレビを観ててもああいうのはハローではありえないと思って。

――48との違いはすごいあると思います。

みうな　絶対あると思います。あと、ハローは事務所に大切にされてると思いますね。

――辞めた人が事務所のことを悪く言わないんですよね。「辞めてから事務所の良さがわかった」みたいなことを言う人が多くて。

みうな　そう、ほかの事務所ってこういう感じなんだよって話を聞いたりするから。寺井（禎浩）社長っていうつんく♂さんの周りで仕事してた社長がいて、いま独立されたらしいんですけど、こないだランチしたんですよ。で、あの当時のハローの話をしてて、アップフロントはすごいまともな事務所で、売れてるときにバーンとお金を払っちゃう事務所もあるんですけど、若い人がそんな急にお金もらってもおかしなことになるだけだから。いまだにシャ乱Qさんにちゃんと払い続けてるんですよね。そういう意味で、いま考えると給料の設定もずっと安定的でした。

――仕事に波のあるメンバーを金銭的に支えるシステムがちゃんとできてるっていう。

みうな　ホントにそうで。仕事があるとかないとかって博打みたいなもんだからわかんないんですよね。芸能事務所ってすごいなと思いますね。私はカントリー解散してアップフロントで仕事するっていうイメージがまったく湧かなくて、だから辞めたんですけど。

加護ちゃんの喫煙を注意！

――みうなさんにここまでのハロー愛があるって、ファンの間には伝わってないですよ。

みうな　ハハハハハ！　違うの違うの！　ハロー愛めちゃくちゃあるんだけど変なファンが絡んでくるんですよ。変なファンとかマジムカつくなと思って。あと、私のなかでハロー愛めちゃくちゃあるんだけど、ハローを辞めてハローじゃない自分を作っていきたかったし、いつまでもハローハローって言ってたらハローの自分しかできない。過去の成功体験に執着しちゃう自分になっちゃうから、あえてまったく違うことをやりたいと思って。

――そのせいで見えてないけど、じつはこれだけちゃんとハロー愛のある人だった、と。

みうな　いや、めちゃくちゃハロー愛ありますよ！　守りたいっていう意識がすごいある。後輩とかもまだやってるわけだから。ただ、私が恋愛コラムを書き始めたとき、何かで「みうなが嫌な仕事を始めた件」みたいなのを見たんですよ。でも、ファンが見たい世界をいつまでも見せてたら、それもそれでよくないじゃんって。ある程度は損切りしていかないとってところで、ちょっと葛藤して。

――「体目的の男性を仕事のチャンスにつなげてきた」的な文章による炎上もあって。

みうな　あれによる反響ってめちゃくちゃインパクトがデカくて。あれ、すっごい病んだ！

寺井（禎浩）
ジェイピィールームやTNX、ジャストプロの設立者。つんく♂のアマチュアからのマネージャーで、シャ乱Qがアップフロントエージェンシーからメジャーデビューした後はプロデューサーとして活動。『けものフレンズ』を作ったアニメ制作会社・ヤオヨロズの代表取締役でもある（現在は解散）。

――けっこうハートが強そうなイメージで見られているじゃないですか。でも、思いのほかあのときはダメージあったっぽいですね。

みうな ああ、どう対応していいかわからないっていうのがあってすごいダメージあったけど、いまとなってはべつにって感じで。……え、なんであれにダメージ受けたって知ってるんですか？　誰かに聞いたんですか？

――それも自分で書いてましたよ！

みうな あ、私が書いてました？　私の知り合いから聞いたのかと思った。あれで自分が見てる世界をみんなが見てるわけじゃないんだ、自分にとってのふつうと他人にとってのふつうは違うんだなって。特にメディアとかエンタメっていうのはある種の嘘というか、みんな見たいものを見てるじゃないですか。こういう雑誌も読みたいものを読者に提供してるし。私、枕とか一切したことないんです。

――ただ、そのときの発言でしているかのようなイメージがついたかもしれないけど。

みうな ついたとしても真実ってわかる。枕してる人って顔に「枕」って書いてあるから。

――そうなんですか！

みうな 男が見たほうがわかると思うんですよ。要は遊んでる女とか枕してる女って見る人が見ればわかるし、だからいいやと思って。自分の知らない人にまで自分のすべてを理解してもらおうなんていうのは逆に傲慢だしっていうふうに考えられるようになった。

――それで女子相手のビジネスに移って。

みうな そうですね、当時のハローのファンって男性が9、女性が1くらいの割合で、それを逆の比率にするのにすごい時間がかかるというか。私、19歳のときに決めた目標があって、自分のＷｉｋｉｐｅｄｉａを更新し続ける人生にすること。どんどんアップデートしていくっていう。価値っていうのは生もので、古くなっていくじゃないですか。だからどんどん新しい価値を作るっていう。ただ、ハローのときに作ったものがデカすぎたから。あと、将来的なことを考えると男性ファンとか男性相手のビジネスってやっぱり若い女の人にいっちゃうから、どんどん価値が出せなくなっていく。私、すごい葛藤してた部分があって、男の人も女の人も相手の商売をやろうって思ってて、たとえば表参道でヨガとか教えてたことがあったんですよ。そうするとファンが来ちゃって握手会みたいなんですよ。そういう意味でちょっと男の人はと思って。女性相手ってなったとき、もともと女性はちょっと苦手だったんですけど、それも克服して自分が心地よくできるようにと思って。

――アップフロントを「辞めるときに2年間芸能活動禁止の契約書にサインした記憶があります」とかツイートしてましたよね。

みうな はい、いまの契約書はどうなってるかわかんないですけど、私的にはぜんぜんOKで。芸能活動する気もなかったし。いきなり入った社会が芸能界っていうすごい特殊な社会だったんで、もうちょっと社会ってどうなってるのか見てみたいっていうのがあったので。まずはアルバイトもしてみたかったし。

――相当いろんな仕事されてますよね。

みうな いまだから言いますけど、私19歳の1月に辞めて、フルキャスト（求人サイト）とか登録しましたよ。親が厳しかったので高校のときにバイトやらせてもらえなくて、親に抑制されたことって大人になってみてやりたくなるんですよね。私、カントリーを辞めるときに一般的な人たちよりはお給料もらってて、転職したいってマネージャーに言ったら、「どれくらい欲しいの？」って聞かれて、「月30〜40万ぐらいないと生活できなくないですか？」って言ったら、「あんた世の中の初任給って知ってる？」って言われて。

――それくらい感覚がズレてた。そしてホントにちゃんとした事務所だったんですね。

みうな そしたら初任給19万ぐらいって言われて、19万の生活をやってみたんですよ。死ぬと思って。私、親からはちょっと家賃が高くても安全なところに住みなさいって言われてたの。女の子のひとり暮らしなんだからオートロックついてないところとか絶対やめなさいって。下げちゃうと危険だから、じゃあ生きていけないじゃんって。それくらい事務所にも守られてたし、その保護から抜けたときすごいビックリした。「待って、世の中って騙そうとする人とか悪い人がいるんだ」みたいな。そのくらい知らなかったです。

ごっしー 寮には入ってなかったんですか？

みうな 入ってなくて。なぜなら、なっちと飯田（圭織）さんを同居させた話知ってます？　同居させたらすごい仲悪くなっちゃって。そこから住まわせるのやめよう、みたいな。ふたりが仲悪くて仕事に影響が出るようになっちゃったから、寮じゃなくてひとり暮らし制度にして。カントリーは全員親が来てなかったんですね。でも、モーニング娘。はだいたい親も一緒に上京して。あのときも親がついて来てくれてたらなってけっこう思ってた。

――アロマの仕事をしていたときですかね、「20歳のときにヒルトンで仕事してたら、お客様がつけたテレビから元メンバーが映ってた光景が忘れられない」と言ってました。

みうな だってまだ半年後ぐらいですもん。半年でこんなにやることと違うんだな、みたいな。それもハローのファンなんか超嫌だと思った記憶があって。ヒルトンで私は第二の人生を生きてたんですよ。でも、どっかに「ヒルトンで働いてます」って書いたら、「ホントに働いてるんですか？」って電話してきた人がいて。マジむかつくなと思って、もうほっといてと思って。そこからはもう……。

――ハロヲタは嫌だ、みたいな。

みうな 全員じゃないんだけど。そこから冷たくなりました。だからいまだにファンが怖いんですよね。「結婚してください！」「いやちょっと待って、目がイッてる！」みたいなのとか、なんか前科あるだろうなみたいな人とか。いまは違うんですか？　そういう濃い人かクリエイティブな人で。クリエイティブな人たちはおもしろかったですね。

――だから、いまアイドルの運営やってるような人に当時のモーヲタが多いんですよね。でんぱ組周辺とか、ほぼモーヲタですから。

みうな だって、いまだに残ってるヲタ芸みたいなものってハローの現場で作られて。なんで回ってるんだろうとか。そういう意味で、ものすごくクリエイティブな現場でおもしろかったんですよ。われわれと同じ仮装をしてくるとか、すごい個性的で。でもアイドルはある程度、人を狂わせるぐらいの子じゃないとあれだけすごいことはできないですから。

――ボクの周り、みんな狂ってましたもん。

みうな 狂ってくださってたんですか？

――ボクはちょっと冷静だったんですよ。距離を置きながらその人たちと遊んでる感じで。ただ周りは完全に狂ってましたよね。

ごっしー 異常だったなあ……。

――そういえば加護ちゃんのことを止めてたって話もネット番組で言ってましたよね。

みうな それ、いまだに後悔してて。加護ちゃんがスキャンダルを起こす1カ月くらい前に仕事終わりに恵比寿のカフェにふたりで行って。加護ちゃんとそれまで接点なかったから仲良くなれたらいいなと思ってご飯を食べてたら、個室とかじゃないのに「ねえみうな、タバコ吸っていい?」って言うから、「は?」って。「ちょっと待って、絶対やめたほうがいいよ!」って言ったんですけど。

――加護ちゃんじゃなくてミキティとか後藤さんなら、まだキャラ的にいいだろうけど。

みうな よくないです!「絶対やめたほうがいい、そんなことしたら人生を失うよ!」ってすごい怒ったんです。でも、ことの重大さをわかってなくて、「そっかな、やめたほうがいいかな」みたいな感じで。でも、その1カ月後に社長から全員にメールが来て呼び出されて、里田と「なんだろう?」とか言って2ちゃんねる見て。2ちゃんねるは速報がけっこう流れてたから、私たちは2ちゃんの速報で知ることがけっこう多くて、「加護喫煙」ってあって、「うわ、これだわ」って。

――ただ、加護ちゃんの当時の状況を知ると、逃げざるを得なかったのはわかるんです。加護ちゃんの最初の記憶がお母さんに背負われて夜逃げするときの記憶で、その後は離婚してシングルマザーになったお母さんが夜の仕事を始めて、夕方になるとお母さんが化粧して出て行っちゃうから、「私、いまだに夕方が嫌いなんです」って言ってて。

みうな ……涙出ちゃう。加護ちゃんのオーディションの映像って、すごい妖艶さを身にまとってるんですよ。あの年齢であの妖艶さってどこから出るんだろうと思ったけど、やっぱりお母さんのこと見てるんでしょうね。

――加護ちゃんが芸能界に入る直前くらいにお母さんが再婚して、だからふたり目のお父さんとはほぼ交流ないんですよね。最初のお父さんがアウトロー寄りの人で、ふたり目のお父さんが運送の人だったんだけど、加護ちゃんが稼いだお金を勝手に使っちゃって。

みうな それ、めっちゃ芸能あるある!

――これをきっかけにしてお母さんとも事務所とも溝ができていって、そして喫煙騒動や恋愛スキャンダルにつながっていくという。

みうな いや、それしょうがないよ!

――そう、しょうがないんですよ。

みうな だって拠り所ないじゃん。

――逃げ場がなかったんですよね。

みうな もっと話を聞いてあげればよかった。私、もっと距離が近かったら話聞いたのに。

祖母が焼身自殺

――しかし、自由を求めて生きようとした人がアイドル時代はきちんと人に注意もして自分はルールを一切破らず、そしてこれだけハロー愛もガッタス愛も持ち続けてるのって、けっこうイメージが変わると思いますよ。

みうな　何がいま大事かって考えると、立場があったら立場にすごく忠実になる。学級委員やってたぐらいだから。もともとホント籠のなかの鳥みたいな感じだったから。ハローだけじゃなくて実家も厳しかったのがあって、外に出たいっていうのがすごくあったから。

――そんなに厳しいご家庭だったんですか？

みうな　私、中学時代にヤンキーとつき合いそうになって。それもかなり親に止められて。父親ブロックがすごいから。ある程度ちゃんとした道に行ってほしかったみたいで。

――その反動って出るものなんですかね。

みうな　出ますよ、やっぱり長女だしいまだに溺愛されてるし。親にもブロックされたし、ハローっていう事務所ブロックもあったし、あと学生時代にもっと……あ、ママに止められたの思い出した！　15～16歳のときに勉強するとか言ってママに嘘ついて、20歳ぐらいの洋服屋の店員とデートに行ったんですよ。それでプリクラを撮って帰ってきたのがママに発見されて超怒られて。だからあのまま地元にいて好きな男の人と恋愛したらどういう感じなんだろうって、そこにハローも入っちゃったから経験できなかったせいで、いまだにヤンキー好きになっちゃうんですよ。

――やり残した感があるんですね（笑）。

みうな　ヤバくないですか？　中学生とか高校生のときに、この先つき合ってみたらどうなんだろうっていうその続きができなかったから、ヤンキーに対して特別な思いがあって。

――やり残し感は引きずりますからね。

みうな　あるじゃないですか。たとえばコイタさんは食べものに執着があるし。ウチは実家がパン屋だったから食べものとかにやり残し感はないんですけど、恋愛ブロックはすごいされてきたっていうのがあって。いまだにヤンキーが好きになるっておもしろいですよね。

――抑圧はよくないんですよね。

みうな　ホントそうなのよ！　抑圧されると反動が出る。ただ、いま考えてみたら、親の教育は正解だと思います。地元のヤンキーと私をデートさせて、そのあとに起きることなんてだいたい想像がつくじゃないですか、15～16歳でデキ婚みたいな（笑）。そんな話になったら、せっかく塾とかいっぱい通わせて、習いごともいっぱいさせてもらったのに。

――いまの人生は間違いなくなかった。

みうな　で、旦那はとび職とかになるわけですよ。ウチの親はふたりとも進学校に通って大学も出てるけど、私はアホでそういうのまだわかんないから。年上の男の人っていうだけでキュンキュンする。若い女の子ってそうじゃないですか。30代になってみたらそれはなんとも思わないけど。その時期に盗んだバイクでブンブンやってるヤツなんて、大人からしたらやめろって話なんですけど。

――当時は自由の象徴に見えちゃうわけで。

みうな　そう、盗んだバイクでブーンって行ってガラス割って（笑）。去年結婚しそうになった人もヤンキー上がりみたいな、高校のときにめっちゃケンカして、経営者になった人だったんですけど。あのときの続きをしてる気分になりましたもん。私のなかでは失われた時間があるわけですよ。中学から20歳ぐらいまでの失われた時間を体験してる気分になって。アイドルの子たちってそういう恋愛する子が多いんじゃないかなって思う。

——家庭環境はかなり影響しますよね。

みうな　家庭環境と育った環境とか。加護ちゃんとか後藤さんとかあんまり知らないけど、でも芸能に行く人たちってけっこう家庭環境が複雑だから。私もけっこう複雑だったから。すごい変な話ですけど、そういう業が深い人じゃないと芸能人はできないんですよね。

——後藤さんなんか、まさにそうですよね。

みうな　もう業ですよ！　そういう意味では私も業はあるっちゃあるけど、母親のほうの業がちょっと深いですね。私、最初の記憶が小学2年生で、祖母が焼身自殺するっていう。

——えぇーーーーっ!!

みうな　家に帰ったら普段あるはずのない父親の車があって、「え?」と思って。父親は車で仕事に出て行ってたから。で、2階に上がってってたら、見たことのない表情でパパとママが部屋に座ってて、「どうしたの?」って聞いたら、「おばあちゃんが亡くなった」「なんで?」「火事。今日焼けちゃった」って。近所に母方のおじいちゃんとおばあちゃんが住んでて、私は子供ながらにめっちゃ空気読むところがあったから、普段は絶対に後回しにする宿題をすぐ終わらせて、「これ漢字うまく書けてるから見て」とか気を遣って。それが小学校2年生のときで、母親はそのとき一番下の子を妊娠してたの。おばあちゃんはそんな状況で焼身自殺したの。そのおばあちゃんの家はキッチン周りが焼けただけだったからそこはリフォーム入れて、おじいちゃんが精神的に狂わないように家族みんなでそこに住むことにして。私からしたらオバケ出るから嫌だみたいな感じになってて。私は火事って聞かされてたけど、実際はガソリンかぶって火を点けてて。その原因はなんだったかあとで聞いたら、ある種ノイローゼみたいな。いまだったらそういうのって……。

――もっと通院とかもしやすいだろうけど。

みうな そう。もともとすごい心配性で、ウチのママがどこか痛いって言うと病院を連れ回すようなおばあちゃんで。ママから聞いた話だと、ずっと不倫ばっかりしてて、おばあちゃんの不倫相手からウチに電話がかかってくるんだって。その話をちっちゃい頃から私は聞いてて、「ママかわいそう、私はママのために生きなきゃ」みたいな感じで育ってて。

――子供に教える話じゃないですよね。

みうな そう！ 全部言うの（笑）。ウチ、デキ婚だから。ママが20歳、パパが22歳のときで。私が早く結婚しなかったのはそれがある。親が子供のまま子供を育てるのはよくないと思って、反面教師にしてある程度大人になってから結婚しようと思ってました。あれが自殺だったって聞いたのが私が15～16歳ぐらいのときで。私が小2の6月におばあちゃんが自殺して、8月に一番下が産まれて、母方のおばあちゃんがホテルの清掃の仕事をやってて、いきなり死んじゃったから全部ママが引き継いで、パパも仕事してて。一時期、ウチにお手伝いさんが来てた時期があって。で、小3のときに父親が起業して、中学生くらいから金回りがよくなったんですね。家庭的にはすごく不幸な状況だったけど一発逆転みたいな感じで、家族の成功体験として私は持ってて。そういうのがあったから。

――起業&恋愛の人になった。

みうな そう、起業&恋愛。そういうのがあったから一発逆転みたいな発想、流れが悪くても逆転できるんだっていう、そういうので私PKやったのかもしれない。それすごい刷り込まれてますね。私が小学校のときにすごい使命感を感じてて、弟には母親が泣いてる姿とか絶対に見せないでおこうと思ってたし、家に電話するとママがいつも泣き声で出たりしてて、それ子供としてはつらいんだけど、でも5歳下と8歳下がいてお姉ちゃんっていう意識がすごく強くて、親の幸せじゃない部分を子供に見せるのはよくないから、全部私が背負うって思って生きてたし、いまだにそういうところはある。だからウチの弟ふたりはそういうのぜんぜん知らないんですね。

――その年齢で背負う必要はなかったのに。

みうな だけど、それこそ加護ちゃんと同じで、そうするしかなかったんですよね。だって言える人もいないし。加護ちゃんも長女でしょ、長女は背負うんですよ。背負わざるを得ないですね。親同士の不仲とか、嫁姑問題とか見えてきちゃうんですよ。だからそこも調整しようって必然的に考えるし、下の子たちには大人のこういう姿は見せないようにとか、そういう調整役に回っちゃいますね。

――今日で謎が解けましたよ。そしてもうひとつ謎なのが尼僧アイドルグループのアマゾネスのメンバーになったことなんですけど。

みうな あれ、めっちゃおもしろいですよ！ どっかで言いたかったんです。いまだに私のWikipediaに「アマゾネスのリーダー」みたいなことが書いてあって、やめてくんないかなと思って。黒歴史なんですけど。あれは、結婚相談所をやってる女性の知り合いから人を紹介するって言われて、光文社で働いてるプロデューサーを紹介されたんですよ。それで話してたら、仕事してるお寺があってグループを作りたいって言われて、そこが大阪のベンチャーのお寺みたいな感じで。

――ベンチャーのお寺！

アマゾネス
浄土真宗の西栄寺が主宰するアイドルユニット。当時のチラシには、「仏の教えを胸に未来へと羽ばたく！史上初！歌って踊って読経する只今修行中の現役尼僧アイドル8人組」とある。

みうな　そこが東京支社みたいな感じで池袋にお寺を作って、そこでお寺アイドルを作るから人を集めてて、その候補に私が挙がったって言われて。ちょっと一芸があるような人を集めたいって話で。企画としてはたしかにありだなと思って、実際お寺にも行って、お堂とかすごいきれいで。でもその人、虚言癖なのよ。あっちに言ってる話とこっちに言ってる話がぜんぜん違うんだけど、ただ人は集められるの。それで企画自体はすごいおもしろいんですよ。あれでお金を集める才能があればぜんぜん成り立つと思うんですよね。じゃあどうやってビジネスにするかって話になるとそこから先に進まない人で、最初は寺に住み込みで働くみたいなことを言われてて。

――寺に住み込みはしんどいですよね。

みうな　でもそういうのが仕事になるのかなと思って、じゃあ家解約しようかなと思って。メンバーも大阪とかから7〜8人集まってきて。やっぱり光文社で仕事してるから人脈はあるんですよ。それでアー写を撮りますってグラビアずっと撮ってきたカメラマンが来て、お堂で水着で撮ったりしたんですよ。でも、この人なんなんだろうって謎がずっと解けなくて。この人の言ってることは、どこまでが本当でどこまでが嘘なんだろうって。

――たぶんその人、光文社で『FLASHエキサイティング』をやってた人ですよ。

みうな　ちょっと色白でデブで、『筆談ホステス』とかやった人で。そういう人って会社の名刺を使って「俺がやったんだ」って言うじゃないですか。それでメンバーも集められて、私が入るってなったからみんな信じちゃって。それでどっかちっちゃいとこ借りてデビューイベントみたいなことをやったんですけど、そこにスペシャルゲストみたいな感じでエスパー伊東さんが来て。だけど、「どっから事業にしていくの？」とか「本当に寺で働いてるの？」とか、寺にクレームの電話とかバンバンかかってきて。お寺アイドルみたいなことやってる人からもネットとかで絡まれて。そういう感じでお寺の方も巻き込まれてて、みんな巻き込まれて、それで空中分解。

――当時、公式サイトでみうなさんが言ってたのが、「アイドルの寿命はとても短いものですけど、大丈夫、アマゾネスはお墓までファンの方々とつき合います！」ってことで。

みうな　そうそう、そういうコンセプトはいいなと思ったんですよ。それもコイタさんに相談して、「その企画おもしろいね。たしかに墓なんてどこでもいいじゃん、アイドルがやってる墓でアイドルが戒名つけてくれたら儲かるんじゃない？」とか言ってて。あれで事業としてお金にするところまでできたら。

――墓は単価が違いますからね。

みうな　ホントですよ！　アイドルの寿命は短いし、アイドルで稼げるのって数年だから。そういう意味では可能性としてはありなのかなって思ってて。あの人は嘘つきだけど、でもおもしろいなってところが勝っちゃったんですよね。だからちょっと悪ノリして。

――印象的だったのがアマゾネスの公式アカウントがなぜかネット右翼感を前面に出したツイートをずっとしていたことでもあって。

みうな　韓国の悪口とか言ってるヤツでしょ？　そのツイートしてたのが光文社のプロデューサー。ヤバいですよね。おもしろい人ってギリギリセーフの世界で生きてるじゃないですか。ギリギリアウトだったたっていう（笑）。

——それで早々に辞めたわけですね。

みうな 和尚がめちゃくちゃキレて、「もうあなたたちとやりません」って。私、住み込みで働けるから家ゲットできると思ったのに、これで家賃も浮くしいいじゃんと思って寺に入居しようと思ってたんですよ。それで「空いてる部屋どこですか？」って言ったら霊安室しか空いてなくて。「何それ！　どんだけ嘘つきなの！」と思って。だから最初は悪ノリでやっちゃおうかなと思ったんですけど、そういう悪ノリ癖ありますね。基本ヤンチャで。そして私の悪いところは、人からどう見られるか気にしないヤンチャなんですよね。

——この経歴があったらここに行っちゃいけないでしょっていうのをぜんぜん気にしない。

みうな 気にしないでやっちゃうんですよね。だって過去の話じゃんってなっちゃうから。

——今日でイメージが変わりました。別企画でコンバットRECとフットサルだけ語るインタビューとかやってほしいぐらいですよ。

みうな ぜんぜん出ます！

——おもしろいんで何か企画を考えますよ。

みうな コイタさんと私が語るっていうのも。

——コイタくん、いま出られないですよ！

みうな いや私が出しますよ。実際どうだったかっていうところから。私、連れてきますんで。私もミキティと一緒で情に厚いんで。

そんなにみんな結婚したい？

手島優

2019年6月収録

タレント。プラチナムプロダクション所属。栃木県出身。1982年8月27日生まれ。2006年、台湾の国際的イベントで「最も美しい理想的なバスト賞」を受賞。2008年「日テレジェニック2008」に選ばれる。同年8月の北京オリンピックのサポーターガールを務める。同年12月、「ZAK THE QUEEN 2008」でグランプリを受賞。2011年4月に地元の足利市の観光大使に任命。2019年5月に「NYouTuber」（手島優）名義で『ハミ乳パパラッチ』を発売。

プラチナムはめっちゃいい事務所

――昔、共演したことあるの覚えてます？

手島 そうですよね、テレビで（2011年4月4日放送、TBS『ザ・トークション』。出演／バナナマン、ブラザートム、手島優、サエキけんぞう、吉田豪、竹中夏海ほか）。私に（市川）海老蔵さんの質問しましたっけ？

――え？ そんな時期だったかなあ？

手島 海老蔵ビルみたいな話を。

――……そうだ、バルビゾンビルの話を。

手島 そうそう。私、海老蔵さんと面識ないからなんのことだろう、でも海老蔵ビルには1回行ったことあるわと思って。それぐらいなんですよね、ちゃんとお話ししたのって。

――なので、今日はじっくりと決定版的なロングインタビューができればと思ってます。

手島 はい、よろしくお願いします。

――前に東野幸治さんが『山里亮太の不毛な議論』で手島さんの話をしたの覚えてます？

手島 ああ、応援したいみたいなことを。

――すごい頑張っているけど……。

手島 「闇が深い」とか。

――「あれイジメられっ子やろ、暗いやろうな普段」って言ってて、すごいですよね。

手島 うん、見抜いた（笑）。私もビックリしました。それも記事になってましたよね。

――もともと暗い側の人なんですよね。

手島 暗い側の人です。すごく気にしいなんですよ。だからすぐ考えちゃう。パッとひと言いわれたら、「……あれ、この意味ってなんなんだろう？ 私、嫌われてるのかなあ？」って思いがち。気にしちゃうからネガティブな発言が増えていくというか。私、普段まったく怒らないんですよ。だからいじめられても怒ったりしないから、おもしろがって。

――余計にいじめられる。

手島 そうそう、小中とか。表立ってのイジメっていう感じじゃなくて、裏のマジな陰湿なヤツ。先生とか気づかないレベルの。

――石を投げられたり。

手島 石を投げられたりはふつう。

――上履きをボロボロにされたり。

手島 男子に足を持って廊下を引っ張り回されたり。でもそれ大人になって思うと、私のこと好きだったのかなとか思っちゃう（笑）。

――ポジティブ（笑）。

手島 そう思わないと生きていけない！

――ダハハハ！ 構ってほしくてちょっかい出すパターンと、それよりもエスカレートしているのと、どっちだったんですかね？

手島 どっちかなと思いますけどね。でも、女子にもけっこう……。前を通るだけで笑われたりとかはあったし。

――男子に足を持って廊下を引っ張り回されたっていうのが「人間掃除機」なんですか？

手島 調べてくれてるんですね（笑）。

――調べてますよ！ 男子が顔を上履きで叩いてきて鼓膜が

破れたのは本当なんですか？

手島 破れそうになりました。そのときはちょうど先生が通ったんですよ。「手島、大丈夫か！　聞こえるか！」ってなって。一瞬ちょっと聞こえなくなったんですけど時間が経ったら戻って。その男の子に言い返したりやり返すのも怖いし、ヘラヘラしてて。そしたら先生がその子を怒ってくれて問題になって。大きくしなくていいのになーって。

——大ごとにしないで！　っていう。

手島 だって怖いじゃないですか。「いいからいいから、私は大丈夫だから！」「生きてる生きてる！」みたいな感覚ですよ。

——「私だったら我慢できるから！」って。

手島 我慢しとけば大ごとにならないから。

——なんでそういう性格になったんですか？

手島 わかんないんですよ……。

——家庭環境は複雑じゃないんですよね。

手島 超ハッピーですよ。だけど、兄がふたりいて私ひとり女の子で、末っ子だから我慢っていうのは根にはあると思うんですよね。

——ふつう逆ですよね、末っ子で女の子だったら甘やかされて長男が我慢するみたいな。

手島 その我慢も、親に怒られてっていうより、兄ふたりが一緒になって遊んじゃうんですよ。私はひとりぼっちだから、いい子にしてれば仲間に入れてもらえるかなっていう。

——ワガママ言うとかを学んでこなかった。

手島 そういう気がします。あと父親がめちゃめちゃ怖かったんで、それかなあ？

——反抗するよりは素直に言うことをきいてればなんとかなるって刷り込まれてきた。

手島 そう、それが癖。

——引っ込み思案で、とにかく目立たないようにして生きてきたっていうことですけど。

手島 そうですそうです！

——それでよくこういう仕事でこういうキャラクターになったなって人じゃないですか。

手島 プライベートで我慢してきたぶん、仕事には違う部分が出せるっていうか。だから本来はきっと、こっちの人間なんですよ。

——そこは変わってない。違う面も出すことはできるようになったけどベースはそっち。

手島 ベースはそっちだと思いますね。

——当時のあだ名が「どすこい」で。

手島 どすこい。太ってたんで。70キロぐらいあったんですよ。私、水泳を13年ぐらいやってたから肩幅がすごいんですよね。男子よりも体格よくて、それでどすこい。

——つまり、男子とケンカすればそれなりに対応できそうな体力はあったわけですよね。

手島 あったんでしょうね、しないけど。

——そういう性格ではないから。

手島 フワッと生きてる。

——ぜんぜんフワッと生きてないですよ。かなりのハードモードじゃないですか（笑）。

手島 ……ああ、そうですね（笑）。

——トラウマにはなってないんですか？

手島 いや、なってますよ。だからいまでも人には言い返せないですし、SNSが流行ってるなかできっといっぱいケンカも起きるんですけど、私が我慢しておけば終わるから。

——まだその考え方が抜けない。

手島 抜けないですね。だから悲劇のヒロインじゃないですけど、私ひとりが傷つけばいいんだ、みたいな感じなんだと思います。

——その性格って芸能界には向いてます？

手島 絶対に向いてない！

——向いてないですよね。

手島 絶対に向いてない！ 私、介護士さんとかになりたかったですもん。弱い人の気持ちはすごいわかるんですよ……やあねえ。

——ダハハハ！ 当時、「おまえに意思はないのか」とか言われてたみたいですけど、意思表示するよりは我慢したほうがいい。

手島 そうです。……だって、意思なんか持ったら潰されちゃうじゃないですか！

——ほとんどの人は意思を持った上で、潰されない生き方を探っていくものなんですよ！

手島 あ、そうか。

——ぶつかったりしながら、学習して。

手島 それがなく生きてきたから、いまでも急にコメントとか求められると自分の意見を言えないんですよ。私みたいなのが意見を言っていいのかなっていうのがまずよぎって。

——それで、なんとなく周りに合わせて。

手島 仕事だからちゃんといろんなこと言わなきゃいけないのはわかるんですけど、そこがまだ手島優になりきれてないっていうのはずっとあります。小さい頃の環境って大事だと思います。ホント抜けないですね。

——相当長くやってるのにまだ葛藤がある。

手島 そうですよ、27年目なのに！

——ダハハハハ！ 劇団に入ったのが10歳ってことですけど、意思表示できない人が、よく劇団に入ろうなんて考えられましたね。

手島 劇団だと役をもらえたりするから。

——ああ、自分以外の人間になれる。

手島 そのときだけは快感。明るい私でも受け入れてもらえるとか、「表現してもいいよ」って言ってくれたりしてうれしいんです。

——でも、お父さんは芸能活動に反対で。

手島 反対してました。認めてくれたのは有名なテレビに出てからで30歳ぐらいです。

——長かったですね、20年間認めない！

手島 長い!! 認めないっていうか無視です。仕事に対しては無視、何も聞いてこない。

——劇団も基本、お父さんに内緒で通って。

手島 はい。いまさらですけど、お母さん怒られてないかなって。いま恩返し中です。

——お母さんのおかげで劇団に通えて。劇団経験って、いまのプラスになってます？

手島 なってますね。劇団があったから人前に出ることに対しての快感や自信もついて。

——ああ、まずそういうことがまったくできない人だったのが徐々にリハビリを積んで。

手島　昔からそうなんですけど、瞬発力はあると思うんですよ。それが同じことずっとやってたり、ずっとテレビとか出させてもらうと失速するんです。だんだん本当の手島優が出てきちゃって。最初は仕事で固めたキャラクターでやってても、だんだん慣れてくるとモチベーションが下がるわけじゃないんですけど、素のほうが勝ってきちゃって、だんだんおとなしくなって仕事も減ってきて……。

――ダハハハハ！　切ないなー（笑）。

手島　ホントはもっといかなきゃいけないのに、そこが成長できてないなって思います。

――作り込んだ手島優は、よっぽど腹を括っているときじゃないとなかなか出せない。

手島　できない。

――そして、やり続けられない。

手島　上がり下がりがすごいんですよ、日によって。いま昔の自分をあんまり出してほしくない。我が強いのかもしれない（笑）。

――ガンガン出てるじゃないですか。

手島　出てますよね、ヤバい、仕事減る！

――劇団時代は主に何をやってたんですか？

手島　レッスンがあって、歌とか日舞とかバレエとか。もちろん演技ベースですけど、演技と劇団のなかでの舞台とかやってました。

――木の役しかやれなかったって話は事実？

手島　事実です。ホントに役がもらえなくて。あとはエキストラ。先輩たちにうまい人がいっぱいいたんですよ。そのとき私は栃木に住んでて劇団は東京なので、木の役の舞台にしか出られなかったっていうのもあって。

――ああ、父親にバレないように通うには。

手島　そうなんです。だから木でした。

――オーディションを受け始めるのはどれくらいなんですか？　まだ劇団時代？

手島　じゃないです、高2とか？

――次の事務所に入ってから？

手島　そうです、個人事務所のときですね。あのときモーニング娘。は受けました。

――前に共演したときにものすごいショッキングな情報を現場で聞いていて。「私、制服向上委員会落ちてるんですよ」って（笑）。

手島　ああ、落ちましたよ（あっさりと）。

――すごいですよ、それ!!　制服向上委員会ってなかなか落ちないグループなんですよ。

手島　……そうなんですか!?

――あんな誰でも入れるグループないのに！

手島　『デビュー』って雑誌でオーディションを見つけて、私もこれだったら入れるだろうと思ったんですけど書類で落ちました。

――それ、けっこう衝撃的な話で。

手島　こっちも衝撃ですよ！

――ダハハハハ！　モーニング娘。に落ちてる人は山ほどいますけど、制服向上委員会に落ちた人には初めて会いましたから（笑）。

手島　あたしあたし！　めっちゃショックだった。高校生ぐらいのときなんですよ。すごい太ってて、たしかに「整形したの？」

制服向上委員会
92年に結成された、「清く正しく美しく」をモットーに活動しているアイドルグループ。95年に「アイドル・ジャパン・レコード」を設立し、インディーズ形式でCDをリリース。『ダッ！ダッ！脱・原発の歌』『悪魔・野田・TPP』など反骨精神に溢れた曲を発表し続けている。頭脳警察のPANTAは、制服向上委員会の歌唱指導や楽曲提供をしている。

って言われるレベルの、ホントにその頃どすこいだったから、たしかに落ちるよなとは思うんですけど……なんで落としたんですかね？　自分ではイケてると思ってたんですけど。

――Ｗｉｋｉｐｅｄｉａにも載ってない衝撃情報だったんですよ。「手島優は制服向上委員会に落ちてる」ってエピソードを豆知識としていろんなところで言い触らしてます（笑）。

手島　言ってください、そしたら報われますから（笑）。ホントにショックでしたよ。

中村マネージャー　僕も知りませんでした。

――制服向上委員会ってその後、徐々にビジュアルのレベルが落ちていって、かなり特殊なグループになっていったんですよね。

手島　きっと私の呪いです！

――ほかには何か受けてたんですか？

手島　死ぬほど受けてましたよ。アイドルもそうだし、ドラマとかもあったし。あとはいろんな事務所ですね、夏になると特別オーディションみたいなのがあって、普段は一般募集してない事務所も募集してるから、そこに載ってた事務所全部に書類を出してました。

――個人事務所時代、地下アイドルをやっていたっていう情報もあるじゃないですか。

手島　はい、やってました。屋上でも歌ってたし、その事務所がどっかのライブハウスを借りて、撮影会込みで歌ったりとか。

――いまの地下アイドルより、もっと地底な感じだった時代のことだったわけですよね。

手島　地下アイドルって名前すらないから、「これ何？　闇アイドル？」みたいな。ホントに地下のバーみたいなライブハウスで。

――どのへんでやってたんですか？

手島　四谷？

――ライブインマジック？　フォーバレー？

手島　違うそんないいところじゃない、ふつうのバーでしたよ。なんかステージがある地下のバー。ライブインマジックでもやってましたけど、そこはもうちょっと人が来るようになってからです。持ち歌じゃないから。

――つまりカヴァーというかカラオケで。

手島　カラオケです。カラオケだけど全力でやれとか言われて。人前で歌うのがすごい苦手で嫌だったんですけど、仕事だしと思ってやって。そのまま客席に行ってお客さんと一緒にジュースを飲んだりしてました。

――ガールズバーみたいなシステム！

手島　いま考えたらそうですよね。客席を回ってみんなで写真を撮って、「いくらです」みたいな。でも私には一銭も入ってこないです。

――その個人事務所っていうのが、登録料でお金がかかったっていう事務所ですか？

手島　あ、そこはまた別です。登録料がかかったのはもっと前で劇団の次の個人事務所です。でも、登録料ってかからないですか？

――いろんな事務所があるじゃないですか。それこそカタログに載せるだけでお金かかるところとかいろいろあるわけですけど。

手島　いや全部かかりましたよ、そのとき。写真を撮ってもらうのと、カタログを載せてもらうのとか。

―いまプラチナムでそういうお金は？

手島 かかってないです。

―ホント良かったじゃないですか！

手島 だから、お嬢様の気持ちです。ちゃんとした事務所ってこうなんだなと思って。事務所は5～6個移籍してるんですよ。で、２００８年にプラチナムに拾ってもらって。

―プラチナムは事務所の人が怖そうな人ばっかりだって言われてるけど、意外とちゃんとしてるんだなって思ったわけですよね。

手島 はい、めっちゃいい！　これが芸能プロダクションだなって思いましたね。で、地下やってるときに巨乳ブームみたいなのが来て、オッパイさえあれば地下アイドルやってても撮影会に人が来てくれるようになって。

―撮影会は稼げますからね。

手島 ……っていうじゃないですか。

―実入りはなかったわけですね（笑）。

手島 あのお金どこ行ったんだろう……。撮影会、１００人ぐらい来てくれてましたよ。ひとりでずっと土日やってたりして、１００人ぐらいを朝から4部やったりしてました。

―その間、仕送りで暮らしてたんですね。

手島 そう、だからめっちゃもらってましたもん。1日の移動費とかでお金なくなっちゃうんですよ。大金を振込んでもらうのは申し訳ないので、お母さんに「1万円恵んで」とか電話すると、「また？　もうなくなったの？」って言われて。それで「今日はここまで移動していくらかかって、水着を買って。でも水着も２０００円のヤツ見つけたんだよ」とか言って。当時はバイトも禁止だったし。

―えーっ!?　稼げないのに？

手島 意味わかんないから何回も交渉したんですよ、「マクドナルドとかでもいいんで、夜のバイトじゃないからよくないですか？」って言っても、「ダメ、急に仕事入ったらどうすんの？」って。でも文句は言えないし。

―いいようにつけ込まれる性格ですね。

手島 そうです、知ってます。だから「パパがいそう」とか言われるんだろうなとも思います。言ったらイケそうな性格なんですよ、いま話してたらめっちゃ思ってきました。

―そりゃ「焼肉を食わせたらイケそう」とかネタにされてもしょうがないっていう。

手島 たしかに（笑）。イケないぞ！

―そもそもノーと言えない性格だからこそグラビアの仕事を始めたわけですよね。

手島 はい、もともと女優さんになりたかったんですけど、「顔と名前を売るには水着になるのが早い」って言われて、そうなんだと思って。当時はたしかにグラビアの人が女優さんになったりしてたんで、「ほら、誰々ちゃんもそうでしょ？」みたいな感じで。

―そのときグラビアやるなら10代のほうがいいと説得されて年齢詐称もして。

手島 ハハハハハ！　そうですね、詐称してましたね（笑）。そのときはもうグラビアでやろうって決めてたんですけど、ＤＶＤメーカーに面接に行ったときに「ウチは10代じゃないとダメなんですよね」って言われて、「じゃあ年齢を変えるんで出してください」みたいな感じでした。そのとき21歳だったんですけど、あまりにサバ読みすぎても高校生になっちゃうから19

歳にして。それなりにお金をもらえるようにはなったんですけど、それは生活費に充てて、家賃は親に払ってもらってて、細々と暮らしてましたね。

――25歳のときに、親に「何しに東京に行ったんだ！」って怒られて仕事に本腰を入れようと思ったっていう話がありましたね。

手島　……ありましたっけ？

――覚えてないんですね（笑）。

手島　覚えてない。でも、「テレビにも出てない、有名な雑誌にも出てないのにこんなにお金が必要って何してるんだろう？」って親は思ったみたいで、そのとき言われました。

――それがたぶん2007年で、たぶんいろんな転機になった年なんだろうなと思って。

手島　25歳？　ホントの25ですよね。

――だと思いますよ。

手島　わかんなくなっちゃった（笑）。

――2007年が改名した時期で。

手島　ああ！　新しい事務所に移ったとき。

――スピリチュアルとか好きな社長の。

手島　そうです、沖縄に連れてかれて。

――『ムー』にも出てましたもんね。

手島　そうそうそう！　めっちゃ怖くないですか？　急に沖縄って。沖縄に行くお金あるんだとか思って。それで占い師みたいな人のとこ行って。ユッタみたいな人が5〜6人いて儀式にも参加して、名前を変えられました。

――『ムー』のインタビューおもしろかったですよ。何を言ってたか覚えてます？

手島　そのときの記憶ないです。

――「私は感情を表に出すことができないタイプで、どんな嫌なことがあっても我慢するだけだったのが、沖縄の儀式によって心に封印していた闇のような部分が消されて本当の自分が出てくるようになり、素直に感情を表に出すことができるようになった」って。

手島　……え、それヤバくないですか？

――「人前で泣いたこともなかった私が」。

手島　ああ、たしかに人前で泣くことはできなかったんですけど、その儀式が感動的すぎてたしかに泣いたのは覚えてます。景色がきれいだったから。久高島だったかな、そこに入れてもらって、めっちゃきれいで泣いたんだと思うけど、話を盛ってますね（笑）。

――つまり、沖縄での儀式のおかげで劇的に性格が変わったわけでもなかったんですか？

手島　うん、違います（あっさりと）。

結婚したマネージャーに「マジでヤらせろよー！」

――それで翌年にプラチナムに移籍。

手島　はい。ラッキー！　だから、私の運命が変わったのは2008年です（笑）。

――2008年に日テレジェニックだのZAK THE QUEENだのに選ばれて、一気にわかりやすく仕事が入る感じになってきて。

手島　わかりやすく入ってきましたね。

日テレジェニック
日本テレビが同局PRを目的としたイメージガールプロジェクト。98年から15年まで開催されていた。次世代を担うグラビアアイドルを輩出するミスコンテスト。「21世紀を担うスターの発掘」を目的に新人女性アイドルを4名ほど選出し、1年間で育成する。佐藤江梨子、酒井若菜、井上和香、小倉優子などビッグネームを多数輩出。

ZAK THE QUEEN
『夕刊フジ』の公式サイト・ZAKZAKによるアイドルオーディション企画。アクセス数上位3名がグランプリ・準グランプリへと選ばれる。04年から始まったが、17年は受賞者が出ておらず、それ以降は開催されていない。過去のグランプリは、手島優の他に、竹内のぞみ、神谷えりななど。

――ホント、事務所って大きいんですね。

手島　大きいですよ！　だって個人事務所だとオーディションとか雑誌の面接すらしてくれないですから。たとえば雑誌も挨拶に行くじゃないですか、それも通してもらえなくて、「書類だけ置いといて」みたいな。

――一応、『ヤングジャンプ』は前の事務所のときもそれなりにいってたんですよね。

手島　そのときは投票で1位もらってました。着エロブームの最初のほうで私だけ露出がすごかったんですよ。だから、みんな興味本位で投票してくれたのかって思います。ほかはけっこう有名な子だったから、新人がここまでやるんだ、みたいな感じだったのかな。

――事務所は弱くても体を張って勝利して。

手島　たぶん。だから周りの大きい事務所の人に超イジメられました（笑）。「ウチの子もね、出せばイケたんだけどね。でも事務所がそういうのダメだから」みたいな。「私も出しとけばよかった」とか。私だって出したくて出したわけじゃないのに。

――プラチナムで流れが変わったといえば、それこそ爆乳戦隊パイレンジャーを筆頭とする音楽活動にしてもそうじゃないですか。

手島　そうですね、ホントに歌とかやると思ってなかったし。パイレンジャーのときは主役でパイレッドでVシネやってて、それの主題歌だったんですけど。そのときまだ自信ないから蚊の泣くような声で歌ってます。

――センター感がぜんぜんない。

手島　MVも一番端っこですからね。

――それがなぜこの爆乳シリーズの代表的な存在になっていくのかが不思議なんですよ。

手島　楽曲はめちゃくちゃいいんですよ！

――当時からTIFで評判よかったですからね。深夜枠があったとき、何が楽しかったって爆乳戦隊っていまだに大勢言ってますよ。

手島　うれしい!!

――「頭が真っ白になるぐらい楽しい」「深夜でヤケクソでバカなれるんだよね」とか。

手島　それ、ただ深夜だからじゃないですか！

――深夜にあのバカな歌が爆音で流れると、無条件で楽しいって意見が多かったです。

手島　へぇーっ、そういう生の声はあんまり聞かなかったから、もっと聞かせてほしい！

――当時、聞いておきたかった。

手島　はい。そんな評判よかったんだ……。

――ボク周りは特にみんな大好きですよ。

手島　何やってるかわかんない時期でしたもん。爆乳コンセプトでその年に流行ってるものにあやかっていくっていう。それでヤンキーやって三国志やって甲子園やって。

――ソロでも出し。

手島　ね、まさかの（笑）。

――今年、ダウンロードチャートとはいえまさかのオリコン1位になったという（笑）。

手島　ね！

――ボクもけっこう拡散しましたよ。

手島　ありがとうございます！

――「衝撃！」っていう。

爆乳戦隊パイレンジャー
メンバーは手島優の他に、愛川ゆず季、鈴木じゅん、石垣香織、助川まりえ。大きな胸のグラビアアイドルたちが正義の味方となって悪と戦う同名Vシネマから誕生したユニット。主題歌も担当。映像＆音楽製作会社「ジョリー・ロジャー」がプロデュースしており、このユニット以降、「爆乳三国志」「美脚戦隊スレンダー」「爆乳ヤンキー」などが誕生。総称して「セクシー☆オールシスターズ」と呼ばれている。

オリコン1位
手島優が「NYOUTUBER」名義でリリースした『ハミ乳パパラッチ』が配信初日のダウンロード

手島　衝撃ですよね（笑）。

――衝撃ですよ、曲もタイトルも最高だし。

手島　曲はいままでで一番好きかもしれない。全部同じ人が書いてるんですよ。このご時世だから余計に合ってきたのかなって感じがしますね。ＳＮＳとかＹｏｕＴｕｂｅとかが流行ってる時代にもハマッたのかもしれないですし。ユーロビートがもう1周してきてるこの時代、よくやったと思って（笑）。

――ボクが貼った動画に、「ヤベえ！」とかコメントつける人けっこういましたよ。

手島　うれしい！　いっぱい聴いてほしい。

――でも、「あくまでも本業はグラビアで、歌での注目に畑違いでおこがましい気分はあります」みたいにコメントしてましたね。

手島　自信あったら生歌で歌ってますよ！

――ダハハハハ！　それこそ地下時代も含めて歌やってきてるわけじゃないですか。

手島　やっぱり無理です。緊張して歌詞が飛んじゃうんですよ。あと歳もあって歌とダンス一緒には無理です。アイドルとしてずっとやってたらその体幹みたいなのはついてると思うんですけど、普段まったくやってないから、急にそれやってって言われても無理！

――やっぱりグラビアにプライドがある。

手島　……ですかね。だってグラビアが手島優を作ったし世に出してくれたから、そこを踏み台にっていうか、なんていうんだろ？

――「もうやらない」とか言いたくない。

手島　怒られる、グラビアの神に。「おまえ！」みたいな（笑）。

ランキングでデイリー1位を獲得。同チャートの週間および月間1位になった。

だから腐ってもグラビアアイドルって言い続けます、私。

――グラビアやるにしてもホントに振り切ってるじゃないですか。『ＦＬＡＳＨ』のデリヘルグラビアには衝撃を受けましたよ！

手島　ああ、あれね！

――だってタイトルが『私はデリヘル嬢』ですよ？　それ誤解を受けますよ（笑）。

手島　私もビックリした。あれ私が決めてるわけじゃないんですよ。あれは『ゴッドタン』のコント（おぎやはぎに風俗嬢と店員扱いされ、「ＡＦは？」と聞くと中村マネージャーが「まったく問題ございません」と答える、恒例のやり取り）ありきの企画なので。

――もちろん。ただ、『ゴッドタン』をみんなが観ているわけじゃないんですよ。

手島　そう！　私それは編集の方に言ったんですよ！「これ『ゴッドタン』観てない人はわかんないから、『もしも』ってつけてくださいね」っていうのと、おもしろがって「じゃあ中村さんも」とか言われたんで、「それ、おかしくないですか？『ゴッドタン』観てない人にはホントっぽく見えないですか？」って。グラビアに対してはプライドがあるから、そこにマネージャーさんは出てほしくない。私はこれは作品だと思ってて、オッパイまでおもしろおかしく誌面に載るようになったら終わりだと思って。だから、ナカムが一緒に出るならやりませんって思ってたぐらい、グラビアは汚してほしくない。

――テレビではいくらでもやるけども。

手島　テレビではタッグ組んでいいんですけど、グラビアだけはひとりでちゃんとやりたいから。まあ、どんなタイトルであれそういうお仕事をくださるっていうのは嬉しいし。

――撮りおろしであれだけのページ数で。

手島　そうですよ！　いまのご時世、グラビア撮りおろしなんて！　あれってすっごい暇なかで急にきたお仕事だったんで、めっちゃダイエット頑張りました！

――その「すごい暇」っていうのも、最近は持ちネタのようになってきましたけど。

手島　持ちネタじゃない、ホントなんですよ！　暇で暇で。もう暇疲れ（笑）。

――どういうことなんですか？

手島　え、仕事がないから暇なんですよ！

――ダハハハハ！　前に「恋愛にかまけてたら仕事が暇になった」みたいに言ってた時期があったじゃないですか。

手島　……ありましたっけ？

――それも覚えてないですか？

手島　なんかね、盛ったりしてるから。

――そうなんですよ、どこがギミックでどこがガチなのかすごいわかりづらいんですよ。

手島　私もわかんなくなってきました。

――え!!

手島　でもこないだカミングアウトしたのは、1年前に5年つき合ってた彼と別れたっていう。だから、その前ぐらいですよね、恋愛にかまけてたっていうのは。

――でしょうね。4人連続で失恋して、ぶっ込みキャラのはずなのにぶっ込むこともできなくなって、気がついたら仕事が減っていた、みたいに言ってた時期がありました。

手島　30歳ちょっと前ぐらいの時期かもしれない、それはホン

トです。恋愛にかまけてた……かまけてたのかなあ？

――まず、バラエティで腹を括るきっかけはなんだったんですか？

手島 仕事が欲しいから。そのとき正統派のアイドルの子たちと一緒にテレビに出ることが多くて、ふつうのことを言ってたらダメだと思ったし、私の容姿を考えたらふつうにアイドルぶってても絶対に売れないなっていうことはわかるわけですよ。みんなかわいい子たち、スタイルいい子たち、若い子たちで。私はその時点でもう年齢いってるし、べつにかわいいで売ってるわけじゃないし、ただオッパイで売ってるから、これは何か爪跡を残さなきゃと思ったときに下品なこと言ってみたり、アイドルが言わなそうなことを言ったら注目浴びるかもしれないと思ってやり始めて、だんだん腹を括っていった、みたいな。

――ある程度ぶっちゃけなきゃ、と。

手島 グラビアアイドルっていうカテゴリのなかで誉められたりすることはあるんですけど、それは私には合ってないなと思って。実際に違うから。過去に「かわいいね、かわいいね」ってチヤホヤされてる時代があるならちょっと調子に乗ったかもしれないですけど、自分の容姿にまったく自信がないのに。

――自分はそんなありがたい存在ではない。

手島 そう！「私みたいなものを」っていうのでずっと生きてきてるから、サービス精神もあったのかもしれない。グラビア界を塗り替えたい的な、なんかありましたね。

――その結果、下半身事情というか、赤裸々な話をする人っていう印象になってますよ。

手島 ヤバい！ 実際そんなにないんです、下半身事情は。したいなっていう願望を、リアルにしたみたいに言うことは可能なんで。

――「乱交パーティーやりたい」とか、そういう話はできるけどっていうことですよね。

手島 はい、それです。乱交パーティーも実際やってたらヤバいですよね（笑）。

――恋愛経験もじつはそんなにはなかったりするっていう話もしてましたよね。

手島 それはホントです。ひとりが長いから必然的に少ないっていうだけなんですけど。

――そのへんもちゃんとしてるんですよね。

手島 両親が厳しいんで（笑）。「女の子はピュアであればあるほどいいんだよ」ってずっと言われてるんですよ。

――ただ、いまやってるのはそう言われてきた人の仕事じゃないと思うんですよ（笑）。

手島 それは……仕事なんで。もちろん最初は水着も反対されましたし、自分も抵抗あったんですけど、絶対的に芸能界でやりたいっていう気持ちがあったからグラビアをやったっていうのはありますね。

――最近もある番組での「本当はドラマをやりたい」みたいな発言が叩かれたりしてましたけど、それは本音なわけですよね。基本は女優をやりたくて頑張ってきたけど、そのためにグラビアをやったらそこで必要とされたから、じゃあ頑張ってみようってことになり。

手島 コメント怖くて見てないです。「甘いんだよ！」みたいなのが見えちゃったときに、「知ってるし！」と思って。あのロケしてるときに自分で話せば話すほど、「私、クソ女だな」ってすごい思ったんですよ。たしかにすごい甘えたこと言ってると思って。暇なときに「あれやだこれやだ」って言って、そりゃ仕事もなくなるわなって思って。だから図星のコメントは傷つくから早送りしてます。「わかってますよ」って思ってます。

――かなり打たれ弱いんですね。

手島 打たれ……弱いけどすぐ戻るようになりました。甘いのかな？ でも昔、頑張ってきたのに……だからその人たちは嫌い（笑）。

――批判されたのは仕事がない日はテレビを観て過ごしてるとか、資格を取ると仕事がない人に見えるから嫌だとかの発言ですよね。

手島 資格あるし！ 栄養士。

――あ、そうだ。料理うまいんですよね。

手島 料理うまいし給食のオバサンになれるし。資格を取る人を悪く言ってるわけじゃなくて、私のキャラクター的に資格にいったりすると、売れないグラビアアイドルって言ったらあれですけど、みんな資格を取り始めるんですよ。私もそこに入って、そのままＩＴの社長と結婚しましたみたいな、同じ道をたどるのは私のプライドとして許せなくて。だったら資格とか取らずにこのままのスタンスでいきたいなって思っちゃったんですよね。

――そういうプライドはある。

手島 そう、プライドが高いから。そこにはいけないなとも思ってますけど。

――プライドの高さが特殊ですよね。

手島 ハハハハハ！

――ふつうのステップアップを考えたらそういうお金持ちと結婚とかなのに、手島優としてこういう赤裸々なトークとかし

ながら頑張っていきたいっていうことなんですよね。

手島　だったらトークを磨けよと思うんですけどね。自分的に磨いてるっていうことが、人と会うっていう初歩的なことなので。

——人と会話をするってことですか？

手島　うん。昔はぜんぜん人に会わない生活をしてたんで、32歳ぐらいまでは基本、引きこもりで。2〜3年ぐらい前の仕事がホントに何もないときにお酒にハマッて、夜な夜な飲み歩いて。そしたら会話がおもしろい人いっぱいいるんですよ。それで人と会話するのおもしろいのかなと思って。じゃあこの暇なときにいろんな人と話して、バラエティで使えるようになったらいいなって思って飲み歩いたりしてました。でも、酔ってるから話の内容は忘れちゃうんですよね（笑）。

——まあ、それでも他人と話すのに慣れていくっていう効果はありそうですよね。

手島　ああ、それ！

——仕事ぐらいでしか他人と会話してない人が、日常でちゃんと話すようになって。

手島　人と話すの、めっちゃ怖いですよね。

——怖くないですよ！

手島　だってひと言で傷つけちゃうかもしれないし、誤解されちゃうかもしれないし。

——それは傷ついてきた経験が山ほどあるから、そこに臆病になってるわけですよね。

手島　ああ、それもあるのかな。

——だって今年、すごい心配になるようなブログ上げてたじゃないですか。

手島　……なんでしたっけ？

——「最近、なんでこうなる？？　ということについて考えてたのだけど、考えれば考えるほど凹んだりしてたけどよくよく考えたらそれも運命というか……巻き込まれたり、誤解されることも運命というか……ちゃんと説明もできない状況なのも何か意味があるのかなと思って」みたいな感じの。

手島　ああ！

——なんらかの誤解が生じていてつらい、でも何も言えない、みたいな話を長文で……。

手島　書いた！

——何があったんだろうと思って。

手島　それは友達の裏切りから始まって、いろいろ悩んじゃったんですよね。けっこう最近じゃないですか、数カ月前ですよね。女の子ってすぐ裏切るなーと思って。

——何か噂を流されたんですか？

手島　あることないこと言い触らしてるっていう事実を知って。すごい信じてた子だったからショックで。言い触らした人たちに誤解を解きたいけど、その人たちを直接知らないから言えなくて。でも言った本人を責めるわけにもいかないし、何か意味があって言ったのかなと思うし、私が何かその子に悪いことしちゃったからそう言ったのかなとか、いろいろ考えてたらわかんなくなっちゃって。

——とりあえずブログに書いてみよう、と。

手島　「文字にしてみよう！」って（笑）。本人には言えないけど本人がこれ見てたら気づくかなってメッセージでもあるんですよ。

——ホントに不満は言えない人なんですね。

手島 うーん……よくないですよね。

——耐える癖がつきすぎてますよ。

手島 どうしよう？　この性格は直したい。じゃないといい男性とも出会えないと思う。

——みんなぼんやりと大丈夫なのかなと思ってる人ではあると思うんですよ。それこそ『おぎやはぎのメガネびいき』でも「手島優が心配だ」みたいな感じで企画になったり。

手島 ああ！

——なんとなく心配な人って印象になって。

手島 でも誰もプライベートで支えてくれず、みんないい嫁を捕まえてるじゃないですか！　もっとホントに心配してくれてもいいよって思いますね。

——山里（亮太）さんも、手島さんと結婚してたらもっと祝福されてたはずですよ！

手島 そうですよ！　蒼井優じゃなくて手島優でしょって。山ちゃんのおかげでめっちゃ言われるんですよ、「ご結婚おめでとうございます！」とか。「いやそっちの優じゃねえわ」みたいな返しをしなきゃいけなくて、歩く大喜利みたいになって困る。ホントに困る……でもおめでたい！

——ちゃんと祝福はする（笑）。

手島 おもしろいってなんなんですかね？

——芸人の結婚としてはすごくいい着地のはずですよ、手島優をめとるっていうのは。

手島 まあね、絶対すごく精神力が高い人って評価されますよね。私と結婚してくれる人は精神力がすごく高いと思うから、株を上げたい人とか来てほしい。たとえば、いまイメージダウンしてる人とかはぜひ私と！

——カラテカ入江さんとか。

手島 ヤバいヤバい！　怖い！　私がそっちしてると思われちゃうじゃないですか。

——ダハハハ！　テレビでの発言はどこまでギミックなのかっていうのをずっと思ってるんですよ。たとえば、8年担当してる男性マネージャーに対して、欲求不満のあまり迫ったことがあるってエピソードとか。

中村マネージャー あ、それ僕じゃなくてもうひとりマネージャーがいて。

手島 2～3年前の私の誕生日会があって、そのときにお酒にすごいハマってて、男性マネージャーさんが祝ってくれたんですよ、こんなに仕事ないのに。そのなかですごく仕事ができて、タイプの顔のマネージャーさんがひとりいるんですよ。その子に言いました。その人が結婚しちゃったときだったから、「なんで結婚したの？　マジでヤらせろよ！」みたいなことを酔っ払って言っただけ。

——ダハハハ！　なるほど（笑）。

手島 本気では思ってないですよ。

——ポップに言っただけ。

手島 ポップに言っただけ、ただの酔っ払いです。さすがにマネージャーさんに手を出そうとは思ってないですよ、そんなダサいことないじゃないですか（笑）。

——ダハハハ！　手近で済ますのは。

手島 ちょっとね、それはさすがに仕事もやりにくくなるし、そこは私のプライドが許さないんで実際は手は出さないですけど、そういう発言はたしかに酔っ払うとよくしてた。そのマネージャーさんは私がどれだけ落ちぶれても、「いやいや手島さ

ん、そんなことないですよ」ってすごい優しくしてくれるから、それを真に受けちゃって。酔っ払ってイケるかなと思ったんですかね。大丈夫です、手は出してないです！

――これは膨らましてるだろ、みたいなエピソードが思いっきり事実だったんですね。

手島 わりとそういうことあるんですよね。下ネタ系は半々ですね。

――じゃあ、地下アイドル時代にファンを食ってたみたいな話は？

手島 それは膨らませてます。そのファンっていうのは一般のファンの人じゃなくて芸能界の人なんですよ。

――なるほど、ヲタを食べたわけじゃなくて、芸能関係で「手島優いいね」って言ってる芸能人といろいろあっただけっていう。

手島 ただ、これを言うとヲタの人に夢をあげられなくなっちゃうので。

――「なんだよ、俺たちイケるんじゃねえのかよ！」みたいな。

手島 そう、でも話を盛り上げたくてつい嘘ついちゃったっていう。

――厳密には嘘ではないけれども。

手島 ファンはファン、ＤＶＤとか写真集も持ってたし、撮影会も行ったことあるって言ってたんですよ。

――「ファンだ」と言ってきた相手に4人連続でフラれたみたいな話もしてたけど、それもただのファンではなくて、「手島優いいね」って言ってきた人ってことですよね。

手島 そう、芸能人。フラれたっていうか、いこうと思ったらみんな彼女がいて、「彼女いるんかい！」みたいな軽いヤツです。

――調べれば調べるほど思ったのが、ぶっちゃけキャラと思われてるけど相手の素性がわかるようなことはぜんぜん言ってなくて。

手島 だって相手に迷惑かかるから！

――ホントちゃんとしてるんですよね。自分が傷つくようなことしか言ってないという。

手島 そう、私のモットーはそれなんですよ。自虐はするけど人を傷つけない。

――本当にちゃんとしてる人だと思います。

手島 そうですよ！　こんなに口の堅い女はいないと思う。

――ヘタに手を出したら暴露されると思ってる人いるかもしれないけど、この人はしない人だよっていう。ネタにはするかもしれないけど素性はわからないようにしますからね。

手島 暴露しないですよ！　ネタにする前にめちゃめちゃご本人に言いますからね。

――ちゃんと確認もする！

手島 「これをこう言おうと思ってるんだけど大丈夫かな？」みたいな。だって暴露が流行ってたとき、「誰に口説かれてますか？」とかあったんですけど、それ自分はいいですけど名前を出しちゃったらその人の未来もあるから言えなくて。ディレクターさんとかにめっちゃキレられてましたもん、「なんで言わないんですか？」みたいな。でも口説かれることホントにないけど、口説かれたいっていうのはホント。

――ダハハハ！　自分をフッた男性の家が見えるアパートに住んで、その男性が噛んだガムを保存してたっていうのはホント？

手島　実際、家は見えてないです。近く。ガムはホント。もうないですよ。あのロケのあとにすぐ捨てました。それも忘れてたんですよ、酔っ払って持って帰ってきて、好きな人だけど自分から「会いたい」とか言える立場じゃないから、これを見て癒やされようみたいに思って持って帰ったんでしょうね、きっと。で、宝石箱に入れてて、その日以来見てなかったんですよ。で、あのロケのときにパッと開けて、「あ、あのときのだ！」みたいな。それを「おもしろいから置いといて」って言われて。

――そしたらストーカー的なイメージが。

手島　引越したのも、その人が「引越してきたらもっと会えるね」って言ってくれたんですよ。だからこれは両思いでおつき合いになるのかなと思って引越したから、みずから「あの人の近くへ、ヒヒヒ」みたいなことではない、ちゃんと承諾を得ての引越しだからストーカーじゃないんですよ。でも収集癖はある（笑）。だから私がいま吉田さんのこと好きだと思ったら、そのストローとかたぶん持って帰りますよ！

――え！

手島　そういう気質はある。やくみつるさんと一緒ですよ。

――ダハハハハ！　そりゃ恋愛経験も少なくなるだろうなとは思いますね。

手島　恋愛の経験が少ないうえにメルヘンな想像をしがちなんですよ。ドラマが好きなのもあってドラマのような恋がしたいから。

――基本、妄想癖の人らしいですもんね。

手島　それはホント。恋愛の仕方が変なんだと思います。もっとちゃんとしておけば、うまいこと話せる人にもなってたと思うし。

――たぶん人間関係の築き方を子供の頃にしくじったまま、引きずってるんでしょうね。

手島　ハハハハハ！　それはあります。だからずっとこうやって目を見て話してると怖くなって見られなくなるんですよ。頭がグルグルしてくるんです。してこないですか？

――ぜんぜん。

手島　みんなちゃんと目を見て話してくれるじゃないですか。すごい精神力だなと思って。私、ずっと目を見てるの無理ですもん。

――この仕事に向いてないじゃないですか！

手島　ホントに！　だから私、目が悪いんですけどコンタクトも度が合ってないんです。実はあんまり顔が見えてないんですよ。じゃないと緊張して仕事にならなくなっちゃうから、スタジオでもカンペはもう見えない！

――あきらめてるんですか？

手島　あきらめてる！

――読まない！

手島　読まないか、めっちゃ目を細めて見るぐらいで、わざと度が合わないコンタクトをして仕事に臨んでます。

――そういう精神状態で、よくバラエティであれだけやれてますよね。素直に誉められますよ。これだけ心が弱くてカンペも読めない人が腹を括って、ちゃんと手島優をやってるわけじゃないですか。

手島　ハハハハハ！　だから手島優というものを認めてほしいというか、幼少期からみんなに愛されたい願望が強いんだと思うんですよ。お兄ちゃんに構ってほしいから始まって、ずっと誰かに愛されていたいから、だったら私はそのぶん頑張りま

すよっていう。

——芸能界で愛されてる実感を得られたことはあったんですか？

手島 ない！（キッパリ）

——即答！

手島 ないんですけど……芸能界に足を突っ込んじゃったからほかの仕事はできなくなっちゃったんですよ。テレビを観るのが好きだから、芸能界に入りたいっていう夢は変わってないから、そこで愛されたいなと思って。

——当然、必要とされる存在にはなったと思うんですよ。でもまだ実感は得られてない？

手島 ない！

——ダハハハハ！ まあ、代わりが利いちゃう仕事ではあるからつらいと思うんですよ、若くてかわいい子がどんどん出てきて。

手島 潰したいわーって思いますよ、そりゃ。みんな実力があってかわいくて若くて。

——さらに性格までよかったりすると。

手島 そう！ もう邪魔だなーって思いますよね。そのときは私のキャラクターとか年齢を活かして違うキャラクターにシフトしていかなきゃいけないから、脳みそいくつあっても足りない！ 疲れる！

——たいへんだと思いますよ。そこでみんなシフトチェンジとして結婚の道を選ぶ人が多いわけじゃないですか。グラビアの人は特にわかりやすく30過ぎたぐらいで急激に。

手島 ね、みんな見事に行きましたね。私は独身枠を貫きたいんですけど、こないだマネージャーさんと話してたら、私は強がってるだけでホントは結婚したいらしいです。

——いろんな記事を見ると結婚に関するコメントがバラバラなんですよね。「結婚願望ない」って言ってるのと「結婚したい」って言ってるのと、『ゼクシィ』買った」とか。

手島 すごいブレてるんですよ。『ゼクシィ』は、矢口真里さんに、「これは恋愛のお守りだよ。『ゼクシィ』を見ながら木村カエラさんの『Ｂｕｔｔｅｒｆｌｙ』を聴くといい人がやって来る。周りもそれやってたらみんな結婚していったよ」って言われて、じゃあやってみようって。来なかったですけど（笑）。そういう願掛けみたいなのしちゃうんですよね。たぶんいい相手がいたらするんですよ。でも結婚をちゃんと考えるまでの人に出会ってないからちょっとブレちゃう。ただ、明日にでもこの人は結婚できる人だなって思ったら、「したいです」に変わると思います。

——あとはバラエティで傷つくこともあります的な発言があって、こういうメンタルだったらそりゃ傷つくだろうなと思いました。

手島 でも思うんですよ、手島優の前を歩いてる枠の人っていないんですけど、うしろを歩いて来てくれてる人もいないっていう。手島枠みたいなのがだんだん作れてきてるのではないかというポジティブな考えはあります。前もうしろもいない、横もいない。

——最初はいまより傷ついていたんですか？

結婚する人が私を下に見てくる

手島　傷つきました。それこそ落ち込んだら半年ぐらい引きずってました。

——何にダメージ受けてたんですか？

手島　ブログのコメントとか。

——あ、そっち。

手島　え、どっちですか？

——バラエティとかでキツめのツッコミを受けたときとかは傷ついたりしました？

手島　ああ、もちろんそれもあります。これホントに言ってるのかなって。

——「すべてを鵜呑みにするタイプ」だし。

手島　そう、「それがダメだよ、あれは芸人さんの愛情なんだよ」って。それを受け入れるのにはけっこう時間かかりました。「いや絶対ホントのこと言ってる、あの人は私のこと嫌いなんだ。うわ、もう次は絶対に呼ばれない、あぁ……」みたいなこと言ってました。いまとなってはそれが愛情だったり私へのイジり方なんだなって理解はありますけど、いまだに傷つくことはあります。芸人さんうまいから、どっちだかわかんないじゃないですか。ホントに言ってる人もいませんか？

——終わったあとの会話でわかりますよね。

手島　それがないとき。スタジオでバーッと言われて、「お疲れっした！」って帰っちゃう感じの人だと、「え、どっちなんだ……」って。終わったあと楽屋に挨拶しに行くともう帰っちゃってたりすると、ずっとモヤモヤしてます。「うわ嫌いなんだ！」って。

——よくこのメンタルの人がデリヘルコントやれてますよね。

手島　ホントですよね。頭おかしいんだと思うんですよ、私。パッパラパー。パッパラパーじゃないとできないですよ、この世界。

——必要とされたくて愛されたい人だから、手応えがあったらそれでうれしい、と。

手島　そう。みんなが喜んでくれて、それで何か出られるんだったら一生懸命やりますよっていうことだから、デリヘルのコントも笑ってくれるならやります。笑ってくれるってうれしいじゃないですか。バカにされる笑いもありますけど、それでも注目してくれてるんだったら、それもありなのかなって思う。

——頑張ってることは伝わりましたよ。

手島　頑張ってないんですよ、ダメなんですよ！　もっとやらないといけないんですけど、何やっていいかわからないから助けて！

——助けて！

手島　もう自分のなかで出し切っちゃってて。手島優というものをこれからどうしていっていいのか、ちょっとわからないんです。

——もうやれることはやった。

手島　やれることはやった！　だからどう応えていいかわからないし、何を発信していいかわからないし。暇だったのが急にいまバタバタッとしだして、もっとわけわかんなくなっちゃって。心と体がついていかない。

——とりあえず暇な時期はちょっと抜けつつある感じなんですか？

手島　そうですね、6月はありがたいことに働いてますけど、5月まではヘドロのように生きてたから。だから急に切り替わってわかんないんですよ。

――急に音楽的にも評価され。

手島　音楽のことかって思うじゃないですか。新曲っていってても6年ぶりですよ。しかもレコーディングしたのは1年前だし、ちょっと忘れてたこととかいっぱいあるんですよ。それを叩き起こして、あのときなんて言われてたっけなとか、歌詞をもう1回見直したりして、いろいろ焦ってます。いま逃したらもう絶対に手島優がなくなるから、日々うなされてる感じになって、「頑張るぞ！　いま抜ければ私はもう1回テレビに出られるかもしれない！」みたいな、天使と悪魔がいるんですよ。「このままずっと寝てるのも楽だぞ」「いや、ダメよ頑張らなきゃ」みたいな。そういう夢を見ますね。たぶん楽しいんでしょうね。忙しくなることはうれしいんですけど、プライドがあるせいか、暇だった自分を認められたのもつい最近だし。

――暇なのをテレビでネタにもできて。

手島　相当強くなったのかなって思います。だって恥ずかしいじゃないですか。あと暇って言うことによって疑われることもいっぱいあるんですよ、「じゃあ家賃はどうしてんの？」とか。ちゃんと貯金してるわって思うじゃないですか。そんな豪邸に住んでるわけじゃないし、「ご飯どうしてんの？」とか言われるけど、チョコチョコはやってるからそこまで貧乏ではないし。でも、そういう目で見られるんだと思って。

――「テレビに出ているのも大物芸能人の愛人だからだ」って噂が流れたらしいですね。

手島　昔ですよね、めっちゃ困りますよ。そのとき若手の人がぜんぜん話しかけてくれなかったですもん。「本人の耳に入るぞ」っていう。でも面識はかろうじてあるけどプライベートでつき合いのある方じゃなかったから。イメージって怖いって思いますよね。

――「仕事がなくてもやっていけるのは誰かが面倒見てるからなんだ」みたいな。

手島　そうそう。みんな貯金してないのかなって思いますよね、わりとしてるよって。

――お酒を覚えてからは別ですけど、基本そんなにお金を遣う人じゃなさそうですもんね。

手島　買うときは買いますけど、毎日イェーイ！　みたいなことはないんで。自炊もふつうに何週間とかしてたら節約できるし。あと貧乏時代が長かったので、もう1回貧乏を味わったり親に迷惑かけるのはしたくないし、そう思うと堅実になりますよね。

――生活のレベルをヘタに上げないでなんとかやっていこうっていう。

手島　1回、生活レベル上げたことあったんですよ、調子に乗ってるとき。それでバカを見たんで、あんな人になってはいけないと思って、いまはちゃんとしてます。もうあのときに戻りたくもないし。

――そういう時期もあったんですね。

手島　ありました、1年ぐらい。だって誰もがスリスリって感じでしたもん。だからみんなが私のこと好きなのかなって勘違いするじゃないですか。

――愛されたい人からしてみれば。

手島　そう！　みんながやっと愛してくれた！　みたいな。

――それはいつぐらいだったんですか？

手島　30歳から31歳の1年間ぐらいが一番調子に乗ってました。

――グラビアで一番仕事があった頃。

手島 バラエティもブワーッと、テレビを点ければ自分が出てるみたいな時代で、コンビニ行けば雑誌の表紙が私とか。そりゃ調子に乗りますよね（笑）。

――でも、1年ぐらいで気づいて。

手島 ダサいですよね、ホントにダメだ……あのときの私、タイムマシンがあったら往復ビンタですね。それを経て、いろいろありますけど。

――ちゃんとした人なのはわかりましたよ。

手島 ホントですか？ ちゃんとしてるのかわからないけど。人はちゃんとしないとダメですよ、いまの時代は特に。いろいろ噂が回っちゃいますから。

――家の教育がちゃんとしてたのと、幼少期のトラウマが混ざってこういう人ができたんだなっていうのはよくわかりました。

手島 ハハハハハハ！ どうしたらいいんだろう、助けてー!!

手島優はこれからどうしたら売れるんでしょうか。

――こんなにインタビューで「助けて」って言われることもないですからね（笑）。

手島 どうしよう？ みんな目標に向かって頑張ってるんでしょうけど。キラキラ女子と並んだら無理だもん！

――この年齢のグラビアアイドルって結婚以外の夢を見つけづらいんだと思うんですよ。

手島 それはなんなんですかね？

――なんなんですかね、ボクもすごく嫌です。正直つまんないなーと思ってます。

手島 ね、そんなにみんな結婚したい？ とは思っちゃう。結婚は素敵なものだと思うし、私もそのうちするでしょう。でも、みんなが言ってるみたいに「婚活で焦ってる」とか、「この年齢だからしなきゃ」みたいにはまったく思わないですけど。だから、みんなちゃんと女子なんでしょうね。事務所からしたら親の目線なんで、「結婚してね」って思ってるでしょうし、応えてあげたいですけど。だからタイミングですね。急にします。山ちゃんみたいに急にするかもしれない。

――結婚で勝ち負けつくのは嫌ですよね。

手島 うん、結婚する人めっちゃ私のこと下に見てくるんですよ！ 子供産んだ子からしたら、私なんて底辺みたいな目で見てきますよ、「え、子供作んないのー?」みたいな。

――もうちょっとあがいてほしいですね。

手島 え、私？

――ええ、できればこのまま（笑）。

手島 とにかくいまは芸能界でなんとかしないと。まだ納得いく自分になれてないし、いまのままだと何も成長しないまま、3歳ぐらいのときから変わってない私だから、全部がダメになっちゃうと思うんで。1個ずつちゃんとしてから次を考えて頑張る！

――頑張ってください！

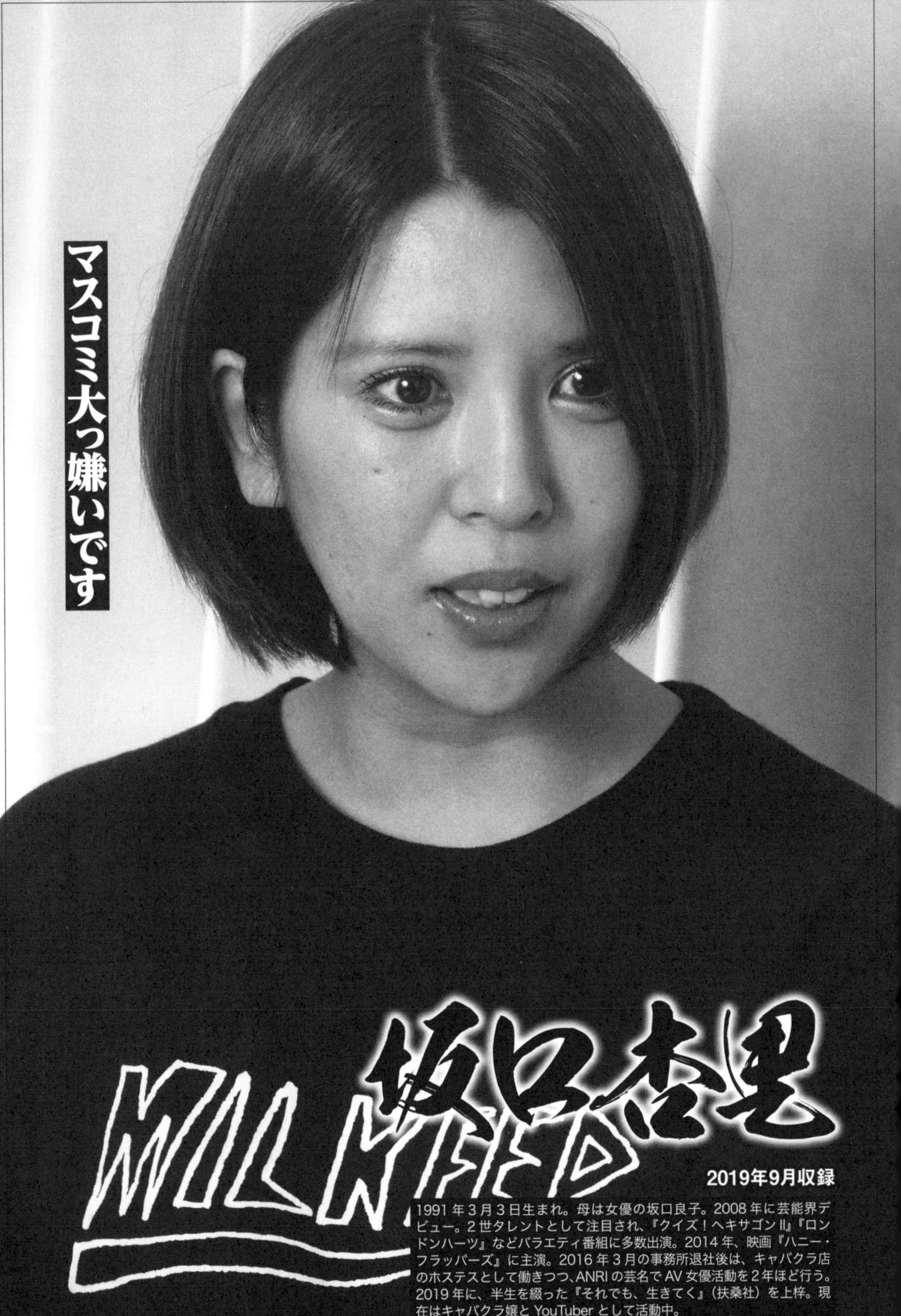

マスコミ大っ嫌いです

坂口杏里

2019年9月収録

1991年3月3日生まれ。母は女優の坂口良子。2008年に芸能界デビュー。2世タレントとして注目され、『クイズ！ヘキサゴンII』『ロンドンハーツ』などバラエティ番組に多数出演。2014年、映画『ハニー・フラッパーズ』に主演。2016年3月の事務所退社後は、キャバクラ店のホステスとして働きつつ、ANRIの芸名でAV女優活動を2年ほど行う。2019年に、半生を綴った『それでも、生きてく』（扶桑社）を上梓。現在はキャバクラ嬢とYouTuberとして活動中。

坂口良子との思い出

――ボクたちは杉作J太郎さんの仲間です。

坂口 あ、J太郎さんが言ってました！

――言ってました？　ボクは杉作さんと15年ぐらい2人で一緒にイベントやってて、この編集もカメラマンもみんな杉作一派なんですよ。

坂口 すごーい！　J太郎さんけっこう変わってますよね。なんかギャグセンがおもしろい。会場のみなさん笑ってました（笑）。

――坂口さんは唐突に杉作さんとのイベントが組まれ、よくわからないまま会場に行ったと思うんですよ。

坂口 よくわかんないまま行きました。

――杉作さんはひたすらお母さんの坂口良子さんの素晴しさを語る感じだったんですか？

坂口 そう思って行ったら、お母さんのネタがあんまり出てこなくて。ただひたすらにJ太郎さんが自分の話をすごいしてました。

――フジのドキュメンタリー番組『ザ・ノンフィクション』の『ワケあって…坂口杏里』でも、イベントの模様が「最後に救世主が現れた」的なポジションで使われてましたね。

坂口 はい。すごくありがたいお仕事で。

――杉作さんはマスコミ報道にすごい批判的な人で、それで坂口さんがかわいそうだってことでのイベント開催だったんですよね。

坂口 それはおっしゃってくれてました。

――それはボクも思ってて。最近の坂口さん逮捕をきっかけとする一連の報道もそうですけど、そこまですることじゃないよなって。

坂口 ……正直、私も思います。

――思いますよね。前のニュースも今回のニュースも、事件かもしれないけどテレビや週刊誌があんなに一斉に報道するレベルのことではないはずで。普通の人なら報道されてない男女トラブルが、有名人だから騒がれて。

坂口 事実とは違うことも書かれてたり、今回逮捕されたのが2回目で、前回と相手が同じだとか言われてて。違うのに。マスコミの人って適当なことを書いたり言ったりするんだなって今回の件であらためて思いました。

――それをYouTubeで否定してましたね。基本、そこに不信感があるじゃないですか。

坂口 あります。マスコミ大っ嫌いです。

――何がきっかけだったんですか？

坂口 1回目に捕まったとき、あることないこと書かれたり言われたりしてトラウマになってしまって。で、今回また……。テレビとか点けないようにしてて、ネットも極力見ないようにしてたんですけど、テレビを点けたら自分が出てるとか、携帯を開いたらLINEニュースに出てたりするんで、やっぱり見ちゃうんですよ。で、見たらぜんぜん違うこと書いてあるじゃんと思って。マスコミってやっぱりこうなんだなって。私の意見は何も取り上げてくれないじゃんって。J太郎さんがおっしゃってたことにホントに同感で、私の意見は何もないんだな、みたいな。

――子供の頃から甘やかされてきた的な報道に対しても「違

坂口良子
『前略おふくろ様』『池中玄太80キロ』などで有名な女優。86年に不動産会社社長の田山恒彦と結婚。長男と坂口杏里をもうける。その後離婚し、前夫の借金40億円を背負うも10年で完済。12年にプロゴルファーの尾崎健夫と入籍。13年3月27日に大腸がんによる肺炎のため、死去。

前のニュース
17年4月18日、知人男性から現金3万円を脅しとろうとしたとして恐喝未遂容疑で逮捕。その後不起訴処分に。

今回のニュース
19年8月28日、27日午前に知人男性の自宅マンション内に侵入したとして逮捕。男性と一緒にタクシーに乗った坂口杏里が、帰宅する男性を追いかけマンション内に侵入したという。

う」って言ってましたよね。

坂口 ぜんぜん違います。

――実際、調べれば調べるほど、子供の頃は相当たいへんだったはずなんですよね。

坂口 逆にそうですね。

――ご両親が離婚されてからは特に。お母さんが相当な借金を背負って働いてきたので。

坂口 そうですね、実のお父さんが作った40億の借金を10年ぐらいで返したのかな？

――実のお父さんの記憶ってあります？

坂口 なんとなく記憶としてはありますね。ただ、離婚してからのことはまったくわからなくて。まだ幼少期だったので。ただ幼稚園に迎えに来てくれたり、そういう記憶はあるんですよ。公園で一緒に遊んでくれたとか。

――ちゃんといい思い出として残っている。

坂口 いい思い出はすごく残ってるんです。悪い思い出は残ってないんですよ。なぜかというと悪いところを私に見せなかったから。

――家ではちゃんとした父親で。ちょっと調べると実のお父さんは「地上げの神様」みたいなことしか出てこないわけなんですけど。

坂口 もう亡くなったんですけどね。

――最後に再会はしたんですよね。

坂口 そうなんです。亡くなる前に私ひとりで病院に行きまして、「生んでくれてありがとう」とだけ言って帰りました……。ウチの母もそうだったんですけど、治る治るって言われてて……。私はそのとき大阪で収録だったんです。その帰りの新幹線の切符を買ってるときにお兄ちゃんから電話がかかってきて、「もうママが危ないからすぐ戻って」って言われて。「え、どういうこと？　治るって言ってたじゃん」って。4年間ずっと義理の父（尾崎健夫）に隠されて、「治るよ治るよ」って言われてて、でもじつはもう末期で助からないっていうことが義理のお父さんにはわかってました。それは私とかお兄ちゃんとか周りには一切言わないで、義理のお父さん……っていってももう戸籍は外れてるんですけど、ひとりだけ知ってたことで。だから帰りの新幹線でわけがわからなくて、泣きながら品川駅に着いて、車に乗って病院に向かったらもう酸素マスクしていて。

――もう会話ができる状態じゃなかった。

坂口 ホワイトボードで会話して。耳は聞こえるんです。で、義理のお父さんって言っていいのかわからないですけど、「え、なんなのこれ？」って怒鳴りつけてしまいまして。

――蹴飛ばしたという記事もありました。

坂口 ありました。あのとき、ちゃぶ台返ししたり、這いつくばって「なんでなんでなんで？」って泣きながら言ったり、「死ぬ順番が違うよ」とかハッキリ言いました。

――事前にちゃんと言われて、心の整理ができる時間があればまだいいですけどね。

坂口 そうなんですよ。結局その1時間後にまた収録が入ってたんで、行かなきゃいけなくて。そしたら謎に収録中に鼻血が出たり。

――体に限界が。

坂口 限界が来たんだと思うし、わけがわからない、精神状態が不安定だったんですね。

――その状態の収録で、いわゆるおバカキャラをやらなきゃ

尾崎健夫
ゴルファー。ジャンボ尾崎の弟。ドライバーショットがジェット機のように強烈なことから、"ジェット尾崎"と呼ばれている。98年に坂口良子と知り合い、長年の事実婚の後に入籍。披露宴は尾崎の故郷、徳島県海部郡海陽町宍喰のホテルで行われた。

MILKFED
烏龍茶

いけないわけですよね……。

坂口 やってましたね。たいへんでした。

――その結果、義理のお父さんとの間に溝ができちゃったみたいな話は本当なんですか？

坂口 そうですね。義理のお父さんが言うには、「杏里ちゃんに言ったら仕事に行かなくなっちゃうんじゃないか」みたいな。でも、私が覚悟したうえで仕事に行ったり、心の整理もできたわけじゃないですか。それもできずにいきなり呼ばれて、ちょっとわけがわからなくて、ホントに蹴り飛ばしたりして。

――そのとき言わなかったのは、お母さんの希望だったみたいな報道もありましたけど。

坂口 いや、お母さんも自分が亡くなるってことはわかってなかったです。なので遺書も何も書かずに、最後に私が3日間ぐらいお休みいただいて、24時間ずっとママの横で手を握ってたんですけど、私は寝られない状態だったので、そのときに心電図が朝方ピーッて横になったとき、もうダメだと思って。「起きて起きて！」って言ったんですけどやっぱりダメで、すぐお兄ちゃんに電話して。

――亡くなる2週間ぐらい前、お母さんが車椅子でCMの更新に行ったみたいな報道があったじゃないですか。娘が困らないようにとりあえずCMの契約だけは……っていう。

坂口 ああ、行ってくれたみたいですね。「私がいなくても続けさせてあげてください」ってそのとき言ってくれたみたいで。

――お母さんとの信頼関係がすごくあるのは伝わるんですけど、そこもまた誤解されてる部分もあるじゃないですか。親子ゲンカが激しかったゆえに。頭から柔軟剤かけられた話が最近ネットニュースになってましたけど。

坂口 フフフ、激しかったですよ。もうバトルでした。甘やかされてきたんじゃないかって世間のイメージがあるんですけど、ぜんぜんそうじゃなくて。0点とか5点とかのテストを机の引き出しに全部隠してたら先生がお母さんに電話して、「これはちょっと……」みたいな感じで言ったらお母さんが大激怒して、「なんで隠してるの！」って頭を引きずり回されて、「もっと頭柔らかくしなさい！」って言って柔軟剤を頭にバーッてかけられて。それくらいホントに厳しい家庭でした。

――頭を柔らかくするためには柔軟剤！　ふつうに殴られたりもしてたみたいですよね。

坂口 ぜんぜんありますよ。二世タレントでもさまざまなジャンルがいて、ホントに甘やかされて育ってきた方もいれば。

――小遣い100万円みたいな人もいて。

坂口 そういう方もいれば、ウチみたいにお小遣いも何ももらってない人もいて。ただブレイクしてないときに自前衣装だったので、そのときに一緒にお買い物に行くぐらいで。あとは家族で焼肉に行くぐらいだったので。

――基本、おばあちゃんに育てられてきて。

坂口 そうですね、幼少期は。小学校半ばぐらいまではそうですね。おばあちゃんもすごく厳しくて、勉強勉強勉強で。学校から帰ってきたらずっと「勉強しなさい勉強しなさい」で、もうつらいな、ママ助けてって思ったんですけどママは仕事に行ってるし。

――当時は借金返済で忙しいとかの事情もわからなくて。

坂口 わかんなかったですよね。でも、お母さんはひたすら働いてっていう状態だったのでたいへんだったんだなって。いま20代にしてわかることがすごく増えていって、特に亡くなってから、こうだったんだってことがホントにわかるようになった感じですね。

――こうしてお金の重みがわかるようになると、とんでもない金額だったことがわかる。

坂口 ホントすごい頑張ってたんだなって。

デリヘルで借金返済

――おバカキャラのわりに、じつはある時期までちゃんと勉強できたって報道もありましたけど、本当ですか？

坂口 勉強はできなかったです、いくらおばあちゃんとかお母さんに勉強勉強って言われても、じつは……。やる気がなかったんでしょうね。覚えようとしなかった、嫌だから。

――当時はモーニング娘。に入りたかった時期ですかね。後藤真希にあこがれてた時期。

坂口 そうですね、モーニング娘。がきっかけで。ただ、芸能界にも興味なかったんですよ。なんとなく興味を持ち始めて、ママにちょっと相談してっていう感じで昔の事務所に入らせてもらって。事務所に入ったらモーニング娘。にも入れると思ってたから。

――ぜんぜん違う事務所じゃないですか！

坂口 そうなんですよ、ぜんぜん違くて。ホントにわかってなくて。無知でした（笑）。

――アップフロントじゃない事務所に入って、これからどうしようってなりますよね。

坂口 そうです。たいへんでした。デビューして、小倉優子さんとかがいたところなんで、グラビア中心で、いきなり「じゃあこの水着で撮影会してきて」とか、そういう感じだったので。「……え、水着？」みたいな。

――どういう事務所かもわかってなかった。

坂口 わかってなかった。とりあえず小倉優子さん、眞鍋かをりさん、山川恵里佳さん、藤崎奈々子さんがいるっていうだけです。みんなこういう経験をしてきたんだなって。

――いろいろあった事務所ですよね。そこでグラビア仕事が始まって、明石家さんまさんきっかけでバラエティでブレイクして。

坂口 そうです、さんまさんきっかけで。あれも右も左もわからず、何言おうってなったとき、さんまさんに何か振られたんでしょうね、「私、オール1だったんでわからないです」って言ったら、「えっ、ほんまに？」みたいな感じでうまくイジッてくれて、『さんま御殿』によく出させていただきました。

――本当に勉強苦手だったのが、芸能界ではちゃんとプラスになるんだなっていう。

坂口 そうです！ そうなんですよ。おバカキャラができた当時だったので、そこに乗っかれたと思ってそれはうれしかったですね。

――ただ、おバカキャラは本物のバカにはできないみたいな思いもあったと思うんです。

坂口 作ってましたね。いまはこういうふうに素でなんでも包み隠さず話してますけど、当時はどこかしら作らなきゃいけないっていうのもあって、わかるものも「わかんないです」とか、おもしろい回答をしてみようとか、そういうことばっかり考えてましたね。……難しいですよね、芸能界って（笑）。

――あの時点ではいわゆる成功の枠に入っていい位置にはい

たと思うんですよ。

坂口 自分でも当時は思いました。

――あのときお母さんが亡くならなければ、あのままいけてた可能性はあるんですかね？

坂口 そうですね、あのときからお母さんがいてもひとりで番組に出ることも多かったので。お母さんが亡くなっていろいろありまして、ちょっとグレてしまったというか……。

――精神的なダメージは相当大きいし、義理のお父さんともギクシャクするしで……。

坂口 そうですね、やっぱり寂しい気持ちがすごく強くて、つい飲み歩いたりしちゃってて……。でも、今回の件でいまは検事さんとか弁護士さんとも約束してるので。

――事件化するとあんまり詳細は言えないのはわかってるので、ふわっとで大丈夫です。

坂口 詳細は言えないんですけど、今回の件で男性恐怖症になってしまったり、もう飲み歩きたくないとか、歌舞伎町に行きたくないとか。何かしらで行く機会はきっとあるんですけど、ふつうにプライベートで飲みに行くとか自分発信ではもう。前はひとりでも行ってたんで、そういうのはもうないですね。

――もともと行き始めたきっかけは、初主演した映画『ハニー・フラッパーズ』がキャバクラの世界の映画だったからなんですか？

坂口 いや、関係なく。あるホストクラブのグループ内で誰が一番かっていうのを決める大会の審査員をやったときに、「うわ、この人すごいカッコいいじゃん！」って思って。

――それは前の事務所関係で受けた仕事で。

坂口 そうです。サクラなんじゃないかなって思ったぐらいホントにホストっぽくないルックスで、パフォーマンスも完璧で、「いやじつは俳優なんじゃない？」って思ったんですけど。その後、何回かそのコンテストの審査員をやらせてもらって。当時は偏見もあって、点数をつけるのもみんな0点にしたり、パフォーマンスもどこがよかったか書くんですけど、「特になし」とか書いてたんです。でも、その方だけは100点満点で、「完璧すぎて言うことがありません」みたいに書いて。何回か審査員で出たので、そのグループの事務の方と仲良くなって。当時は通ってなかったんですけど、その彼に夢中になって。

――それがちょうど寂しい時期と重なって。

坂口 そうですね、重なってしまって。

――調べると、その時期に映画の主演をするために急激なダイエットをして、激痩せしたらネットで叩かれたりとか、いろんなものが重なってるんだろうなとは思ったんですよ。

坂口 ……そうですね。あのときは、何をするにしても私って叩かれる星の下に生まれてきたのかなって思っちゃいましたけど。

――そういうときに逃げ場ができて。ご本人は否定されてましたけど、お母さんの遺産を全部ホストで溶かしたみたいな報道も……。

坂口 ぜんぜんそんなことないです！ ホストクラブとか飲み屋でも遣ってたことは事実ですけど、ただ自分が欲しいものを買ったり。すべてを飲み屋に遣ったとかもなく、しかも財産っていっても世間は何億とか何千万とかそういう感じで言ってますけど、数百万程度で。たとえばエルメスの鞄、バーキンとかっていくらぐらいするんですかね？

――ボクらに聞くだけ無駄ですね（笑）。

【ハニー・フラッパーズ】
笹木恵水監督による14年9月公開の映画。坂口杏里の映画初主演作。坂口の他に、川村ゆきえ、森下悠里、岸明日香、杏さゆりなどが出演。キャバクラの世界に足を踏み入れた女子大生の目を通して、夜の世界の頂点を目指す女たちの姿を赤裸々に描く。

坂口 １００万とか？　だからバーキン2個ぶんとかの金額ですね、遺産は。

――数千万ぐらいに報道されてましたね。

坂口 それもどこから出てきたのか……。

――そのときの心境はどうだったんですか？

坂口 うーん……マスコミはそういうことを書くんだなって、あらためて思いました。

――ネタ元どこなんだろうとか、それで人間不信になりますよね。大好きなお母さんが亡くなって、義理のお父さんともギクシャクして、ネットで叩かれ、そういう報道も出て、さらに周りの人間も信用できなくなって。

坂口 信用できなくなりましたね。大人って結局は裏切るんだとか、「仲間だよ」とか言っても結局は仲間じゃないじゃんとかいっぱいあったんで。大人の裏事情とか、「何かあったら守ってあげるからね」とか言いつつも去って行ったり。口だけだったんだなとか。

――それで傷ついた人がホストに行っちゃうのってわかるけど、それはそれで「落ち着いてください！」なんですよ。「そこも決して助けてはくれないですよ！」っていう。

坂口 フフフフ、そうですよね。いまはちゃんと「ホストクラブでお金を遣ったらダメだよ」って言ってくれる大人の方も周りに。

――最近はちゃんとした大人も周りにいる？

坂口 はい。ちゃんと見て話して、何回かお会いして、この方だったら信用できるっていう選別をいまはちゃんとしているので。

――坂口さんが、その選別ができる人なのかどうかがまず心配なんですけどね。

坂口 意外とそこらへんはしっかりしてて。

――大丈夫かなー。恋愛でも悪い男を引いちゃうタイプだろうなって思っているので。

坂口 それはあったんで。すごい結婚願望が強かったんですよ。26歳には子供ふたりいる予定を立ててたんですけど、芸能界にずっといるっていうのと、今回の件で男性恐怖症になったっていうのもありまして、結婚願望はなくなってしまいました、寂しいことに。いい方が現われればっていう感じですね。

――とりあえず、ホスト通いで多額の借金を作ったっていう報道は事実なんですか？

坂口 事実です。それは全部返済しました。

――あ、そうなんですか？

坂口 はい、１３００万円。

――寂しかった数年間で一気に遣って。

坂口 そうですね。

――寂しさの解消方法がほかになかったのが全ての問題だったんでしょうね。

坂口 そうですね。やっぱり、あのとき仕事だけで寂しさを埋めるのは無理でした……。

――役割のせいもあるでしょうね、しんどいときにバカをやり切るのはつらいと思うし。

坂口 そうですね。亡くなってお通夜とかお葬式とかしたあとにちょっとお休み期間がほしいじゃないですか、精神的に落ち着きたいとか。でも「この番組は絶対に出て！」とか、「これは絶対やってね」とか言われたんで、そういう事務所なんだと思って。

――その頃から事務所とも溝ができて。

坂口 溝っていうか不信感は湧きましたね。

――それで芸能界への興味も失っていった？

坂口 そうですね、失ってしまって。特に何が一番って、しんどい時期におバカキャラをずっとやってる自分に疲れちゃって。

――確実に病みますよね、それ……。

坂口 そうですね、これ以上病ませたいのか、みたいな。それで辞めてちょっとニートをやって。キャバクラで働いたり、六本木のラウンジで働いたり、そういうことをして。

――そのぐらいでホストの借金で困ってそうだ、みたいな空気が広まり、ＡＶや風俗へ。

坂口 そうですね。

――その選択自体に後悔はないですか？

坂口 人生において後悔したくないんですよ。あのときは１３００万円の借金がありました、でも返済できたから、これも人生経験だと思って私はすべてやってきました。

――あのときのお金のこともいろいろ報道されてたじゃないですか。坂口さんに２０００万、３０００万入ってるはず、みたいな。

坂口 ＡＶでですよね、そうです。

――それが借金返済に遣われた？

坂口 いや、それは遊びと買い物とかに。

――後先考えないタイプですね！

坂口 そうです。デリヘルで稼ぎましたね。

――借金返済はそっちなんですか。

坂口 はい、１３００万円はデリヘルで。

――そのときＡＶに行った時点では、どういう人生設計のつもりだったんですか？

坂口 キャバクラ、ラウンジでバイトして、すべてにおいて1位を獲って、次なんかないかなって思ったときにお金になるのってデリヘルぐらいかなと思って。

――芸能活動を経てその発想になる人、あんまりいないと思うんですけどね（笑）。

坂口 で、お友達からスカウトさんを紹介してもらって。そのスカウトさんからデリヘルの会社を紹介してもらって面接を受けて。たまたまそこにＡＶ会社の社長さんがいるよって言われて、冗談半分で「じゃあ私、ＡＶに出たらいくらもらえるんですか？」って聞いたらＭＵＴＥＫＩさんにすぐ電話して金額を聞いて、ちょっとビックリして。「いったん持ち帰らせてもらっていいですか？」って。

――誰かに相談したんですか？

坂口 いや、誰にも相談しないで自分で決めました。仕事仕事だったんで、遊んでやろうと思って、稼いだお金をパーッと遣っちゃったり、ブランド品を買ってしまったり。

――そこでパーッと遣ったことの後悔もない。

坂口 ……後悔したくないタイプなんで。

――そのストレスをなくせたのであれば。

坂口 そうですね。

――正直、相当思い切ったなと思いました。

坂口 私の人生ってホントに破天荒で、もともと芸能人からキャバクラ、ラウンジ、ＡＶ、デリヘル、コンプリートしてるわけじゃないですか。でもそこにおいて後悔というものは生まれないですね。私は死ぬまですべてが経験だと思ってて。今日の対談もそうですけど生きてるなかでの経験だと思ってます。

MILKFED

MILKFED

――こういうことがあると、「お母さんがどう思うのか」とか言われるじゃないですか。

坂口　よく言われます。

――それへの反発みたいなものも感じます？

坂口　うーん……その相手によりますね。相手が噛みついた言い方とか常識のない言い方だったら私も「答えません！」みたいな。白黒ハッキリしてる性格なんで、「じゃあ答えないです」とか言っちゃうタイプなんで。

男運が悪すぎる

――寂しいときにホストにハマって、それで寂しさは解消されていたんですか？

坂口　そのときはしてましたね。でもいま新しくＹｏｕＴｕｂｅｒとしてやっていったり、こういうふうにフリーでお仕事していくなかで、それもまた経験かなと思います。

――前ほど寂しい感情はなくなってます？

坂口　ないです。

――信用できる大人が周りにできたことで、そこまでの寂しさは感じなくなった。

坂口　信用できる方を裏切りたくないっていう気持ちプラス、今回の件で男性恐怖症になってしまったことで寂しさはないですね。

――ふたつの事件はホスト通いが生んだトラブルなわけじゃないですか。それは確かに、これやってちゃダメだってなりますよね。

坂口　そうですね。

――最近は地道な活動をちゃんとするようになってきてるなっていうイメージです。

坂口　そうですね、ＳＮＳで自分のＧｍａｉｌの宛先を書いて、こういうお仕事の依頼も来てとてもありがたいんですけど。

――こんなに単価の安い仕事で（笑）。

坂口　とんでもないです！

――下北沢ろくでもない夜とか、そういうイベントも出るんだ！って思ってましたよ。

坂口　ホントになんでもやるスタンスで、ＤＪも今度やるんですよ。これからはオールジャンルでやっていこうかなと思ってて。

――ＤＪではどんなものを流す予定ですか？

坂口　たぶんＥＤＭとかだと思います。

――そもそもＤＪはできるんですか？

坂口　いや、やり方簡単だよって言われたので、1日でなんとか。「ボタン押すだけだからできるよ」って言われて、本番の3日前に練習しに行きます。

――ストリップもドタキャンした的に報じられたことを思えば、かなり地道になって。

坂口　あれもドタキャンじゃないんですよ。やっぱりもう嘘は嫌なんで。「借金ありましたか？」って言われたら、昔の私だったら「ないです」って言ってるんですけど、正直になんでも話すことで相手の見方とか、相手はこう思ってるんだとか、そういうのも考えつつ正直に生きていこうと思って。だからいまの私が本当の私で、昔の私は作られた私。

――前は守らなきゃいけないものがあって、嘘をつかなきゃいけない部分もあった。

下北沢ろくでもない夜
下北沢にあるライブハウス＆バー。伝説のライブハウス・下北沢屋根裏の跡地に、元スタッフがオープンさせた。「下北沢ろくでもない夜」という店名は、キングコング西野が命名。坂口杏里はここで通常のトークライブの他に、バンドメンバーの公開募集などもしていた。

坂口　そうですね、事務所の方針だったり。

――最初の頃は借金ない設定でしたもんね。

坂口　はい。それを突き通してって感じで。

――その印象が強いから、また嘘ついてんじゃないかって思われるのかもしれないけど。

坂口　それもあると思うんですけど、心苦しいですけど嘘をつかなきゃいけない時期もありましたし。でも、いまは私個人でやってるので、嘘をつくことも隠すことも何もないので。まあ住所は教えられませんが……。

――そこは聞き出そうとしてないですよ！

坂口　そのくらいですよ、ホントに。

――守るものは。

坂口　そうです。ＹｏｕＴｕｂｅｒとしてもこれから活躍していきたいし、2回逮捕されても応援してくれてる方もいるので、その方をまた裏切ることはもうしたくないので。

――応援というか心配してる人は多いと思いますよ。「大丈夫なのかな？」っていう。

坂口　そうですね。

――それはボクもそうですし。浅草キッドさんも「バラエティで共演したときから心配になる部分があった」と言ってたんですよね。

坂口　ハハハハハハ！　今回の騒動でラジオとかＹｏｕＴｕｂｅとかで、「共演したことあるけど、あの子はいい子すぎて何がよくて何がダメなのかわからない子なんだと思う」みたいなことをおっしゃってる人がいたり、今回の件で捕まったことに対して、私はもちろん反省はしてます。一般の方にご迷惑おかけしたっていうことはもちろんあるんですけど、じゃあ何をしたら犯罪で何をしたら犯罪じゃないのかっていうのがぜんぜんわからなくて。もちろん人を刺したり薬系をやったりすることは犯罪ですけど、じゃあ黄色の信号を渡ることって犯罪なのかなとまで思っちゃったんですよ、今回の騒動で。とにかく自分の私生活から何から何まで……何もないときは家にいたりコンビニ行ったり幼なじみとランチしたり、そういうことだけをして、それ以外は仕事に専念していきたいと思ってます。

――男女間のことはうまくいってるときはある程度のことをしても問題にならないけど、そうじゃなくなった瞬間にすべてが問題になっちゃうんだろうなって正直思いました。

坂口　そうなんです、面倒くさいんですよ。だからもう男の人なんてもういいや、って。

――基本、男運は悪かったんですか？

坂口　悪いですね。

――信用できる男性はあまり。

坂口　そうですね、あんまり。

――『ザ・ノンフィクション』でも自殺未遂の話があったから、いまは相当病んでるんじゃないかって心配はしてたんですよ。

坂口　でも、もう吹っ切れました。いまは吹っ切れて、ちゃんとお仕事して収入を得て、一段と自分磨きもしてっていう感じですね。

――立ち直ってくれればそれでいいです。

坂口　立ち直ってはいるんですけど、心の中では寂しい部分もあるので、毎日毎日ＹｏｕＴｕｂｅの撮影とかをして会社の誰かに会うとかが私の心の支えでもありますし。

――いま周りで支えてくれてる人っていうのはＡＶ関係とか

風俗関係ではないんですね。

坂口 違います、ふつうの人たちです。

――だったら大丈夫そうですね。

坂口 はい。

ごっしー バンドはもうやらないんですか？

坂口 バンドはいまお休みしてYouTuberに専念して、登録者が増えたらメンバーも含め出していこうかなって思ってます。

――いま地上波のテレビが厳しくなってるから、事件を起こした人をどれくらい使えるのかっていう問題があるわけですよね。

坂口 スポンサーの関係もあると思うので。

――ネットなら大丈夫で。復帰っていうのは昔みたいにバラエティとか出られるくらいまで戻りたいっていう感じなんですか？

坂口 いずれはでいいんです、ホントにゆっくり一歩一歩進んでいけばいいと思ってるので。いま急に焦ってまた転んで失敗してってなるのも、やっぱり焦りすぎってすごくよくなくて。一歩一歩、地に足着けて一生懸命やっていって、そのなかで誰かが「またこの子を使いたい」って思ったときにはもちろん出ますけど、それ以外では。いまはゆっくりやればいいかなって、まだ20代だし。

――じゃあツイッターでケガした画像のアップとかは当分はなさそうな感じですね（笑）。

坂口 フフフフ、弁護士さんとか検事さんにも言われてるんで（笑）。今後は、もうそういうことはしないつもりですけど。

――ボクもあのツイートを拡散した側ではあるので。でも、大丈夫そうでよかったです。

坂口 ありがとうございます。

――今日の取材は、周りの大人が大丈夫そうかどうかの確認みたいな感じですね。

坂口 パパみたいですね（笑）。意外と大丈夫です。会って話すと、「あ、こういう感じなんだ！　意外とサッパリしてるね」みたいに言われます、キャラを作らないときは。

――ちなみにフジテレビの『ザ・ノンフィクション』に関してはどういう感想ですか？

坂口 1年間の密着で、長かったような短かったようなって感じですね。いまでもその担当の方とのつながりもありますし、すごく信頼できる方なので連絡は取ってますね。

――とりあえず徐々に周りに信頼できる人が増えてきた状況なんですね。最後に、デリヘル経験で何か学んだことってあります？

坂口 お客さんですね。

――いろんな人と出会って。

坂口 すごいハッパ吸ってる人もいたし。すぐ逃げたんですけど。首絞められたり。

――うわーっ!!　それもまた男性不信になりそうな経験ですよね……。

坂口 でもお客さんとして見てたんで、まあいっかなと思って。これも経験だなって。

まさかここまで厳しい世界だとは……（ラーメン屋が）

川田利明

2019年10月収録

プロレスラー、ラーメン屋店主。栃木県出身。1963年12月8日生まれ。1982年に全日本プロレスに入団。三沢光晴、小橋建太、田上明とともに、四天王プロレスが繰り広げられた。2005年の無所属宣言後は、NOAHやハッスルのリングで活躍。現在は、世田谷通り沿いのラーメン屋・麺ジャラスKを営む。2019年に『開業から3年以内に8割が潰れるラーメン屋を失敗を重ねながら10年も続けてきたプロレスラーが伝える「してはいけない」逆説ビジネス学』（ワニブックス）を上梓。

ラーメン屋は儲からなかった

——川田さんの新刊『開業から3年以内に8割が潰れるラーメン屋を失敗を重ねながら10年も続けてきたプロレスラーが伝える「してはいけない」逆説ビジネス学』（ワニブックス）が、画期的すぎて面白かったです！

川田　ああ、こういう本は珍しいのかな？

——現在進行系で失敗を続けている有名人の本は、ちょっとないパターンだと思います。成城学園前で『麺ジャラスK』というラーメン屋を2010年に開店したものの、儲かってないみたいな噂は聞いてたんですけど、ネタだろうなと思ってる部分もあったんですよね。

川田　いや、ネタじゃないですね（笑）。

——ベンツ3台ぶん溶かしたみたいな。

川田　それどころじゃないですね。今回の本のタイトルだと、ラーメン屋は「開業から3年以内に8割が潰れる」ってことになってますけど、東京だとそれ以上だと思いますから、確率からいったら絶対やるべきじゃない。苦労するわりには上がりがないですし。

——読めば読むほど深刻さが伝わってきて。

川田　そうなんですよね。だから、いま脱サラを考えてる人が多いから、会社に守られてるのが一番だよっていうことを伝えたいんで。

——それは何度も書いてましたね。やっぱり全日本プロレス時代のほうが良かった、と。

川田　それが一番大きいですね。僕は全日本で守られてきたんで、それが馬場全日本（ジャイアント馬場が1972年に旗揚げしてから、1991年に亡くなるまで）じゃなくなった時点で未払いやらなんやら……。馬場全日本で守られてるときにはちゃんと厚生年金も納めてたんですけど、その後は半分どころか全額納めてたのにそれが払われてなくて。

——えぇっ!?

川田　そういうことも含めて、馬場全日本みたいな……いまの企業からしたらそこまで大きな会社ではなくても、大きいものに守られてるっていうことを若い人にわかってもらいたいなっていうのがあったんですよね……。

——会社にいれば不満も抱くだろうけど。

川田　そうです。だから反乱を起こして会社を辞めるんじゃなくて、会社のなかでクビにならない程度に反乱を起こしてたほうがよっぽどいいんですよ。俺はそれをやってきたんで。クビにならない程度の反乱を起こしてきて。

——ダハハハハ！　プロレスはそれが自由にできるジャンルだからいいですよね（笑）。昔の蝶野正洋さんなんか完全にそうだったじゃないですか。言いたいことは言いながらも、ちゃんと会社には守られるスタイルで。

川田　そうですね、彼も遅くまで会社に残ってましたよね。一般社会でもどうにかうまくクビにならない程度に……それは反乱を起こしたいんであればの話で、黙って会社に言われたことをやってるのが一番いいんだけど。

——ただ、馬場さん時代の全日本っていうのは、新日本と比べると金銭的には選手からの不満の声とか出てたわけじゃないですか。

川田　そうですね、それはあるかもしれないですけど、別の面

『開業から3年以内に8割が潰れるラーメン屋を失敗を重ねながら10年も続けてきたプロレスラーが伝える「してはいけない」逆説ビジネス学』

19年9月にワニブックスより発売された"ビジネス本"。リングから距離をおいたプロレスラー川田利明が、ラーメン店を開業し、悪戦苦闘しながら営業を続ける苦しさが綴られ、「この本を読んで"こんなに大変なら、やっぱりラーメン屋になるのはやめよう"と思ってくれる人がいてくれたほうが、俺はいいと実は思っている」と警鐘を鳴らしてくれる1冊。

でプロレスラーでありながら若いときからずっと厚生年金を納めてるっていうのはこういう社会ではないですから、それがあったし。新日本の選手に比べれば、もらってるお金は何分の一だったかもしれないけど、それでも別のところで守られてるところが馬場さんのときは大きかったんで。

――今回の本では、全日本のちゃんこ番についてのボヤキがおもしろかったです。ちゃんこ番の後の練習がキツかったけど、新日本ではちゃんこ番はその日の練習が休みとか。

川田 そうなんですよ。しかも、そのあとはちゃんとコックさんがいましたからね。そういうの考えるとぜんぜん差があるんですけど、若いうちの苦労としていま思えばやっててよかったなっていうところもあるし。

――料理の腕も磨かれるし。

川田 そうですね。ただ、この本にも書いてあるとおり、料理の腕とお店を経営することはまったく別のことなんで。世の中のほとんどの人がそれをわかってなくて、料理自慢の人はそういう気持ちになると思うんですよ。

――プロレスラーの方でも飲食店がうまくいってるのって相撲出身の方が多いですよね。

川田 そうですね、あとはプロレスラーがよくやるのは名前貸しなんですよ。お店に名前を貸してリスクなくお金が入ってくるとか、それのほうがよっぽどいいじゃないですか。

――武藤敬司さんはうまくやってますよね。

川田 ああいうの本人がやってるように見せてますけど、全部名前貸しじゃないですか。

――長州力さんもそうでしょうけど。

川田 1カ月ぐらいでなくなった麻布の店（『麻布武藤』）もあったじゃないですか。名前貸しということは、やってる店側は名前を借りるお金を払って、そのほかに店のためのいろんなものを払わなきゃいけないとなると、やっていけるわけがないんですよ。

――宣伝料としても高いってことですね。

川田 そうですね、高い。長州さんの店もなくなったんですよね。だからたいへんなものにプラス、名前のお金まで払わなきゃいけないとなったら絶対やっていけないと思う。

――そう思うと川田さんは10年に開業してから、ホントによく続いてますよね。

川田 始めちゃうと、昔からひとつのことにこだわっちゃうから。意地を張ってるよりも、ダメだったらすぐやめるのが鉄則なんですよ。

――ギャンブルと一緒ですよね。引き際が重要なのに、川田さんは意地で続けちゃって。

川田 ダラダラひとつのことにこだわって、馬場全日本もそうだったんですけど、ああいう状態にならなければ僕はずっといようと思ってたんで。（SWS旗揚げで）天龍（源一郎）さんたちが出て行って、（NOAH旗揚げで）三沢（光晴）さんたちが出て行って。三沢さんたちが出て行ったときに世間ではいろんな噂があるんですけど、ぜんぜん知られてない部分が裏ではいっぱいあって。僕はそれを表向きにはあんまり言ってないですけど、そういうのもあって。みんなが「なんであのときNOAHに行かなかったんだよ」って言うんですけど、それ以前にもしあのときNOAHに行くぐらいだったら俺は天龍さんが出て行ったときに一緒に出て行ってるの。昔からそれだけ同じところにこだわってたんで、これも始めちゃったからにはやめ

「麺ジャラスK」
小田急線・成城学園前駅から徒歩13分にある「麺とからあげ」のお店。川田利明が接客から調理までほとんどを取り仕切っている。店名の由来は川田の全日本プロレス時代の異名「デンジャラスK」より。

三沢（光晴）
足利工業大学附属高等学校でレスリングに明け暮れ、卒業後に全日本プロレスに入団。デビュー後はメキシコ遠征を経て、二代目タイガーマスクに抜擢される。90年には試合中に川田利明がマスクを脱がせて素顔の三沢光晴に戻り、ジャンボ鶴田やスタン・ハンセンとの抗争でトップに躍り出た。99年、ジャイアント馬場の死去を受けて、全日本プロレスの社長に就任。離脱後はプロレスリング・ノアを旗揚げし、社長兼エースとして活躍。09年6月、試合中の事故により亡くなった。享年46歳。

られなくなっちゃって。あとは、来てくれるお客さんとのふれあいみたいなのもありますよね。

――川田さん、プロレスでも効率の悪いハイリスクなことをやるタイプだったと思うんですけど、ビジネスでもそうなんだなって。

川田　そうですね（笑）。吉田（豪）さんのようにいろんなものを語って、自分で事業をやるんじゃない仕事みたいな、サラリーマンじゃないにしてもそういう仕事のほうがまだいいかなって自分でも思わないですか？

――わかります。ボク絶対に事業はやらないですもん。個人でフリーとしてやりたくて。

川田　悪い言葉になっちゃうかもしれないですけど、人のフンドシで相撲を取るような仕事のほうが絶対にいいと思うんですよ。

――そのとおりです！　特にボクの場合は『紙のプロレス』時代に上司だった山口日昇とかがハッスルとかの興行に手を出して多額の借金を背負ってるのを見ているんで、絶対に自分はやる側にはならないっていう。

川田　その人のおかげで僕は未払いが何千万もありますからね。それを3年半やってますから。ドリームステージ時代（03～07年）は違いますけど、代が変わってからですね。そこでも1個のことに入っちゃったらずっとこだわるんで、何もお金をもらってなくてもそこを追求したいタイプなんで、長々と。

――毎回撤退のタイミングが遅くなる。

川田　そうですね。本来なら馬場全日本というのが、馬場さんが試合に出られなくてもいいから馬場さんの体制であってほしかったなっていうのをずっと思ってて。自分でやってみると、どんなにたいへんかって。東スポの柴田（惣一）さんも会社を辞めたじゃないですか。あの人は要領がいいからいろいろやってますけど、それでも会社にいたほうが楽だったって聞きましたから、やっぱり大きいものに守られてるほうが絶対に楽なんですよ。

――当時の所属選手としては馬場さんに対する不満もあったでしょうけど、辞めてみるといろいろわかる部分があるんでしょうね。

川田　そうですね、辞めてみるとわかるし、辞めたらこうなるんだろうなっていうのがずっと自分の頭にあったから辞めなかったっていうのもあるんですよ。新日本は新日本でいいところがあるけど、全日本には全日本のいいところがあって。新日本からも移籍どうのこうのって言われたんですけど、それはこの店を始めたときでしたからね。始めちゃったらもうやめられないから。いろいろやってきて体はボロボロだったし、みんなが求める自分のプロレスをできなくなったので……エコなプロレスやっていれば長続きしたんでしょうけど。

――肉体的なダメージも少ないから。

川田　そこをボロボロになってやってるからみんな観てくれるんであって、そういうプロレスを盛り上がって観たほうがみんなが楽しくなるだろうなと思うから、自分ができなくなったときには退くんだろうなと思ってたし。あとは三沢さんのこと（09年6月13日、試合中に死去）が大きかったんで。15歳からずっと一緒にやってきて、全日本は出て行っちゃいましたけど、あの人も頑張ってるから俺も同じプロレス界で頑張っていかなきゃなっていう気持ちがあったんで。それがいなくなったのが一番大きかったですね。

山口日昇
91年に自費出版のような形で雑誌『紙のプロレス』を創刊。なにか問題が起こるたびに『紙のプロレスインターナショナル』『紙のプロレスRADICAL』『kamipro』と名前を変えつつ刊行を続けた。00年代前半の総合格闘技ブームに乗って雑誌が注目を集める傍ら、山口自身もPRIDEの運営会社DSEに深く関わるようになる。DSEが活動停止するとプロレス部門のハッスルを引き継ぎ、代表として運営を続けるが、巨額の負債を抱えることに。

ドリームステージ
ドリームステージエンターテイメント（略称DSE）。PRIDEを運営していたKRSが解散となったため、新たに立ち上げられた会社。PRIDEシリーズだけでなく、プロレス部門としてハッスルも運営していた。07年に解散。

柴田（惣一）
東京スポーツ新聞社で記者としてプロレス・格闘技を担当。第二運動

――三沢さんとの関係がまた特殊じゃないですか。あまり周りの人も理解できない世界というか、三沢さんの川田さんへの当たりの強さの異常さっていうのはリング上でもリング外でもすごいものがあったと思うんですよ。

川田 そうですね。1コ下ですけど若い頃からずっとそういうところがあったんで。それはリング上でもほかの人に対する感情と、あとで試合を観るとそこがぜんぜん違う。リング上で感情があれだけ表われるプロレスっていうのは自分でも珍しいなと思いますね。

――高校時代の関係が続いてるような。三沢さんに何度かインタビューしましたけど、まあ川田さんイジリが大好きなんですよね。

川田 それは三沢さんに限らず、たとえばグループの歌手とかお笑いの人とかいますけど、長い間いればいるほど相手の嫌なところが見えてくるんですよ。それはお互いに。

――お笑いのコンビとかよく言いますよね。

川田 コンビでも普段は一緒にいなくなるとか、そういうのってあるじゃないですか。それはどの世界でも一緒で。しかも15歳からずっと一緒で同じ会社で長年ずっと一緒なんてことは、ふつうの社会では考えられないじゃないですか。そこまで長く一緒に行動してきてるから、普段の行動以外でもプロレスに対する考え方でも、何十年も一緒にいればだんだん食い違いも出てくるんで。

――川田さんが無骨なキャラでものを言わないのをいいことに、イジリ倒してましたね。

川田 ハハハハハ、そこを言っちゃうと、僕は黙って言わせておいたほうがいいかなっていうのがあったんで。お互いずっと長く見てきてるから、悪いところを言ったらキリがないけど、それはずっと言わなかった。

――当時、そういう三沢さんの姿勢とかにモヤモヤを感じたりはしてたんですか？

川田 それはみんながあれだけ体ボロボロになっていくなかで、それでもお客がいつまでずっと入れられるかっていうのがあって。そのへん新日本は試合が終わったあと座布団を投げられようが何されようが、話題でお客さんを呼んでいきましたよね。そういう話題性も大事だし。あとは地方の試合とか、1年に1回しか行かないようなところってありますよね。そういうところで後楽園でやってるような難しい試合を見せてもわかりづらいじゃないですか。新日本のお客さんってテレビで観てることが観たいんですよね。だからわかりやすい試合で決めてあげるとかそういうことが大事なんだけど、でもそれを三沢さんは手を抜いてるんじゃないか、みたいに言われて。そうじゃないんですよね。昔でいったら何年かに1回馬場さんが来てくれたとしたら、馬場さんの十六文キックを観れば、猪木さんの延髄斬りを観れば、それでもう満足して帰るじゃないですか。だからそういうところの食い違いもだんだん出てきたんじゃないかなと思うんですよね。あの人はあの人なりの考え方があったんだろうと思うけど。このお店もそうだけど、自分でいろいろ思ってもうまくいかないこともいっぱいあるし。

――全日本での経験で、まじめに地道にやってればなんとかなるんじゃないかみたいな刷り込みができたのかなっていう気がしますね。

川田 そうですね。新日本に比べたら全日本って規模も小さくてアットホームな会社で、よく考えたらそのアットホームさが

部部長を経て、プロレス大賞選考委員会選考委員長などを歴任した。15年に東スポを退社、現在はフリーのプロレス記者として活動中。趣味はネクタイ集め。

良くもあり悪い部分でもあったのかもしれないけど、俺的にはいい部分のほうが多かったのかな。

未払いばかりの人生

——川田さんといえばボヤキっていう印象が昔からありますけど、それがこの本を書く上ではすごいプラスに出たなと思うんですよ。

川田 ボヤキっていうか……だから、たとえが違うかもしれないけど、野村克也さんがボヤいてるじゃないですか、ああいうの大好きなんですよ。そこをいい子になろうとしてボヤかないでごまかす人のほうが世の中をちゃんとよく渡っていけると思うんですよね。

——ダハハハハ！　全日本は特にそういう主張はしないほうがいい団体だったというか。

川田 そうなんですよ。でも、誰もやってないことをやるっていうのは、特にプロレス界では覚えてもらえるというか。自分だけ違うことをやるっていうのは大切なんですよ。誰もやってなかったことをやらないと覚えてもらえないから、昔からずっとしゃべるキャラだったんですけど、そこからは一切しゃべらないキャラを貫き通すことによって無愛想キャラみたいなことで覚えてもらえたし。

——ダチョウ倶楽部さんとか松竹梅さんとか芸人さんとのつき合いがあんなに多い人で、どう考えたってしゃべり好きに決まってるのに、おかしいとはずっと思ってたんですよ。

川田 ああ（笑）。それだけ当時は自分を演じ切れたかなとは思いますね。いまトークイベントやったりすると、逆にそこではみんなに驚かれるぐらいいろんなこと話します。

——当時、お酒の席で水道橋博士が一緒になって、川田さんが酔っ払って「博士、靴下はかせー」ってずっと言ってたと聞きましたよ。

川田 ハハハハハ、それはたぶん違うんですよ。こないだたまたまウチに来てくれたんですけど、松竹梅の梅さんっていう人が……。

——川田さんのフィニッシュホールドであるストレッチプラムの考案者&命名者としても知られる、松竹梅の梅村達也さんですね。

川田 梅さんが人生で初めて言ったダジャレが小学生ぐらいのときの「博士、靴下はかせ」っていう話の流れだと思うんですけど。

——芸人さんとはどうやってつながっていったんですか？　三遊亭楽太郎さんの関係？

川田 芸人さんはどうだったかな？　水道橋にあったパチンコ屋さん関係か、よく覚えてないんですけど。当時はいろんな芸人さんと出かけたりしてたんですけど、得られるものがすごい大きくて。ほかのプロレスラーはたぶんあんまりそういうこと経験しないと思うから。ダチョウ倶楽部でいうとホントにネタがわかりやすいじゃないですか。どっちかといったら毎回同じことをやってる関西のネタに近いと思って。でもそれを観て、みんなわかりやすいから笑うじゃないですか。

——しかも真似したくなりますね。

川田 そう、わかりやすいから。ダチョウ倶楽部が地方に行っても誰でもわかるじゃないですか。そういうわかりやすいものって大切で、それはプロレスでも必要だと思うし。

松竹梅
松みのる、梅村達也、竹田倫克によるお笑いトリオ。『お笑いスター誕生!!』で注目され、89年にホリプロ所属に。92年に解散し、松は退社。梅村と竹田でコンビ"ザ・ディスカス"を結成するが、97年に解散。後に、どちらも芸能界を引退している。

三遊亭楽太郎
6代目三遊亭圓楽。『笑点』のレギュラーとして人気を博した落語家。プロレスファンとしても知られており、中学の同級生に天龍源一郎がいたこともあって、全日本プロレスを贔屓にしていた。吉田豪によるインタビューが『新・人間コク宝』に掲載。

――ものすごく聞きづらいんですけど、当時川田さんがボクのことを認識していてあんまりよく思っていなかったっていう噂を聞いたことがあるんですよ……。それについては？

川田 ああ、それについては高田（延彦）さんからいろいろ聞いてました（苦笑）。

――おぉっ、そっち！　総統から。全日本ではなくハッスルになってからなんですね。

川田 そうですね。僕、吉田さんの深夜の番組毎週観てました。女子アナと一緒の。

――女子アナ？　丸岡いずみさんとやってた『およよんNEWS&TALK』ですかね、小橋建太さんとか青木篤志さんも出ていた。

川田 小橋が出たんですか？

――丸岡さんが小橋ファンだったんで。

川田 そうらしいですね。

――川田さんは一度会いたいと思いながらもずっと距離があったので、ようやくこういう機会ができてよかったですけど、高田さんからよからぬ話を聞いてたんですね（笑）。

川田 それはまあ……酔ったときに。

――詳細は聞かないですけど。

川田 なんかあったんですか？

――おそらく、ボクが『紙プロ』からいなくなるきっかけになった話だと思います。

川田 そこまでは聞いてなかったですけど。

――ちなみに一緒に仕事をする相手として、山口日昇はどんな人間だと思いました？

川田 山口さんですか？　どうでしょうね……あの年齢だけど、いまはあんまり使わないけど新人類なのかなって。

――あまりプロレス界にはいないタイプ。

川田 いないですね。

――それで川田さんもよくやりましたよね。

川田 それはさっき言ったとおり、全日本にずっと残ろうと思ってたけど体制が変わって、名前は一緒でも違うものになってしまったんで。あとはずっと未払いだったんで。

――全日本が未払いになって、出て行った先のハッスルがまた未払いになるっていう。

川田 そうなんですよ。だから当時、四天王と三銃士のビデオ撮りがあったんですけど、全日本でもらってなかったから、そこで言ったのは3年半未払いってことで。ハッスル的には1年なんですけど、ハッスルよりもっと大きいのが、僕はビッグマッチばっかり全部出てるんですよ。あのへん全部もらってなくて全部含めると3年半ぐらいもらってないんです。それを当時の全日本の社長だった武藤に言ったら、「じゃあ全日本に残ってりゃよかったじゃないか！」って。「あんたが給料出さないから辞めたんでしょ」っていう発言はビデオでカットされてました（苦笑）。

――武藤さんもおもしろい人ですけど、責任ある立場には向かないだろうなと思います。

川田 そうなんですよ、人間的にとかじゃなくてお金にルーズなんですよね。

――それは橋本真也さんもそうでしたからね。人間的にはおもしろいけど、金銭的な責任ある立場には置いちゃいけないタイプで。

川田 でも不思議となりたがるんですよね、そういう人たちは。

『およよんNEWS&TALK』
『日テレNEWS24』で、08年2月から10年3月まで月に1度放送されていたニュース・トーク番組。レギュラーは吉田豪と、日本テレビ報道局に所属していた丸岡いずみ。ニュースを振り返りながら、お絵かき、おやつの試食、オリジナルソング作りなどが繰り広げられた。

小橋建太
88年に全日本プロレスでデビューを果たし、若手のホープとして活躍。やがて三沢光晴、川田利明、田上明と共に、「四天王」と呼ばれる存在となり、肉体を極限まで酷使するスタイルで一斉を風靡した。00年には三沢らと共にNOAHに移籍し、エースとして活躍。13年5月に現役を引退した。

青木篤志
高校時代からアマチュアレスリングで活躍し、陸上自衛隊に入隊。全国社会人オープンレスリング選手権大会で優勝を果たす。05年5月にプロレスリング・ノアに入門。13年には全日本プロレスに移籍し、ジュニアヘビー級の猛者として、様々なタイトルを獲得するなどの活躍を見せる。19年6月にバイク事故で亡くなった。

僕はそういう立場には絶対なりたくなかったから。こんなちっぽけなところだけでも精一杯なのにみんなを預かるなんてことは……自分のお金がなくなっても社員にした人たちは食べさせていくぐらいの気持ちがなかったら、馬場さんだってそうだったと思うんですけど、それぐらいの気持ちがない人は社長になる資格はないんですよ、でも意外となりたがるんですよね、みんな。

――プロレスラーってそういう性質なんだろうなと思ったんですけど、どう思いますか？

川田 そうなんですかね。僕は絶対に最後まで食べさせてあげる責任は持てないから上には立てないって自分で思ってるし、昔から二番手ぐらいで、自分が好きにやってるのがいいっていうのは言ってますね。そのほうが自由で楽で好きなことできるし。偉そうにはできないけど、その位置のほうがいいって僕が言ったとき、「俺は三番手がいい」って言った人がいるんですよ。安生（洋二）です。

――ハッスル仲間の（笑）。

川田 彼は頭いいしね。

――何をやってもうまく人だと思います。

川田 そうですね。いま何してるんですか？

――鈴木健さんのところで串焼きを学んで自分でも何かやるみたいな話でしたよね。

川田 何年か前に言ってましたけどそのままですね。彼もたいへんですよね。何年か前にもうひとつ仕事やってるとか言ってましたから、ジョナサンの厨房をやってるとか。

――取材したら、思ってる以上に重い十字架を背負ってる人なんだなって驚きましたね。

川田 どういうことですか？

――ヒクソン・グレイシーに負けてもう自分の人生は1回終わってて、あとはヤケクソでやってるだけっていう。ただホントに一番楽しかったのはハッスルって言ってましたね。

川田 ハハハハハハ！

――ややこしいことなく、のびのびと自分のいろんなものを認められた感じがして。

川田 それは彼独特の頭の回転のよさがあるから。お父さんは東大かなんかでしょ？ 頭いいんですよね、家系的に。子供の頃は海外で過ごしてるから英語もできるし。ヒクソンにやられてそのあとはヤケクソとか言ってますけど、その安生のおかげで得した人はいっぱいいるわけですからね。だから、お金を分けてもらったほうがいいぐらいですよね。

――それこそPRIDEだのなんだのきっかけを作ったのは安生さんのはずですからね。

川田 それはホントに。何十年前でしたっけね、笹崎（伸司）っていうのがいて。

――新日本～ジャパンプロレスを経てUWFインターナショナル渉外担当になった選手。

川田 ラーメン屋でスープかき混ぜてたんですよ。ビックリして「なんでこんなところにいるんだ！」って言ったら、「俺ここで働いてる」って言ってて。安生とヒクソンとかのあとだったから、「ヒクソンから金もらったほうがいいよ！」って言ったんですけど。

――安生さんがヒクソンと道場で闘ったとき、一緒に行ったのが笹崎さんですからね。

川田 そう。彼が連れてってたんでしょうね。

安生（洋二）
第一次UWFに入門、85年にデビュー。第二次UWFを経て91年のUWFインターナショナルの旗揚げに参画。94年にヒクソン・グレイシーに道場破りを挑んで惨敗する。95年からは新日本プロレスに参戦、様々なインディー団体にも出場し、コミカルな一面も見せる。高田延彦との関係もあり、ハッスルにも参戦。試合に出場するだけでなくマッチメイクなどにも関わった。現在は串焼き「壱屋苑」で働き、独立を目指している。

鈴木健
高田延彦のファンクラブ運営から、UWFインターナショナルのフロントとして業界入り。当時のプロレス界のトップ選手に勝手に参戦を呼びかけた「1億円トーナメント」などで話題を振りまくも、Uインターは96年末に解散。後継団体となる"キングダム"の代表も務めるが、約2年ほどで活動停止となり、多大な借金を負う。その返済のために串焼き「市屋苑」を開店する。

体はボロボロ……

――そのへんでプロレス界も格闘技界もいろいろ流れが変わって、Uインターが経営難から対抗戦に乗り出し、川田さんがUインターに参戦する流れができたわけですよね？

川田 あれはべつに俺が出たいって言ったんじゃなくて、馬場さんに「（当初予定されていたスタン・）ハンセンが（Uインターに）行きたくないって言うから川田ちょっと行ってくれ」って言われたんで。いま考えれば、もっとお金もらっとけばよかったんだけど。

――Uインターはけっこうギャラを払ってたって当時鈴木健さん（Uインター代表。後に串焼き『市屋苑』開店）が言ってましたね。

川田 いや、そんなに払ってない。その払ってないうちの6分の1か7分の1ぐらいしかもらってないですからね。

――ボクも当時、神宮球場には行きましたけど、あの日の客席はパンパンでしたよ。

川田 神宮ですか？ 最初はチケット売れてなかったって言われて。発表した日にチケットが2万枚動いたって言うから、ハンセンだったらチケット3万動いたのかなと思って。

――川田さんでよかったと思いますけどね。全日本の伝説の試合で川田さんと高山善廣さんのシングルマッチも、あきらかに全日本の基準を超えたような試合になってましたね。

川田 まあ、いろいろありましたからね。いまの彼のああいう姿（２０１７年に試合中に頚椎完全損傷で首から下が動かなくなる）を見ると、いまだから言えるのかもしれないけど、もうちょっと早い時期に退いておいたほうがよかったのかなっていうのは思いますね。

――NOAHが旗揚げするときにボクもNOAHの本を作って、NOAHでは試合のスタイルを変えていきたいみたいな話をみなさんしていたんですよね。全日本の四天王プロレスを続けると寿命が縮まるだけだから、秋山準さんが先導して変えようとして、だけどやっぱり変えきれなかったんですよね……。

川田 ああ、……難しいですよね。

――あの時代の四天王プロレスっていまとなっては真似する人もいないレベルの、とんでもない激しさだったわけじゃないですか。

川田 あれから何十年も経ちますから。いまの人もその映像観てるんですかね？ こないだ18歳の子がこの店に来たんですけど、18歳でどうやって俺を知ってるのかなって。

――ツイッターとかで偶然動画が流れてきて観るとかはあると思うんですよね、「なんだこれ？」って。あきらかに最近のプロレスとは違う危険なことをやってるのは伝わるから。

川田 いまはエンターテインメント色も強いですからね。僕がいつも言ってるのは、こういう商売でもそうだし、大仁田（厚）さんがやってるようなことは俺はやらない、でも大仁田さんは大仁田さんであれでお客を呼べるし、どんなことを言われようが何しようが、結局はお客さんを呼ぶことがビジネスだから、それで呼んじゃった人が勝ちですよ。そこまでNOAHはたどり着けなかったんですね、たぶん。何回か変わってますもんね。

――川田さんも、かなりハイリスクなプロレスをやってきたわけじゃないですか。

川田 体はボロボロですよ。大きなケガだけしてなければまだ

笹崎（伸司）
83年に新日本プロレスに入門するが、デビューまもなく長州力率いるジャパンプロレスに参加し、主戦場を全日本プロレスに移す。87年にカナダに遠征するが、帰国後にレスラーを引退。UWFインターのブッカーとして活躍。安生洋二のヒクソン道場破りの手引きをしたとも言われている。

高山善廣
UWFインターナショナルに入門し、92年にデビュー。身長１９６センチの体躯を誇り、日本人には珍しい大型選手として活躍する。96年9月に行われたUインター神宮球場大会で川田利明と対戦。団体の壁が厚かった時代に実現した奇跡的なカードとして大きな話題を呼ぶ。フリーとなってからは川田を追って全日本プロレスに参戦。格闘家としても活躍し、01年にはドン・フライと歴史に残る激闘を見せた。17年には試合中に頚椎を損傷。現在は復帰に向けてリハビリを続けている。

秋山準
専修大学のレスリング部で活躍し、在学中の92年に全日本プロレスに入団。四天王よりも下の世代ながら、同レベルの活躍をみせ「五強」と呼ばれた。三沢らと共にNOAHに移籍、13年には全日本プロレスに復帰を果たす。ジャイアント馬場の薫陶を受けた最後の世代として「王道プロレス」を掲げる。20年には、DDTにレンタル移籍することが発表された。

いいんですけど、大きなケガを何回もやっちゃってるから。最近はみんな眼窩底骨折ぐらいで休んでるけど、俺なんて両目の裏グシャグシャでしたからね。でも、9年間ほっときましたから（あっさりと）。

――えぇっ!!

川田　それで目の焦点まったく合わなくなっちゃって、そのとき初めて休んだんですよ。

――当時は休みづらい感じだったんですか？

川田　最初にケガしたときは……べつにこれは元子さんが悪いわけじゃないですよ、そういうふうには絶対に書かないでくださいね！

――くれぐれも注意します！

川田　そのとき元子さんに言われたのが、「いま休んじゃったら、グッズだっていっぱい売れてるんだから」って。……これはついて行かないといけないのかなと思って。

――ダハハハ！　超世代軍が始まったぐらいのときだと、まあ休みづらくなりますよね。みなさんそんな感じだったんですか？

川田　あとは不安がるんですね。休んだら戻ったときに自分の場所がなくなっちゃうんじゃないかって不安があるんですよ。その点、新日本がビジネス面ではお客を呼ぶのがうまかったじゃないですか。新日本を観に行った人は「ふざけんなよ！」って帰ってもまた行ってしまうじゃないですか。

――トラブルをビジネスに結びつけて。

川田　そこが新日本はすごかったと思います。そういうビジネス的なところは。それが全部いいわけじゃないですけど、全日本も見習うところがあったんじゃないかなって。

――そういうの馬場さんは嫌いでしょうけどね。

川田　そうですね。だからビジネスでいったら（ゲイリー・）オブライト（Uインターのトップ外人選手）が俺とやるときには武道館で初めて当たればおもしろいはずじゃないですか。オブライト、巡業に行ったんですよ。

――まずプロレスに慣れてもらって（笑）。

川田　それいらないなと思って。そこがビジネスの難しいところで。巡業先のリングでオブライトが練習してたんですね。そしたらそのときに井上雅央が投げられて動けなくなって何日も休んだんですよ。そしたらそれを会社側というか馬場さんというか、そこは隠しとけって言ったんですよ。それって表向きにすべて出すべきことだって俺は思ってて。

――完全にそうですね。

川田　ですよね？　だからそこはビジネス的に得することをやったほうがいいんじゃないかなと思うし。でも、さっきも言ったとおり、いつもちゃんとお金を払ってもらってるから言える立場じゃないし、ホントならそこで言いたいけど言えない部分もあったし。ちゃんともらえるものはもらって守られてきたっていうのはあるから。そのへんが会社を辞めて自分で自由にどうのこうのって考える人が自分でやるときにものすごい苦労するよっていうのを、まあ本でわかってもらえれば。

――ダハハハ！　プロレス界を見ても思いますよね。天龍さんでも誰でもそうですけど、出て行ったあとはみなさん苦労しますよ。

川田　そうですかね。天龍さんの場合、いろんないいところをタイミングよく渡り歩いてますから。だから自分でやってるときが一番苦労してるんじゃないですか？　だから新日本に行っ

元子さん
馬場元子。ジャイアント馬場の妻であり、全日本プロレスのグッズなどを販売するジャイアントサービスの代表を務めた女帝。馬場の死後も全日本プロレスのオーナーとして絶大な影響力を誇り、武藤敬司を全日本の社長に迎えるなど、独自の運営を行った。18年に肝硬変のため死去。

たりNOAHに行ったりSWSに行ったり、いろんなところでいい思いしてるんですよ。ただ自分でやったWARが一番苦労してるんじゃないかなと思うんですよね。それがこの本にまとまってると思うんですよ。

――会社にいるのがいいよっていう（笑）。

川田　そういうことです。何がいいって、会社にいたら何があっても自分のお腹は痛まないじゃないですか。それぐらいのことで未払いになったりするような人、支払いができないような人は会社をやるなってことですよ。

――でも、やっちゃうのが不思議ですよね。

川田　プロレスラーって一番になりたい人が多いんですよ。だから、そこで一番になれなければ自分で作った団体で一番になりたいっていう人が多いんで。でも、僕は最初から一番になろうって気がまったくないんで。

――ラーメン屋をやるときも「ラーメンで頂点を！」みたいな発想はないわけですよね。

川田　そうですね、べつにそこで頂点になるとかはなんにも。これでプロレスから離れて生活していければなと思ったんですけど、まさかここまで厳しい世界だとは……。

――ずっと厳しいまま10年ってことですよね。正直言って、ラーメン屋の営業を減らして何か稼げることをやったほうがいいんじゃないかぐらいの状態だと思うんですよ。

川田　そうなんですよ。イベントに行ったり試合場にゲストで呼ばれたり、そういうほうが手堅いし、あとはしゃべりでお金になる。だから芸能人とか楽ですよね。よっぽど有名な人になると今度は衣装代もかかるんでしょうけど、それ以上のものがね。で、リスクがないですから。芸能人は自分でやってる人も少ないですよね。名前貸しでちゃんとやってくれるんであれば、一時期ブームだった原宿の店は全部なくなってないはずなんですよ。

――タレントショップは。

川田　見事に全部なくなってますからね。

――本を読んでて本気で心配になったんですよ。川田さん、これから大丈夫かなって。

川田　ハハハハ、なんにもやらないほうがいいかもしれない（笑）。この10年で何から何まで全部なくなりましたもん、ホントに。

――いっそ週末だけの営業にするとか。

川田　お客さん、週末ぐらいしか来てもらえないんですよ。昼夜やるから体がキツいんですよね。始めた頃は夜だけだったけど、当時は深夜2時までやってましたから。一気に20キロ痩せました。しんどかったですね。

――バイトの交通費のこととかもあって。

川田　そうですね、バイトにはタクシー代も払わなきゃいけない。客がいようがいまいがバイトの時給は発生するから、だから馬場さんに守られてる時代が一番自由でしたよ。

――試合やって飲みに行って。

川田　そうですね。だって三沢さんと毎日のように朝まで飲んでましたもんね。もう毎日、私生活までずっと一緒でしたからね。

――当然いろいろ見ちゃいますよね。

川田　そうですね、三沢さんなりのいろいろな生活がありますから。

――三沢さんぐらい取材で下ネタしか言わない人いなかった

（ゲイリー・）オブライト
ネブラスカ大学時代からレスリングの猛者として知られ、アメリカのプロレス団体WCWにスカウトされデビュー。90年に新日本プロレスに初来日。91年のUインター参戦時には高速スープレックスで対戦相手を次々とノックアウト、「殺人風車」の異名で大ブレイクを果たす。95年に全日本プロレスに参戦し、川田利明と激闘を展開。00年にアメリカで試合中に心臓発作で倒れ、急死した。

ですからね。何を聞いてもインタビューの半分ぐらいが下ネタでしたよ。

川田　仕事のときもそんなこと言ってたんだ（笑）。結局、あの試合で……ってみんな思いがちですけど、絶対に蓄積なんですよね。周りがもっと早く辞めさせてればとは思うんですけど、でも周りに「辞めろ」って言われて辞めるような人じゃないじゃないですか。

――団体の代表になっちゃうと辞められないですよね。自分が体を張らないとっていう。

川田　そうなんですよね。三沢さんが試合に出ないとお客さんも入らないし……。

――それこそ橋本さんの最後の頃も思いましたよ。体調悪そうだってほかの選手から聞いてて。試合後に鼻血が止まらなくなるとか。

川田　肩は動かなかったしね。プロレス界は若くして亡くなる人、多いじゃないですか。

――川田さんはいいタイミングで辞めて。

川田　それでも46歳ですからね、ふつうのスポーツ界ではそこまでできないですから。いまだにやってる人がいっぱいいるけど、何があるかわからないし。若いうちには当たり前だったことでも、年とってくると考えられないことが起きるから、どこで見切りをつけて辞めるかっていうのは大切だと思いますよ。

――川田さんも未払いが繰り返される前に辞めてたら、ここまで苦しんでなかったのに。

川田　ああ、あの頃は入ってくるものがなくて出ていくものばっかりでしたから。そのとき山口さんはベンツ2回買い換えてました。

――いい時計もしてましたしね（笑）。

川田　何年かもらってないときにベンツの新車になってましたから。碑文谷のあたりにマンションも買っててビックリしましたよ。

――さらには新しい嫁までもらって。

川田　いま何やってるんですか？

――ちょっと前に女子格闘技で失敗して。

川田　やろうとしたんですか？

――一応興行もやったんですよ、SEI☆ZAという巌流島の女子部として。その前にボクが10年ぶりぐらいに再会の対談やったら、借金が8億あるって言ってましたね。

川田　8億あるんですか！

――それを興行で返そうとしてて、「いや、鈴木健さんみたいに地道に稼いでくださいよ！」って言ったんですけど、案の定失敗して。なんで興行で返そうと思っちゃうのか。ツイッターも2年以上更新してないですね。

川田　鈴木健さんは少しずつ返していったんですか。安生も店を出す出さないとか言ってたけど、たぶんスポンサーがいなくなっちゃったんだろうな。電話で鈴木健さんに「安生の店も」って言ったら、「この年でこれからそのリスクは負えない」って言われました。

――ちなみに同じ飲食店経営者として、鈴木健さんのやり方をどう思ってるんですか？

川田　そうですね、あそこはあそこなりのルールがあって、同じ串が3本出てくる。ひとりで行っても串の注文は3本からなんですよ。いまもそれやってるかわからないけど。「でも、そういうルールは守らないと店が変わっちゃうから」って健さん言ってました。同じ串を3本からしか頼めなければお客はひとりじゃ行かないじゃないですか。そうすると誰か連れて来る。そういうところがうまいですよね。ウチも3キロのローストポークを出してるんですけど、それを安く出すことによって3キロ食うための人数で来てくれるっていうのがあるから。闘いですよ。

――ダハハハハ！　川田さん、こんな過酷な闘いをなんで10年も続けているんですか？

川田　ホントつらいですね……。プロレスやってるときはいかにのびのびしてたか。

――意地だけなんですかね。

川田　だから一番重たいときに比べたら35キロぐらいは減ってますよ。

――筋肉で守られてた部分がありますよね。

川田　その筋肉が減ってるんで。

――そうすると体が痛みだしますよね。

川田　そうなんですよ。筋肉があったから背中とかも守られてて、その筋肉がなくなることによっていままでなかった痛みが出てくるんですよね。いま一番かかるのが病院代で。毎週のようにあっちが痛いこっちが痛いで病院に行くから。ヘタしたら朝ここに来てから夜終わって片づけて帰るまで1回も座れないときもありますし、ご飯を食べる時間もないし。よくお昼に来たお客さんが遅くまでいて帰らないときがあって、やっと帰ってくれるかっていうときに、「じゃあ休憩でゆっくり休んでください」って言われるんですけど、休憩時間に休んでるお店なんてないですよ。

――仕込みもいろいろありますからね。

SEI☆ZA
膨大な借金を背負って消息不明だった山口日昇が、突如として運営をはじめた「世界初の育成型GIRL'S BUDO ENTERTAINMENT」。17年1月に旗揚げ大会を行い、4大会を開催したが1年ほどで活動休止してしまった。

川田　助手が全部やってくれる一流シェフなら話は別ですけど……。

――どうしてもプロレスファン相手の商売だと話しかけてこられたりするわけですよね。

川田　思ってもいないようなことが毎日のように起きますから。こんな人がいるんだって思うような人が1日何人も来ますから。みんなすごい話したがるんですけど、僕が調理してるからそんな時間ないし。で、話してると料理が出てくるのが遅いって言われるし。いまは、「しゃべりを求めてる人はトークイベントに来てください。料理食べられて飲み放題なので」って言ってるんですよね。

――イベントを強化したほうがいいですよ。

川田　ただ、それの数が多いと、毎回集まるわけじゃないから。いま半分以上はそういうところに来てくれる人は同じ顔ぶれで。ふつうに来てずっとしゃべりたがる人がいて、そういう人ってみんな同じ日に来たがるから、混んでるときはしゃべってる暇がまったくないんで。でも、それはこっち側が思ってることで、お客さんには伝わりづらいんですよね。

――これだけ厳しく張り紙で訴えてるのに！

川田　そんな張り紙なんてなかったんですよ。張り紙なんてしたくないし、なかったんだけど。みんなやることが一緒だから。

――事情を知らずに店内の写真を見ると、やけに口うるさい店主の店なんだなって思いますよ。

川田　それは俺が一番わかってますよ！　でも、そうしないとわかってもらえないんで。

――難しいですよね、あくまでもラーメン屋ですからね。もっと飲み屋に特化してたら。

川田　そうなんですよ。最初の頃はどっちかっていったらラーメンを置いてる飲み屋寄りだったんですけど、時代が変わったので。

――駅から遠いところで営業してるから、車で来る人は飲めないしっていうことで。

川田　でも、飲む人は遠くから毎週のように来てくれて飲んでるけど、「せめてラーメンだけ食べてください」って言ってるんですよ。

――それで全員が麺を注文することとか、グッズを買わないと撮影はしないとかの、いろんなルールができていったわけですよね。

川田　そうなんですよ。だって最初の1年間なんて、来たお客さん全員が「写真を撮ってくれ」って言うじゃないですか。挙げ句の果てには連れて来た子供までひとりひとり撮ってあげなきゃいけない。そしたら誰が調理するんですか？　そういう撮ってもらいたい人にかぎって、料理が出てくるのが遅いって言うの。あなたたちが撮ってくれって言うから作るのが遅くなるわけじゃないですか。お客さんっていうのはそういうのをわかってくれないから、それはずっと商売をやってきて身に沁みてわかることであって、お客さんは「そんなの、ちょっと出てきてパッと撮ればいいじゃないか」って思ってるんで……。

――昔、馬場さんがグッズを買わないとサインしなかった的なルールが必要なんですね。

川田　ああ、馬場さんはそうでしたよね。

――皆さん、店に行ってあげて下さい！

「若手薬物シーンのホープ」って言われても喜んでいいのか……

高野政所

2019年12月収録

DJ。東京都出身。1977年1月27日生まれ。1995年にテクノユニット・レオパルドンを開始。2001年にファーストアルバム『Cake or Girl?』をリリース。2004年、北千束にクラブACID PANDA CAFEを開店(逮捕時に閉店)。インドネシアのダンスミュージック・ファンコットを日本に広める。2017年に自身のアンダーグラウンドレーベル「やばさRECORDINGS」を開設。著書に留置場での体験を書き留めたエッセイ『前科おじさん』(スモール出版)がある。

健康のために大麻

――今日は政所さんの人生を掘り下げます！　学生時代はくすぶってたみたいですよね。

政所　学生時代はめちゃくちゃくすぶってましたね。すごく遡っちゃうんですけど小学校5～6年になると周りが女性を意識するじゃないですか。その波にまったく乗れなくて。っていうか、大学を卒業してしばらく経つまで女の人と緊張して話せなかったんですよ。意識しすぎて。完全に病気ですよね（笑）。

――ダハハハ！　何らかの病ですね（笑）。

政所　小学校高学年から、いわゆるモテレースが始まるじゃないですか。そこで完全に、いわゆるグループ的なヤツからも脱落して。

――ボクは小5ぐらいから女の子に優しくするスイッチが入って、消しゴムとか拾ってあげたり、ちょっとモードが変わりましたね。

政所　ああ！　それができなかったですねえ。小4ぐらいまではわりとプロップスが高かったんですよ、それなりに変わったことをやるしおもしろいことを言うみたいなキャラクターで。運動はまったくできなかったんで、いわゆる足が速い男はモテる問題ってあるじゃないですか、そこにはまったく入れず。

――頭がいい側ではあったんですか？

政所　成績はそこそこよかったほうだと思います。中学時代は視聴覚部という放送部のビデオ版ですね、運動会のビデオを回したり自主映画を撮るみたいなヤツで、『ロボコップ』のパロディみたいなヤツを撮って文化祭で見せて一部からウケは取っているけど……。

――あくまでも男だけの世界。

政所　そうです、女性からは気持ち悪がられてましたね。高校に入ってもその調子で、運動はできないけど体型がこうだったんで、中学のときにサッカー部のイケてるヤツを柔道の授業で投げ飛ばしたことがあって、そこに快楽を覚えてたんでしょうね。柔道部に入って、それも男の世界だったんですけど。だから一応体育会系にも属していたんですけど、根がサブカルとかそういうものが好きだったんでしょうね。そこで電気グルーヴのラジオと運命的な出会いをしてしまい、そこからだんだんねじ曲がっていったというか……。

――自分はこれでいいんだっていう。

政所　これでいいんだと思い込むようにしてきたというか。でも、ずっと女の人がすげえ苦手なんですけど、交流してみたいっていうノイローゼみたいな時期があって。ダンスミュージックとかテクノミュージックを作ったら、もしかしたらそういう人と交流できるのかなと思って。

――ダハハハ！　つまり、バンドを組めばモテるっていう発想と同じですよね。

政所　バンドをやる友達もいなかったし、楽器もまったく弾けなかったから。なおかつ尊敬する電気グルーヴが紹介しているテクノミュージックに俺も一丁乗ってみるか、と。

――石野卓球さんはモテてるっぽいし。

政所　そうですね、そういうあこがれもあって始めたんですけど。曲で女の子は笑ってノッてるんですけど、そのあとの会話とか一切できなくて、結局26歳ぐらいまで童貞で。

――杉作さんに次ぐぐらいの長さですよ！

政所 杉作さんが27歳ですよね。僕は26歳のときに、これはもう一生セックスできないからお金を払ってヤるしかないと思って。僕は実家が川崎市なんで、ちょっと行くかって川崎のシルクハットっていうソープランドで、デートとかもしないから貯金がそれなりにあったんで7万円ぐらい払って。

――それなりにいいところに行って。

政所 そうです。で、20代って言ってるんだけどたぶん30過ぎてるお姉さんと初めていたしたっていうところで。

――最初が激安ソープの人ってけっこうトラウマになる人が多いですけど、7万円だともうちょっといい思い出になりそうですよね。

政所 そうですね、ホスピタリティがよかったというか（笑）。だから嫌な思い出ではなくて。「初めてこういうところに来てセックスも初めてなんです」って言ったら、「またまたご冗談を」みたいな感じで本気にされなかったんですけど、結局2回ぐらいイッたんですかね、これがセックスかっていうのと、26年間妄想していたほどではなかったっていうことで、お金を出せばセックスはできるんだなっていう。

――それでちょっとは気楽になれて。

政所 少し気楽になりましたね。

――そこでソープに行けたのは絶対大きいですよね。童貞の人と話してると、「ここまで我慢したんだから最初はかわいい素人じゃないと」って引き延ばす人が多いんですよ、「風俗に行くわけにはいかない」みたいな。

政所 謎のプライドですよね。

――それやってるとキリがなくなるし、大人の童貞は事故物件みたいなものなんだから、1回あいだに誰か住ませないと事故物件扱いのままだし、だから風俗に行けっていう。

政所 そうなんですよ。そこにプライドはまったくなくて。僕の場合はそこはコンプレックスのまま、女性ともそんなにスムーズに話せないまま行って、こういうものなのかっていうところから少しだけ落ち着いて。それでも素人童貞がそのあと3〜4年続くのかな。でも、風俗に行ったたっていうのはそのときと、あと地方にDJとかライブしに行ったときに一緒に行ったDJに連れて行かれたぐらいで、性執着がそこであんまりなくなったところはあるかもしれないですね、それよりも男にウケたいっていう半生かもしれない。

――サブカルの世界って風俗とは縁が遠いというか、ボクの周りを見ても一部だけで。

政所 単純にお金もかかるんで。僕は就職が一番氷河期で、大学卒業する直前まではふつうにサラリーマンになろうと思ってたんですよ。それで30社ぐらい受けて、ボンクラだから、東映の特撮が好きだから東映を受ければいいかとか、ゲームが好きだからゲーム会社受けるぐらいの感じで受けてたんですけど。

――かなり安直な（笑）。

政所 まあ落ちるじゃないですか。それで焦って業種を問わず受けてたんですけど、最終面接まではいくんですよ、最終面接までいった会社が7社ぐらいあって、全部社長に蹴られるっていうのが続いてあきらめたんです。

――自分にまっとうな道は無理だ、と。

政所 真っ当に生きるんだ、っていう所はあきらめてなかったですけど、俺が悪いんやない！　時代が悪いんや！　的な。最近ですよ、まっとうな道が無理なのかなって思ったのは。逮捕された時点で気づけって話なんですけど（笑）。

――ダハハハ！　最近だったんだ！

政所　そう、ここ10年以内の話かもしれないですね、もう就職とかできないんだろうなって。それでも俺は堅気の人にあこがれ続けているんだろうなっていうのがあって。

――つまり、それなりに音楽活動をやっているときもまだ童貞だったわけですよね？

政所　そうですね。大学に入るときにすげえ安いヤツですけど機材を揃えて、テクノミュージック、ナードコアっていうのを始めたんですけど。わりとそのとき童貞のくせに恵比寿みるくとかでやってたんですよ。だから１００人とかのお客さんの前で童貞がワーッて盛り上げてる状態。会場に女の子はすげえ多いんだけど。

――みるくは、そういうちゃんとした女子が集まるクラブっていう印象でしたよ。

政所　でも、俺とは違う世界の人たちを盛り上げているっていう意識があって。そのとき相方だったのがＤＪ急行で、急行君はたぶんすげえそっちはいってたのかなって思います。一切そういう話は聞いてないですけど、俺が勝手に思っていた（笑）。

――急行君もいろいろ歪んでますからね。

政所　意外と歪んでますね。

――元嫁と仲良かったんで（以下自粛）。

政所　マジっすか！　それは初耳だなあ。まあ、彼も相当業が深い人間ですから（笑）。

――ＤＡＴゾイド君とか、ナードコア的な世界はボクとも多少の接点はあったけど、やっぱりちょっと世界が違ったんですよね。

政所　ナードコアも始めたときは単純にカッコいいテクノが作れないというか、作ってもしょうがないし電気グルーヴ好きだからおもしろいヤツがいいなと思って日本語をサンプリングしてたんですよ。そのとき好きだった特撮とか東映の映画とかの声を勝手にサンプリングして。そしたらインターネットがそこで登場して、全国にそういうのを作ってるヤツがけっこういることがわかって、それで結託したんですかね。当時、『クイックジャパン』の伊藤剛さんっていうライターの人が。

――唐沢俊一さんと揉めたことで有名な。

政所　そうですそうです。あの人が特集を組んで「ナードコアテクノ」っていう名前をつけて、そこからナードコアシーンっていうのがなんとなく始まったんですけど。でも、仲いいようで、同じジャンルなんだけどやってることはぜんぜん違うよねっていうことで、お互いライバル視もしながら「あそこのべつにおもしろくねえわ」みたいなのは正直ありましたね。どことは言わないですが。

――最近『イアンのナードコア大百科』って本を読んで、あの世界でシャレにならない揉めごとがあったとはぜんぜん知らなかったです。

政所　ナードコアも派閥がけっこうありまして。僕とかいまのＢＵＢＢＬＥ-Ｂさん、カラテクノとかがやってたのがＳＰＥＥＤＫＩＮＧっていうグループだったんですよ。もうひとつ、ナードコアって名前がついて盛り上がってきたときにそれと似たようなことをやってる周辺の人たちで、もうちょっと暗黒面が強いというか、ダークサイドの人たちが「犬死に」っていうイベントを始めたんですよ。その「犬死に」もなかなかすごくて、それに金を出してるヤツがマルチ商法だかなんだかで、けっこう悪いことをしてて、後に逮捕されて。

ナードコア
90年代後半にはじまったロッテルダムテクノやガバ、そのほかハードコアテクノの大胆なサンプリングスタイルをオタク的方面からアプローチした楽曲、及びムーブメントの総称。アニメ、アイドル、CM、ドラマなどから、著作権ガン無視で引用しているのが特徴。

DJ急行
レギュラーメンバーとしてレオパルドン、高速音楽隊シャープネスに所属。「秋葉原三丁目」「アーケードアタック」の主催の1人で、新宿ロフトプラスワンで外部プロデューサー、司会業として「オールザッツバカ映像」「ジャンクの花園」「2ちゃんねるナイト」なども主催。オランダ発のダンスミュージック・ガバを専門に回すDJ。

DATゾイド
94年から活動しているテクノユニット。プログレッシブロックやゲームネタが多い。「電撃ボディー」を主催。ホラー漫画に詳しく、コミック墓堀人組合として、吉

Chilluminati
MMR

――ブラックマネーを遣って。

政所　ブラックマネーを遣って（笑）。SPEEDKINGもたいがいでしたけど、全裸になる系とか、もうちょっとエグい奇人を集めて、どっちかっていうとスカムなんですよ。俺は怖すぎて行ってもいないんですけど。

――童貞には怖いですよね。

政所　ハハハハハハ！　めちゃくちゃ怖かったですよ。オファーもらったことがあるんだけど、わりと法外なギャラをつけてわざと断られるようにしてて。当時、2ちゃんのDJ板に「ナードコア」っていうスレッドがあって、そこがすごい戦場になってたんです。

――ネットと親和性が高いジャンルだから、当事者も書き込むようにもなるだろうし。

政所　はい。そこであることないことすごい書かれてて。そこで主に活躍してるのが「犬死に」のクルーだって噂があったんで、近づきたくねえなって思って。そこでパターサンという人がよく僕らのイベントにも来てたんですけど、そこに活躍の場を得たのかな、奇人ぶりが受け入れられて、そこで活躍してるなかでなんか揉めたんでしょうね、「DJ急行を刺す」みたいな感じで。俺も正直どういう経緯かは分からないです。

――急行ってハンドルネームの人が2ちゃんで批判をしたとか書いてありましたね。

政所　だと思います。あれも急行が書いてたのかわからないですけどね。それで全裸包丁事件っていうのが新宿ロフトであって。ナードコアってナードだし、そういう暴力的なイメージはぜんぜんなかったのに。

――ナードコアでそんな暴力的な事件が起きるんだって、衝撃を受けたんですよね。

政所　だから僕もナードコア当事者だったけど、まあ近づかないようにしてたところはありますよね、あそこにいた人たちは癖が強いし僕もなんで急行を刺そうとしてるのかわからないので、すげえ怖いな、絶対に関わり合いになるのやめようと思いながらやってました。ナードコアやってた人は鬱屈してますよね、ストレートな表現ができない人たちで。

――この前、宇多丸さんのラジオで「ナードコアを説明すると？」って言われたとき、すごい説明が難しいジャンルだなと思って。「ネットカルチャーとかと結びついた面白アングラテクノ」だか「電気グルーヴの影響を受けたオタク趣味的なものを活かしたテクノ音楽」みたいに言ったような気がします。

政所　そうですね、その定義で間違ってはいないと思いますね。電気グルーヴのある側面だけを真に受けたような（笑）。

――極端なある部分だけを（笑）。

政所　だから卓球さんとかもめちゃくちゃ尊敬してるし僕にとっては神みたいな人だし、もともとはまっとうなサラリーマンになる予定だったんで、こうなる予定もなくて逮捕される予定もなくて、完全に自分のせいなんですけど、これは電気を崇拝していたがためだっていうのもなくはなくて、その話を卓球さんにしたことがあって。そしたら「おまえが勝手に崇拝したんだろ、知らねえよ！」って言われて、たしかにそうだなと思って。

――そのとおりですよ。

政所　そのとおりですよね。だから卓球さんに対して過剰に崇拝しちゃって、自分の人生を電気グルーヴに預けてしまってるような人たちがけっこういるんじゃないかな。おそらくだけど、

田豪、大西祥平らと共に活動をしていたことも。

伊藤剛
マンガ評論家、編集者、鉱物愛好家。岡田斗司夫編『国際おたく大学』（光文社）掲載の記事が誹謗中傷が目立ち名誉毀損であるとして、岡田斗司夫と光文社、及び当該記事の執筆者である唐沢俊一とその妻・ソルボンヌK子を提訴。

『イアンのナードコア大百科』
ナードコアのCDとイベントフライヤーを網羅したナードコア・ガイドブック。ナードコア・マニアのアメリカ人のイアン・ウェレット＝ジェイコブがまとめた本。現在は、海外通販でオンデマンド版として購入可。

ちょうど就職氷河期でうまくいってない人が多いんですよ、俺らの世代は。特に電気ファンは。卓球さんにしてみれば「なんで俺が恨まれなきゃいけねえの？」っていうところだと思うんですけど。

――タイプが違いますけど、同世代の春日太一さんも電気のラジオで人生が狂った人で。

政所 「あ、春日さんも電気好きなんだ」ってちょっとしたシンパシーは抱きましたけどね。（ピエール）瀧さんが逮捕されたときに卓球さん無双時期が、まあいまでも無双してますけど、あれにほだされてミュージシャンとか電気に影響を受けたサブカルの人たちがなぜか強気になるっていう（笑）。その時に春日さんも割とアグレッシブな感じがしましたね。僕も柄にもなくちょっと強気になっちゃったんですけど、でもこれ卓球さんだからできることだよなと思ってスタンスをあらためました。あのときミュージシャン全体が謎の強気だったというか。たぶん叩けば埃が出るミュージシャンなのかもしれないですけど。

――「疑われないためにも俺は強く批判するぞ！」みたいな人もいるはずなんですよね。

政所 ああ、逆張りでね。

――「これだけ言ってれば疑われないだろ」みたいな。夫婦仲のよさをアピールしてる人ほど実は不倫していがち問題みたいなもんで。

政所 ああ、たしかに。でも、僕の逮捕に関しては、裏切られた、みたいに思った人多かったと思うんですけど、過去に薬物自体を否定したことはないはずなんですよね。なぜならすげえ一時期、脱法ドラッグが好きだったっていうのがあって（笑）。

――20代からやってたのは意外でしたよ。童貞から大麻はやってたんだっていう。

政所 20代の半ばぐらいで、ちょうど流行ったんですよ。セックスの前にドラッグ経験。よく考えたら僕は経験した順番が大麻→脱法ハーブ→セックス→タバコって順番なんですよ。

――そしていまは酒にも目覚めて。

政所 そうです。だから、大麻→脱法ハーブ→セックス→タバコ→酒ですね。あ、大麻は逮捕以来、マジで所持も売買もしてないですよ！ 酒は飲むようになったんですけど、やっぱり飲み過ぎて気持ち悪くなったり、体調崩したりしますね。当時、脱法ドラッグはすげえ流行ってました。めちゃくちゃハマり過ぎて頭おかしくなって消えちゃったラッパーとか消えちゃったDJとかいっぱいいますね。俺はうまく付き合っていた方だと思いますね。今は危険ドラッグって名前になって、下手したら大麻なんかよりもアンダーグラウンドになってるんじゃないですかね？

――それでも、やっぱり大麻のほうが安全だっていう結論には至るわけですか？

政所 アシパン（大岡山〜自由が丘〜渋谷で店主をしていたクラブ、アシッドパンダカフェ）をやった時代に、それなりに流行ってて僕もちょっと嗜んでたんですよ。ある日、ギャングスタ系のラッパーのライブもあるイベントがあって、けっこう不良の人たちが出てたんですよ。今日すげえ怖いなと思って、ちょっと揉めたりしながらもなんとかイベントが終わって、「今日なんもなくてよかったね」って話をしてたら、それに出演してた西東京かどっかの見るからに不良な感じのラッパーが店に戻って来て、「このへんで合法ハーブ売ってるとこねえ？」って。

――ダハハハハ！ なんてオープンなんだ！

BUBBLE-B
初期は、カラテクノ（空手とテクノをミックスさせる実験ユニット）として活動していたが、後にBUBBLE-B名義でソロとして活動。ナードコアとマッドテープ（映像）を同期させたスタイルで知られる。ライブハウスでのイベント「SPEEDKING」を定期的に開催。外食チェーン店の1号店を巡ることがライフワークで、13年に『全国飲食チェーン本店巡礼』を上梓。

「犬死に」
00〜01年に合計4回開催された西村物産主催のイベント。嘉門達夫やみつまJAPANなど著名人も出演。

パターサン
ナードコア業界のテクノアーティスト。ロウファットカシマシ名義で個人レーベル「日本ハードコア協会」を、後にパターサン名義でレーベル「firephlex productions」を主催。

全裸包丁事件
01年7月、イベント「犬死に3」の翌日の深夜、2ちゃんねるのナードコアスレッドで「急行」というハンドルネームの人物がオッペンハイマーフォーミュラのパフォーマンスを批判。数カ月後の新宿ロフトでの「犬死に4」で、オッペンハイマーフォーミュラのメンバーらが全裸に包丁で乱入し、「急行出て来い！」などと騒いだ事件。『イアンのナードコア大百科』に詳しい。

政所 「あるにはありますけど、じゃあ行きますか？」って一応連れて行ったんですよ。ふつうに買うのかなと思ったら、ガッと店に入っていきなり「おい、シャブみてえなのくれ！」って言うんですよ（笑）。

――ストレート！

政所 そう、向こうも「え？　え？」みたいになるんですよ。で、「このハーブはそういう感じです」って出してきて。そしたら、「俺さ、おまえの兄貴と知り合いだからちょっと安くしろよ！」みたいな感じで。絶対に知り合いなわけないんですよ。だって西東京の地元の不良が渋谷の合法ドラッグ屋の兄貴を知ってるはずがないのに。そうやってカマして、値引きさせてさらにサンプル品みたいなものをサービスさせて持って帰るわけですよ。で、どこでキメるかっていったら、しょうがないからウチに来るしかないじゃないですか。アシパンに戻って来て、「店長もどう？」みたいな感じで「シャブみてえなの」を勧められて。まぁ一応合法だし、ものは試しなんで、逮捕はされないからやってみたんですけど、スーパーサイヤ人みたいになっちゃうというか、万能感でウォーッてなって、これは間違いなく癖になる感じがあって。「これがシャブみてぇなやつ」か！　と。で、シャブの怖さは僕も噂とかで知っていたんで、もう脱法ハーブもヤバいの出てきてるなーと思って、やめてたんですけど、そのあとに大麻を使ってる人とかも知り合っちゃうわけですよ。それで健康のために大麻に切り替えてたら捕まった。

――ああ、脱法は危ないから（笑）。

政所 脱法は体によくないからやめようって（笑）。でも、そのタイプはけっこういるっぽいですね。ハードコアな大麻好き、脱法が流行る前からやってるような人たちって思想的なところもハードコアだったりするんでしょうけど、そういう人たちとはまた違って、脱法から入って健康に不安を感じて大麻に切り替えて捕まったり捕まらなかったりする人は意外といるっぽいですね。

――清水健太郎さんなんかを見てると、覚せい剤をやった人が脱法でやめようとしてるんだなって思うんですよ。最後の報道が脱法ドラッグで体調が悪くなって救急車呼んだって話で、そこからもう5年ぐらい経ってるから。

政所 もう脱法自体が手に入らないですからね。俺は一回だけの「シャブみてえなヤツ」しかやったことないんですけど、あれが覚せい剤の感覚だとしたら、あれはハマるとやめられないんだろうなと思いますよね。

――田代まさしさんとか見てると。

政所 でも最近疑問に思うのが、シャブをやってる人、たしかにヤバいこと言ったり落ち着かない人も見てるんですけど、高知東生さんって40代ぐらいでシャブで捕まってて、あの人は20年ぐらいシャブやってたんですよね。大丈夫な人は大丈夫なのかっていう疑念が最近湧いてきて。

――さらには瀧さんも。

政所 瀧さんもそうですよね、コカインも大丈夫なのかよっていう（笑）。意外と大丈夫なんじゃね？　っていう。

――体力のある人が用法用量を守ればうまくつき合えるんじゃないかっていう恐ろしさが。

政所 恐ろしいのは、結局逮捕されたことでみんな人生が転がっちゃってるなっていうのがあって。そもそもつき合える人もいるっていうのを考えると、なんでこれが違法になってるのかなっていうのを考えますよね。

アシパン
高野政所が店主をしていたクラブ、アシッドパンダカフェ。逮捕を受けて15年に閉店。04年に大岡山に開店し、自由が丘、渋谷と移転を繰り返した。

――大麻は特に、世界的な流れを見てると日本はいつまでこうなんだとは思うだろうし。

政所 それに加えて諸先輩方の（笑）。沢尻さんもそうですけど、エクスタシーもそうなの？　っていうか。ちゃんと仕事とかできてるんだっていうことでみんなの意識が揺らいでいくのではないかなっていうのが。

――沢尻さんは外見的なコンディションもよかったし、廃人にならないんだなっていう。

政所 相変わらず美しかったですよね。僕が逮捕されたときと比べて今は空気がぜんぜん違うって感じます。僕は逮捕されて1年間ぐらいはツイッターもやらなかったしめちゃくちゃ自粛してたんですけど、そのあと大麻系のことを言うとめちゃくちゃフォロワーが減ったり、「ふざけんな、反省してねえのか」みたいなリプが飛んできたんですよ。だけど、最近はそれ系のことを言うとフォロワーが増えるんですよね。僕の周りだけなのかもしれないですけど、空気が変わってきてるっていう。僕のあとに瀧さん含めKenKenさんとかいろいろされてるなかでみんな慣れきっちゃってるなというか、驚かなくなってますよね。

――向こうの映画とか観てると、世界的にはどうやら大麻の受け入れられ方が変わってきてる空気は確実にあるわけじゃないですか。

政所 ありますよね。だから変なタイミングで捕まったなっていうのは思います。最近、鎮座DOPENESSさんが「健康上の理由で」ってことでライブを休んでたけど、あとから大麻で逮捕されてたことを警察にバラされるっていう新しいパターンが出てきて、こういうのもあるんだと思って。僕の場合は捕まって3日後に警察が情報を出したみたいで。あのときも僕はギリギリで救われてて……まあ救われてはいないんですけど（笑）。

――リリースとかも控えた状況でしたしね。

政所 いまだに復活してないですからね、そのリリース物は。捕まると賠償金とかいろいろあるじゃないですか、僕の場合、『タマフル』（ライムスター宇多丸のウィークエンド・シャッフル）の本が出る直前で。

――急遽、1章カットという。

政所 はい。ジェーン・スーさんの本にも僕の部分が収録される予定だったんですけど、TBSに逮捕の報が入ったのが印刷機に突っ込まれる直前だったらしくて。ギリだったんですよ。それが遅れてたら賠償金の桁がヤバいことになってた。

――回収&違約金みたいな感じで。

政所 そういう意味ではギリギリついてたんですけど、ホント割に合わねえというか。あの時、アルバムがメジャーから出たばっかりだったんですけど、でもそういうときに来るんだなっていうか。わかりやすく人生が変わりましたね。

――ラジオのレギュラーやり、毒蝮三太夫とか引っ張りだして、さあっていう瞬間で。

政所 そうですね、お店もそこそこ賑わってきたし、俺すげえ童貞期が長かったけどちょっと俺の人生ついてきたかもって。

――ようやく時代が！　と思った瞬間に。

政所 ハハハハハハ！　ガクーッて。

――しかも、あんなにアンタッチャブルな存在になるとはっていう驚きもありましたね。

政所 そこはやっぱりメディア系は思った以上でしたね。一昨

KenKen
ロックバンド・RIZEのベーシストで、ドラゴンアッシュのサポートメンバーとしても知られる。19年7月19日、京都の自宅で大麻を所持していたとして現行犯逮捕。

鎮座DOPENESS
ヒップホップMC。フリースタイルシーンにおいて影響力を誇る〝天才ラッパー〟。19年11月3日、都内で行われたイベントで大麻を所持したとして現行犯逮捕。

日、町田のクラブイベントでDJダイノジさんと共演だったんですけど、やっぱりすげえイジられましたよ。「写真を撮って大丈夫？」とか、「よしもと、いまうるさいからね」みたいな。まだやっぱりイジられるんだなって。

――「反社？」みたいな。

政所 まあギャグですけど、「この人、反社ですから」みたいな感じで。やっぱり逮捕されたことが知れ渡るといろんなものが変わってしまうなっていうのは思いましたね。

酒とサウナでキマる

――童貞色の強い活動をしてきたから、ファンはショックみたいな反応はありました？「そっちだとは思わなかった！」みたいな。

政所 それはすげえ多いと思います。童貞イコールそういうのもクリーンみたいに思いがちじゃないですか、世間は。

――アシパンもクリーンなイメージだし。

政所 実際クリーンではあったんですけどね、お客さんでそういう人もほとんどいなかったし。俺、酒がまったく飲めなかったんですよね。9年間クラブやって人に酒を作って出し続けてたのに俺はまったく飲めなくて。で、憂さ晴らしじゃないですけど。あとテクノとかってドラッグがないと本質がわかんないっていうし、みたいな（笑）。

――それはボクはホントに思ってますよ。ボクがテクノにハマれないのは、薬物やってないから理解できないんだと思ってます。

政所 でも、それは正直あると思います。高校時代は電気グルーヴが好きすぎて、わからないなりにわかろうとして、ヘッドフォンで部屋を屋真っ暗にしてずっと聴いて、「うん、わかってきた！」みたいな、自分をそこに持っていく術を身につけたんですけど、脱法ハーブとかやったら手っ取り早かったっていうのはありますよね。ヨガの修行なしで到達するみたいなね。でも変な話、ドラッグとか自己責任だと思うけど、逮捕は割に合わねえなっていうのはずーっと思ってます。

――そうですよね、やりたきゃやればいいけどリスクは高いからお勧めできないの一言で。

政所 そうですね、ホントそこだけですよね、ホント人生が変わったもんなあ……路上でシール屋とかやると思ってませんでしたからね。

――某大物歌手が言ってたっていう話がすごい好きで、「なんでみんな日本でやるんだろうね、あっちでやればいいのに」っていう。

政所 いや、それはそうなんだけど、気軽に外国に行けるような立場の人はいいですけど、普通はそんなお金ないですからね。やりたかったらこっそり自己責任でやってくださいとしか言いようがなくて。でも、捕まってもいいことないから。

――それは相当味わったはずなんですよね、ここまでのダメージを食らうとはっていう。

政所 ダメージデカかったですね。

――TBSラジオも解禁までけっこうかかりましたよね。

政所 はい、執行猶予3年だったんですけど、執行猶予が終わってもしばらくダメで。4年になるかならないかでやっと声をかけていただいてっていう感じでしたね。でも、すげえ緊張しましたよ、どういう気持ちでリスナーの人は聴くんだろうか、

DJダイノジ
お笑いコンビ・ダイノジによるDJユニット。DJを大谷ノブ彦が、エアギターとパフォーマンスを大地洋輔が担当。DJパーティー「ジャイアンナイト」を主催し、ダンサー集団「ジャイアンナイトクルー」と共に活動。

みたいな。世間の空気っていうか。いままた逮捕されたら違うんでしょうけど（笑）。どうなるんだろうなと思って。でも変な話、自分が生活してお金を稼いでいかないといけないなかで、ナードコアってサンプリングが違法なんですよ。

——ああ、おおっぴらにリリースできない。

政所 できないんですよ。で、一応、生業であったクラブ営業というのも風営法の問題でグレーっていうかブラックなんですよね。ずっと犯罪スレスレみたいなことをして生きてるなって自分でも思って。だから日に当たる世界に出すぎるとホントに著作権とかで逮捕されるんじゃないかなっていう恐れはいつもありますよね。世の中そういう遵法であることとか正義に対してものすごい厳しい人たちが増えてるような気がして。

——特にいまは、昔のことでも引っ張り出されて叩かれる時代になってますからね。

政所 そうですよね、僕は「正義狂人」と呼んでるんですけど。

——「正義超人」じゃなくて（笑）。

政所 そういう人たちが寄ってたかってきたら俺なんか簡単にもう一回入っちゃうんだろうなって思いながらドキドキして生きてます。そういう生活から抜けるためにメジャーから出して、あれはサンプリングとかしてないんで、あとラジオっていう日の当たる世界に出た瞬間にこれかっていう（笑）。半グレではないですけど半分グレーなところから抜け出せてはいないですよ。これを読んで、あえてそういうことを著作権者に言う人がいたら嫌だなと思うんですけど、ぜんぜん儲けたりしてないんで、やっと生きてるだけなんで勘弁してください！

——儲けてる感ホントにないですもんね。

政所 儲からないですよ。そういうことで儲けちゃいけないのもわかるし。

——ここ最近のシノギがマッサージ師からシール屋から、ホントに地道じゃないですか。

政所 そうですね。あとバンドキャンプっていうサイトで音楽を密売してたり、シールを売ってるのもメルカリですからね、密売もいいとこだなと思いながら。

——原宿の路上でのシール販売とか、あれも半分グレーじゃないですか。

政所 半分グレーですよね（笑）。一応、店の許可は得てるんで大丈夫だと思うんですけど、歩道の内側でやってるんで。ただ扱ってるシールが輸入ものの、これ絶対版権とかちゃんとしてねぇよな。アウトだよなっていう。人のものをサンプリングする運命からずっと逃れられないなって思って。

——サンプリングの許諾が緩かった時代に思春期を送ってるから、たぶんどこか感覚が麻痺しちゃってるんでしょうね。

政所 でしょうね。たとえば同人音楽即売会。M3ってあるじゃないですか。あれって同人というのもあって著作権とかそこまで厳しくないような気がするんだけど、俺より10歳、20歳若い子が異常に著作権を気にしてやってて。俺だけなのかなこんなにガバガバな感じでやってるのって思いましたけど、ちゃんとしてるみんな！　っていう。すげえちゃんとしてない世代のちゃんとしてない大人になっちゃったなって。

——そこは電気グルーヴのせいではない。

政所 自分のせいです！

——ダハハハハ！　やっぱり！

政所 影響はありますけど、ほぼ自分のせいです。

——でもたいへんな状況を経て、最近はそれなりに持ち直してるっぽいじゃないですか。

政所　気持ち、ちょっと持ち直してる感じはあるんですかね。捕まったあとにＤＪでたまたま卓球さんと同じイベントに出ることがあったんですよ。「あ、前科者！」とか言われて。「卓球さん、いま俺ぜんぜん仕事ないんで、なんかあったらくださいよ！」って言ったら「前科者にはやんねえよ！」って言われて、「じゃあ仕事いらないんでタバコ1本ください」って言ってタバコ1本もらったんですけど、「前科者には仕事やんねえよ」って言った卓球さんはいまどんな気持ちでいるのかなっていう（笑）。少しはあのときの俺の気持ちをわかってくれたらいいなって。

――ダハハハ！　まったく使えない話ですけど……（以下、諸事情により自粛）。

政所　ハハハハハハ！　言えねー!!　そういうことって言えなくなりますよ。俺ももともとそんなに言わないほうでしたけど、絶対捕まったほうに感情移入するっていう思考回路ができちゃいますからね。

――ボクは捕まったこともないのに犯人に感情移入しちゃう側だったんで、よっぽどの犯罪でもないと責めるモードには一切なれないんですよ。

政所　いやぁ……みんなが豪さんみたいになればいいんですけどね。

――「不倫でもなんでも自分のリスクで好きにやればいいんじゃないですか？　人に迷惑かけなければ」っていう、それだけですよ。

政所　そこなんでしょうね。ケツ拭くのは自分だけど、まあ迷惑かけちゃうとな。

――詐欺だの、地下アイドルに手を出すとか、ああいうのはどうかと思うしそれなりに文句を言うけど、薬物とかに対しては相当寛容ですよ。なぜならボクへの迷惑は何もないから。

政所　みんなそうなはずなんですけどね、でもみんな怒りますね（笑）。

――不倫とかで、なんでみんなあんなに怒るんだろうってしょっちゅう思いますよ。

政所　ぜんぜん関係ないですもんね。

――超どうでもいいじゃないですか、人が結婚しようが離婚しようがどうしようが。

政所　「けしからん！」って、あれわかんないですよね。

――おもしろエピソードでしかないですよ。

政所　たしかにそうなんですよね。おもしろがられてるほうが、やっちゃったほうも気が楽なんですよ。だから逮捕されたあとに一番救われた言葉っていうのがあって、友人から「いやぁ、政所さんたいへんでしたね。おもしろかったっす！」って言われたときに、おもしろく思ってくれた人がいてよかったなってすげえ救われて。その人ぐらいですけどね、だいたいみんな怒ってるか心配してるかで。でも、おもしろかったのは、いわゆる打ち込みとかテクノ方面とかちょっとオタク系の人は厳しかったですけど、ヒップホップ方面の人が急に優しくなりましたね。

――「おまえもこっちか！」って（笑）。

政所　ハハハハハハ！　ちょっと若いラッパーの子とかから、「お勤めご苦労さまでした！」みたいなことを言われて、そういう価値観の世界もやっぱあるよなっていうか。

――急に仲間意識が出るんでしょうね。

政所 出るんでしょうね。温かくしてくれるから素直にうれしかったですけど。いままでわりとヤンチャなというか、ストリート感のあるような人たちとの交流はそこまで深くなかったんで。

――Kダブシャインさんとイベントやってたぐらいで。Kダブさんも下戸だったのがお酒を飲めるようになってきたんですよね。

政所 そうか、Kダブさんも酒が飲めなかったんですよね。

――マーシーもそうですけど、下戸にちゃんと酒を教えてあげることが重要だなって。

政所 それはすげえそうかも。酒で留まるのが一番リスクないですもんね。

――合法ですからね、あんなに危険なのに。

政所 体には悪いけど合法ってホントにいいなって思いましたもんね。こんなにベロベロになっても捕まる心配ねえんだなっていう。

――宇多丸さんが酒でどれだけ失敗しても。

政所 そうですね。わりと迷惑かけてる人も合法なんだよな……しょうがないですよね、そこは法律だから。

――だから酒を学んでるのは正解ですよ。

政所 よかったー。酒、あとはサウナでキマってます。最近は。

――あれもバズりましたね、ボクと久田（将義）さんの番組に出たときのサウナ論が。

政所 そうですね、あれの影響なのか知らないけど、友達が電車に乗ってたら若い子が、「サウナってマリファナと同じなんだって！」ってすごい曲解した話をしてたらしくて（笑）。「この前ネットで見たんだけど」って。その発言元、俺じゃね？

――おそらく（笑）。

政所　マリファナに対する警戒心を俺が下げてしまったというか。あれバズりましたね。やっぱりみんな捕まらなければキマりたいんだろうなってすげえ思ったのは、瀧さんのあの時期のあとにツイッターでアンケートをやって、「捕まらなければキマりたいと思いますか?」っていうだけの質問で、そしたら1100人ちょっとが答えて、89パーセントがキマりたいって答えてて。やっぱみんな捕まらなければキマりたいんだなって変に安心じゃないですけど、正直になればみんなそうなんだ、これだけみんな怒るけどって思って。

――それが酒やサウナなりでキマる程度に。

政所　しておくってことなんでしょうね。

――ボクとか少数派なはずなんですよ、酒でもなんでもキマッて理性がなくなるのが怖いからキマらないようにするっていうタイプは。

政所　あ、でもいます。酩酊するのが嫌だっていう人いますよね。タバコもですか?

――タバコはある時期まで吸ってたけどやめて、酒も飲みすぎない。ちゃんとコントロールしておかないと気が済まないですね。

政所　そういう人が向いてる薬物はシャブだ、ってよく言いますよね。

――ダハハハハ！　覚醒する感じの。

政所　わりと酩酊したくないタイプの人はシャブにいくっていうイメージがありますけど。でも、あれだけ周りで見てるとやる気にならないですよね（笑）。

――ダハハハハ！　そりゃそうですよ。

政所　人生持ち崩してる人がどんだけいるのかっていう。

――清水健太郎さんに疑われましたからね、「吉田くんもシャブやってんだろ、俺にはわかる」「なんで俺だけ捕まってあいつは捕まらないんだ」って。

政所　わかる（笑）。完全に仲間意識じゃないですか。べつに俺は豪さんがやってたとしてもなんにも思いませんよ。

――ダハハハハ！　無実ですよ！

政所　90年代の出版業界って噂で聞いたらすごかったんで。編集部にプッシャーが出入りしてたって話を聞いたことあって。

――そっちは事実です！

政所　やっぱり！　でも、あの番組に出たおかげで前科者需要がちょっと生まれましたからね、幸か不幸かわからないですけど取材も来て、石丸元章さんや高樹沙耶さんと会ったり。俺もここまで上り詰めたかっていう。

――ガチなふたりと（笑）。

政所　いまスズキナオさんとパリッコさんで若手飲酒シーンのホープっていわれてるじゃないですか。それみたいな感じで友達に「政所くんは若手薬物シーンのホープだね」って、それぜんぜんうれしくねえ（笑）。なんだよ若手薬物シーンって！　でも、少なからずその感じは出てきちゃってるなと思います。それって仕事を選べるほど来ないからどんな仕事も断らないだけなんですけど。「若手薬物シーンのホープ」って言われても喜んでいいのか……完全にマークしてくれって言ってるようなもんじゃないですか。

――半月捕まっただけの人間なのに！

政所　そうですよ、入ってたのって23日ですからね。留置されてただけなんで、拘置所も刑務所も行ってないんですよ。

高樹沙耶
女優として活動した後、沖縄県石垣市に移住し、自然と共に生活する〝ナチュラリスト〟を自称。大麻の解禁を訴える活動を行い、16年5月に「医療大麻の解禁」を訴えるべく参議院議員選挙にも出馬。同年10月25日に大麻所持で逮捕。

スズキナオ
『デイリーポータルZ』『メシ通』などを中心に執筆するフリーライター。19年11月に『深夜高速バスに100回ぐらい乗ってわかったこと』を上梓。「チミドロ」というテクノラップバンドのメンバーでもある。

パリッコ
酒場ライター。雑誌『酒場人』を監修し、著書に『つつまし酒』『酒場っ子』など。もともとはDJで、01年にDJイオと共にファンキーダンスミュージックレーベル「LBT」を設立。トラックメイカーとしても、数々のナードコア音源を残す。

――ボクの友達が万引きで2年とか入ってるのを思うと、期間は相当短くて。

政所 ああ、サムライさん。つい最近また。

――裁判行ってきました。その前の裁判が長年覚せい剤と大麻やってた人で、裁判長はその人にすごい優しいんですよ、初犯だから。

政所 長年やってたのに！

――でもその後の万引き犯にものすごい厳しくて。やっぱりやってることの大きさではなく、罪を重ねるかどうかなんだなっていう。

政所 何回もやってるヤツはダメっていう。

――反省のないヤツには厳しくいくという。

政所 そうですよね、反省はしたなあ、いろんな方向から反省しましたね。

――嫌でもしますよね。表に出る仕事をしている人はダメージが想像以上にあるんで。

政所 ですよね。あとは音楽ジャンルでかなり差があるんだなっていうのは鎮座DOPENESSさんの件ですごく思いましたね。「大麻でよかった！」ってつぶやいてるヤツとかけっこういて。「あ、体壊してなくてよかった、鎮座さん」みたいな。すげえ大違い！

――ダハハハハ！ ケミカルじゃなければぜんぜんありっていう世界で（笑）。

政所 「ありあり、ラッパーでしょ？」みたいな。

――ラッパーが大麻で逮捕されるのは意外性ゼロというか、報道する必要ないでしょぐらいの感じですよね。

政所 ないですよね。あれ、なんで出てきてから発表になった

サムライ
ハロプロの現場によく現れるオタク。日本テレビ系列『PON!』で吉川友が歌唱中に、後ろの方で異彩を放ちながら踊っていたことで有名になる。19年10月26日にイオンモールつくばで開催された、つばきファクトリーのイベントに参加した際に警察に連行され、万引きの容疑で逮捕。

んですかね。「健康上の理由」ってやり過ごそうとしたのが許されなかったんですかね。僕も報道されなかったら体調とか海外に行ってたとかでごまかそうと思ってましたよ。

――のうのうとそれをやり通している人もいるはずですよね。

政所 いると思います、たまたま報道されてないだけで。だから報道されるとここまで違うかっていうか。

町山智浩の大麻観

――ラジオとかで知名度が上がったことが痛し痒しだったと思うんですよね。

政所 そうですね。

――ただのナードコアの人だったら。

政所 そうですね、クラブ店長ぐらいの話だったらここまでにはなってないかもしれないですよね。そのあとにホントにいろんな諸先輩が逮捕されたのが……そのたびに俺がコメントを求められるっていう、ある意味捕まっといていいことはないですけど、よかった部分ではあるかもしれない。

――これで回収していくしかないですよね。

政所 そうですね、若手薬物シーンのホープとなるためには（笑）。

――５０００円とかのコメント料をちょっとずつ集めていくしかないですよ。

政所 小銭が（笑）。正直、恩赦に期待してたけどなかったですね。瀧さんが捕まったときも、「よく考えたら平成終わるじゃん、恩赦で瀧さんの罪がなくなったらすげえヤバくない？」って勝手に期待してましたけど。

――モーリー・ロバートソンとか、大麻擁護っぽいことを言う人は出てきましたよね。

政所 あの発言でめちゃくちゃ元気になったっていう事実はありますね。やっぱり自分が犯したことも正当化されたらうれしいわけですよ、実際に正当化したいし。で、モーリーさんの登場っていうのは妙に勇気づけられるって言ったら変ですけど、こういうこと言う人いるんだ、みたいな感じで。

――ニュースのコメンテーター的な立場の人が、ちゃんと言ってくれるっていう。

政所 謎の心強さがあったし。モーリーさんとパーティーをやってた時期があったんですけど、あれに来てくれてたお客さんが僕に興味を持ってくれて、モーリーさんには救われた部分がけっこうあるんですよね。一般社会のあれとは別に、大麻好き界隈みたいな経済圏があるっていうのを知りましたね。なんかあるんですよ。

――最近、ＹｏｕＴｕｂｅｒのあいだで大麻リキッド的なビジネスが流行りだしてますよね。

政所 みたいですね、ＣＢＤですか。

――そのへんのビジネスやってる人が金を払ってＹｏｕＴｕｂｅｒに宣伝させて、みたいな。

政所 マルチみたいな。俺のとこにも来ましたもんね、「マルチやらないか」って。「政所さんならそういう大麻とか好きな友達とかいるでしょ」って。まあ、いるかもしれないけど（笑）。あまりにも胡散くさいので。儲かってるんですかね？ そういう商売はやっちゃいけない気がして俺はやらないですけど。

――この感じでやっていけば大丈夫だと思いますよ。おもしろおかしくコメントしつつ。

モーリー・ロバートソン
国際ジャーナリスト、ラジオパーソナリティ、DJ。日米双方の教育を受け、東京大学とハーバード大学に同時合格。自叙伝『よくひとりぼっちだった』がベストセラーに。大麻を使用したことがあると公言し、大麻使用についてもっと議論すべきと主張している。

CBD
大麻の有効成分で、カンナビジオールのこと。ハイになる精神作用は含まれず、リラックス効果のみ。電子タバコに使用するCBDリキッド、舌の裏に垂らすCBDオイルなどがある。

政所 でも、「捕まるなよ、割に合わないからやめとけよ」っていうのはホントに思うんですよ。ホントにいいことないから。

――世間が求める反省の方向とはちょっと違うだけで、反省はしてるんですよね。

政所 反省はしてますね。こういうこと言ったら怒る人いるかもしれないけど、捕まったことに対しての反省がめちゃくちゃすごいですね。あれで仕事を何個か飛ばしちゃってるし、実際に迷惑かけたのは捕まったからで。

――最近は田代さんとか見てても、罰ではなかなか人は変わらないことがわかってきて。

政所 そうですね、罰じゃ変わらないです。

――罰じゃ「今度は捕まらないようにしよう」って思うだけだったりするっていう。

政所 たしかにそうかもしれないですね。

――根本的な治療をしないことには。

政所 その治療っていうのも、うまくつき合える人がいる説っていうのを考えると、全員が全員依存症でヤバいのかっていうのもわからない感じではあるんですけど。でも、この空気はそういうことをもう一回考え直す時期でもあるのかなっていう感じは。早く正当化したいんですよね、自分のことを（笑）。

――大麻ぐらいはいいでしょっていう空気になっていけば。宇多丸さんがたまに、「たかが大麻」的な言い方をしてますけどね。

政所 ああ、しますね。ドキドキしますけどね。「えー、毎日ラジオ出てる人がそれいいの？」っていう。

――まあ、宇多丸さんはクリーンだからこそ言えるんでしょうけど。

政所 あ、そうですね。モーリーさんも結構大胆な発言をしてますけど、日本では絶対やらないですよね、だからこそっていう。

――昔話だから言える。

政所 あとは外国人っていうのを利用して黒船的な。変な話、モーリーさんはビジネス大麻解禁論者っていうところもちょっとあると思うんです。そうなると支持してる層って少なくないんで。

――大麻解禁論者的には町山智浩さんも重要な存在だろうし。

政所 そうですね。町山さんは「アニメが立体的に見える」ってヤバい発言をしたとき、みんなちょっと引きましたよね。

――「あなた大麻じゃないのをヤッてるんじゃないですか！」っていう（笑）。

政所 さすがの俺も「町山さん、さすがに大麻でアニメ立体的には見えないかもしれない！」って思ってしまった（笑）。そのへんのハンドリングは諸先輩方頑張ってほしいなと思いながら。僕はあくまでも若手薬物シーンの下っ端として。「先輩、頑張ってください！」みたいな。そういえばモーリーさんも大麻発言はだいぶ減りましたね。やっぱり「大人の社会」とか「企業」とかと仕事するんだったら言わないに越したことはないんでしょうねえ。僕もそりゃ企業とかの仕事とか欲しいからあんまりそういうことは言わない方がいいと思ってはいるんですが「過去の俺は間違ってた！　大麻は絶対ダメ！　人をダメにする麻薬だ！　麻薬やる奴は死刑！」とか思ってもいないことを言うのは嫌なんで。やっぱり企業の立場になればそりゃ「前科おじさん」とは仕事したくないってのも分かるし、それでも今の自分みたいな奴にも仕事を振ってくれる皆さんには感謝しかないですよね。

——ちなみに童貞長かった人がその後、女性関係はうまくできるようになったんですか？

政所　なんとかなりましたね。じぶんの店に来ていた女性客とおつき合いするというパターンになったんで。もともと女性に縁がなくてこじらせてみたいなことなんで、その反動ですげえいろんなとこにいくとかもないから、わりとそのへんは問題もないというか。

——暴走するパターンにもならず。

政所　暴走はないですね。でも1回とことんヘコまされてるんで、そこにいく気にもならないというか。問題を抱えるのが怖すぎて。

——これ以上叩かれたくない（笑）。

政所　っていうのはありますよね（笑）。

ごっしー　青山正明の影響は受けてないんですか？　『危ない薬』の。

政所　あ、ぜんぜん受けてないです。『危ない1号』とかの人ですよね、俺あれ怖くて読まなかったですよ。怖いじゃないですか！

——童貞だ！

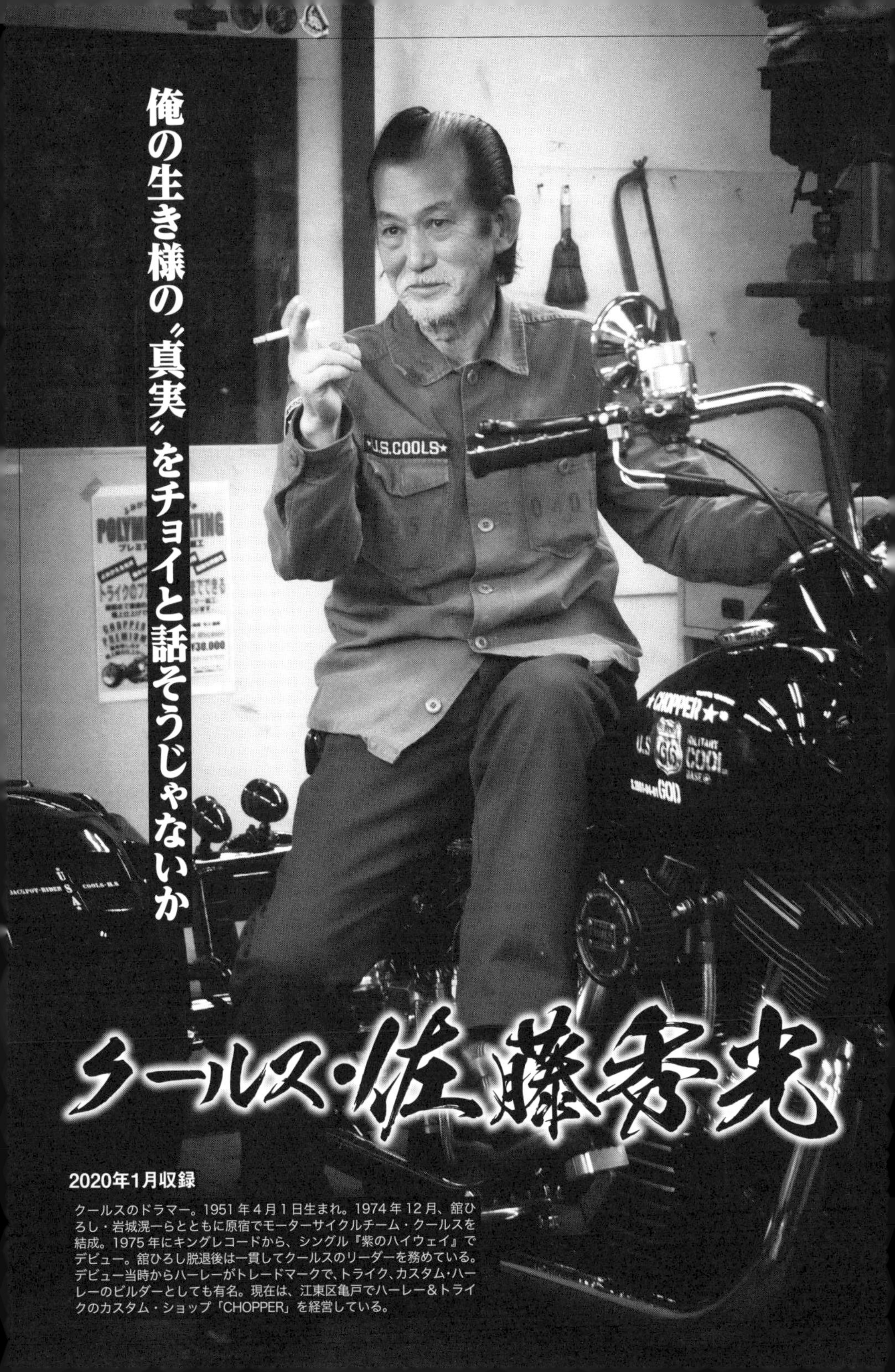

俺の生き様の〝真実〟をチョイと話そうじゃないか

クールス・佐藤秀光

2020年1月収録

クールスのドラマー。1951年4月1日生まれ。1974年12月、舘ひろし・岩城滉一らとともに原宿でモーターサイクルチーム・クールスを結成。1975年にキングレコードから、シングル『紫のハイウェイ』でデビュー。舘ひろし脱退後は一貫してクールスのリーダーを務めている。デビュー当時からハーレーがトレードマークで、トライク、カスタム・ハーレーのビルダーとしても有名。現在は、江東区亀戸でハーレー＆トライクのカスタム・ショップ「CHOPPER」を経営している。

激動の不良時代からレジェンドへ

―――秀光さんの『ハングリー・ゴッド』、いい本でしたよ！

秀光 ああ、そう。でも、本が売れない、レコードが売れない変な時代だよね、まさかこんな時代が来るとは思わないで生きてきて。

―――クールスがデビューした頃はレコードとかが相当売れてる時代だったわけですよね。

秀光 だけどあの当時は歌謡曲と演歌とフォークソングの時代だったんだよ。俺たちはアメリカにあこがれたから、乗りものはもちろんアメリカで、ファッション、あと音楽、この3つだね。こういうアスファルトがある道なんてほとんどなかったからね。戦後、ウチの親父が警察官やって、悪いヤツを取り締まる役に回っちゃったもんだから貧乏してさ。

―――それなのに無免許でバイクに乗って（笑）。

秀光 無免許で3回ぐらい捕まってるね。でも若い頃を思い出すと逆にいいよね、戻れないかなって思うときあるでしょ、田代（まさし）とも最近そんな話をしてたんだよ。あの輝いてる頃に、夢を持ってた頃に戻れればいいなって。シャネルズは俺たちのデビューの5年後ぐらいだから、俺たちを見て育ったっていう言い方していいと思うんだよね。

―――不良バンドの世界の後輩ですからね。

秀光 不良ってよくみんな言うじゃん、不良っていったい何かっていうと人を泣かせて上にあがるヤクザと違って、不良品の不良なんだよ。ある程度、人に迷惑かけておもしろい時期が少年時代にあって、だから不良品なんだよね。人に迷惑かけておもしろいときってあるんだよ、時期的に。親に逆らったりさ。自分の思いどおりにいかないのをなんとか開き直って迷惑かけちゃうみたいな。反抗期っていうのかな？　でも50歳のとき、このままじゃマズいから人間を変えようと思ってね。それは子供ができて寝顔を見てると、このままじゃマズいって思う時期もあるんだよな。

―――つまり、50歳になるまではけっこうなレベルでマズい感じだったわけですよね？

秀光 無茶っていうかね、逮捕令状30回ぐらいある（あっさりと）。どういうわけか刑務所には行かなかったんだけどね。これじゃマズいって180度人間を変えたんだよ。ある人間の「勝負は50からだよ」って言葉に背中を押されてね。じゃあ何をすべきか、人が感動することをしようじゃねえかってな具合だよ。そこでこの三輪（トライクという三輪バイク）の話になるんだけど、障害者っていうのは事故って障害を負ったヤツと最初から障害を持ってるのがいるじゃん。特にバイクで事故って障害を負うと、もう乗りたくないってふつうはなる。で、あきらめる。そのあきらめたことを現実にしてあげたらいったいどうなるんだろうなって考えたんだよね。

―――それにはトライクがちょうどいい、と。

秀光 それで車椅子の人間が乗れるものを作ったときにめちゃめちゃめちゃめちゃ喜ばれてね、あの顔を見たときに「よしこれだ！」と。人に感謝されて不可能を可能にして、自分の好きなことが仕事になるのがベストだなってひらめきが48歳のときにあって、50歳まで段取りして。だいたい俺は無口だったから、しゃべったり歌ったり作曲することってなかったのよ。でもこうやってギター置いていじってるうちに、努力していけば少し

『ハングリー・ゴッド』
15年、東京キララ社。佐藤秀光がCOOLSヒデミツ名義で執筆。

ずつできるんだなって。それでちょうど人間変えて20年になるんだな。１８０度ガラッと変えたら人が集まる。人が集まると何かができる。俺は子供の頃から助さん格さん連れて歩いてきて、田代まさしもだけど、お互いにいいようになろうじゃねえかってな具合でね。今日来たのは田代の話も聞きたいだろうし。

――もちろんです！

秀光 今回、報道を見たウチの子供に「マーシー助けに行くんでしょ?」って言われたことに背中を押されたからこうなったんだけどね。あの人もいままで保釈がきかなかった。覚醒剤は特に売人あたりと話したり庇ったりされたら困るから。彼はもちろん売人じゃないよ。ちゃんと立証されてるからね。それで塩釜署に収監されて、そしたらそこの署長から巡査からみんなクールスのファンだったんだと思うのよ。そのおかげで塩釜の出来事はセーフになったね。あと田代の知り合いの弁護士が田代のために弁護しますよって手を上げてくれた。

――全てが味方してくれる流れになって。

秀光 そしたら、田代の家族が弁護士どうするって言うんだよ。弁護士も気分悪くするじゃん。それでそいつを奮い立たせるために、「気心知れてる弁護士が一番いい。あと金の心配はするな」って言ったら、その弁護士が俺のファンになっちゃってやる気を出しちゃったの。あと俺が北海道から沖縄までチャリティーをやってるっていう、それも手伝って保釈が回ってきたの。

――驚きましたよ、こんな早く出てきて。

秀光 あと受け入れ先があって後見人が俺だってことで、そしたらＯＫ、あれは奇跡。

――それですでにライブのゲストにも出て。

秀光 時間あるなら10分ぐらいビデオを観て、価値あるからさ。

ちょっと中断！

――（ライブのビデオ見終わり）田代さんとはつき合いが長かったのでホント感謝です。田代さんの保釈金まで払ってるんですよね。

秀光 まあ、たいしたことないけどね。

――秀光さんも感極まってたみたいでした。

秀光 だって現地にいた人間で泣かなかったヤツいないよ。いるはずない人間がいるんだから。田代なんてどう考えたってさっきのステージで「サインしてください」「写真撮ってください」って言われるのと、留置場、刑務所にいるのとどっちがいいかっていったら、これはあきらかに地獄から天国に出したんだから、あとは本人がどう考えるかだよ。ただ、あいつは調子に乗りすぎるから、下ネタだとか薬とかをネタにするのはちょっと控えないとヤバいよね。それを言える人間が誰ひとりいねえんだよ。刑事事件になったらこういうことを一番最初にやらなきゃいけないのは誰か、ふつう家族だよな？ 学校の先生がやってくれないよ。芸能界の仲間？ みんなやってくれない。その家族がこれだから。

――過去の事件で距離が出来て。

秀光 そう、家族にほっぽらかされたけど身近に俺がいたから。目の前で友達が溺れてるのに知らん顔できるかよ。俺はできなかったね。単純にあの死にそうな顔から笑顔を見たいからこうやっただけなんだよ。障害者もそう。あきらめかけて人に話しかけるのもバイク見るのも嫌になってたヤツが15年経って俺のとこ来て、そのときの笑顔ってね、もう金じゃねえんだよ、金じゃ買えないよ、あの笑顔は。

――お金には変えられない。

田代の話
19年11月6日、東京杉並区で覚醒剤を所持していたとして宮城県警に現行犯逮捕。併せて8月23日に宮城県塩釜市の宿泊施設で覚醒剤を所持した容疑でも通常逮捕された。

秀光　うん。あ、でもやっぱ金だな（笑）。俺は関わるようになってから障害者ってすごく多いんだなって知った。あと薬やってるヤツすごい多いんだなって改めて思ったね。俺はそんなことしてる場合じゃないぐらいこの20年間、人間を変えて生きてきて、そのなかで甘いもからいも失敗も成功もあるわけよ。田代も年齢的に最終コーナーなんだから、ここで骨折ってたら戻ってこねえよ。

――もう60代ですからね。

秀光　熱狂的な俺のファンはね、それこそ今回田代が捕まったことも、「佐藤秀光を裏切った。刑務所が決まったら俺もその刑務所に入って討ちに行く」って言うわけよ。

――えー！

秀光　「ちょっと待ってくれ」と。そんなことやられても俺はちっともうれしくねえし。逆に田代のファンって昔からいるじゃん。俺がプレッシャーかけたんじゃねえか、ストレスが溜まったからやったんだって、こうなるわけよ。ああいえば上祐だよ。そういえばオウム真理教ってこの真裏にいたんだよ。だから、ここ借りるヤツいなかったんだよ。

――そうか、亀戸にもありましたね。

秀光　ちょうどいいんだよ、安くて。いろんな運がいいことがあったり失敗もある。でも俺ら今年で45周年ですよ、すごくない？　45周年過ぎて現役バリバリだよ。俺は69歳になるの。あと1年ちょっとで70歳だよ！　見てろよ、内田裕也を追い越すから！　ただ現役でやってるってことは自慢できるし、これはなんでか、まずコレ（金）に汚くない。コレでみんな解散する。独り占めが多いの。

――作詞作曲やってる人だけが稼いで。

秀光　そこだよね。そこの部分をガラス張りにしてるから居心地がいい。どう見たって言うこときかない、右って言ったら左側に行くようなメンバーが集まって45周年ってありえないでしょ。（昔の記事を見ながら）だんだん人はいなくなっていってるけどね。

――こんな凶悪なアー写ないですからね。

秀光　悪いけどこれはハッキリ言わせて。これだけ絵になるグループ、この先一生出ません。作詞作曲はジェームス（藤木）がやったりしてたけど、でもクールスがあってのあんたなんだよ、と。現実に作詞作曲頼まれてもないわけよ、ここだけなんだよ。だから井の中の蛙でよかったんだよな。でもおかげさまでっていうことで、そこをみんなでガラス張りにした、これが長続きした原因。あと大ヒットがなかったこともひとつの要因だね。

――マイナスなようでいて。

秀光　たとえば田代みたいにそっくり返るぐらいに有名人になると、そこからどうするかで薬いっちゃうし、なんとかしようとして調子こくの。調子こいて調子こいて調子こくから、なんとかおもしろくしよう、どうすればいいんだって、それで変にスタッフが薬を出して、それでハマッちゃったの。でも、「俺は薬の力は借りねえぞ。俺はサプリとインスタントラーメンで生きてるぞ」って。あ、そうそう、KEIって男がいるでしょ？

――メキシコのギャングになってアメリカの刑務所に入っていた、『チカーノになった日本人』（07年／東京キララ社）の人。

秀光　あいつと仲いいんだよ。ヤツが今度安倍総理の昭恵夫人がやってる財団法人のなかに入ったの。子供関係とか親に虐待されたりして、ほら、この名刺を見てごらん、「子供支援、シ

ジェームス（藤木）
アイリッシュ系米国人とのハーフ。クールスのギタリスト、ボーカル、コンポーザー。5度にわたるメンバーチェンジを経て、現在も一貫してクールスのリードギター兼ボーカルとして活動。クールスの多くのオリジナル曲を作曲。クールスと並行し、ジェームス藤木バンドを経て、現在はジム&リスペクト・オールとして活動中。

ングルマザー支援、刑事施設、面会、出所後の相談」。ここの茅ヶ崎の代表になったの。それでブラックマーシーで田代の代わりに今度はアメリカの刑務所を渡り歩いたKEIと、YouTubeで俺とやろうかって話してた矢先なの。だから何かの縁だよね。

ロックンロールと副業

――この連載で以前、上條英男さんのインタビューをしたことがあるんですけど……。

秀光　おぉっ！

――あの人もクールスの歴史にはけっこう深く関わってる人ではあるんですよね？

秀光　うん、前半でどうしていいかわからないときに少し協力してもらったことはある。

――あの人も変わった人ではあるじゃないですか。クールスとの間にトラブルとかは？

秀光　いや、あったよ。あまりにもズルいなっていうんで、「すみません、お世話になりました」って言ったら駄々こねたから、あのときは500万ぐらいあげたのかな。当時は金あったからね。どうも薬やってんじゃねえかと思うぐらいの部分が感じられたもんだから。でもお世話になったことは事実だし。

――最初にメディアの話題作りとかをあの人がやろうとしてた部分もあるわけですか？

秀光　いや、あの人は権利を売っちゃってとにかく金にしようとするから、それだとダメだ、俺たちはもっともっと元気を与えるグループにしたいんだ。いくつになっても俺たちの考え方を曲げないでやっていくんだっていうことで。たとえば音楽っていうのは懐かしい、カッコいい、飽きられちゃうんだよ。でもバイクは飽きないんだよ、毎日バイクを磨くの。俺はそこに目をつけたんだな。そこから音楽を聴いてもらうパターンを作ったの。

――なるほど！

秀光　どうだい！　そこにプラス、おまけがついちゃってるんだよ。障害者。ヤツらもスクーターじゃダメだよ、やっぱハーレー、外車に乗るんだよ。ショウガイシャっていうぐらいだから外車に乗りたいんだよ（笑）。

――……………ハハハ。

秀光　ときどき挟むからね（笑）。

――最初は音楽だけで食べていくのは難しいってことで副業を始めたわけですよね。

秀光　食べていくのは不可能でしょ。だってロックンローラーは世の中にどれくらいいる？　いまリーゼントしてるヤツどれくらいいる？　いないでしょ。それでも食っていかなきゃいけないのにどうするの？　いまどきリーゼントしてるのは相撲取りぐらいだよ。

――鬢付け油で（笑）。

秀光　昔からリーゼントは正義の味方がやるの、『鉄腕アトム』観てみ？　リーゼントだよ。『鉄人28号』観てみ？　リーゼントだよ。まあそれは冗談だけど、これをやり通して俺の頭がバーコードになっちゃいな、誰があこがれる？　だから毎日の自己管理。細かく言うと、どんなに遅く帰っても、油つけてるじゃん、これが毛穴の成長を妨げるから、ポマードと頭皮の脂を取る。で、マッサージする。熱いお湯で毎日やる。毛穴が温ま

KEI

FBIのおとり捜査にはめられ、カリフォルニアの刑務所に10年以上服役。その刑務所で出会った西海岸最凶と言われるチカーノ（メキシコ系米国人ギャング）のボスに認められ仲間となる。それに関する著書に『KEI　チカーノになった日本人』がある。現在は平塚にて「HOMIE」というチカーノ系ブランドを経営。

『アメリカ極悪刑務所を生き抜いた日本人』（東京キララ社）

るでしょ、そこに育毛剤をパーン！「リアップX5だコノヤロー！」っていうぐらいね。

――ちゃんとやってるんですね（笑）。

秀光 やらないと。自己管理だから。ハングリー・ゴッド、これは初心を忘れるなって意味なんだよ。ハングリー・ゴッドって直訳すると貧乏神になっちゃうけど、そんなこと言ってる俺が幸せ太りできるか？ できないでしょ。だったらテレビ観ながら腹筋して。

――もともと少林寺やって鍛えてはいて。

秀光 もちろん。あと俺は体操部もやってたからバック転バック宙パンパンパーンとできたわけ、クールスやる前の大学時代ね。

――そうか、体操部も入ってるから、よりブルース・リーのモノマネもうまくできた。

秀光 冗談っぽくやったら東京代表になっちゃった（笑）。あの当時、なべおさみが『そっくりショー』って番組やってたの。知ってる？ みんな歌ってるんだけど、俺だけ「エイヤー！」とかやってさ。各地方からブルース・リーに顔だけ似てるヤツとかヌンチャクだけうまいヤツとかいろいろいろ出てきて、そしたら俺はレイモンド・チョウって総監督に香港で会うことになって、相手役のノラ・ミャオと飯食ったはいいんだけど、レイモンド・チョウにご馳走だって言われてサルの脳みそが出てきたりして、ゲロ吐いちゃいそうで。俺、映画を作るはずだったんだよ。

――向こうでですか？

秀光 そう。当時、ブルース・リーのあとに倉田保昭とか風間健だとかいろいろいたでしょ？ そのなかで俺が候補に入ってたの。

――えぇーっ!!

秀光 あのときはブルース・リーが世界的に人気だから頭を前にボサボサにしてたの。

――『ハングリー・ゴッド』に載っているブルース・リー化した秀光さんとなべおさみのツーショット、これ最高の写真ですよ！

秀光 これ笑えるだろ？ アメリカ人から見れば東洋人は武道ができるという感覚。だからレコーディングで山下達郎をニューヨークに連れてったときに、日本人がロックンロールとは何ごとだって時代だったから。その1週間前にチャイニーズマフィアが俺たちの出るライブハウスを機関銃で皆殺しにしたの。

――マックス・カンザス・シティで。

秀光 そう、マックス・カンザス・シティで。その1週間後だから客が入るわけねえなんて言ってたんだよ。しかも俺たち平気で日本語で歌っちゃって、途中で「蹴り上げやれ」とか言われて。俺たちから見れば黒人はリズム感がよくてダンスができてみたいな感覚があるでしょ、ヤツらは俺たちを見たら、当時はブルース・リーが神様だったから。

――空手やカンフーができて当り前という。

秀光 ちょうどいいやと思って、ヌンチャクでパパーンとドラムソロやって（笑）。

――ダハハハハ！ ホントですか！

秀光 すごいだろ？ マジだよ。黒人のカメラマンがカメラどころじゃないみたいなね、自分の目で確かめようってな具合だよ。

――ブルース・リーのモノマネが活きた。

レイモンド・チョウ
70年に、映画会社ゴールデン・ハーベストをジミー・ウォングらと共に設立。ブルース・リーやジャッキー・チェンと契約して世界各国で大ヒット作を連発。カンフー映画が世界に進出する一翼を担った。82年の『キャノンボール』で、ハリウッド進出にも成功。

ノラ・ミャオ
香港の名女優。ゴールデン・ハーベストの新人オーディションに合格。『ドラゴン怒りの鉄拳』『ドラゴンへの道』などブルース・リーのヒロイン役として知られる。

マックス・カンザス・シティ
アンディ・ウォーホルのたまり場として知られ、CBGBと並びパンク・ムーヴメントの舞台となっていたマンハッタンの伝説のロック・バー。65年に開店して81年に閉じられ、ミュージシャンや詩人や芸術家や政治家などが集まった。マクシズ・カンザス・シティとも。

U.S.COOLS

秀光 クールスやる前はそんなバカなことやってたよ。笑いも入れようっていうんで全国の市民会館を回ったんだよ。俺が相手役に倒されちゃうと相手役がいい気になって、「おい起きろ、大丈夫か？」って言うと俺がパッと起きてそいつをおんぶして帰ったり、笑える状況にしてホッとさせたりして。だから俺は楽しいことは好きなんだよ。田代とかとも楽しくやりたいの。ヤツといるとね、あいつすごくいいヤツなんだよね。サル……じゃなくてトリ……じゃなくて……あ、馬が合う！

——笑いのセンスは合います？

秀光 あいつのあんまり好きじゃないところは、下ネタ系とか、「バカヤロー！」とか怒って笑いを取ろうとする部分あるじゃん。坂上二郎みたいにふつうのことで笑えるのがホントにおもしろい人だなと思ってるから、そういう芸人になってほしいな。二人羽織でもやろうと思ってね、あと東京コミックショーっていうのが昔あってね。あれ2人でパロディでやろうよって言ってた矢先なんだよ。安心してたはずだよ。相手が俺だから、向こうにとっても自分より格上だっていうことで、ヤツはそういうヤツじゃないとダメらしいんだよ。志村けんとか鈴木雅之だとか、誰かがいないとダメみたいな人間なんだよね。調子に乗りすぎちゃうんだよ。もちろん俺もそうだよ。俺だってこの商売、何度やめようと思ったか。億の金儲かったんだよ、税金対策で焼肉屋だのラーメン屋だのいろんなのやって。それくらい儲かったけどクレームが来て。

——え？

秀光 2〜3年経ったらベアリングがダメになってデフのなかがダメになったりそれを抱えてるアルミがダメになったり溶接がダメになったりいろんなことがあって、足まで上がっちゃうぐらいお手上げになって借金だらけになったの。そのときどう思うかっていったら、「やめようか？」しかないじゃん。挫けそうになるわけよ。でも、「よし行け！」ってやってここまで来たの。いまバッチリよ！

——相当儲かった瞬間があったんですね。

秀光 あった。もう来るなっていうぐらい。1日1000万以上、3台ぐらい売れたときもある。ウチのお母ちゃんにポンと渡したら、夜帰ったら冷蔵庫に入ってるの。「金を冷蔵庫に入れてどうすんだ！」って、そんなときもあったよ。いまは14〜15年経ってはびこりすぎたというかね。でも、やめないでよかった。評判が評判を呼んで障害者がガンガン来るようになって、ざまあみやがれ！

——音楽で儲かった瞬間はあったんですか？

秀光 あったねえ！ 音楽は音楽でね、会社ふたつ作ってうまく回ったときがあったよ。

——当時の音楽業界ってバンド側に知識がないのをいいことに、悪い大人にいいようにやられてたようなイメージだったんですけど。

秀光 そのとおりだね。俺が若い頃を思い出すと勉強不足すぎるよ。あとから気づくことは多々あったね、「やられた！」ばっかり。

——そういうことって永ちゃんが初めて勉強したぐらいだと思うんですよね。ふつうはわからないままみんなやられちゃうっていう。

秀光 まったくそのとおり！ これじゃいけないっていうんで嫌っていうほどJASRAC通ってさ。リーゼントして鞄持って、似合わないの。「また来たか！」みたいな顔されるんだよ、

つまんないこと聞きに行くから。それで金の流れを全部調べたの。名前は出せないけど、こいつにこれやられたのかっていうのがあるんだよ、億の金やられたなっていうね。上條しかり、あと2~3人ね、こういうことでこうなったのか、ふざけやがってっていうのを乗り越えて、これじゃダメだから改善していこうっていうんで、ヒット曲がなかったことがいまにつながってるんだよ。

——音楽だけにしないで正解だった、と。

秀光 そのとおり！　だって音楽だけで食ってるヤツって微々たるもんでしょ？

濃厚なクールス・メンバー

——クールスは、秀光さんと岩城滉一さんが大学で出会ったのが始まりなんですよね。

秀光 そうだね。岩城滉一はもともと大金持ちだから。岩城土木で俺もバイトしたりしてたし、鹿島建設と並ぶぐらいにすごい財閥だよ。舘ひろしの家はちっちゃな内科小児科で、桁が違う。俺は帝京大学に入って横にうるさいヤツがいるんだよ、それが岩城でね。

——舘さんに対してはいまどういう思いが？

秀光 一緒にできたらいいなと思うよ。だってもともとボーカルなんだもん。ただ、永ちゃんにしても知名度もお金もあるかもしれないけど、生きざまの納得度っていうの？　俺は誰にも負けないと思うよ。あと俺、永ちゃんにもひと言いいたいんだよね。人生語っちゃうようなことよく言うけど、だったら音楽やってる以上、あんたが作詞作曲しなさいよ。人に書いてもらったら歌い手じゃねえか……って言えないけど言いたいね（笑）。

——わかりますよ。あんなに言葉を持ってる人なのになんで作詞しないんだろうなって。

秀光 そのとおりだね、俺なんかひとりのバンドを組んで、いま全部作詞作曲よ。目の前にあるチャンスにガソリンがある限り、ナイスガイな仲間とチャレンジしようじゃねえか。金にならなくてもいいじゃねえか。「ロックンロール好きでも、食えなきゃほかのことやるっきゃねえだろ？」っていうほうもあるじゃん。そういう意味ではこれは好きなことで得意なことだから。得意なことで食えるヤツって世の中にどれくらいいると思う？　きれいごと言ったって一生食えるぐらい残せるかっていったら、たいていみんないいようにやられて終わっちゃってる。みんな金で解散するの、キャロルから始まってな。キャロルってCから始まるだろ、次にクールスが出た、これもCから。次にシャネルズが出た、これもCからなんだよ。チェリー・ボーイズが出た、これもCから、チェッカーズもCから、すごいでしょ、偶然なんだけど。おまけにコニー、これもCから。コニーわかる？

——ザ・ヴィーナスの。クールスもシャネルズもシャ・ナ・ナの影響というのが同じですね。

秀光 なるほど、そのとおり！　よく勉強してるね。シャ・ナ・ナのマネージャーっていうのがいて、あれはアメリカで当時『シャ・ナ・ナ』っていう番組があって、子供からおじいちゃんまで知らない人がいないぐらいに有名だったの。日本でいうと『8時だョ！全員集合』みたいな番組を持ってたの。そのマネージャーがジェームス大好きで、アメリカで引っ張り回して。さっ

チェリー・ボーイズ
76年、『初恋天国』でデビューしたバンド。同時期に活躍したキャロル（CAROL）、クールス（COOLS）とともに、それぞれの頭文字から日本3大ロックンロール・バンド"3C"と呼ばれた。

ザ・ヴィーナス
60年代アメリカンポップス風のファッション&サウンドが特徴。当初は男性5人編成グループで、女性ボーカルのコニーが加入することでブレイク。『キッスは目にして！』が有名。

シャ・ナ・ナ
60年代の終わりから活動しているニューヨークのストリート出身のロックバンド。オールドスタイルのロックンロール、ドゥーワップなどをレパートリーにした歌とダンスで、50年代のストリート・カルチャーを蘇らせた。

き言ったマックス・カンザス・シティもシャ・ナ・ナのマネージャーが取ったんだよ。もうひとつはCBGBっていう有名なニューヨークのライブハウスね。どっちも同じ日付で取っちゃったんだよ。ダブルブッキングして。それでわれわれはマックス・カンザス・シティのほうを取ったんだよね。

――チェッカーズもともと不良バンドで、クールスの影響がデカかったんですよね。

秀光 デカいよ。あれは久留米で一緒にやったことがあるんだよ。チェッカーズがまだ別の名前だったとき、俺たちの前座でやるはずだったの。そしたら楽屋によくわかんないヤツがバーッと入ってきて、「いま兄貴が死にました。クールスが観たくて観たくてバイクで事故っちゃって」って言うから、それはたいへんだなと思ったら、会場の久留米市民会館の隣が警察なんだよ。会場の入口に学校の先生から親から教育委員会から隣の警察まで来て、「おまえら帰れ、こういうことがあったんだから」と。それで市民会館から人が消えていって。「ちょっと待て、あんたらそれ営業妨害だ。音楽をやることをなんでそんなに毛嫌いするんだ」と。まあロックンロールは不良の入口みたいな時代だったから多少迷惑かかるかもしれないけど。そのときに後にヤマハのコンテストでデビューして、着たくもないチェックの服を着せられて、リーゼントじゃなくてね。「♪仲間がバイクで死んだのさ」っていうのはあのときの歌なの。

――『ギザギザハートの子守唄』。

秀光 たとえばシャネルズなんかも（ギター持って）「♪土曜の夜はおまえを抱いて渚で眠りたい」なんてやるじゃん。これ知ってる？『トゥナイト』って曲。今度は『ハリケーン』ね、「♪あの娘捜すのさMidnightチュー・チュー・トレイン」。

CBGB
かつてマンハッタンにあったクラブ。73年にヒリー・クリスタルが開業。ラモーンズ、テレヴィジョン、パティ・スミスなどが出演。70年代パンクムーブメントと、オルタナティヴなニューヨークの音楽シーンに多大なる影響を与えた。

「♪Hold me tight, Hold me tight, My little girl」って、これみんな同じなんだよ。これ田代がいちばん好きな曲ね、「♪夜明けだね 青から赤へ～」(『Tシャツに口紅』を1コーラス歌う) これはいい曲だと思うね。

——大瀧詠一さん作曲なだけあって。

秀光 あ、そうだ。2月2日にチョッパーの新年会やるから遊びに来たらいいよ、田代を観に来てよ。目に焼きつけておかないとまたいなくなっちゃうぞ。チケット送るから。

——ありがとうございます！ ちなみに山下達郎さんにはどんな印象がありました？

秀光 あいつは俺の小間使いだったから。

——小間使い(笑)。

秀光 横山(剣)もそうだよ。だからって、小間使いとかそのまま書くとまたロクなことにならないよ。でもアゴで使ってたからね。

——横山さんは、特に秀光さんのお店のスタッフからクールスに入った人ですもんね。

秀光 そうそう。殴り倒したら明治通り半分ぐらい転がっていったよ。みんな俺の周り3メーターぐらい近づいてこなかったから。

——それぐらいヤバい時期が！

秀光 それじゃダメだということで人間を180度変えたの。48歳ぐらいから少しずつ、2年間寝ずに頑張ったね。人生っていうのはそういう時期があっていいんじゃねえか？ ちゃんと元気よく好きなことで生きていけて食えてるんだろっていうのを俺がアピールしてれば、勘違いして俺もああいうふうにできるんじゃねえかと思うヤツもいるわけだよ。「おかげさまでやる気が起きます」とかね。

——ジェームスさんの本を読んでたら、ジェームスさんがうつ病を患ってたと知って驚きました。

秀光 だって俺なんか品の悪いヤツ相手にしてるでしょ。今日だって朝からふつうの人ならうつ病になるようなこと乗り越えてるんだよ。そんな暇がない。いちいち気にして下向いてどうすんだっていうね。うつ病になるようなことだらけだよ。ふつうの人の10倍ぐらい。だいたい田代のことだけでも「えぇーっ!?」の世界でしょ。それを俺は平気で乗り越えてる。ダテに神と名乗ってないよ。入口に賽銭箱置いとくから(笑)。何月生まれ？

——9月です。

秀光 わかってたけどな。

——え、そうなんですか！

秀光 わかるわけねえよ！ せっかく来たんだからちょっと占いで診てみようか。俺はカードで毎日占ってるの。(トランプを出し) 今目の前で6と9が入れ替わるカードさばきをちょっと見せようか、見る価値あるから。

——めちゃくちゃうまいですねえ！

秀光 (たっぷりトランプマジックを披露して) なぜこんなのを見せるかというとね、こんなような企画のときに呼んでくれれば。

——なんですか、それ！

秀光 あるんだよ、芸能人でこういうことができるの誰かいないかってときが。俺、番組持ってたからね。ダンプ松本の司会で。でもダンプに久々に会ったら忘れてるんだよな。あれ脳が

横山(剣)
78年にクールス・ロカビリークラブのローディー、ならびにチョッパー(佐藤秀光の店)の店員になる。81年にクールスRCのボーカリストになり、自作曲『シンデレラ・リバティ』がその最初のシングルに採用される。84年に脱退。その後、クレイジーケンバンドを結成し、今に至る。

ガーンと揺れるでしょ、もう障害になってるんだね、わかんなくなってるの。

——番組っていつぐらいですか？

秀光 12チャンネルで持ってたの。夜遅い時間だった。みんなリーゼントじゃなくて帽子被ってたから、「マジシャンでしょ？」「いやミュージシャンだよ！」って。まあ、これは序の口で、まだ超魔術ピラミッドパワー、瞬間移動といろいろできるんだけど。人を感動させることが大好きだからね。俺はクールスのコンサート終わると二次会のスーパーヒーローだから。地方に呼ばれるとマジシャンもいて、マジシャンに「こうやらなきゃいけないよ」って説教して帰ってくる。だからそういう企画があったら呼んでくれれば。

——トランプといえば昔、本気でギャンブラーになろうとした時期があったんですよね。

秀光 ああ。ポーカーは表になってるカードをパッと見たら積み込みができるの、集中力がたいへんよ、1個ズレたらマズいからね。その数字をパッと覚えるの。それで今度は切っておいて、それを配るときにちゃんと自分のところに、あとは（安岡力也の兄ィなら兄ィのところに行くように。要するに麻雀の積み込みだよ、バカじゃできないからね。これ相当寝ずにいろんなこと考えてやったよ。

——店を始める前は、ホントにいろんなことやって食べようとしてた時期があった、と。

秀光 そりゃメンバーのなかで子供いたのが俺だけだったから。そうすると食わせなきゃいけないっていうハングリーな気持ちが強くて毎日毎日博打やってたね。また安岡力也の顔にやられるんだよね、たいしたことねえのにたいしたことあるような顔したり、たいしたことあるような顔してたいしたことあったりすると、やられるんだよね。あ、そうだ。俺が蕎麦屋の厨房に入って作ったヤツがあるのよ、せっかくだからそれ食べていって（この後もたっぷりカードマジックを見せていただきつつ、お蕎麦もご馳走になりました）。

★CHOPPER☆COOLS★オフィシャルHP
https://www.chopper-cools.com

★CHOPPER☆COOLS★オフィシャルTwitter
https://mobile.twitter.com/chopper_cools

★撮影Photo
F-Pro HAGI　http://www.freedom-pro.com

『ガソリンがあるかぎり』
COOLS Hidemitsu with the HUNGRY
CD／2000円(税込)

HUNGRY☆GOD ハングリーゴッド"COOLS"ヒデミツ氏（CHOPPERオーナー）が全曲作詞作曲♬

だから言ってるじゃん、「ハメる前にハメられた」って

谷隼人

2020年2月収録

俳優・タレント。鹿児島県出身。1946年9月9日生まれ。1966年、東映映画『非行少女ヨーコ』で、緑魔子の相手役として主役デビュー。1968年、ドラマ『キイハンター』(TBS系)に主演。和製アラン・ドロンと呼ばれ、昭和を代表する銀幕スターに。東映アクションスターの1人となり、『網走番外地』シリーズ、『不良番長』シリーズ、『夜の歌謡』シリーズなどで活躍。1986年、『痛快なりゆき番組 風雲!たけし城』(TBS系)にレギュラー出演。妻は女優の松岡きっこ。

「東映には金を借りろ」

――つい最近、『伊集院光とらじおと』で話してたエピソードがとんでもなくおもしろかったので、さっそく話を聞きに来ちゃいました！

谷 ああ、それなの！ 伊集院君に「またお願いします」って言われて。殿（ビートたけし）の話までいかなかったね。

――もっと昔の話だけでもおもしろくて。

谷 僕は東映に入って、『非行少女ヨーコ』という緑魔子主演、降旗康男第一回作品、私、大原麗子、石橋蓮司で新宿でハイミナールでラリッてどうのこうのみたいな話で。ちょうど俺が夜の商売やってるときにスカウトされて、けっこういい役やったんですよ。次に『決着』という映画で便所の前かなんかで刺されて、そんなたいしたことない役だった。それ梅宮辰夫さんが一緒だったんですよ。で、3作目に『網走番外地』で。

――そこで高倉健さんと出会って。

谷 ええ、北海道に二等車か三等車で行ったんですよ。青函連絡船に乗って洞爺湖温泉に行って。それに梅宮さんも嵐寛寿郎先生もお出になられてて、小林稔侍さんや俺たちは6人部屋ぐらいかな？ 俺は生まれが九州鹿児島で育ちは長崎県佐世保なんで寒いとこぜんぜん知らなくてモモヒキなんて持ってなくて、そしたら衣装部さんに「おい、モモヒキ持ってきたか？」って言われて、「いや、ないッスよ、衣装部にあるのかと思ってました」「あるわけねえじゃねえか！」みたいな。まだ3作目で何も知らないですからしょうがない、自分でモモヒキ買って、寒いなあと思いながら20日間近いロケをやって。それで冷蔵庫の支払いとか酒飲んじゃったりで、ちょっと金足りねえなと思って。そのとき東映の専属料が月2万円だったんですよ。それで大泉のそばの三畳のところに下宿して。で、撮影が終わって高倉健さんに、「全部終わりました、ありがとうございました、帰ります」って言ったら、「おい金あんのかおまえ」って言われて、「あります」「バカヤロー、カッコつけんなコノヤロー」って2万円いただいたの。昭和41年の2万円。

――けっこうな額なわけですよね。

谷 だって俺の月収と同じだもん。役がついたら10万円だった気がするんですけど。たとえば『網走番外地』が決まったら10万円、その代わり次の月にならなきゃ入ってこないから、持ってる月給の2万円でロケとか行かなきゃいけない。20日間行って飲み食いしてたら支払いがヤバい。そこで健さんに2万円もらった瞬間に、同じ九州出身だしこの人の子分になろうと思って、それで目をかけていただいて、そこから同時進行ぐらいに『不良番長』シリーズと『キイハンター』が始まるんですよ。『不良番長』は……。

――すいません、ちょっと駆け足すぎるんでもうちょっとゆっくりと掘り下げましょう！

谷 ……え、これ駆け足すぎてる？

――そんな話をたっぷり聞きたいんですよ。

谷 あ、そうなの？ どこ？ 聞いて？

――そもそも俳優としてのキャリアは日活から始まってるわけですよね。

谷 いや日活はほとんどアルバイトなんですよ。だから、ぜんぜん何もない。

――そのために高校中退したわけですよね。

『非行少女ヨーコ』
66年公開。東映。降旗康男監督が、緑魔子主演で実話を元に描いたデビュー作。田舎を飛び出してきた女の子・ヨーコ（緑魔子）の青春映画。60年代の新宿の街が舞台。

『決着』
『決着（おとしまえ）』。67年公開。東映。石井輝男と内田弘三が共同でシナリオを執筆し、石井輝男が監督したヤクザ映画。梅宮辰夫主演。

『網走番外地』
高倉健主演で石井輝男監督の、網走刑務所を舞台にしたシリーズ映画。谷隼人は5作目『網走番外地 荒野の対決』が初参加作品で、以降たびたび出演している。

嵐寛寿郎
鞍馬天狗と『右門捕物帖』のむっつり右門役で知られるチャンバラ映画の大スター。戦前期から活躍していた時代劇スターの1人で、300本以上の映画に出演。〝アラカン〟の愛称で知られる。『網走番外地』シリーズのお馴染みの

谷 あ、高校中退はちょっとほかのことで。勉学があんまり好きじゃなかったから。それで夜の商売してたんですよ。喫茶店をやって、代々木公園でコック見習いみたいなことをやって、新宿で黒服の下っ端やって。その頃はなんにもないもん。それで日活の人が声かけてくれて何カ月間かいたんですよ。

――ニューフェイスではあったんですか？

谷 一応ニューフェイスってことを言ってますけど、ニューフェイスじゃないですね。

――そうなんですか！

谷 （記事を見て）あ、懐かしい写真いっぱいあるなあ！ 俺スティーブ・マックイーンが好きだったの、オートバイが好きで。だから『不良番長』シリーズにスカウトされたんですよ。梅宮さんはあんまりお上手じゃなかったんだけど、やっぱり番長だからやるって750に乗って、俺はどちらかというとジャンプしたりいろいろできる。こちら側では高倉健さんにかわいがっていただいて。それと並行して『キイハンター』が始まるんです。

――役者になって遊んだとかじゃなくて、役者になる前のほうが遊んでたって噂ですね。

谷 あ、モテてたね（あっさりと）。役者になる前になぜモテてたかというと、失うものがないからね。役者になって高倉健さんに目をかけていただいたり、あと俊藤浩滋さんっていうプロデューサーが東映にいて、「おまえらいい加減にしろよ」と言われてたから。

――俊藤さんも怖い人ですからね。

谷 うん、そういう方。鶴田浩二さんも浜松の博打打ちの息子でね。俺は同時進行で『キイハンター』が始まっちゃって、こっちで健さんの『網走番外地』もたいした役ではないけどやらなきゃいけない、『不良番長』シリーズは女をナンパしまくりみたいな、俺が芸能界に入る前のようなことが行なわれてるわけでしょ。だから俊藤さんからめちゃくちゃ言われたことあるの、「おまえらを応援してるのは素人の人たちだよ、そういう人たちを裏切るんじゃない」と。じゃあどうすればいいかっていうと、「プロだろ？」みたいな。

――相手がプロであれば問題ない（笑）。

谷 うん、なんにも。ウチの会社が東映ボウルというボウリング場をやってましたから、日本全国のオープニングセレモニーに必ず行ってヘタな歌を1曲ぐらい歌う。そしてウチはどっぷり浸かってたから夜はそういう方々の接待があって、2～3軒ご馳走になって、クラブ何軒か連れてってもらって、帰る間際に「誰が気に入った？」って言われて、俺は若いから、「1軒目のあの子と3軒目のあの子」って、掛け持ちで夜中の1時と4時ぐらいに呼んでましたよ、若いから（笑）。だから入る前のほうがモテたなって。代々木のスナックでコック見習いしてたときは女の子5人ぐらいと一緒に飲んで、5対1ですよ！

――そんなことがこの世界に入る前に！

谷 いや、失うものが何もないから（笑）。いまだったらたぶんクビだろうし、いまは一筆書かされるからね。ウチの会社っていうことはまず私らの頃はドップリなんだから。

――当時の東映はどうかしてましたからね。

谷 そうなんですよ！ まず『北海の暴れ竜』で私、梅宮さん、清川虹子さん、山城新伍さん、みんなで背中にきょうだいのモンモン入れてるんだから、監督が深作欣二で。それは本物の彫り師が描いてくれるわけだよ。うれしくて銭湯に行ったこ

キャラ。

小林稔侍
70年代中頃まで『網走番外地』シリーズや『仁義なき戦い』シリーズなど、仁侠映画やアクション映画で多くの悪役を演じる。高倉健への思いが強く、「ちゃんとした役で健さんと共演し、恩返しがしたい」という願いが、99年の映画『鉄道員（ぽっぽや）』で実現。

『不良番長』
68年から72年まで公開された、梅宮辰夫主演の東映最長シリーズ作。下ネタやギャグを盛り込みつつ、梅宮辰夫演じる番長率いる不良グループが暴れまくる痛快アクション。谷隼人は番長の相棒役。

『キイハンター』
68年から73年まで、TBS系列で21時から放送された、東映制作のドラマ。国際警察の秘密組織、キイハンターの面々が、平和を揺るがす陰謀や犯罪に立ち向かっていく。キイハンターを演じるのは、丹波哲郎、野際陽子、川口浩、谷隼人、大川栄子、千葉真一。

スティーブ・マックイーン
60～70年代を代表するハリウッドスター。"キング・オブ・クール"と呼ばれた。『荒野の七人』『大脱走』『ブリット』『ゲッタウェイ』に主演。ブルース・リーとは、彼が下積み時代からの親友。

俊藤浩滋
『日本侠客伝』『昭和残侠伝』『緋牡

とありますよ。

――ああ、刺青を見せたくて（笑）。

谷 そりゃそうですよ！　石鹸で洗い流さなければ大丈夫だから。撮影が終わってから新伍さんもみんな見せたくて行って。若い頃はそういうの入れたい気もあったりするじゃないですか、だって夢が何もないんだから。日活なんてほとんど関係ないから経歴から切ってるんですよ。ホリプロの社長をやってた小田（信吾）さん、それからいま三浦友和がやってるテアトル・ド・ポッシュの川口（義宏）さん、このふたりにスカウトされたんです。

――水商売をやっているときに。

谷 そしてモデルにしようか歌手にしようかってところで、東映にスカウトされてボイストレーニングに行けってことで鈴木淳、有馬三恵子のところに行って、そこで会ったのが松岡きっこさん。あの人は松竹の女優さんで、そこで14～15人の仲間がいて、「有名になってもシカトするのやめようね」みたいな話になって、そして東映に入ったの。で、俺は渋谷で川口さんのレコ（彼女）の店で働いてたの、金ないから。喫茶店でも給料は月2万円だったんですよ。東映に入ったときは喫茶店も辞めてないんですよ、ヤバいから。

――稼げないかもしれないから。

谷 そうそう、まだわからないから怖くて被せてたのよ。このレコのところで働いてたから、この世界はちょっとなと思ったけど、そしたら「おまえ本名は？」「岩谷です」「堅いなあ、生まれは？」「鹿児島の隼人に近いところです」「うーん……何かねえかなあ、岩谷隼人……あ、岩いらねえや、谷隼人」。3分ぐらいで芸名が決まった（笑）。もっと画数を見たりいろいろするのかと思ったら。

――すごい雑な名付けられ方をして。

谷 だけど俺のなかには何もなかったから、そこで声かけられたりいろいろしたけど、やっぱりこのふたりは裏切れない。あとで「谷はツッパってたからなあ」って小田さんにもよく言われたんだけど、俺は夢もないし、この世界の人って嘘が多いから嫌で、あんまりそういうのになる気はなかったんです。だけども何になれるかわかんない。そんなとき高倉健さんって人にお会いして、初めて……。

――ようやくこの世界に希望が見えた。

谷 そして『キイハンター』が始まって、私、千葉真一さん、沢田研二、ショーケンあたりがブロマイド売上を競うようになって、その頃は自分中心に地球が回ってる気でいましたよ。でも、高倉健って人にいろんなことを教えてもらって。みんな知らないけど、健さんはものすごく雄弁な人ですからね。

――無口な人というイメージだけど。

谷 たとえばいまみたいに質問されても2～3分考えて、「……………そうですね、マックイーンって言われたこともありましたね」みたいな、そういうタイプでしたから。それはなぜかというと、「おまえらすぐペラペラ口に出すんじゃねえ、質問されたら1回脳を通して答えろよ」って人なの。だけど普段はものすごい雄弁なんですよ、オシャレだしファッション雑誌もいっぱい見てて。その頃はブレスレットやネックレスや時計やいろんなものをいただいて。で、当時の東映は仕事してればそこで相殺してくれるから。山城新伍さんとか昔の人は、「東映には金を借りろ、東映は恥カク、義理カク、人情カクのサンカクマークだから」ってみんな言うんですよ。「借りといたら

丹博徒』『網走番外地』『仁義なき戦い』『山口組三代目』『日本の首領』などをプロデュースした、東映仁侠路線を生んだ名プロデューサー。富司純子の父親でもある。

『北海の暴れ竜』
66年公開。東映。深作欣二監督。梅宮辰夫をはじめとする、高城丈二、岡崎二朗、谷隼人といった当時の若手スターを登場させた、スピード感溢れるアクション作品。

小田（信吾）
ホリプロ前社長。堀威夫が50歳になるタイミングで社長となった。その後最高顧問となったが、20年6月に退任。

川口（義宏）
三浦友和、佐藤浩市、賀来千香子らが所属する老舗芸能事務所テアトル・ド・ポッシュの社長。小田信吾はテアトル・ド・ポッシュ創業者。

鈴木淳
作曲家、音楽プロデューサー。当時の妻・有馬三恵子が作詞し、鈴木が

得だぞ」って。それは『不良番長』シリーズに出てから聞いたんだけど。

――つまり、会社に借金するといろんな役をつけてくれるみたいなことですよね。

谷 そう、回収しようとするから。山城新伍さんも「会社から借りるんだよ、俺なんかしょっちゅうやってるんだから！」って。だんだん自分もポジションが上がってくるとそうかと思って、だからその頃はすぐ車買ったりなんかしてましたよ。だからトヨタ2000GTもアルファロメオも乗ってますよ。どんどん借金するとどんどん仕事が来るし。『キイハンター』が終わって『アイフル大作戦』で小川真由美さんと共演。そして劇画の『ワル』に出会って。

――真樹日佐夫先生原作の。

谷 そう、真樹さんにかわいがってもらってたから。真樹さんは空手の先生もやってて、東映で『ワル』の氷室洋二をやれるのは谷隼人しかいないってことで。白竜がその後やってるんだけど、最初にやったの俺だから！『ワル』が来てやっと看板になれたと思った。『ワル』は3作やって、1作目は梶芽衣子の『女囚さそり』と同時上映でドーンときて、これでイケると思った。お客さん入ったんですよ。2作目もまた来た。3作目までいくとだんだんこの性格が出てきちゃって、自分も箱の打ち合せに全部参加して、西本良治郎って殺陣師をつけて、少年院から出てきて石原慎太郎さんみたいな正論を言わせてみたの。氷室もいい子ぶってとかじゃなくて、何かを通したいってだんだんそうなってきちゃって。でも、1作目のあとはたいへんだったの、九州で暴走族のあんちゃんが「氷室と勝負させろ！」みたいな感じで言ってきて。

――え！ 映画と同一視しちゃって？

谷 そうそう、「氷室を出せよ！」ってなっちゃってるんだから。すごいんですよ、暴走族のあんちゃんが。でも、こうやって観られるのはうれしいなって。だって俺らが映画館に行ったときは（石原）裕次郎さんがちょっと足を引きずって歩くのがカッコよくて真似したし、健さんの映画を観たら「死んでもらうぜ」みたいにやりたくなる、それが好きだったの。それに俺なれてきてるわって思ったから、これは気合い入れてやらなきゃなって。

――『ワル』のときはそうやって自分で入り込んで全部責任を取るみたいな感じでやった結果、たいへんなことになったっていう。

谷 はい、だから責任を取って東映をやめることになった、観客が入らなかったから。

――3作目のときですね。

谷 そうです、『非情学園ワル　ネリカン同期生』ですね。しょうがないですよ、それだけ大きなこと言うんだったらっていう。その代わりこんなに女好きでしたけど、クランクインしたときからアップまでは女のケツも見たことない、何も見たことない。なぜかっていうと途中で言われるんですよ、アップがバーンと来るときに「おまえの目は飢えた狼の目だ」って。それなのに昨日抜いちゃってたら狼の目になってないんですよ。俺は高倉健さんの不器用なところが好きだったんです。立ち回りなんかやる前に下を向いて気合を入れて目が血走るようになってっていう形があるかもしれないんだけど、ウチの会社は芝居がうまいとかなんとかじゃなくてスター志向だから。俺が入らなかったらダメだし、俺は看板になりたいと思って一生懸命

作曲した伊東ゆかり『小指の想い出』が第9回日本レコード大賞歌唱賞を受賞し、〝おしどり夫婦〟と呼ばれた。

有馬三恵子
作詞家。南沙織のデビュー曲『17才』の作詞を手掛ける。他の代表曲に金井克子『他人の関係』、布施明『積木の部屋』など。主に筒美京平、川口真らの曲に詞を提供。鈴木淳の元妻。

松岡きっこ
女優、タレント。『アイフル大作戦』などのテレビシリーズで活躍する一方、『11PM』『巨泉×前武ゲバゲバ90分！』といったバラエティ番組にも出演。全日本女子プロレスの解説席のゲストとしても知られる。谷隼人の夫人。

『アイフル大作戦』
小川真由美演じる岸涼子が経営する「アイフル探偵学校」を舞台に、素人探偵たちが毎回様々な事件現場に立会い事件を解決。TBS土曜9時台のアクションドラマシリーズで、『キイハンター』と同じスタッフだった。

『ワル』
真樹日佐夫原作、影丸穣也作画の学園ハードボイルド劇画。名門鷹ノ台高校を舞台に、「ワル」と呼ばれる主人公氷室洋二と彼を更生させようとする学校との闘いを描く。実写化された映画が『非情学園ワル』シリーズで、主演の氷室洋二役が谷隼人だった。

やったんで、せめてそれくらい気は見せないと。

――それだけ気合いが入ってたんですね。

谷 終わったらみんなでルートコに行くんですけど、撮影のあいだぐらいは。そのときはもうきっこさんとつき合ってたんですよ、2作目ぐらいから。だから、誰かがコーヒーのポット持ってきて、「きっこさんから差し入れが来ました」って言われました。でも、俺は集中しててそのあいだは会わないようにしてたの。そうしないとお客さんに通じないと思って。だからいまもテレビとか、明日は生があるっていうときは酒は飲まない。やっぱりそれぐらいは懸けないと。それは高倉って人から教わった。不器用だけど男として優しくて強い人、これは俺のテーマにしてるの。

――『ワル』シリーズは大好きでポスターも全部買ってます。真樹先生もよく知ってて。

谷 そうですか、僕は大好きでしたね。街で会ったらホントにヤーさんですよ。真っ白いスーツ着て黒いネクタイして、「おう!」って感じでね。後楽園にも行ったりしました。

――『ワル』は再評価されてほしいです。

谷 してほしいですよ。東映チャンネルに言ってるんだけど、真樹さんのところがなかなかOKくれないみたいなんですよ。

――ああ、遺族の許可ですかね。

谷 版権にちょっと問題があるみたいで。

――だからまだソフト化もされず。

谷 そう、してくれないんですよ。だからずっと言ってるの。『網走番外地 悪への挑戦』っていうのも、俺が健さんの舎弟やって炭鉱町でモンモン見せられて、俺が少年院上がりのワルで、若いのがいっぱい出てるんだけど、そのなかで健さんが更生させていく、そこに嵐寛寿郎先生がお出になってるんだけど、そんなのばっかりやって。俺が『ワル』やって『ワル』やってって言ってるのに。

――『ワル』は主題歌も大好きですよ。

谷 そう、「♪ワルと言われて〜」尾藤イサオさんのね、あれすごく好きでしたよ。最後なんか感動しますよ、映画はいいもんねえ……。

昔の東映は黒い交際だらけ

――東映っていろんな派閥があるからこそ、誰の下につくかで運命が変わりますよね。
谷 全部変わりますよ。ウチは鶴田浩二さん、若山富三郎さん、高倉健さん、それで外部から来た菅原文太って人がいて、こっちには梅宮さん、千葉(真一)さんがいて俺はその下で大原麗子と一緒なんだけど、誰につくかによってえらい変わるんですよ。僕は高倉って人の子分になろうと決めたから、この人といたら四六時中一緒、仕事が終わったら必ずジムに連れてかれて、まだ夜の商売以外ほとんどしたことないのに、いきなりクラーク・ハッチっていうトレーニングセンターに連れてかれてベンチプレスやれとか言われて。
――チャック・ウィルソンさんのジム。
谷 あれはあとから来たの。そういうところに連れてかれて健さんから言われたのは、「メロドラマをやろうが体を鍛えてないと。向こうの俳優さんは全部やってるんだぞ」って。「え、アクションものやらないなら鍛えなくてもいいんじゃないですか?」「やってるんだよ!」って連れてかれて、健さん裸にな

西本良治郎
50年以上に渡って、映画・舞台・TV等でアクション監督・殺陣師として活躍。ジャパン・アクション・クラブ第1期生で、現在は副社長(社名はジャパンアクションエンタープライズに変更)。

クラーク・ハッチ
高倉健一派、北大路欣也、石原裕次郎が通っていた麻布のスポーツジム(現在は閉店)。アメリカ人のクラーク・ハッチが開設。チャック・ウィルソンはチーフトレーナーのコーチで、共同経営者でもあった。

ったらすごいじゃないですか、三頭筋が出てて。この人に言われたらやらなきゃいけないと思って、いまもジム行ってるんですよ。

——ほかの派閥だと、たぶんお酒を飲まされたりとかになってたと思うんですけどね。

谷 鶴田浩二さんについてたら酒飲んでゴルフがうまくなって、たいへんだったと思います。僕が健さんにお会いしたときはゴルフはやってないし、健さんのおかげで久保（正雄）さんっていう東日貿易の、インドネシアのスカルノ大統領とも関係した人ともつながって、そこで長嶋（茂雄）さんにもかわいがられて、健さん、長嶋さん、北大路欣也さん、俺で。フランク・シナトラさんとかサミー・デイヴィスJr.とか……これ言って大丈夫かな？

——ダハハハハ！ 気になりますか（笑）。

谷 いまクレーマーが多いから、俺すげえ評判悪いですよ、オバサンたちに。病気ネタか尻に敷かれたみたいな話はいいんですけど。

——たしかに『らじおと』でも、ここ最近のラジオでは聞かない単語が出てきましたね。

谷 あ、おもしろかった？

——ソープランドの話自体、聞かないです。

谷 ラジオでは聴かないけど、俺たちのときは当り前だったからね、みんな一緒に。

——東映といえばそれですからね。

谷 そうなの！ 地方のイベントに行くと松方弘樹さんが必ず「行くだろ？」って、そのときは弘樹さんが払ってくれて。だって松方さん、駅から45分で行って戻って来ましたからね（笑）。俺らはみんな、「いや45分じゃ無理ですよ！」って言ってるのに、「いや俺ちょっと行ってくるから」って。

——ダハハハハ！ 松方さんはソープ経営もしてましたし、オープンな時代ですよね。

谷 俺たちは川崎の堀之内とか、あのへんみんな知ってるから撮影が終わるとみんな待ってるわけですよ、殺陣師も待ってるから。

——それは『不良番長』がそういうノリだったわけじゃなく、東映全体がそんな感じだった？

谷 全部です。でも、それは健さんには言えないでしょ？ 健さんに言ったらえらいことになりますよ。健さんの前ではもう……。

——ただまじめに体を鍛えて。

谷 そうそう、体を鍛え、一緒にご飯を食べ、夜中の2時3時までコーヒーを20杯、30杯飲まされて、「谷はどうも女と約束してるみたいですよ」って誰かからチクリがあると意地悪されて4時頃まで引き延ばされて、その頃は携帯なんてないから全部ナシで逃げられますよ。そういうのはけっこうやられました。でも兄貴としてカッコいいから、オシャレだし鍛えてるし、ハワイも一緒に行かせてもらったし、いろんなこと教えてもらって。だから、この人の子分になってこの人のそこは真似ようかなと思ってたんですよ。

——師匠選びは正解だった。

谷 うん、これが若山富三郎さんだったら甘味処のハシゴで糖尿病で死んでたかもしれない（笑）。健さんが旦那、鶴田さんが若、若山富三郎さんは先生で、みんな正座させられて先生が「芝居はな……」って話すんですよ。芝居が器用でいろんな

久保（正雄） 自民党政権や伊藤忠商事に太いパイプを持っていた東日貿易社長（東日貿易は後に伊藤忠と合併）。長嶋茂雄や高倉健の後援者でもあった。

ことやれるのが若山さん、ああ見えて意外と動きも速いし。

――トンボも切れるし。

谷 そう、よく知ってるね！　鶴田浩二さんは芝居がお上手で色気もあるし、『あゝ予科練』っていう映画では鶴田浩二さん、俺、西郷輝彦、長沢純ちゃんなんかが一緒だったんだけど、俺はもう鶴田さんにビビりまくりで。「俺がナメでおまえのアップか？」みたいなことあるじゃないですか。いつも鶴田さんのアップばっかりいってくれればいいんだけど、鶴田浩二さんナメの俺はヤバいなと思って、ここでトチッたらたいへんだと思いながら、そういう緊迫感でやってたんだけど、なんか違うすごいいものを教えてもらった気がして。ナチュラルな人でね。こないだもパーティーで鶴田さやか（娘）ちゃんに会ったけど、なんかいいんですよね。鶴田浩二さんも好きなんだけど、師匠は替えられないんですよ。だから『不良番長』シリーズに入ると、「はい、これから銀座に行くぞ。新伍ちゃん行くよな、（安岡）力也行くよな、谷、おまえは行かないよな、高倉健の子分だから」って梅宮さんにハッキリ言われるんです。

――梅宮さんとは遊ばなかったんですか。

谷 そっちはぜんぜん。梅宮さんとは行ったことないです。だから梅宮さんの女の話は噂ではいろいろ聞いてるけど1回も見てないです。僕はそのくらい高倉健命だったんで。全部に師事するなら簡単ですよ、でも果たしてそれでいいのか。その両方をしてた珍しい人は山城新伍さんだけ。鶴田さんとも仲良くて若山さんとも仲良くて。ほかはできないの。

――山城さんが特殊だっただけで。

谷 で、撮影が終わって「じゃあ、お疲れさまでした」っていうわけにはいかないんですよ、みんな待ってるわけだから。まず焼肉を食べに行ってスタミナつけて、それからルートコに行くっていう。いまでいうソープなんだけど。そういうもんだと思ってたの。そういうもんでお金を遣っていくんだと思って。

――スタッフと一緒に遊ぶものっていう。

谷 当り前だったんですよ。それからテレビになってもかわいがってる衣装部のヤツがいたら必ずそういうふうに。ウチに来たら「ガソリン満タン入れて帰れ」とかね。そうやってきっこちゃんから怒られたことある。「なんであんたガソリン満タンにして帰すの？」って。そういうもんだと思ってたから。

――あの時代はそうだったんですよね。

谷 うん、だからこないだのラジオでもそういうことを警戒して話すこともできるんだけど、伊集院くんが「谷さんおもしろかったね」って言ってくれたし、奥でもみんなめちゃウケなんだもん、「またお願いします！」って。でも、「俺はもういらない、松岡きっこさん出して」って言ったぐらいなんだけど。ただ、いまは必ず一筆書かされるから。

――「何か不祥事があったら」と。

谷 これは昔話だってことだから言える。

――時効だから。当時の東映はどうかしてたって話はみなさんしてます、しょうがない。

谷 でしょ？

――黒いつき合いも、そういう会社だったからっていう、それだけの話ですからね。

谷 いまそういうこと知ってる人はほとんどいないでしょ。だって東映の撮影所に入ってったら右側に俊藤さんとこの事務所があって、そこへみなさん出入りしてるんですから。誰かと思うとそちらの人ばっかりだし。『山口組三代目』ができたの

『あゝ予科練』
68年公開。東映。主演・鶴田浩二、監督・村山新治。「東映戦記映画三部作」の1つで、『あゝ同期の桜』『人間魚雷 あゝ回天特別攻撃隊』に続く3作目。

鶴田さやか
鶴田浩二の三女。77年、石井ふく子プロデュースのドラマ『家族』でデビュー。『渡る世間は鬼ばかり』NHK大河『義経』『遠山の金さん』『水戸黄門』『大岡越前』『必殺仕事人』『暴れん坊将軍』など多数出演。

『山口組三代目』
73年公開。東映。山口組三代目の田岡一雄組長をモデルとした映画。登場人物が実名なのも特徴。田岡一雄役を高倉健が演じた。『仁義なき戦い』を上回る記録的な大ヒットだった。続編が『三代目襲名』で、「山口組三代目シリーズ」3作目として製作予定だった『山口組三代目激突篇』が諸々の事情で中止に。

も田岡（一雄）さんが「高倉健ならいい」って、そういう時代。

――本職が教えてくれる時代ですよね。

谷 そうなの。賭場もそうだし刺青とかも。大阪で『赤い夜光虫』を撮影したら私、梅宮さん、大原麗子なんかでご飯に連れてってもらって、女性は帰してあとは野郎が残って2～3軒連れてかれて親分の顔が立つようにして代頭の店に顔出して、そうすると向こうが最後に手配してくれるの。「全部終わってるから、その代わり車代だけはちゃんとしとけよ」って。だから全部お金でっていうことしかないし、いまみたいなことはないんです。

――スキャンダルになることはしていない。

谷 そうそう、タダ乗りはないのよ。そういうもんだと思ってたからね。でも、あんまり言うとな……奥さんになった人もいるから。

――記事でちょっと気になったのが、当時東映の大先輩で猟銃が好きな人がいて、雪のなかで腕立て伏せをさせられて、その人が後ろから発砲してたって話なんですけど……。

谷 それ高倉健さんです。

――健さんなんですか！

谷 健さんフラストレーションが溜まると猟銃とか撃ったりして。北海道に仲いい寿司屋さんがいて道警に顔が利くんで、なんかあっても大丈夫なんですよ。健さんはベンツに日本刀や猟銃を入れてトランクの鍵を閉め忘れたりするの。イラついたり怒ったら向こうは持ってるわけだから、怖くてしょうがないんですよ。まあ、向こうは何もなくても強いけど。だから「てめえら腕立てしろ！」とか言われて、北海道のロケで腕立てして、「コノヤロー、フルチンで走れ！」って走らされて。

――『網走番外地』のときに。

谷 そう、小林稔侍さんも走ってますよ。

――うわーっ!!

谷 死ぬんじゃないかと思いましたよ。ロケ中にもいろんなことがあって。現場で安藤昇さんがお帰りになったり、いろいろあったんで。そのときも俺いたんですよ、マイクロバスで待ってて安藤さんの出番がなかなか来ない。石井輝男さんに「安藤さんナメてんじゃないですか？」とか言ってたらホントに帰っちゃってたの。そのときはさすがに健さん怒りましたね。最後、ふたりで馬に乗りながら友情を見せるシーンが全部吹替えになったりそこのシーンがなくなったからで。そういうことは健さんとしては許せなかったんでしょうね。東映側がちゃんとした扱いをしなかったことに怒ってるのかわからないですけど、その晩は荒れてましたね。荒れてると俺は撃たれるかもしれないしね。

――うわー！

谷 斬られるかもしれないし。それぐらい機嫌悪くて、「走れコノヤロー」とか言い出して、雪が降ってる夜中に素っ裸で、死ぬよ。

――はぁ……。

谷 でもカシラだしね。ジムに行ってもサウナで腕立て腹筋させられたり、すごいストイックな人なんですよ。だから俺たちはいつも終わって健さんがシャワー浴びるとサッと行って背中流して。そうするとメンバーシップの人って外人さんが多いじゃないですか。「ホモセクシュアル？」って言われるんですよ、「関係ねえだろ、俺らの兄貴だから！」って。それで上がると保湿して、ニベアをバーッと塗ってそのあとコロンをか

田岡（一雄）
三代目山口組組長で、山口組を日本最大組織にした。賭博の規制強化にともない、新たなシノギとして神戸港の港湾荷役業と演芸興行に進出。神戸芸能社を設立し、美空ひばりらの興行を手掛けた。

『赤い夜光虫』
66年公開。東映。梅宮辰夫&緑魔子のコンビによる『夜の青春』シリーズ第7作。大阪・道頓堀のネオンの影に乱れる若者たちの危険な遊びを描く。

安藤昇
安藤組組長。刺青・指詰め厳禁などのスタイルで従来の暴力団のイメージを刷新した。端正な顔立ちで、のちに俳優に転向。自らの自叙伝を映画化した『血と掟』を皮切りに数々のヤクザ映画に出演。『実録安藤組』シリーズ、『安藤昇のわが逃亡とSEXの記録』などには本人役で主演。

けて終わるんです。カッコいいなっていつも見てましたよ。だから江利チエミさんと離婚したときも俺いましたし、チエミさんもよく知ってますけど、こういう男になりたいなっていう人が目の前にいたから、あっちもこっちもできないんですよ。してればよかったなとは思うんだけど。

——師匠は1人だけで。

谷 で、数年前に『不良番長』シリーズの関係で梅宮さんと会わなきゃいけなくなって、悪いなと思って。俺、『不良番長』シリーズ途中で降りてるんですよ。そこからが『不良番長』シリーズひどいんだから、もっとめちゃくちゃになって。地方なんか行くとみんなヤッちゃった、みたいな話で。出演者がレギュラー6名ぐらいいて、監督がその頃は野田幸男、内藤誠さんで、「辰っちゃんなんか要望ある?」って監督が言ったら、「レギュラーが6人いるから女も6人出してもらわないと取り合いになる」って言ったぐらいで。

——その話、梅宮さんは公言してましたね。

谷 そう！ みんなで暴走族みたいに走るシーンを撮るんで郡山かどっかにロケに行って、その晩に梅宮さんが狙ってた女優さんを八名（信夫）さんがガポッといって、梅宮さんは予定が狂ったんで力也が狙ってた女をガポッといって。そしたら力也は我慢できないわけでしょ、「兄貴、そりゃあかん！」ってドア蹴って脚を骨折したんですよ（笑）。

——ダハハハハ！ 最高だなー（笑）。

谷 そんな仕事やってたから。ホントに和気あいあい、あのままですよ。女騙して金引っ張って。だけど新伍ちゃんが晩年どんどんふざけていったけど、梅宮さんの場合はふざけてはいないんですよ。そこが続いた秘訣だった気がする。梅宮さんは育ちがいいから、どっかでそれが出る。だから梅宮さんに数年前、「いろいろとすみません、高倉健の子分だったんでちゃんとおつき合いできなくて」って言ったとき、「バカヤロー、知ってるわ」って簡単に言ってくれたんですよ、もっと嫌味タラタラ言われるのかなと思ってたら、この人こんなにサッパリしてるの？ と思って。だったら何かお返ししたいなと思って、その後テレビ局が一緒だったときに、梅宮さんのマネージャーが「辰兄が1時間ぐらいつき合ってほしいって言ってます」って言うんで、「大丈夫ですよ」って待っててさ、そこでいろんな話したの。そこで『不良番長』の同窓会やりたいんだけど」って言われて。

——ああ、それで同窓会を仕切られたんですか。

谷 「俺やってもいいですよ」って言ったら、「じゃあちょっと寿司食いに行こうや」って世田谷の鮨辰に（鈴木）ヤスシさんとかみんな来て、すごくやりたいって思いを語られたの。「いいです、俺が全部やります」ってことでウチで往復はがきを用意して。

——大雪の日に同窓会が実現して。

谷 そう、俺が司会をしてね、なるべく巻いて終わらせて。それを全部やったの。ヤスシさんが、「辰兄がヤッた女がどうのこうの」とか言うから、「ま、昔の俳優さんは同志だから。昔はグチャグチャな時代だから」ってことでやったらものすごい喜んでくれて。

——あの時期にできてよかったですよね。

谷 すごいよかった。やってなかったら気持ちが全部残っていまこうやって話せない。それから何日か後に梅宮さんが顔面にケガしてリサイタルがあって、心配だったから「大丈夫でし

江利チエミ
52年、『テネシー・ワルツ』でデビュー。同時期にデビューした美空ひばり、雪村いづみらと"三人娘"の1人として大ブームを巻き起こす。高倉健と結婚するが、チエミの成功を伝え聞いた異父姉による中傷や数億の横領に苦しめられ、高倉を守るため離婚。

野田幸男
『不良番長』シリーズの16作中、第1作を含む11作を監督。他に、千葉真一主演の『激殺！ 邪道拳』、『やくざ刑事』シリーズ、『ザ・カラテ』シリーズなども手掛ける。

内藤誠
『不良番長』シリーズ中の16作中、5作を監督。その他に『ポルノの帝王』シリーズ、『地獄の天使 紅い爆音』『番格ロック』なども手掛ける。息子に内藤研（男の墓場プロダクション）がいる。

八名（信夫）
悪役商会のリーダー。『不良番長』シリーズ、『仁義なき戦い 広島死闘篇』『現代やくざ 人斬り与太』などで悪役を務める。「まずい！ もう一杯」の青汁のCMで有名。

（鈴木）ヤスシ
『不良番長』シリーズに、カポネ団のメンバーとして出演。司会としても知られ、『ザ・スターボーリング』『キンカン素人民謡名人戦』『勝ち抜きエレキ合戦』『ホイホイミュージックスクール』などの司会を務める。

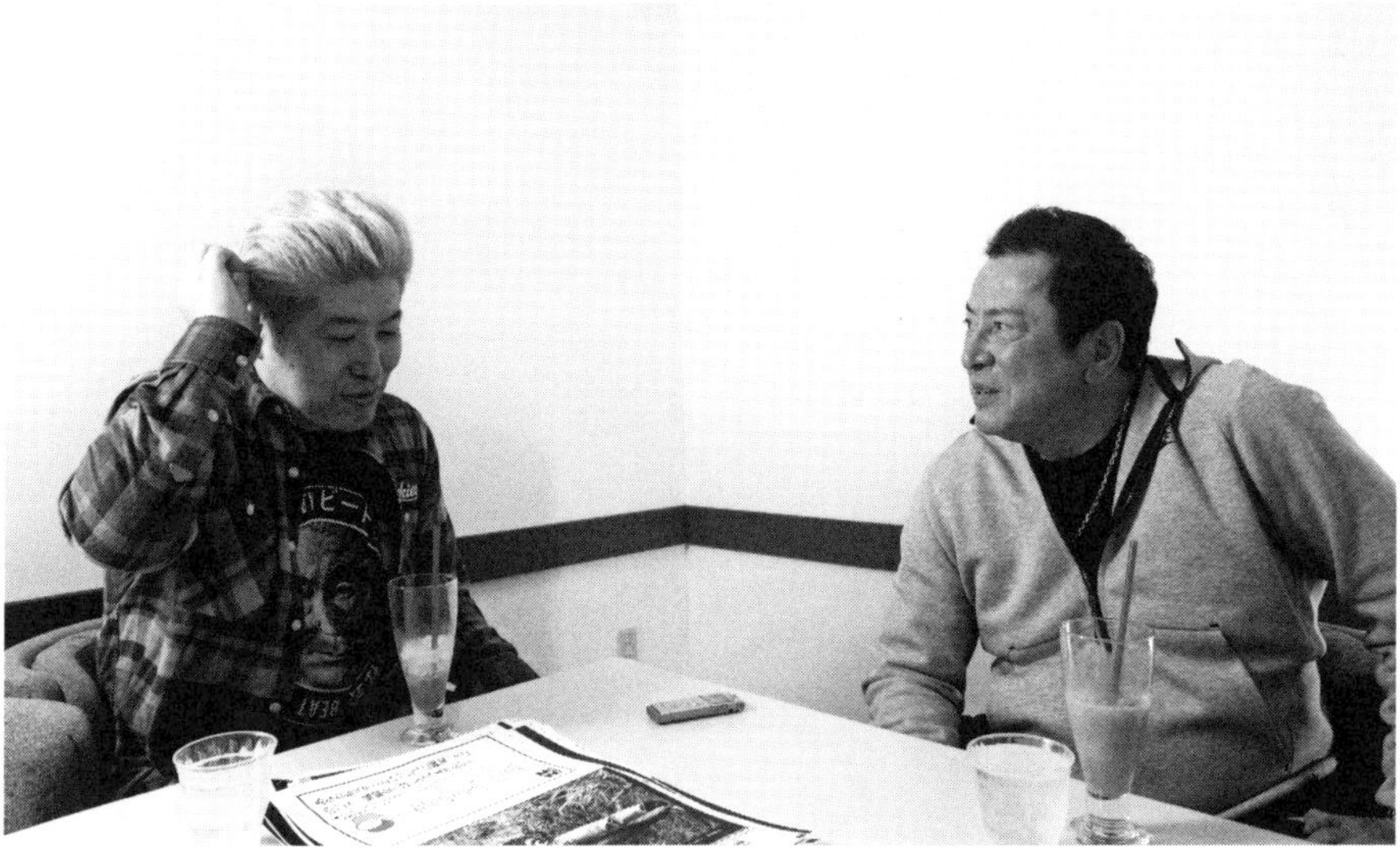

たか?」って連絡したら、「心配かけて悪いな、大丈夫だから」って。「これから真鶴のほうに引越そうと思うんだけど、おまえ来いよ。景色は最高だし魚は美味いし。飲むなら車で来るんじゃねえぞ」って言われたの。それが最後でしたね。だからあの同窓会だけはやっておいてよかった、梅宮さんにお返ししといてよかった。あとひとり返してなかった、あの芸能生活何十周年? 80歳のパーティーは出てあげたんです、あの方の。

——ああ、千葉真一さんの。

谷 あんまり好きじゃないんだけど、俺も男だからちゃんと顔を出して。ホントに芸能人来てなかったな、俺と別所哲也、あとオスマン・サンコンちゃんぐらい。「谷さん、ギニア国籍取ったほうがいいよ、5回結婚できるよ」「いいですねえ、俺も取りたいなあ」とか言ってたら、ふと見たらすしざんまいの木村清さんがいたり。そしたら北島(三郎)さんが遅れて来たの、足が悪くて。千葉さんのデビュー作ぐらいのときに出たことあるって。あと900人ぐらいわからない人ばっかり。だからみんなビックリしてましたよ。

——千葉さんは良くも悪くもアクが強くて、そうやって人が離れていくのも聞いてます。

谷 ね、たいへんでね。だって新田真剣佑と眞栄田郷敦も親父は嫌だって記者会見も出ないで、徳光(和夫)さんが司会してたんだけど俺らしょうがないから舞台上に出されて。でも俺は男として、自分が世話になった人のお返しがしたかった。そのなかで何人か言えない人がいるからね。とにかくフカシはダメ、できもしないことは言わない、大きなことは言わない。その代わり先輩からいただいた大事なものは返そうと思ってたんですよ。

新田真剣佑
千葉真一の長男。『ちはやふる -上の句-』『同 -下の句-』で、第40回日本アカデミー賞の新人俳優賞を受賞。20年5月、コロナによる緊急事態宣言が出されている中、沖縄旅行をしていたとして謝罪。

眞栄田郷敦
千葉真一の次男。映画『小さな恋のうた』やドラマ『ノーサイド・ゲーム』(TBS系列)などに出演。

高倉健の養女に複雑な感情

――その姿勢は健さんイズムなのかもしれないですけど、ちょっと気になったのは最初の結婚のときのことで、調べたらけっこうたいへんな騒動になってたのに、谷さんはぜんぜん余計なことは言わないんですよね、全部「私が悪いんです」のひと言で通してて。

谷　いや、これは自分が悪いんだから。たとえばいまでいうと東出（昌大）くんと渡辺（謙）くんの娘（杏）は、俺はふたりが悪いんだって思うんですよ。俺も24歳で結婚して。なぜかっていうと人気でやってるだけの自分がものすごくたいしたことないなと思って。これを全部捨てて残れるのかどうか、それで一番絶好調のときに結婚したんですよ。

――会社も反対するような時期に。

谷　会社は大反対です。でも、岡田茂さんだけ納得してくれて。ホントはもうちょっとうまいことやって同棲ぐらいにしておけばいいのに、そこはキチッとしようと思って。だけど1年で別居、俺もニュージャパンに逃げ込むようになって、いろいろたいへんで。

――いまならありえないレベルの報道がさんざん行なわれていたから、これは相当消耗しただろうなと思ったんですけど……。

谷　消耗しましたね……そこから19年ぐらい調子悪くて。簡単に言うと自律神経失調症みたいになっちゃって乗り越えられなくて。乗り越えたのは45歳ぐらいのとき。でも、自分が背負ってきたもんだからしょうがないですよね。きっこさんとも結婚して、きっこさんが具合悪かったときは遊ばない！　じゃあ元気になったら遊んでたかどうかは、遊んでても言わないし、遊んでないとも言わないし、遊んでるとも言わない。『FRIDAY』は1回あるけど（笑）。

――ラブホテル前でのキス写真を載せられて、あの顛末も最高におもしろかったです！

谷　いや、俺は俺のルールが……いや……。

事務所スタッフ　軽く考えてるんですよね。

谷　……いや、まあ……。

――写真を撮られたとき、「俺は自分のことを一流だと思っているからトップ記事にしろ」みたいなことを言ったっていうのを読んで爆笑しましたよ！

谷　いや、それは……これは俺的なルールなんでね、ほかの人は真似しないようにみたいな、そういうことだと思いますけどね。

――あのときは記者に直撃されても「そういうことに口を出さないのがウチの家訓」とか言ったことで、奥さんの株が上がって。

谷　そうですね、株が上がってすごくいい人みたいに映ってたから、これは安心だと思って帰ったらものすごい違ってて（笑）。お母さんに「もうこのへん歩けないから」って言われて、土下座して。そうしなきゃいけないと思って、これだけはしました。

――よく乗り越えましたね。

谷　いや、だから乗り越えたっていうけど内情はたいへんなんですよ！　一見ちゃんと収まってるように見えるけど、あの写真に写ってたのがルイ・ヴィトンのバッグだったんですよ。

それハサミで切り刻んで隣のマンションに放り込まれて。中にいろんなもの入ってるから、「すみませーん」って拾いに行きましたよ。だから言ってることと裏は違うんですよ。テレビを観てたら、「うわ、寛大！　この人なら大丈夫かな」って感じだったんだし、俺は友達を連れて帰ったらしいんですよ、自信なくて。それで友達が帰ったあと、「冗談じゃないわよ！」って話になって。

——でも、キスだけでよかったですよね。

谷　だから言ってるじゃん、「ハメる前にハメられた」って。あれ利口な人だったら終わってから撮ってますよ、ホテル入るとこ出るとこ。なんでかっていうと俺は昔、あの近くに住んでたんですよ、前の女房と結婚してたときに。だから土地勘があるんです。俺はUターンして入ろうと思ったら、「もうちょっとお待ちください」みたいになって、『FRIDAY』も困ったらしくて。それで俺は帰りやすいように方向転換したら記者の車と真っ正面になっちゃったの。だからよく写ってるんですよ、見たらわかるけど。こないだもみんなに見せられたよ。もうあれから30年以上経ってるのに……時効って何年？

——もう無罪ですよね（笑）。

谷　そのあとにたけしさんと『風雲！たけし城』が始まるんですけど、たけしさんとは『FRIDAY』仲間なんですよ（笑）。

——たけしさんが『FRIDAY』に乗り込んで、「ありがとう」って感じですか。

谷　そうそう、大好きですよ。いまちょっとたいへんだけどね、軍団もかわいそうだし。

——当時、たけしさんが騒動で休まれてるときも番組をやってたわけじゃないですか。

谷　やってました。だって番組は外せないですもん。「執行猶予中にこんなことやってていいのか！」って街宣車ガンガン来ました、そこで収まりつかなくなって最後は話に入った人もいて、それでやっと収まったけど。

——ロケもできない状態だったっていう。

谷　できないできない。たけしさん、収録に来られないあいだは（ガタルカナル）タカちゃんの知り合いのところにかくまってもらって山でゴルフの練習ばっかりしてて、それでうまくなっちゃったの。その後もどこで会っても好きだね、才能があるし、絵は描けるし。こないだなんかの撮りのときに殿のところに顔出したら、「谷隊長は俺が選んだんだよ」って言うのよ。「え、なんで？」って言ったら、「茶化しじゃなくていい男に隊長をやってほしかった」って。こないだのラジオではそこまで話したかったの。まだ奥さんとうまくいってる時代、お子さんのあっちゃんが小さい時代にそんな話もしてた時代。

——北野篤君がまだ子供だった頃。

谷　そう。いまいろいろとたいへんそうだけど、でも、結婚したって聞いてよかったなと思って。夫婦の問題には入れないんですよ、いろんな形があるから。殿は彼女といるのが一番いいわけだから、快適なわけでしょ。それを選んだわけで。まあ、あっちゃんからしたらお母さんを不幸にしたってなるけどね。

——そういう意味でいうと高倉健さんのことも、思うところがある感じじゃないですか。

谷　うん、健さんとチエミさんのときもそばでずっと見てましたけど、清川虹子さんがいて、みんな健さんに女がいるんじゃないかとか言われちゃうとだんだん帰りたくなくなってきて、だんだんそうなっていったって健さんも話してましたよ。その

後、エイズの問題とかいろいろ言うけど、そういう人じゃないって俺は全部知ってましたからね。オヨシがいたから、吉野のママ（吉野寿雄）が。

――ゲイバー吉野の。

谷　そう、それでオヨシが防波堤のように、『網走番外地』にもオカマの役で出てるし、しょっちゅう来てるじゃないですか。俺らは全部知ってたから、おネエちゃんとつき合ってたのも知ってたし。だけど夫婦のことは入れないって最初からずっと思ってましたよ。

――だけど最後、義理の娘さんが出来てからの健さんには複雑な思いがあるんですね。

谷　養女でね。やっぱりああなって誰もいなくなって、お手伝いさんって振りはしてたけども。『冬の華』っていう映画があって。降旗監督で、久しぶりに俊藤さんが関わってて倉本聰さんの脚本で、「おじさま」って健さんを慕う子が池上季実子ちゃんで、その恋人役が俺だったんですよ。準備稿っていう撮影前の脚本ができて、俺は大映で梅宮さんと『夜明けの刑事』やってたときだったんですけど、俺が空手をやっていたからその話が来て。でも決定稿が来たら池上季実子ちゃんの恋人役が三浦洋一になってるんですよ。「え、俺は?」「谷さんはこの役です」「え、俺は池上季実子の恋人役ってことでスケジュール空けてたんだけど」って。ずっとダラダラいる感じの役で、「これじゃ俺ギャラ5倍か10倍ぐらいもらわないと出ないよ」って冗談言っちゃったんです。

――冗談だったんですね。

谷　それを持ってアシスタントプロデューサーが東映に戻って「困っちゃったなあ」って言ってるときに俊藤さんが顔を出されて、「何を揉めてんだ?」「いやぁ、谷隼人が偉そうになって、この役ならギャラ10倍もらわなきゃ出ないよって言うんです」「何を言うてるんだ、あんなもん降ろせ!」って降ろされちゃったの。で、そこに峰岸徹って人が入ったわけ。その後、俺のとこの社長に「谷ちゃん、なんかやった? 東映で大問題になってる」って言われたの。「え、何がですか?」「『冬の華』の」「ああ、あれは役が違ったんで、これじゃ違うでしょって冗談でギャラ10倍ぐらいもらわなきゃって」「それが大問題になってるんだよ、俊藤さんが怒って健さんが悲しんでて」「うわ、健さんにそんなことしちゃったのか」って。ジムで会うから、健さんが「オス」って言ったときに謝ろうとしたら周りのヤツが遮るんですよ。またジム行くじゃないですか、挨拶すると周りが遮るんですよ。3回それやられて、こういうふうにシカトされちゃうのかと思って、もういいやと思って。俺はなんの弁解もしなかったですよ。そしたら小林稔侍さんがあいだに入ってくれて、そういう話をしてくれたんですよ。「谷はこの役がこうだったんで、これは違うって冗談で言ってしまった」と。そしたら健さんは、谷を自分のそばに置きたいからその役に替えたらしいんです。

――それを知らずに文句を言っちゃって。

谷　それで19年ぐらいボタンのかけ違いでジムで会っても話さないで、あるとき健さんに「谷、来い」って呼び出しがかかって、ここでシメられてもしょうがない、俺のカシラだしと思って。そしたら「コノヤロー、おまえ最近は相撲部屋の仕事もやってるからボテが入りやがって!」って、その頃は二子山親方とけっこう仲良くしてまして、(貴乃花)光司くん、まーちゃん(花田虎上)とか抱っこしたりして。

吉野寿雄
六本木の伝説のゲイバー「吉野」のママ。終戦後、新橋にできた戦後初のゲイバー「やなぎ」でゲイボーイとして修業を積んだ後、独立し、銀座「ボンヌール」を開店。同店で多くのファンをつかんだ吉野ママは63年、六本木に「吉野」をオープン。美空ひばり、石原裕次郎、長嶋茂雄、三島由紀夫など、各界のスターが来店。

『冬の華』
78年公開。高倉健・東映最後のヤクザ映画。義理堅く時代遅れのヤクザが現代の暴力団抗争に巻き込まれ、苦悩の末に筋を通して立ち向かう悲哀を描く。女子高生役の池上季実子とクロード・チアリのギターソロのテーマソングで知られる。

——若貴との関係が深くて。

谷　お父さんの女房ときっこさんが松竹時代親友だったんで、化粧まわしのこと全部やったりして。そういうの健さん知ってたから一発カマされて、「ボテ入りやがってコノヤロー。おまえ、悪かったな」って言われた瞬間、背中からダーッと涙が出てきて。カシラの前では泣けないから。「なんで弁解しなかったんだ」って言われて。この先輩に「悪かったな」って言わせた瞬間に、俺が謝りに行かなきゃいけない小僧なのにってものすごい悪いことしたと思ってて、それをずっと引きずってたの。そしてあんな形で亡くなっちゃって、俺はまだホントに手合わせてないんですよ。俺は小林稔侍さんと北大路欣也さんと、その下の三男坊だと生涯思ってます。あの人の棺を持つと思ってて。そしたら「バカヤロー、マスコミが来たら一番前で棺持って映ろうとするんだろ」「勘弁してくださいよ、マスコミが来たら逆にうしろに隠れますよ！」なんて言ってたんですよ。それができなかったじゃないですか。そのタカちゃん（小田貴月）が全部を排除しちゃったし。

——家族から何から。

谷　うん。妹さんも九州でまだ骨にもお会いしてないっていうぐらいで。それがずっと引っ掛かってるんです。何冊か本も読ませていただいて、男としての部分はわかりますよ、いろいろ周りにおしゃべりな女もいたじゃん、児島美ゆきとかベラベラしゃべって。だから俺はそこの部分だけは勝つんですよ、女にベラベラ言わせない。逆に白目剥かせる！

——やりすぎです！

谷　俺、最初の結婚の後見人は高倉健、江利チエミさんなんですよ。だから離婚するって言えなかったんです。健さんにもチエミさんにも相談してましたけど。「いろいろたいへんなんです」「谷くん、それは別れたほうがいいんじゃない？　その代わりキチッとできるのを待ちなさい」と。決して松岡きっことは時期は被ってないから。昭和46年に結婚して48年に別居して、50年に離婚。松岡きっこさんと再婚したのは55年なんですよ。だから東出くんなんかも全部そうだと思うんだけど、妊娠してるときに浮気したからダメなんですよ。元気に子供を育ててるときに浮気したら、男だったらありえるかもしれないとか、うまくやれよとか、わからないようにやらなきゃって言うかもしれない。松方さんもそうじゃないですか、あんなにいい調子でいたのに仁科亜季子ちゃんが癌になったときに女遊びして、それはダメなんですよ。俺のポリシーで相手が弱いときにはしないんです。きっこさんのお母さんが入院したときも、毎日お見舞いに行くけど絶対にしない。

——そのときはちゃんとケアして。

谷　お母さんが入院したらチーム谷で毎日お見舞いに行く。元気になってから、そこから先は男だからこっちも元気だから、まあわかんないようにやるかもしれないという、それってルールがあるじゃないですか。だからよその夫婦の問題はあんまり口出したくない。夫婦ゲンカは犬も食わないっていう言葉もあるぐらいだし、片方ばっかり悪いわけないんですよ。だから、「俺が悪いんだ。俺が悪いからこうなったんだ、あとはしょうがない、俺だから」って、離婚して全額放り出して何もなくなって。きっこさんが「ウチに風呂敷ひとつで来た」なんて言うけど、俺は寅さんじゃねえよ！　スポーツバッグだからね。

——離婚で金銭的なダメージも相当あって。

谷　まあ、それはしなきゃしょうがない、裸一貫で次に行く

小田貴月
96年に香港で高倉健と出会い、死の半年前の14年5月に高倉健の養女となる。高倉健の生前の様子をつづった手記『高倉健、その愛。』（19年・文藝春秋）を上梓。貴倉良子の芸名で女優としての活動も。

児島美ゆき
映画版とドラマ版の『ハレンチ学園』主演の十兵衛こと柳生みつ子役で人気を博す。高倉健との同棲生活を色々な媒体で公表している（YouTubeチャンネルなど）。

ためには。ウチは安いギャラだしたいしたことない時代でしたから、やっと『ワル』で主役やっても1本300万ぐらいだよね。千葉ちゃんは『戦国自衛隊』で5000万もらったとか聞いて、梅宮さんが「ウチでそんなにもらえんの?」なんて言ってたけど。あの人みたいに夢物語で金集めたらちゃんとやらなきゃいけない。俺はやっぱり高倉健って人と梅宮さんの育ちのいい、あの人らの下でよかったなと思って。悪い言い方させてもらうと、若いときは羽賀研二ですよ、梅宮さんは。だからアンナちゃんが好きになったんですよ。だけどアンナちゃんができてから梅宮さん変わったからね、アンナパパになって。孫ができたらウチのそばのデニーズにしょっちゅう連れてって、いいおじいちゃんで。こんな変わるのかと思ったもん。

——夜遊びも何もしなくなって。

谷 だからこないだ『Nステ』で梅宮さんのコメント求められて。俺、丹波哲郎さんのときも野際陽子さんのときも樹木希林のときも出てるんだよ。だからホントに最後はアンナパパ、百々果じいじでね、昔の番長が料理番長になっちゃったものすごい人だって、これだけ言ってあげれば先輩に返せたな、と。で、高倉健さんには手を合わせてないからまだダメなのよ、よく夢を見るんですよ、もう10回以上見てるんですよ。それで千葉さんにもちゃんとしようと思って。鶴田浩二さんもちゃんとしました、だからいまさやかちゃんにも会うと必ずよくしようと思って。

——後悔を減らすためにも。

谷 うん、世話になったから。僕はアントニオ猪木さんともおつき合いがあるんだけど、猪木さんのところのアントニオ猪木酒場に顔出したり、亡くなったズッちゃん(橋本田鶴子)とも、『風雲!たけし城』のときに。

——あ、当時のカメラマンがズッコさんでしたね。

谷 そう、ズッちゃんだったんですよ。ズッちゃんから千葉さんの話も聞いたけど、できないこと言っちゃダメ、フカしちゃダメ。映画のことでフカして金集めてどうのこうのって、そうするとにっちもさっちもいかなくなっちゃうでしょ。俺も初めて『キイハンター』であの人を見たときすっごいアクションだなと思って。「おい、俺ジープから飛び降りるぞ」って、走ってるヤツからバーンと飛び降りて。スタントも何もないんだから、その頃は。それでヘリコプターぶら下がるのも、あの人は命綱とかいろいろ知ってたけど俺はそんなの知らないから、あの人がやめちゃったあと俺が今度やらなきゃいけない。そんな命綱のことなんて知らないから自力でやって。そしたらそれをバラエティで茶化してきたから、「本気でやってんだよ!」と。

——モヤモヤする部分があるんですね。

谷 すごいことやった人なんですよ。それだけの人なのにJACの連中誰もついて来てない。春田純一っていうのは『ワル』のときに俺のスタントをやったんですけど、つかさんの舞台に出たりいろいろやってて。春田に聞けばよくわかりますよ。だから俺も最初は日尾孝司って人が殺陣師だったんだけど、そのうち西本良治郎っていうのにつけさせて、若いのでやりたいし。俺も自分でそういうのを言って楽しくやりたい、箱の打ち合せから参加したいっていうことでやってたから。この世界の人は夢物語で金集めてやらないことが多いみたいなことを聞きましたけど、そういうのは嫌い。だって自分の好きな高倉健って人はそういう人じゃなかったから。

——ホント健さんが大好きなんですね。

春田純一
ジャパン・アクション・クラブ1期生。初期はスタントマン・スーツアクターとして、主に千葉の主演作品に出演。『大戦隊ゴーグルファイブ』『科学戦隊ダイナマン』にレギュラー出演。『仁義の墓場』では15メートルのダイビングをした。

日尾孝司
東映東京撮影所の擬斗師・俳優。『網走番外地』シリーズ、『トラック野郎』シリーズ、その他、千葉真一や丹波哲郎の作品など多くの任侠映画やアクション映画で擬斗をつけていた。14年死去。

谷 ただ、『寺内貫太郎一家』、そして『ムー一族』でお会いした伴淳三郎さんに、「谷くん、健ちゃんの真似ばっかりしてるけど足りないよ」「え、何がですか?」「ユーモアと心の広さ。あとふたつ足してごらん、絶対負けないぞ」って。それから、いつかはそこに到達しようと思ってるんですけどね。

——それでバラエティにも出たりして。

谷 だってこの商売、観てくれる人に喜んでもらうためにやってるわけだから。ホントは映画やりたいですよ。でも、いまそういう時代じゃないからしょうがない。俺が東映に入ったときは単車が好きでアクションものができるみたいな、だから芝居うまい人はほとんどいないです、鶴田浩二さんぐらいですよ。あとは健さんもモゴモゴしてますしね、千葉ちゃんなんて声を作りますよね。梅宮さんもそんなにうまい人じゃないし。ということは人間性で金をもらうんだ、と。僕があるとき健さんに「谷、明日どこ行くんだ?」って聞かれて、「明日は赤プリ行ってプールで日に焼いて」って言ったら、「おまえ金取れねえな。そこで日に焼いて隣にいるヤツに『お、谷が日に焼いてるな』って言われるだけだよ。自宅の屋上でこっそり焼いて、ハワイ行って日に焼いたように見せなきゃ金なんて取れないよ」って。テレビと違って、俺たちは金払ってもらって来てもらうわけだから。

——どうやって幻想を見せるか。

谷 そういうことですよ! そこらへんのラーメン屋で飯食ってるようじゃダメだ、耐えろよって。なるほど銭がもらえるっていうのはそういうことだと思ったの。それはどっかで真似したいなってある部分では思ってる。

——健さんは幻想を作りましたからね。

谷 だってザ・高倉健でそのまま亡くなった人だもん。俺たちはそこは行けないから。あとは伴淳三郎さんに言われたユーモアと心の広さ。いつかそういう男になってやろうって。だからこないだもラジオも、みんなに喜んでもらおうと思ってやってるんですよ。だから3人ぐらいと掛け持ちでヤッたことあるとか言うの。だから、いつも言うんだよな、「俺そんなに悪い男じゃねえよな」って。

事務所スタッフ ちょっと悪いだけ。

谷 だから役者になったの。勉強できたらほかのことやってますよ。何もないんだもん。

——とある雑誌の記事で、芸能界でのケンカ最強は高倉健さんだと言ってましたね。

谷 うん、健さんです。昔は若い衆じゃないの? っていう噂もあったぐらい。健さんはホントに強いですよ。俺は高倉健さんが最強だと思います、誰を見ても。

——渡瀬恒彦さんも強いと言われたけど。

谷 渡瀬さんは、俺なんでかわいがってもらったんだろう? 渡瀬さんも空手やってたからかな? 『経験』のときも飯に連れてってもらって、「俺、麗子とつき合ってんだよ、結婚するかもしんねえから」みたいな。川っぺりで立ち回りやるときも、「谷くん、マジでやろうぜ」って言われて、けっこうやってます。段取りでやらないんですよ。こっちも若いしアクションものイケたし、あの人ぐらいはまあイケるから。何しろ千葉真一とやってましたからぜんぜん大丈夫だったんだけど。最強は高倉健だって思ってます。本人は何も言わないし、そういう人たちがみんな高倉健って認めてるでしょ。だから、俺もそういう方から認められる男になりたかったの。

伴淳三郎
流行語「アジャパー」で親しまれたコメディアン。喜劇俳優としてだけでなく、『日本暗黒史 血の抗争』で演じた年配の刑事など、男のハードな面も提示。78年、紫綬褒章受章。

『経験』
70年公開。東映。谷隼人初主演作。鷹森立一監督。辺見マリのヒット曲『経験』にのせて、軟派な銀座の若いバーテン役の谷と、硬派なトラック運転手役の渡瀬恒彦が、小悪魔的なホステス役の大原麗子を取り合うセクシー路線の映画。

――健さんはもうすっかり聖人みたいなイメージになっているけど、そうじゃない部分も込みでの高倉健が大好きなわけですよね。

谷 俺はそばで見てるから。美空ひばりさんの事務所に入りそうになったときの、一説によると日本興業の若い衆だったっていうこともあったりするし、高校時代ボクシングもやってるし、ああ見えてもヤンチャな部分がある人じゃないですか。ああやって寡黙で「高倉です」ってやってるけど、それなりのものを持ってるわけで。だから俺は最強だって言ったの。やっぱりこういう男の人になりたいっていう。だって田岡さんが言うぐらいなんだから。何万人、何十万人の男を束ねる人が言うんだよ。あの宅見勝さんだってそう言うぐらいなんだから。当然いまはつき合いなんてありませんよ、一筆書かされてるからね。

――わかってます（笑）。話がおもしろすぎますね。ラジオでは流せない話ばっかりで。

谷 ラジオでは言わないよ、だってクレーマーのオバサンいっぱいいるんだもん。これはほら、読者の人がそういうの好きだし、昔はどっぷりだったっていう、これは自慢でもなんでもなくそういう方々が応援してくれたり、興行っていうのはそういうもんだったの。だって僕ら田岡組長の長男の満さんの神戸芸能社の仕事でみんなで神戸行きましたよ。その晩みんなコレあてがわれて。稲川（聖城）さんのところで熱海に行ったときもみんなコレ与えてもらって。俺はバカだから与えられたものをちゃんといただくようにして。

――ダハハハハ！　残すことなく（笑）。

谷 健さんは朝までコーヒーを飲んでたって言ってたけど。その代わり、おネエちゃんに車代を渡すのだけは実行してました。俺らが芸能人っていうのもあるかもしれないけどおネエちゃんは喜んで来てますよ。遊ぶんだったらきれいにして、あとでなんとか言われないようにキチッと白目剥かせるぐらいのね。なんもないですよ。よきに書いてください。

宅見勝
五代目山口組若頭、宅見組初代組長。バブル期に株式や土地の投資などで巨額の財産を築いた〝経済ヤクザ〟として知られる。97年に、神戸市のホテルのラウンジで、中野会系ヒットマンらに銃撃され、死亡。

稲川（聖城）
稲川会総裁、稲川会初代会長。49年に熱海を縄張りを持つ山崎屋一家の石井秀次郎四代目総長の跡目を継承し、稲川組を興す（後の稲川会）。組織は愚連隊などを吸収して一気に拡大。07年、93歳で死去。

あとがきにかえて

聞き手／炙怜太

――『人間コク宝』も第7弾になりました。今回も濃いめのラインナップになりましたね。

豪 『コク宝』シリーズの初期は、基本的に〝男気〟ってテーマでまとめてたけど、そこだけにずっと拘ってても限界がくるだろうし、実は最初からROLLYさんや高嶋兄みたいにこじらせた方向のコク深い人も混ぜてはいたんですよね。で、途中からはさらにサブカル的な人というか、文化的にこじらせた人の比率が増えていって、さらには連載が『BREAK MAX』期を経て『実話BUNKA超タブー』期に入ると女性アイドルも解禁して、いまや「コク深ければ誰でもいい」という状態になってたという（笑）。基本はボクが会いたい人に、世間のニーズも無視して会いたいタイミングで会いに行くというスタイルなんだけど、今回はいちばん攻めた人選になってるとは思います。

――脈絡が無いようで、実はいろいろ繋がってますよね。根底に大きな川が流れているというか。

豪 裕也ファミリーの川とかね。あとは、『コク宝』の路線変更が世の中のコンプライアンスの流れにも偶然シンクロしていたとは思うんだけど、そこにも抗いたくなってきたというか。テレビや電波では絶対に紹介できないようなインタビューをどこまでできるかという、自分のなりの挑戦もあって。人選も内容も含めて、コンビニで売ってる雑誌に、普通にとんでもない記事が出てるぞという。それを今回は意識してみました。

――それでは順番に取材を振り返っていきましょう。まずは**前田五郎**さんです。

豪 このときは大阪まで行って取材したんだけど、これで前田さんと関係ができて、東京でトークイベントを一緒にやったんだよね。それが本当に最高だったんで、いつか再録したいくらいなんだけど。

――このインタビュー以上に話が盛り上がったんですか？

豪 これ以上どころじゃなかった。いつも大阪でイベントやるときはすごく小さな会場で、お客さんの反応もそんなにない感じなんだけど、ちょうど吉本の闇営業のタイミングだったから、あの前田五郎がそこに触れないわけがないってことで会場がパンパンになってね。前田さんも、どんな踏み込んだことを言ってもドカンドカン笑いが起きるからテンションあがっちゃって、完全にタガが外れてた。年齢を感じない張りのある声で、間寛平がヤクザをどうしくじったとか、芸人と黒い人たちとの交際の話を、自分が見た歴史として伸び伸びと喋ってくれて。

――それはタイムリーかつ、物騒なイベントですね。

豪 前田さんもご高齢じゃないですか。それを気遣って一

BREAK MAX
03年から13年まで、コアマガジンから発行されていた、テレビキャプチャー中心のポロリ雑誌（途中まで『BREAK Max』表記）。巻頭の記事は、芸能人（に似た女性）の流出モノが定番だった。吉田豪の「人間コク宝」シリーズが連載されていた。

旦休憩いれましょうということで、ボクは控室に戻ったんだけど、前田さんはなぜか嬉しくなっちゃって、そのままステージで立ったままノーマイクでお客さんに話し続けてた（笑）。最後も「まだ終わりたくない！」って感じで、あれは年間ベスト興行と言われるくらいめちゃくちゃ評判良くて、前田さんも楽しそうだったね。取材の時期はもうちょっとヘヴィな憎しみみたいなものも感じられたけど、イベントのときはカラッとしてた。

――**敏いとう**さんも、奥が深いお話でした。

豪 マフィアとのズブズブな関係で知られるシナトラのボディーガードをやっていたということで気になってはいたんだけど、実際に話を聞いてみたら想像以上だったね。ご本人は、大病もしたせいで会話もしんどそうで、1人で歩くのも難しくて隣で奥さんが支えてるっていう状態なんだけど、それでとんでもない話ばかり出てくるギャップがすごくて。奥さんも横でずっと支えながら「ねえ、あのときは一緒にさらったじゃない」みたいな補足をしてくれるっていうね（笑）。

――普通に「さらう」っていうフレーズが出てくるのがすごかったですね。

豪 〝コーラス界のマフィア〟と言われたのがよくわかるという。あと、〝純烈〟の酒井（一圭）さんから聞いたんだけど、デビュー当時、純烈がムードコーラスの流れを引き継いで活動していくにあたって、業界の先輩たちに挨拶まわりをしたんだけど、周りの人たちから「とにかく敏さんだけは会わない方が良い」って言われたという（笑）。

――挨拶するだけでも危険（笑）。

豪 結局、敏さんには挨拶しないままハッピー&ブルーをカヴァーしてるから、酒井さんもさらわれる可能性があるね（笑）。ちょっとイイ話でいうと、この取材の後にTIF（東京アイドルフェスティバル）があって、ボクはその控室周辺のロビーで原稿書いてたんだけど、そこで挨拶してくれたのがロボットレストランの代表をやってる方で。そこで「ということは森下グループですよね？ 敏いとうさんのホストクラブで働いていた森下さんの」って言ったら、よくご存知ですねっていう流れになって、敏さんの取材の話をしたら、その後、いい報告が届いて。『実話BUNKA』を入手しまして森下会長にお見せしたところ、大変気にいられておりまして、この雑誌を日本に売っているだけ買って来いと申されていました！」って、最高でしょ（笑）。しかも、これがきっかけで敏さんと森下さんが再会したらしくて。

――この取材が、仲を取り持つことになったんですね。では、心あたりのある方はいますぐにでも敏さんに挨拶にいったほうがいいですよ、ということで、次は**上條英男**さんです。

豪 ここまでの流れは物騒な人に会いに行くシリーズですね。皆さん見事なぐらい芸能界のデリケートな大物の名前を出して、それを細かいことを一切気にしない『実話BUNKA超タブー』がそのまま載せて、それを見出しにも使うから、ラジオとかで紹介も出来ないという（笑）。

――TBSラジオで紹介するとき、アナウンサーの人が絶句してましたからね（笑）。

豪 上條さんは前から本も持っていて、気になってた方なんだけど、取材時に持参した資料を見てあんなに喜んでくれた人はいなかったし、それでも最初の著書はレアすぎてさすがにプレゼントはできなかった（笑）。雑誌記事のコピーは全部渡し

酒井(一圭)
紅白にも出場した歌謡グループ「純烈」のリーダーにしてプロデューサー。85年、『逆転あばれはっちゃく』にて5代目桜間長太郎で主演し、子役としてデビュー。06年、新宿ロフトプラスワン・プロデューサーに就任。08年、「純烈」を結成。吉田豪によるインタビューが『実話BUNKA超タブー』20年6月号に掲載。

て帰りましたけどね。この時の発見は〝MAN WITH A MISSION〟の誕生に上條さんが関わっていたってことで。その事実も驚いたけど、取材後にわかったプチ情報でいうと、元イエローキャブ、現サンズの野田社長がこの業界の仕事を最初に始めたのが、上條英男事務所だったみたいだね。そんな武闘派の系譜でもあったんだなって。

――どんどんいきましょう。**ハーリー木村**さん。

豪 木村さんは、現在も国家権力によって拘留されているという噂で…。今回は〝なんちゃらアイドル〟の運営さんを通じて、面会に行ってもらって再掲載の許可をとってもらったらしいです。流れで言うと、この取材の1年後くらいに一緒に住んでいた男性とトラブルがあって、そのときに「『ルパン三世』の歌手、暴力で逮捕」みたいに報道されて。「ん？『ルパン三世』の歌手ってチャーリー・コーセイが何かした？」とか思ったら、それが木村さんだった、と。インタビューでも、復活ライブが国家権力に捕まったおかげでできなくなったという話をしていたけど、そういう一連の流れの謎が解けるインタビューになってると思います。アウトロー的な部分も掘り下げた記事は初めてのはずなので。

――**つのだ☆ひろ**さん。

豪 ここから急に平和になるね（笑）。でも、つのだ☆ひろさんは日本のロック史において本当に重要な存在で、ジャックスとミカバンドという日本のロック名盤の上位を争う2バンドに所属してたって時点でもすごいのに、全然掘り下げられる機会のない人で。ボクとつのださんとの関係が出来るキッカケは、もともと茶果菜っていう農産物PRアイドルグループがいて、曲がキャンディーズっぽくて良いなって思ってたら、つのだ☆ひろさんが作っていて。〝武道館アイドル博〟っていう物販だけやるイベントのトークコーナーで茶果菜が出た時も、つのださんが客席に紛れてて、「ボク、武道館でつのださんを見るのリングス以来ですよ」って思わず言った覚えがある（笑）。その茶果菜を、ボクと南波一海さんがやっている「このアイドルが見たい」というイベントに呼んだら、なぜかつのだ☆ひろさん＆振り付けの三浦亨先生も来てくれるという（笑）。そのときのプロレス話が面白かったから、取材してみました。

――そして**ターシー**。吉田さんは、田代まさしさんとは関わりも深かったですからね…。

豪 この取材をしたのは田代まさしさんの調子が良くなってきた時期で、ターシーにとっても、お父さんとようやく仲が良くなって、絶縁してた元夫人とも会えるようになって、家族がようやくまとまってきて超いい話だね、ってことで話が終わったんだけど、その直後にまた逮捕されちゃったからね…。またか、と言う人も多いと思うけど、捕まるまでの期間がどんどん長くなってきて、いろいろ改善してきているはずだから、またいつでも田代さんと仕事するつもりではいますよ。

――そういう意味では、「コク宝」の底には「二世」川も流れてますよね。著名人の二世というのは、吉田さん的には興味深いテーマですか。

豪 なんかね、『ネオ格闘王伝説Jr.WARS』（前田日明と斉藤由貴の間に生まれた子供が、アントニオ猪木やマイク・タイソンの子供と闘う劇画）的な、ジュニア幻想がどこかにあるのかもしれない（笑）。二世の方々はまず話が面白いし、育ち方がやっぱり普通じゃないんだよ。小さい頃から当然のように偏見の目で見られるし、いじめにも遭いがちだから、それにどう

なんちゃらアイドル
地下アイドル界で活躍する2人組ユニット。メンバーは御茶海マミ、あおはる。頭脳警察のPANTAとツーマンライブや、カーネーションとのコラボなど、大物ミュージシャンとの絡みも精力的に行っている模様。

チャーリー・コーセイ
テレビアニメ『ルパン三世』の初代OPテーマ（ルパン・ザ・サードの歌）、2代目OPテーマ、EDテーマを歌っていることで知られる。アメリカ人の父親と中国人の母親とのハーフとして生まれ、日本に帰化。

立ち向かうか。真木蔵人さんのように力で立ち向かうパターンもあれば、バカのフリをしてやりすごすとか、いろんな凌ぎ方があって。やっぱり早い段階でハードな経験をするから、良くも悪くも普通じゃなくなるのが興味深い所だと思う。二世の犯罪率の高さが異常なのも、そういう環境によるものなんだろうけどね。

――次は**竹熊健太郎**さんですね。これは40歳超えたフリーランスが壁にぶちあたる問題が出てきますよね。吉田さんの著書『サブカル・スーパースター鬱伝』にも通じるテーマで。

豪　竹熊先生はこの時も話していたけど、自分自身が発達障害だという話をしていて、次はクリエイターと発達障害の関係について本にしたいとか言ってたんだよね。で、この後にトークイベントでも1回絡んだんだけど、その時に「吉田豪さんも発達障害だと思う！」といきなり断言されて。でも、そこから竹熊先生がすごかったのは、「今日は吉田豪さんのすべてを聞き出しますよ！」って感じで宣言したんだけど、はじまると全然ボクに話を聞かないでずっと自分のことを話してた（笑）。これが発達障害か、と思ったね。

――ここで**シルク**さんの登場です。これはまさに吉田豪にしか出来ない取材だと思いました。

豪　まさかの「そこだけ掘る」パターンね。芸人でも、美容番長でもなく、アナーキーの親衛隊としてのシルクさんに話を聞くという（笑）。以前からシルクさんがアナーキーのロンドンレコーディングに同行していた、という伝説だけは聞いていて。ミヤコさんの本にもそのあたりのことが書かれていたから『BURST』の連載で紹介したこともあったんだけど、機会があれば取材して話を掘り下げたいなと思ってたんだよ。それで大阪の吉本まで行って取材したんだけど、連載順でいうと、シルクさんに会いに行った翌月が、また大阪に行って前田五郎さん取材という（笑）。それが、こうして同じ単行本にも載ってるんだから、吉本興業は懐が深いよね。

――「非常階段」の名前の由来をちゃんと聞き出したっていうのは功績ですね。

豪　これは確かRGさんから話を聞いてたんだよね。RGさんもMAD3とかアクセル4とか聴いてる音楽好きなんだんだけど。シルクさんはアナーキーだけでなく、ZIGZAGとかあの頃のシーンの貴重な生き証人だから、まだ掘ればいろいろ出てきそうだよね。

――さぁ、次は「内田裕也ファミリー」と「二世」という、ふたつの川が交錯する**美勇士**さんです。これは例の隠し子騒動があって、DNA鑑定の結果が出る直前の取材だったんですよね。

豪　残念ながら、繋がりがないことが判明しちゃったけどね。あと、時期でいうと裕也さんの具合がちょっと心配になってきた頃だったんだよね。だから、このタイミングでファミリーの話を聞いておきたいなって思って、美勇士くん、**HIRØ**さんっていう流れなんだよね。

――それぞれ視点の違いがあるので、裕也さんの存在が多層的になりますよね。『ニューイヤーロックフェス』のリハーサルで荒ぶる裕也さんの姿に震えあがった美勇士さんと、それをよくあるカマシと流すHIRØさんとか。

豪　美勇士くんは裕也さんが怖かったと言ってるけど、あなたのお父さんもそうとう怖かったんですよっていう話で。桑名さんは裕也ファミリーの中では比較的温和な、平和な空気があ

真木蔵人
俳優。代表作は『あの夏、いちばん静かな海。』『愚か者・傷だらけの天使』『BROTHER』など。BSスカパー！で放送されていたバラエティ番組『BAZOOKA!!!』のMCとしても知られている。AKTIONという名前でラッパーとしても活動。父はマイク眞木で、母は前田美波里。吉田豪によるインタビューが『人間コク宝』に掲載。

MAD3
ギタリストのEDDIE LEGENDを中心に結成されたガレージ・パンク・インストゥルメンタル・グループ。92年にオーストラリアのレーベルから『PRINCE OF FUZZ』を発表し、海外のガレージ系レーベルからオファーが殺到。ヨーロッパやアメリカなど海外でツアーを慣行。09年に解散。16年に再結成。

アクセル4
ギターウルフ・セイジの実弟AKIRA率いる3人組のガレージ・ロックバンド。キーワードは「バイク・武士道・ロックンロール！」。

つたと思ってたんだけど、それをＨＩＲØさんが否定するという（笑）。

――吉田さんとＨＩＲØさんの付き合いが古くて、知り合った頃は、まさか裕也ファミリー入りするとは思ってなかったという。

豪 『ＢＵＲＳＴ』で仕事をしているときに、ＨＩＲØさんを間近で見てハラハラしたことも何度もあるわけだけど、会うと無茶苦茶腰が低くて。だから、まさかあのＨＩＲØさんが晩年の裕也さんを支えてくれるとは……という感慨深さはあるよね。

――インタビューにも、道端で偶然会ったみたいな話もありましたね。

豪 あれはちょうど『紙プロ』編集部の引っ越しがあって、ボクは編集部に置いてあった荷物を徐々に持って帰ってた時期で。それで新日本プロレスのボストンバックに『ＴＶジョッキー』の白いギターをぶっ挿して、それを背負って自転車で代々木を走ってる時にちょうどＨＩＲØさんに会って。「豪さ〜ん！」って大声で手を振ってきてくれて、ボクを見るなり「あ、豪さん、ギター持って練習すか？」って。いや『ＴＶジョッキー』の白いギター持って練習する人いないよ（笑）。でも、ＨＩＲØさんはそれぐらいフレンドリーな人。物騒な話は多いけれど（笑）。

――裕也ファミリーの川は、まだまだ深そうですね。

豪 裕也ファミリー界隈で、まだ取材していない方がいるからね。裕也さんから「ＢＯＲＯも取材してくれ」と言われてたし、白竜さんもまだなので、いつか行ければとは思ってる。

――そして**木下盛隆**さん。

豪 ＨＩＲØさんとバンドをやっていた人であり、ニューイヤーロックフェスとかにも出てた人なんで、何気に裕也ファミリーでもあるという。

――そこに「アイドル川」も注ぎ込んでますし…。

豪 さらに杉作川も流れてるっていうね。どこにニーズがあるのか本人がいちばん不安に思ってたみたいだけど、こういう人から深い話を聞くのがこの本のテーマで（笑）。ちょっとイイ話だと、この取材の後に木下さんが〝Ｔｈｅ Ｇｒａｔｅｆｕｌ ａ ＭｏｇＡＡＡｚ〟っていう新しいアイドルグループを作って、明らかに最上もがの素晴らしさを称えるためのグループ名で。それを最上もが本人に「あなたのファンがこんなグループまで作りましたよ」って報告したら、双方が喜んでくれましたね。

――でんぱ組のファンの間で「ヤクザ」と呼ばれてた人が、そこまでたどり着いたというのは夢のある話ですね…。さて次は**香山リカ**さんです。これもパブリックイメージとは違う一面を引き出すというテーマがあって。

豪 左翼的なイメージが強いけど、基本はちょっと抜けたところのある女子感の強い人なんだよね。これを読んだら好きになる人もいるだろうし、ムキになって怒ってもしょうがないと思うかもしれないし、とにかくこういう人ですよって伝えたくて。ただ、このときに一番モヤモヤしたのが、連載時の記事についてた『ドラクエ』好きでずっとやってるのに、すぎやまこういちが嫌だから音を消してやるようになった」という見出しだけ読んで怒るネット右翼の人が多くて。中身を読めばもっとあなた達が怒るポイントがあるはずなのに、見出しだけみて怒るのはもったいないなと思ってたね（笑）。中身を読んだ人

『ＴＶジョッキー』の白いギター
71年から82年まで放映された土居まさる司会のバラエティ番組『ＴＶジョッキー』（日本テレビ系）の名物コーナー「奇人変人コーナー」「珍人集合」で優勝するともらえる賞品。日本中の若者が憧れた。

ＢＯＲＯ
大阪・北新地のナイトクラブでギターの弾き語りをしているときに内田裕也に見出されたことがデビューのきっかけで、デビューと同時に上京。79年、『大阪で生まれた女』が大ヒットし、第12回・日本有線大賞最優秀新人賞などを受賞。90年からは拠点を大阪に戻している。

The Grateful a MogAAAz
めろん畑 a go go の姉妹ユ

がスクショを拡散して炎上したのが1年後だから、そういう人は情報収集に金を使わないんだなと確信したね。

――さあ次はアイドル川というか、ハロプロ川から、**みうな**さん。伝説のPKについて、いま改めて取り上げるという、一部のヲタには響きまくる取材でした。

豪 まあ、変わった人だし、変わった人生ですよね。だからハロヲタの人は批判しがちだったけど、実際に会ってハロー時代の話を聞くと出てくるのが良い話ばっかりで。ハロメンのイヤな面とかは一切なくて、ミキティやあややはカッコいいなとか素直に思えるエピソードばかりで。

――当時のハロプロのエピソードとか、雰囲気って、なんとなく全女（全日本女子プロレス）感がありますよね。

豪 わかるわかる。内部でバチバチしながらも、ハロメンであるというプライドがすごく高いっていうね。「全女がイチバーン！」的に、「ハロプロがイチバ〜ン」というか。あの時代のハロプロ幻想を守るようなイイ話が出来る人だし、これで見方も変わってくれたらいいよね。

――アイドル…とはちょっと違うジャンルかもしれないですが、**手島優**さん。手島さんとは、この取材以前に繋がりとかあったんですか？

豪 いや全然。一回だけ特番で共演したぐらいかな。この取材のタイミングは『ハミ乳パパラッチ』で話題になった時なんだけど、具体的な面白いエピソードがいくつかカットになっちゃったのが残念なんだよね。

――それは恋愛絡みとかですか？

豪 いや、旧事務所の話とか（笑）。ギャラもらえないとか、本当にいろいろあっていまの所にたどり着いてるから、本人から「プラチナムは本当に良い事務所です」っていうキラーなフレーズを聞き出せたのが良かったね。

――そして**坂口杏里**ちゃん。これは暗くて深い「二世川」ですね。

豪 切ないよね。いろんな問題についても、昔話じゃなくてどれも現在進行形で何も解決してないままだから、そこが難しいんだよね。だから『ザ・ノンフィクション』に出た時もオチが付けられなくて撮影が長引いたんだと思う。結局、『ザ・ノンフィクション』では、最終的には杉作さんとのトークイベントを『彼女にとっての救いの神が現れました』という画期的なオチになってたんだけど、このインタビューの時はYouTubeが救いの神的なポジションと言っていて。それに対してはボクは心配で、「本当に大丈夫なんですか？」って確認してたけど、プラスにならない炎上ビジネスとかやった上で、ほぼ更新しなくなってる感じなんだよね……。

――ここでプロレスラー**川田利明**さん。現役時代は寡黙で職人肌なキャラクターでしたが、実はボヤキの人だっていうのがだんだんわかってきていて…。

豪 この取材のときも、いつものようにボヤキつつも、こちらに対して明らかに警戒心があるっていう（笑）。確かに、ボクは昔『紙プロ』とかで三沢（光晴）さんやミスター・ヒトさんにインタビューして、そこで出てきた川田利明イジリみたいなエピソードを全部そのまま載せてきた側だから、そりゃ警戒されるなっていう。

――これは「麺ジャラスK」で取材されたんですか。

豪 そう。ランチが終わって、夜の営業が始まる前の時間に行ったんだけど、川田さんの本を読むと「この時間は休憩では

ニットとして、19年6月に結成されたGOLLIPOP RECORD所属のアイドルグループ。めろん畑a go goとの兼任メンバーも数人いる。読み方は、「ザ・グレイトフル・ア・モガーズ」。木下盛隆プロデュース。

ミスター・ヒト
67年に日本プロレスに入門し、日本プロレス末期にアメリカ武者修行に出て、そのままカナダ・カルガリーに定住。フリーランスの日本人ヒールとして活躍。カルガリーに武者修行に来た日本の若手選手の世話をしていたことでも知られる。晩年はお好み焼き屋「ゆき」を経営。中島らもとの共著『クマと闘ったヒト』は、プロレスの裏側を語った名著。吉田豪が注釈を担当。

なくて、仕込みをやらなきゃいけないから休めない」とか散々書いてあるから本当に気まずいんだよね。ちょっとイイ話があって、その日は小雨が降ってて。早めに着いちゃって、川田さんがまだ到着前だから、カメラマンと編集とで店の横で待ってたら、上品そうな子連れの奥さんが通りがかって「傘いりますか？」って言われて、「全然いいんで！」と言ったんだよね。それで子連れの奥さんが一旦帰ってから、ボクらの人数分ビニール傘を持ってきてくれて。まさかあなたが傘を渡した相手が、こんな悪意しかないような雑誌を作ってるとは知らずに（笑）。ものすごく申し訳なく思ったよ。

――次の**高野政所**さんは「サブカル」川かと思ったら「薬物」川の流れのほうが深くて。

豪 政所君とはあんまり関わることがなかったから、当時のシーンとか聞けたのは良かった。ナードコアとは近いところにはいたんだけどね、『マンガ地獄変』編集だったDATゾイド君とか。ゾイド君の彼女から愚痴を聞いてたもん、「デートに行っても古本屋にしか行かないんです…」って（笑）。ちょっとイイ話は、あまり言うと怒られるかもしれないけど、その頃、複数のナードコア界隈の人と付き合っていた女の子に話を聞いたことがあって、彼女が言うにはナードコアの人たちは童貞が多くて、AVでしかセックス知らないから、最後は必ず顔射してくるみたいで、「え、セックスって必ず顔射で終わるものじゃないんですか！」って言ってた（笑）。これぞナードコアだなって。

――次は大物、クールスの**佐藤秀光**さん。

豪 秀光さんは、すごくサービスが良い人で、質問に答えるよりも自分からたくさん話をしてくれるし、ライブ映像を見せてくれたりとか、カードマジック見せてくれたりとか、出前を取ってくれたりとか、とにかく至れり尽くせりで。ただ、この日は夜にSHOWROOMの生放送が入ってたから、どんどん放送時間が迫ってて、気が気じゃなかった（笑）。この取材のあとに、ボクが通販でクールスのワークシャツを普通に注文したら「吉田さんじゃないですか、プレゼントしますよ」って送ってくれたり。こちらが恐縮するくらいの人でしたね。

――最後は**谷隼人**さん。

豪 むちゃくちゃ面白かったよね。濃い話がどんどん出てきて、それが駆け足過ぎるんで、もうちょっとゆっくりでいいです、みたいな（笑）。高倉健さんのすごさも改めて伝わったし、映画『ワル』の話も最高だったね。全国のワルが勝負を挑んでくるっていう。もっと詳しく話を聞いて1冊の本にするべきだと思ったぐらい。

――「東映」川も流れてますし、昭和の豪傑たちのエピソードだらけでしたね。さて、駆け足で振り返ってもらいましたけど、改めて人も中身も濃厚でしたね。

豪 ただ、こういうインタビューを載せられる媒体というのが本当になくなってきているという問題があって。好き勝手にインタビューしてた某アイドル誌も、最後は「もっとメジャーな人にして下さい」って言われるようになって連載が終わったりとか、出版不況だと自由な取材はできなくなっていくわけで。もう、ボクが会いたい人に会いに行って、好きなだけの文字数で載せられる媒体なんてほぼないわけですよ。まあ、それが普通なんだけど（笑）。例えば普通の紙媒体で、木下盛隆さんのインタビューをやりたいって言っても、「誰？」って言われるでしょ。『めろん畑 a go go』の運営ですよ！」って言っても「は？」みたいな。

――それはそうですけど（笑）。吉田さんはそれでも続けるんですよね。

豪 まぁ、まだ載せてくれる媒体があるからね。紙面では字数を詰めるために、文字が非常に小さくなって読めないって怒られることは非常に多いわけだけど、電子書籍で拡大して読んでもらえれば（笑）。そして、単行本になるときは読みやすい文字の大きさになってるはずだから、今後も無茶な人選の取材を、中身を詰め込んで続けていければと思ってますね。

超人間コク宝

吉田豪

コアマガジン

発行日
２０２０年10月9日
初版第一刷発行

著者
吉田豪

発行人
太田章

編集
坂本享陽

発行所
株式会社コアマガジン
〒１７１-８５５３
東京都豊島区高田３-７-11
☎０３-５９５２-７８３２（編集部）
☎０３-５９５０-５１００（営業部）

印刷・製本
凸版印刷株式会社

ISBN978-4-86653-435-0